经管文库·管理类
前沿·学术·经典

自然资源资产管理概论

吕　宾 石吉金 主编

ZIRAN ZIYUAN
ZICHAN GUANLI GAILUN

经济管理出版社
ECONOMY & MANAGEMENT PUBLISHING HOUSE

图书在版编目（CIP）数据

自然资源资产管理概论/吕宾，石吉金主编．—北京：经济管理出版社，2023.6
ISBN 978-7-5096-9055-0

Ⅰ.①自…　Ⅱ.①吕…②石…　Ⅲ.①自然资源—资源管理—中国　Ⅳ.①F124.5

中国国家版本馆 CIP 数据核字(2023)第 105634 号

组稿编辑：白　毅
责任编辑：杨国强　白　毅
责任印制：许　艳
责任校对：蔡晓臻

出版发行：经济管理出版社
（北京市海淀区北蜂窝 8 号中雅大厦 A 座 11 层　100038）
网　　址：www. E-mp. com. cn
电　　话：（010）51915602
印　　刷：北京晨旭印刷厂
经　　销：新华书店
开　　本：720mm×1000mm/16
印　　张：29.5
字　　数：562 千字
版　　次：2023 年 7 月第 1 版　　2023 年 7 月第 1 次印刷
书　　号：ISBN 978-7-5096-9055-0
定　　价：128.00 元

前　言

产权是所有制的核心和主要内容，产权制度是社会主义市场经济制度的基石，产权制度改革是我国经济体制改革的主线，自然资源资产产权制度是加强生态保护、促进生态文明建设的重要基础性制度。党的十八大以来，以习近平同志为核心的党中央以前所未有的力度抓生态文明建设，大力推进生态文明理论创新、实践创新、制度创新，创立了习近平生态文明思想，美丽中国建设迈出重大步伐，生态文明建设从认识到实践都发生了历史性、转折性、全局性变化，体现在自然资源管理领域，突出标志是党中央提出了健全自然资源资产产权制度和健全国家自然资源资产管理体制的命题，我国从自然资源管理阶段进入自然资源资产管理阶段。2013 年，党的十八届三中全会通过的《中共中央关于全面深化改革若干重大问题的决定》明确要求：健全现代产权制度；健全自然资源资产产权制度和用途管制制度；健全国家自然资源资产管理体制，统一行使全民所有自然资源资产所有者职责。2019 年，中共中央办公厅、国务院办公厅印发《关于统筹推进自然资源资产产权制度改革的指导意见》，提出了构建中国特色自然资源资产产权制度体系的顶层设计，要求针对“自然资源资产底数不清、所有者不到位、权责不明晰、权益不落实、监管保护制度不健全等问题”，从健全自然资源资产产权体系、明确自然资源资产产权主体等九个方面，“加快构建系统完备、科学规范、运行高效的中国特色自然资源资产产权制度体系”。

自然资源是国家发展之基、生态之源、民生之本，在经济社会发展和生态文明建设中承担着重要的支撑作用，关系到中华民族的永续发展。国有自然资源资产是宪法和法律规定属于国家所有即全体人民所有的各类自然资源，是全体人民和子孙后代共同拥有的宝贵财富。自然资源部（原国土资源部）按照党中央、国务院决策部署，积极推进自然资源资产产权制度改革，改革管理体制，统一履行全民所有自然资源资产所有者职责，加强建章立制，依法依规推进各项改革举措，有效发挥国有自然资源资产的支撑保障作用。“十三五”期间，党中央、国务院先后印发《关于全民所有自然资源资产有偿使用制度改革的指导意见》《关于统筹推进自然资源资产产权制度改革的指导意见》《关于建立以国家公园为主体的自然保护地体系的指导意见》等一系列政策文件，自然资源部等相关部门也制定出台相关配套措施，自然资源资产管理制度体系框架基本建立。

中国自然资源经济研究院（原中国国土资源经济研究院，以下简称经济研究院）是自然资源部直属事业单位，早在1998年就成立了资源资产与市场研究室，从事资源资产管理与市场配置研究，形成了《国土资源资产与市场》（2004，专著）、《中国矿产资源税费制度改革研究》（2008，专著）、《矿产资源补偿费征收方法研究》（2013，专著）等研究成果。2013年之后，经济研究院按照国土资源部（2018年后改为自然资源部）的统一部署，积极开展自然资源资产管理体制、全民所有自然资源资产有偿使用制度、全民所有自然资源资产产权制度、自然资源资产核算等领域的专题研究，支撑国土资源部生态文明制度建设和相关领域重大制度改革和试点工作。为更好地支撑全民所有自然资源资产权益管理工作，经济研究院于2020年成立“自然资源所有者权益研究所”和“自然资源与生态评价研究所”等，进一步做好全民所有自然资源资产所有权委托代理试点、全民所有自然资源资产负债表编制、全民所有自然资源资产清查和统计、国有自然资源资产报告、全民所有自然资源资产评价考核、生态产品价值实现机制等研究支撑工作。本书的编制工作就是建立在上述理论研究和对策研究的基础之上。

本书力图体现以下几个方面的特色：一是实践性。坚持理论和实践相结合，以服务全民所有自然资源资产管理工作者为主，兼顾研究者需求。在内容框架和编著风格方面，本书在体现中央要求、法规和理论支撑的前提下，尽力从资产管理工作流程、内容出发，体现简明、可操作的特点。二是系统性。过去关于我国自然资源资产管理体系的探讨大多是在国有资产管理体系的框架内，研究的深度和广度都不足，本书提出了体系构建思路和管理、运营、监督、协调、技术、法治六个板块的基本框架和综合篇、基础篇、产权篇、监管篇的篇章结构，力图系统构建全民所有自然资源资产管理体系。三是前沿性。本书针对生态产品价值核算、全民所有自然资源资产负债表编制、资产管理评价考核、资产损害赔偿机制等创新性较强的工作，总结实践情况，根据编著者近年来的研究成果积累、业内观点和国际进展，进行初步的分析。

本书基本按照“总—分”的结构展开章节，在绪论之后，从综合篇、基础篇、产权篇、监管篇四个部分展开论述，共包括十七章。全书由吕宾、石吉金负责统稿，各章的编写分工如下：第一章，吕宾；第二章，吕宾；第三章，吕宾、王燕东；第四章，王燕东、张玉梅；第五章，张玉梅、王燕东；第六章，吕宾；第七章，秦静、朱勇原、王曦、李勇；第八章，李娜、郎昱；第九章，马晓妍、范振林、张萌；第十章，范振林；第十一章，严洪亮；第十二章，马晓妍、吕宾、李勇；第十三章，厉里；第十四章，罗世兴；第十五章，石吉金、李娜、钟骁勇；第十六章，卢为民、杨景胜；第十七章，蔡卫民、吕宾。

本书引用了自然资源部自然资源所有者权益司、有关部直属事业单位以及相关领域研究者的研究成果，可能未一一注明，编者在此向他们致以崇高的敬意和衷心的感谢！我们特别邀请了原自然资源部不动产登记中心研究员蔡卫民、湖南省不动产登记中心严洪亮和上海市土地交易事务中心卢为民三位专家承担相关章节的编写，也在此表示感谢。

由于自然资源资产产权制度改革还在探索和推进过程当中，本书的一些思路和研究内容还有待实践检验，肯定存在很多不足之处，恳请读者指正。

目 录

基础篇

产权篇

监管篇

第一章 绪论

第一节 背景分析

一、国内外宏观环境发生深刻复杂变化

（一）国际形势复杂严峻，关键是“做好我们自己的事”

进入新发展阶段，我国发展内外环境发生了深刻变化，在新冠肺炎疫情的冲击下，世界百年未有之大变局加速演进，外部环境更趋复杂严峻和不确定。《中华人民共和国国民经济和社会发展第十四个五年规划和2035年远景目标纲要》（以下简称《纲要》）分析了我国发展的国际环境：“当今世界正经历百年未有之大变局，新一轮科技革命和产业变革深入发展，国际力量对比深刻调整，和平与发展仍然是时代主题，人类命运共同体理念深入人心。同时，国际环境日趋复杂，不稳定性不确定性明显增加，新冠肺炎疫情影响广泛深远，世界经济陷入低迷期，经济全球化遭遇逆流，全球能源供需版图深刻变革，国际经济政治格局复杂多变，世界进入动荡变革期，单边主义、保护主义、霸权主义对世界和平与发展构成威胁。”

当代资本主义在生产资料所有制、劳资关系和分配关系、社会阶层和阶级结构、经济调节机制和经济危机形态、政治制度等方面，都已经或正在发生着深刻的变革。进入21世纪，新科技革命推动生产力不断向广度和深度发展，要求生产资料的资本占有在更大范围内和更高层次上回归其社会化属性，同时在金融危机、逆全球化潮流和新冠肺炎疫情全球化蔓延的多重影响下，资本主义国家普遍面临经济增长缓慢和贫富两极分化的发展困境，“国家干预主义”重新兴起，国家垄断资本的控制力和影响力不断增强。

在资源环境领域，全球面临气候变化、生物多样性丧失、环境污染三大危机，给人类的生存和发展带来重大风险，绿色发展逐渐成为人类社会的共识。联

合国环境规划署 2021 年 2 月发布的《与自然和平相处》报告指出，地球面临着气候变化、生物多样性遭破坏及污染问题三大危机，人们必须改变与自然的关系。联合国经济和社会事务部 2020 年 7 月发布的《2020 年可持续发展目标报告》指出，2030 年可持续发展目标遭遇严峻挑战，到 2030 年实现 17 个可持续发展目标的进展在 2019 年底已经落后于既定计划，其中，气候和环境危机未能缓解，主要温室气体浓度持续上升，全球平均气温比工业化前升高了 1.2℃，日益逼近《巴黎协定》所设立的 1.5℃ 的升温上限；生物多样性丧失没有停止，2015~2020 年，全球平均每年损失 1000 万公顷森林。全球治理的制度建设仍然滞后，生物多样性谈判进程缓慢，治理赤字明显，政策目标落实情况欠佳。特别是在国际社会应对共同挑战的过程中，居于主导核心地位的西方大国不仅不愿意承担治理责任，反而强化自身利益、阻碍其他国家参与全球治理，恶化了全球治理的政治环境。

在自然资源领域，我们要贯彻党中央关于生态文明建设的要求，推动绿色发展，促进人与自然和谐共生，特别是全面提高资源利用效率，健全自然资源资产产权制度和法律法规，推进国有自然资源资产治理体系和治理能力现代化，为经济社会发展提供强大的物质基础。

（二）中国生态文明建设助力创造人类文明新形态

我国正处于实现中华民族伟大复兴的关键时期。党的十九大提出，到 2035 年，基本实现社会主义现代化；到 21 世纪中叶，把我国建成富强民主文明和谐美丽的社会主义现代化强国，实现国家治理体系和治理能力现代化，成为综合国力和国际影响力领先的国家，全体人民共同富裕基本实现。《纲要》进一步分析了我国的发展环境，提出了发展目标。党中央判断，当前和今后一个时期，我国发展仍然处于重要战略机遇期，但机遇和挑战都有新的发展变化。《纲要》指出：我国已转向高质量发展阶段，制度优势显著，治理效能提升，经济长期向好，物质基础雄厚，人力资源丰富，市场空间广阔，发展韧性强劲，社会大局稳定，继续发展具有多方面优势和条件。同时，我国发展不平衡不充分问题仍然突出，重点领域关键环节改革任务仍然艰巨，创新能力不适应高质量发展要求，农业基础还不稳固，城乡区域发展和收入分配差距较大，生态环保任重道远，民生保障存在短板，社会治理还有弱项。对于发展目标，《纲要》提出，在“十四五”时期要实现“生态文明建设实现新进步。国土空间开发保护格局得到优化，生产生活方式绿色转型成效显著，能源资源配置更加合理、利用效率大幅提高”等；到 2035 年，要基本实现社会主义现代化，生态文明建设将“广泛形成绿色生产生活方式，碳排放达峰后稳中有降，生态环境根本好转，美丽中国建设目标基本实现”。

生态文明是我国创造人类文明新形态的主要领域之一，是与物质文明、政治文明、精神文明、社会文明整体推进、全面发展的，实现人与自然和谐共生是人类文明新形态的鲜明特质之一。党中央强调，生态文明建设是关乎中华民族永续发展的根本大计，党从思想、法律、体制、组织、作风上全面发力，全方位、全地域、全过程加强生态环境保护，美丽中国建设迈出重大步伐，但也指出，生态文明建设仍然是一个明显短板，资源环境约束趋紧、生态系统退化等问题越来越突出，如果不抓紧扭转生态环境恶化趋势，必将付出极其沉重的代价。① 这凸显了生态文明建设的重要性和艰巨性。

二、我国从资源管理进入到资产管理

党的十八大以来，我国在习近平生态文明思想的科学指引下，生态环境保护从认识到实践都发生了历史性、转折性、全局性变化，体现在自然资源管理领域，突出的标志是党中央提出了健全自然资源资产产权制度和健全国家自然资源资产管理体制的命题，自然资源管理深化为自然资源资产管理。

（一）健全自然资源资产产权制度是坚持和完善社会主义基本经济制度与生态文明制度的重要任务

坚持和完善社会主义基本经济制度，是我国经济领域改革的主线。党的十九届四中全会提出了社会主义基本经济制度：“公有制为主体、多种所有制经济共同发展，按劳分配为主体、多种分配方式并存，社会主义市场经济体制。”自然资源资产产权制度不仅是生产资料社会主义公有制的重要组成部分，也是社会主义市场经济体制的关键环节。产权是所有制的核心和主要内容②，产权制度是社会主义市场经济的基石③，改革开放以来，我国经济改革主要围绕所有制结构变革和经济管理体制及运行机制这两个层面进行，大体经历了农村经营管理体制—城市企业经营机制—国有资产管理体制—建立现代产权制度的过程，并延伸至健全自然资源资产产权制度和国家自然资源资产管理体制。1984 年，党的十二届三中全会通过的《中共中央关于经济体制改革的决定》提出，要“增强企业的活力，特别是增强全民所有制的大、中型企业的活力，是以城市为重点的整个经济体制改革的中心环节”。2002 年，党的十六大报告要求：“坚持和完善基本经济制度，深化国有资产管理体制改革。”2003 年，党的十六届三中全会通过的

---

① 《中共中央关于党的百年奋斗重大成就和历史经验的决议》（2021 年 11 月 11 日中国共产党第十九届中央委员会第六次全体会议通过）。

② 《中共中央关于完善社会主义市场经济体制若干问题的决定》（中国共产党第十六届中央委员会第三次全体会议 2003 年 10 月 14 日通过）。

③ 《中共中央 国务院关于完善产权保护制度依法保护产权的意见》（2016 年 11 月 4 日）。

《中共中央关于完善社会主义市场经济体制若干问题的决定》提出，要“建立归属清晰、权责明确、保护严格、流转顺畅的现代产权制度”“建立健全国有资产管理和监督体制”“建立健全国有金融资产、非经营性资产和自然资源资产等的监管制度”，这是在党的全会重要文件中首次提出“自然资源资产”的概念。2013 年，党的十八届三中全会通过的《中共中央关于全面深化改革若干重大问题的决定》一方面继续要求健全现代产权制度，另一方面在党的全会文件中首次提出要健全自然资源资产产权制度和用途管制制度，健全国家自然资源资产管理体制，统一行使全民所有自然资源资产所有者职责。2017 年，党的十九大报告要求：“经济体制改革必须以完善产权制度和要素市场化配置为重点”“完善各类国有资产管理体制”。2020 年，党的十九届五中全会通过的《中共中央关于制定国民经济和社会发展第十四个五年规划和二〇三五年远景目标的建议》提出要“健全自然资源资产产权制度和法律法规”。2022 年，党的二十大报告要求“构建高水平社会主义市场经济体制”，其中指出“完善产权保护、市场准入、公平竞争、社会信用等市场经济基础制度”。

自然资源资产产权制度是生态文明制度体系的重要内容。2015 年中共中央、国务院印发《生态文明体制改革总体方案》，提出构建以八项制度为主体的生态文明制度体系，其中自然资源资产产权制度是首个制度。党的十九届四中全会将“生态文明制度体系”概括为：实行最严格的生态环境保护制度、全面建立资源高效利用制度、健全生态保护和修复制度、严明生态环境保护责任制度。自然资源资产产权制度是“全面建立资源高效利用制度”当中的内容。

（二）健全国家自然资源资产管理体制是健全自然资源资产产权制度的重要内容

2013 年，习近平总书记在党的十八届三中全会所作的《关于〈中共中央关于全面深化改革若干重大问题的决定〉的说明》对国家自然资源资产管理体制与自然资源资产产权制度的关系作了明确定位，指出“健全国家自然资源资产管理体制是健全自然资源资产产权制度的一项重大改革，也是建立系统完备的生态文明制度体系的内在要求”。并且对健全国家自然资源资产管理体制的背景、目的和思路作了说明：“我国生态环境保护中存在的一些突出问题，一定程度上与体制不健全有关，原因之一是全民所有自然资源资产的所有权人不到位，所有权人权益不落实。针对这一问题，全会决定提出健全国家自然资源资产管理体制的要求。总的思路是按照所有者和管理者分开和一件事由一个部门管理的原则，落实全民所有自然资源资产所有权，建立统一行使全民所有自然资源资产所有权人职责的体制。”

2015 年，中共中央、国务院印发的《生态文明体制改革总体方案》在“二、健全自然资源资产产权制度”中列举了5项内容：建立统一的确权登记系统；建立权责明确的自然资源产权体系；健全国家自然资源资产管理体制；探索建立分级行使所有权的体制；开展水流和湿地产权确权试点。其中，“健全国家自然资源资产管理体制”的内容是“按照所有者和监管者分开和一件事情由一个部门负责的原则，整合分散的全民所有自然资源资产所有者职责，组建对全民所有的矿藏、水流、森林、山岭、草原、荒地、海域、滩涂等各类自然资源统一行使所有权的机构，负责全民所有自然资源的出让等”。

2017年，党的十九大报告在“九、加快生态文明体制改革，建设美丽中国”“（四）改革生态环境监管体制”中提出：“加强对生态文明建设的总体设计和组织领导，设立国有自然资源资产管理和自然生态监管机构，完善生态环境管理制度，统一行使全民所有自然资源资产所有者职责，统一行使所有国土空间用途管制和生态保护修复职责，统一行使监管城乡各类污染排放和行政执法职责。”

第二节　研究综述

一、国外研究

西方学界对公有产权和公有资产管理的研究源远流长，但研究广度和深度相对私有经济明显不足，比较深入的研究主要集中在公有产权的负外部性等否定性观点以及少量的国有资产管理研究上。原因是，在西方经济学发展史中，虽然国家干预主义与经济自由主义两大思潮交替占先，但强调“私有制是自由最重要的保障”① 的自由主义长期占据主流位置，学术界极少研究国有资产及其管理问题。以“凯恩斯革命”为代表的国家干预主义主张扩大政府机能，限制私人经济，由国家对社会经济活动进行干预和控制，其主要在20世纪中期盛行，20世纪后期新经济自由主义卷土重来，直至21世纪初的次贷危机又使新凯恩斯主义盛行。

（一）公有产权研究

一是关于公有产权与权属结构的关系研究。20世纪上半叶，国外经济学文献多采用“两分法”将自然资源产权权属结构分为私有产权、共有产权（Common Property），如1954年加拿大经济学家斯科特·戈登（H. Scott Gordon）在其

① 弗里德里希·冯·哈耶克．通往奴役之路［M］．王明毅，冯兴元，等译．北京：中国社会科学出版社，1997.

关于渔业资源的论文[①]中将产权结构划分为私有产权和共有产权。到 20 世纪七八十年代，许多学者认为两分法过于简单，不能区分国有产权、集体产权等权属，于是提出了“四分法”：国有产权、私有产权、共有产权和开放利用[②]，其中开放利用是指产权对任何人开放，在资源利用方面没有限制。

二是关于公有资产的负外部性研究。早期的经济学代表人物如亚里士多德、休谟、威廉·福斯特·里奥德（William Forster Lloyd）纷纷作出了无产权的公地易遭受滥用的论断。亚里士多德断言：一件事物为越多的人共有，人们对它的关心就会越少。人们最关心的是自己的事物，对公共事物则很少顾及。或者说，对于公共的一切，他们至多只关心其中与个人利益相关的事物。[③] 休谟形容在一个有公共物品或服务存在的经济社会中，“搭便车”的现象不可避免。威廉·福斯特·里奥德提出了一个关于公地的理论，认为公共财产会被不计后果地使用。

到 20 世纪 60 年代，西方又先后形成了三个有较大影响力的公共事物悲剧的模型，即科斯的《社会成本问题》、奥尔森的《集体行动的逻辑》以及哈丁的《公地悲剧》。三个模型表明，产权缺失或者界定不清均使理性人在现实中表现为对公共利益不关注、对公共产品不爱护，并产生“搭便车”问题。1968 年英国学者哈丁（Garrett Hardin）首次提出了“公地悲剧”（Tragedy of the Commons）的概念[④]，认为公有产权的特性会导致资源被破坏和过度利用。1990 年，美国经济学家埃莉诺·奥斯特罗姆（Elinor Ostrom）提出了“公共池塘资源”（Common-pool Resources）概念，认为大量的公共产品并非纯粹的公益物品（不可排他，共同享用），也不同于可以排他、个人享用的私益物品，同时也有别于收费物品（Toll Goods）或者俱乐部物品（Club Goods）（可以排他，共同享用），而是公共池塘资源，它是一种人们共同使用整个资源系统但分别享用资源单位的公共资源，在这种资源环境中，理性的个人可能导致资源使用拥挤或者资源退化的问题。她在大量的实证案例研究基础上，提出了自主组织和治理公共事物的制度理论。

对于自然资源外部性治理，西方国家认为政府除了征税、界定产权，重要且最常用的措施是行政管制（也称社会性管制），即制定各种行政法规来解决外部性问题。

---

① H. Scott Gordon. The Economic Theory of a Common-Property Resource：The Fishery ［J］. Journal of Political Economy，1954，62（2）.

② 埃里克·弗鲁博顿，鲁道夫·芮切特. 新制度经济学——一个交易费用分析范式［M］. 姜建强，罗长远，译. 上海：格致出版社，上海三联书店，上海人民出版社，2015.

③ 亚里士多德. 政治学［M］. 高书文，译. 北京：中国社会科学出版社，2009.

④ Hardin G. The Tragedy of the Commons［J］. Science，1968：162（3）.

三是关于共有产权在自然资源可持续利用方面具有效率与有效性的研究。共有产权是一种区别于国家所有或个体私人所有，而由部分人或集体所有的产权制度，其特征是，所有的产权主体都不能唯一地拥有物品，每个人都不能作为完整的产权人与他人交易物品。国有产权则不同，虽然国家是虚拟的产权的主体，但是国家的代理人政府可以作为产权的主体参与产权交易。埃莉诺·奥斯特罗姆介绍了瑞士的托拜尔，日本的平野庄、中生庄、良木家庄，以及西班牙的韦尔塔，这些地区针对土地、草场、水体等自然资源均实行共有产权制度。[①] 丹尼尔·科尔介绍了英格兰的开放田野制度、南美安第斯山脉的共有田野农业、日本入会地的共有土地以及土耳其渔业资源上的共有权利。[②] 这些学者认为共有产权与哈丁所讲的公地是有区别的。公地的特征是不具有排他性，没有正式或非正式制度的管制，任何人都可以自由获取；哈丁所描述的“公地悲剧”其实是自由获取的悲剧。而共有产权不仅具有排他性，而且还受正式制度或者非正式的约定习俗的管制。

（二）关于国有资产管理研究

西方经济学关于国有资产管理研究主要集中在国有资产存在的必要性、国有资产规模影响及国有资产管理“委托—代理”机制等方面。

一是关于国有资产存在的必要性研究。经济学权威人物亚当·斯密和萨伊都充分肯定国家应当承担必不可少的公共职能，其中就包括必然要体现为国有资产的公共工程。A. C. Pigou 在其《福利经济学》中研究阐发了垄断条件下政府干预理论，认为通过国家干预可以增加社会经济福利。Scharfstein 认为国有资产在较多领域的存在具有一定合理性。休·史卓顿等著的《公共物品、公共企业和公共选择》指出：“在许多产业中，公有制和私营制可能同样有效率。”特别是对于经营性国有资产，国外学者达成共识：①市场经济国家应该有一定规模的国有企业。阿尔奇安（1969）提出，如果人们不希望自己的行为付出更多的成本，就得求助于政府行为。2008 年金融危机爆发后，巴菲特（2009）认为，资本主义国家也应该有具有市场竞争性的国有企业，以适当地调整市场经济的自发性带来的不良后果。②由于多个部门管理国有企业会造成低效率，因此经营性国有产权的主体应当单一。

二是关于国有资产规模的影响研究。Plane（1992）基于 45 个发展中国家的经济数据进行研究发现：国有经济规模对整个国民经济增长具有负面影响，国民

① 埃莉诺·奥斯特罗姆．公共事物的治理之道：集体行动制度的演进［M］．余逊达，陈旭东，译．上海：上海译文出版社，2012.

② 丹尼尔·H. 科尔．污染与财产权：环境保护的所有权制度比较研究［M］．严厚福，王社坤，译．北京：北京大学出版社，2009.

经济增长与国有企业规模增长之间呈负相关关系。与此相反，Weiss（1997）基于31个发展中国家的国有企业数据进行研究发现，国有企业规模对一个国家或地区的经济增长的实际效果并不是负面的。Doamekpor以28个发展中国家、9个发达国家为样本进行研究发现，国家的发展程度不同，国有经济对其经济发展的贡献率呈现明显差别：一般而言，在发达国家，国有经济规模对经济增长具有负面影响；在发展中国家，国有经济规模对国民经济能起到正面促进作用。

三是关于国有资产管理“委托—代理”机制研究。H. Demsetz（1967）认为，政府通过掌控并经营国有资产可以尽可能地排除任何形式的个人因素，依据一定规则对国有资产进行配置，能够实现国有资产增值、维护公众利益。Ross（1973）、Hart（1988）认为，代理人在进行决策时可能偏重于把握控制权，很难将增进委托人利益作为经营决策的首要因素加以考虑，这就极可能导致多数代理人在控制和处置特定资源时产生道德风险。Alan和Mccznn（1992）认为，企业的产权结构在很大程度上决定其资产的代理成本，鉴于此，就需要建立起基于“委托—代理”关系的较为完善的激励约束机制，以便降低“委托—代理”成本。Royston Greenwood（2003）从公司的产权归属角度出发，认为通过构建所有权和控制权之间的有机融合机制，可以有效降低“委托—代理”成本。

二、国内研究

（一）关于自然资源产权的研究

1. 马克思主义产权理论研究

从产权角度研究马克思主义开始于20世纪80年代，到20世纪90年代至21世纪前10年，逐渐形成比较系统的观点，比较早的如刘诗白、张军、黄少安等在关于产权的论著中探讨了马克思主义产权理论①，其后比较有代表性的经济学家包括吴易风、吴宣恭、刘伟、林岗和张宇等。对马克思有没有产权经济思想问题的回答，大致有几种观点：第一种，马克思有科学而系统的产权经济理论；第二种，马克思没有自己系统的产权理论，所研究的主要是“所有制理论”；第三种，马克思的产权思想虽不系统，但很丰富，涵盖了产权理论的大部分领域。经过近十多年来的争鸣、讨论，国内大部分学者认为，虽然马克思很少使用“产权”这一概念，但他频繁使用的“所有权”和“所有制”等概念在内涵和外延上与现代西方新制度学派的“产权”概念相当接近。学者们比较一致的看法是，马克思所讲的产权是指在社会结构中处于不同位置的个人或群体围绕

① 刘诗白．产权新论［M］．成都：西南财经大学出版社，1993；张军．现代产权经济学［M］．上海：上海三联书店，1994；黄少安．产权经济学导论［M］．济南：山东人民出版社，1995.

财产形成的权利、责任和利益关系。产权具有两重属性；它是一种经济关系，属于客观存在的经济基础范畴，是通过对财产的占有和处置形成的一定的经济利益关系；它又是一种法律关系，属于上层建筑的范畴，是一种受到法律承认和保护的法权。

吴易风和关雪凌于2010年的专著《产权理论与实践》，系统梳理和比较了马克思主义产权理论与西方产权理论，全面介绍了20世纪80年代以来世界范围内三种类型的产权改革，总结了我国国有企业改革实践并提出了改革原则和政策建议，认为马克思产权理论是社会科学史上第一个系统的产权理论，西方产权理论在方法论、理论基础、论证过程和基本结论方面存在局限性。吴易风认为，马克思既充分研究了所有制，又充分研究了产权。按照马克思的观点，产权是所有制关系的法的观念。产权是法律范畴，是关于财产归属的法律制度。这种法律制度是以所有制为基础的，它的性质是由所有制的性质决定的，是特定所有制关系在法律制度上的反映。所有制是经济范畴，是关于生产资料归属的经济制度。

吴宣恭等认为，马克思主义从客体和主体两个方面研究了产权关系，也从这两个方面界定了产权的内涵。随着社会生产力的发展，产权客体（一定的财产）存在形态趋于多样化，使产权的种类越来越多样化，产权关系越来越复杂化。产权主体指与财产相关的经济责任、权力、利益的担当者、管理者、承受者，包括不同的阶级、阶层、社会集团和个人，存在着不同的组合。马克思主义依据不同阶级或集团在社会经济关系中的地位和作用，确定不同产权主体及其产权关系的性质和状况，以及不同主体的权力、职能、作用以及它们相应地带来的利益，研究这些产权关系对生产、交换和分配的影响。①

刘伟和李风圣认为，马克思的产权概念就是与所有制相联系的所有权，马克思对所有权的分析，是在私人所有权、市场机制中可交易的法权、资本权利三个层次上展开的。马克思所讲的产权是一种以私人间的排他性来界定“所有”的、可以进行市场交易的并在市场交易运动中不断增值的财产权。马克思还区分了广义和狭义的所有权及所有制。②

黄少安于2012年出版了《产权理论比较与中国产权制度变革》，论证了“所有”的制度都是关于权利的制度，对比分析了马克思主义产权理论与现代西方产权理论，认为马克思的《资本论》有两条主线，明线是资本和剩余价值理论，暗线是其中蕴含的产权理论。与其说《资本论》的研究对象是生产关系及

---

① 吴宣恭等．产权理论比较——马克思主义与西方现代产权学派［M］．北京：经济科学出版社，2000.

② 刘伟，李风圣．产权通论［M］．北京：北京出版社，1998.

其发展规律，不如说是以产权制度为核心的经济制度及其演变规律，主要是批判资本主义产权制度即资本家私有制。认为剩余价值的产生、实现和分配与产权息息相关，实质上是关于产权的占有、支配和使用以及伴随而来的收益问题。从横向来看，《资本论》理论体系的各个部分也没有离开产权问题。劳动价值论是整个理论体系的基础，其实也是一个预设的价值判断——既然价值是通过劳动创造的，那么应该归劳动者所有，这隐含了产权分配的一个依据，同时隐含了资本主义分配的不合理性。剩余价值理论是分析资本家阶级内部的产权分配问题。积累和经济危机理论认为，由于产权分配的不合理以及这种不合理的积累和加剧，必然打破资本主义经济运行的均衡。①

另外，关于马克思主义土地产权理论的研究也是该领域的重点研究内容，相关专著如《马克思主义土地产权理论及其在中国的实践研究》（詹王镇，2015）、《马克思土地产权理论及其中国化研究》（唐建兵，2017）。

2. 我国产权制度研究

中华人民共和国成立以后我国关于产权的研究始于所有制问题的探讨，改革开放前的研究成果较少，较有代表性的如H. 阿尼西莫夫的《苏联全民所有制和合作社集体农庄所有制》、张卓元的《关于人民公社向全民所有制过渡问题的探讨》、张锡昌的《关于农村人民公社所有制性质问题的讨论》、吴敬琏和陈吉元的《关于社会主义全民所有制的几个问题》。20 世纪 80 年代，关于国有企业所有制的研究呈现出井喷之势，主要集中于对改革开放前所有制的反思、集体所有制及全民所有制改革、经济管理体制改革与所有制的关系、收入分配改革与所有制的关系、企业所有制改革等方面。相关论文有薛暮桥的《论社会主义集体所有制》、董辅礽的《关于我国社会主义所有制形式问题》、刘诗白的《试论经济改革与社会主义全民所有制的完善》、于光远的《改革中国家所有制的命运》和《对企业所有制发展前途的思考》等。

20 世纪 80 年代后期，关于国家所有权及其实现形式的研究特别是国有资产所有权与经营权的关系逐渐成为研究重点，并开始从宏观层面探讨国有资产所有者职能与政府社会管理职能分开的国有资产管理体制。关于企业在国有资产管理体制中的地位的探讨，突出的代表是蒋一苇的“企业本位论”，强调企业的“独立性”和“独立的经济利益”，而不是“相对独立”。随着国有企业改革的深入，人们开始认识到国有企业改革已经不能局限于所有权与经营权的分配上，而需要进行产权改革，有一批学者从产权和所有制相区别的角度提出产权概念。如常修泽发表的《建立企业产权市场和经营权市场的构想》《产权市场论》《经营权市

① 黄少安．产权理论比较与中国产权制度变革［M］．北京：经济科学出版社，2012.

场论》，唐丰义发表的《应当变革传统的产权观念》等文章，指出国有企业改革以所有制变革进入产权关系变革，是一个有实质性意义的发展。其后人们对于产权的内涵、运行机制等进行了较为广泛的争论。这些观点为国有资产管理体制进一步改革做了理论上的准备。

在国有产权研究领域比较有代表性的研究成果包括《论国家所有权》（佟柔，1987，论文集）、《国家所有权研究》（王利明，1991，专著）、《论我国国家所有权制度发展中的若干问题》（龙翼飞，1991，博士论文）、《国家所有权的法律神话》（王军，2003，博士论文）、《国家所有权行使论》（黄军，2005，博士论文）、《转型时期的国家所有权问题研究》（张建文，2008，专著）、《广义产权论》（常修泽，2009，专著）、《国有产权监督论：基于政府经济效率的分析》（江龙，2016，专著）、《宪法上国家财产所有权的行使机制研究》（莫静，2017，博士论文）、《所有制改革与创新——中国所有制结构改革 40 年》（常修泽，2018，专著）等。

民法学家佟柔主编的《论国家所有权》是当前可以查到的最早的一本以国家所有权命名的著作，选编了当时法学界关于国家所有权的 13 篇有代表性的论文，议题主要集中在国家所有权的本质问题和内部结构（权能）问题上，讨论如何将所有权与经营权适当分开，建立适应我国有计划的商品经济需要的财产权制度。其中，赵万一撰写的《论委托经营权》提出在国家与国有企业的委托代理财产权关系中，国家享有所有权，包括占有、使用、收益、处分和委托经营五项权能。王利明的《国家所有权研究》是我国第一本系统地研究社会主义国家所有权问题的专著，研究了国家所有权的概念、法律特征、起源、发展及本质、主体和本质、内在结构，探讨了国家所有权与企业法人所有权、国家所有权与债权、国家所有权与经济民主、国家作为民事主体与国家所有权、国家所有权的民法保护等问题；认为公有制国家的国家所有权是指社会全体成员共同占有生产资料的所有制形式在法律上的反映，是指公有制社会的国家为了全体人民的利益对全民共同占有的财产享有的占有、使用、收益和处分的权利；提出国有资产债权化既是改革的一个重要基本趋势，也是深化改革的一个重要步骤。龙翼飞博士的《论我国国家所有权制度发展中的若干问题》研究了我国社会主义国家所有权制度建立的必然性和发展的方向、国家所有权的界定和国有资产管理制度、正确认识股份制在国家所有权制度改革中的作用和国有土地使用权有偿化改革四个基本问题。张建文的《转型时期的国家所有权问题研究》梳理了改革开放以来关于国家所有权问题研究的成果，认为国家所有权制度是为了完成国家公共任务的制度性安排，公共性是其本质属性，应当按照传统大陆法系国家的国家所有权客体双重结构模式，重构我国国家所有权制度。黄军博士的《国家所有权行使论》

认定国家所有权是私法上的概念，具有私法的特性，同时认为国家所有权具有公共性：一是主体的公共性，即国家本身就是一个公共性的概念；二是使用的公共性，尤其是在公有物和公用物上；三是指终极目的的公共性，即国家所有权的存在是为公众谋福利，公共福祉是国家所有权行使的价值目标。江龙所著的《国有产权监督论：基于政府经济效率的分析》分析了国有产权监督的理论、机制、制度安排等，其中探讨了国有产权的委托代理问题，认为委托人目标多元、国有企业委托人双重角色、国有产权结构特殊性等问题必须解决。

3. 自然资源产权制度的综合研究

关于自然资源产权的探讨开始于20世纪90年代中后期，研究文章包括《自然资源产权管理和运行的市场经济模式》（钱阔和黄元，1994）、《论我国自然资源产权制度的改革》（陈安宁，1994）、《资源性资产产权登记若干问题研究》（谢秀芳，1996）、《增强国有资源性资产的产权意识》（曾映鹃，1997）、《论中国自然资源产权制度的经济理性》（肖国兴，1997）、《中国产权制度对资源利用影响的研究》（陈屹松，1999）等。其中，钱阔和黄元的《自然资源产权管理和运行的市场经济模式》分析了当代国际上自然资源产权运行的三种模式，提出我国自然资源产权要建立市场结构和运行机制，土地、矿产、森林等自然资源要实行商品化经营，实行有偿使用，借助金融业建立土地、矿产、森林等自然资源市场，自然资源勘查部门和自然资源企业要转换机制，加强对土地、矿产、森林等自然资源市场的宏观调控等。陈安宁的《论我国自然资源产权制度的改革》探讨了自然资源产权的概念和功能，评价了我国传统自然资源产权制度，分析了我国自然资源产权制度改革的现状，提出了我国自然资源产权制度未来改革的设想，认为改革的基本思路要从三方面展开：严格界定各自然资源产权权能的界限，使各产权主体人格化；调整不合理的自然资源的产权结构，减少现体制中生产的外部性；确立符合市场经济体制的自然资源的流转制度。谢秀芳的《资源性资产产权登记若干问题研究》研究了资源性资产产权登记的概念、作用和意义以及依据、权属纠纷和集体资源性资产等若干问题。曾映鹃的《增强国有资源性资产的产权意识》认为，国有资源性资产的产权属于国家，分析了国有资源性资产收益的内涵与资产流失问题，提出国有资源性资产的产权管理，包括开展产权界定、建立资产价格评估方法、培育产权市场等。陈屹松的《中国产权制度对资源利用影响的研究》认为，我国自然资源产权制度的基本特征是以法律形式明确规定了自然资源的社会主义公有制和自然资源产权关系的多样化，分析了自然资源公有制对资源利用的影响，提出了完善我国自然资源产权制度的基本思路，即调整制度权力结构及运作方式，实行自然资源所有权与使用权的合理有效分离，综合运用经济、法律和政策工具，改革自然资源管理体制。

到21世纪前十年，出现了自然资源产权制度研究专著，如《可持续发展与中国自然资源物权制度之变革》（桑东莉，2006）、《我国自然资源产权制度构建研究》（刘灿，2009）、《资源权论》（金海统，2010）、《中国自然资源国家所有权制度研究》（邱秋，2010）、《自然资源物权法律制度研究》（黄锡生，2012）、《自然资源物权法律制度研究》（崔建远，2012）、《生态文明背景下的自然资源国家所有权研究》（施志源，2015）、《健全自然资源产权制度研究》（洪旗等，2017）、《国有自然资源特许使用权研究》（张牧遥，2018）等。这一系列著作研究了中国自然资源物权制度的性质、内涵、结构和制度框架等。如桑东莉的《可持续发展与中国自然资源物权制度之变革》提出中国自然资源物权制度的理性变革应以自然资源市场配置为方向，以自然资源公共所有权为主导，以推动自然资源利用权交易为重心，做好自然资源物权的合理初始分配和政府干预的理性退让。刘灿的《我国自然资源产权制度构建研究》提出，我国自然资源产权结构应由所有权、使用权和交易权构成，我国自然资源产权法律制度安排存在三大问题，即没有明晰自然资源的产权主体、使用权安排失效、交易权安排和买卖制度缺失，认为自然资源产权法律体系的核心是民事物权制度，应建立国家、地方、个人共同参与的完善的自然资源产权主体体系，建立完善良好的自然资源配置使用法律制度、自然资源产权交易法律制度、自然资源征用与补偿制度以及自然资源产权回收制度等。黄锡生的《自然资源物权法律制度研究》分析了自然资源与物权的关系、自然资源物权体系，提出了我国自然资源物权法律制度的价值目标、原则和制度设计（所有权制度、用益物权制度、担保物权制度），研究了土地、矿产、野生动物、野生植物、海域五种单项自然资源的物权法律制度。崔建远的《自然资源物权法律制度研究》研究了自然资源所有权的权利性质和归属及行使、野生动物资源所有权、无线电频谱资源所有权，土地储备、林权和海域使用权等典型资源用益物权制度，取水权、狩猎权等准物权新发展及其认识。施志源的《生态文明背景下的自然资源国家所有权研究》阐述了自然资源国家所有权制度的理论基础、基本内涵与法律构成，提出了生态文明背景下完善自然资源国家所有权制度的具体思路，认为完善自然资源国家所有权的运行机制要完善三个方面的具体制度：完善国家自然资源权益保障制度、自然资源用益物权制度和侵犯自然资源权益的法律责任制度。洪旗等所著的《健全自然资源产权制度研究》分析了自然资源、自然资源产权的概念内涵与特征，研究了我国自然资源产权制度的概况（变迁、现状、问题）和国外自然资源产权管理模式，提出了我国自然资源产权制度改革方向、产权体系构建框架及路线图与实现路径，对自然资源产权的统一确权登记制度、交易制度、生态补偿制度、调查评价制度作专章论述，还对水资源及矿产资源产权制度构建进行了研究。张牧遥所著的《国有自然资源特许使用权研究》从公法学角度，对国有自然资源特许使用权的由来、性质、取得、行使、保护等问题进行了系统性研究，书中提出了一些新观点，如将自然资源使用形态分为生存性使用、生态性使用、公共性使用和经济性使用四类。

进入21世纪后还涌现出了大量的自然资源产权制度研究文章，比较有代表性的如《自然资源资产产权制度的发展趋势》（谢高地等，2015）提出，改革开放以来，我国制度变迁总体在向有利于自然资源资产合理配置的方向前进，自然资源资产产权制度归属清晰问题基本得到解决，但自然资源的用益物权还不完备，不同程度上存在着产权不协调、产权发展不平衡、权利边界不清晰、权责不明确、主体地位不平等、利益机制不完善的问题；我国自然资源产权制度改革需要坚持市场化方向，协同建立所有权体系与管理权体系，促进我国自然资源资产产权制度向多要素统筹、追求综合效益、界定产权更加明晰的目标发展。《自然资源资产产权制度的五个基本问题》（谷树忠和李维明，2015）分析了我国自然资源资产产权及其制度的基本内涵、重要性、评价标准、存在问题及改革方向，认为应坚持主体结构合理、产权边界清晰、产权权能健全、产权流转顺畅、利益格局合理的自然资源资产产权制度改革总体方向。

4. 单项自然资源产权制度研究

20世纪90年代，关于单项自然资源产权研究的专著陆续出现，集中在土地、矿产、海洋、水、渔等领域。主要包括以下内容：

土地：《中国农村土地产权制度论》（王琢和许浜，1996）、《中国土地产权制度研究》（王卫国和王广华，2002）、《中国土地权利研究》（王卫国，1997）、《土地上的权利群研究》（崔建远，2004）、《中国城市土地产权制度研究》（汪利娜，2006）、《土地所有权国家独占研究》（刘俊，2008）、《中国农村土地产权问题研究》（高元禄，2009）、《马克思主义土地产权理论及其在中国的实践研究》（詹王镇，2015）、《马克思土地产权理论及其中国化研究》（唐建兵，2017）。

矿产：《中国矿业权法律制度研究》（江平，1991）、《论国家煤炭资源所有权的实现》（肖国兴，1993）、《中国矿业立法研究》（李显冬，2006）、《矿产资源权益理论与应用研究》（朱学义，2008）、《我国矿产资源产权制度改革：理论与实践》（姜鑫民，2012）、《我国矿产资源产权及权益分配制度研究》（潘皞宇，2014）。

水：《水权制度研究》（黄锡生，2005）、《水权解释》（王亚华，2005）、《中国水权制度研究》（王晓东等，2007）、《水资源资产产权制度探索与创新》（陈玉秋，2019）、《水权制度研究——以水权权属关系为中心》（龚春霞，2019）。

海洋：《中国海域物权的理论与实践》（尹田，2004）、《中国海域物权制度研究》(尹田，2004)、《海域使用权研究》(李永军，2006)。

渔：《中国渔业权研究》(孙宪忠，2006)、《论争中的渔业权》(崔建远，2006) 等。

这些专著对相关单项自然资源产权的理论基础、概念内涵、制度建设及改革方案等进行了系统性研究。

5. 关于自然资源国家所有权研究

自然资源国家所有权是自然资源产权领域的研究重点，学者们多从私法与公法领域的分立与合作、自然资源国家所有权与使用权关系等角度展开讨论。

关于自然资源国家所有权的性质与结构，学界大致形成了公法权利说、私法权利说、公私性兼有说、准物权说、国家责任说、特殊财产说、特别私权说、形式私权说、双阶构造说、三层结构说等。代表性成果如：《论国家所有权的法律性质》(陈旭琴，2001)、《论国家所有权的特别私权性——兼谈〈物权法〉对国有资产的立法保护完善》(罗世荣和何磊，2006)、《论我国国家所有权的性质——以所有权观念的二元化区分为视角》(程淑娟，2009)、《论国家所有权理论与实践的当代出路——基于公产与私产的区分》(张力，2009)、《自然资源物权质疑》(谭柏平，2009)、《自然资源国家所有权三层构造说》(王涌，2013)、《自然资源国家所有权公权说》(巩固，2013)、《自然资源国家所有权之国家所有制说》(徐祥民，2013)、《论自然资源国家所有权的宪法规制功能》(王旭，2013)、《自然资源国家所有权双阶构造说》(税兵，2013)、《中国宪法上国家所有的规范含义》(程雪阳，2015)、《行政许可中特许权的物权属性与制度构建研究》(王克稳，2015)、《自然资源国家所有权的公权性质研究》(陈仪，2015)、《中国自然资源国家所有权制度研究》(邱秋，2010)、《生态文明背景下的自然资源国家所有权研究》(施志源，2015)、《自然资源国家所有权的性质反思与制度重构》(王克稳，2019)、《自然资源国家所有权主体的理论诠释与制度建构》(叶榅平，2017) 等。

其中，《中国自然资源国家所有权制度研究》的作者是湖北经济学院法学院教授邱秋，该书以可持续发展为研究视角，对中外自然资源国家所有权制度的历史、现状和发展趋势进行了多部门法的比较研究，提出了完善中国自然资源所有权制度的建议，认为：保障可持续发展已成为当代自然资源国家所有权制度的基本功能之一；片面强调自然资源国家所有权的“物权化”或“泛民法化”不利于中国的可持续发展；解决之道是厘清宪法和民法在规范与保护自然资源国家所有权制度上的不同功能，区分公共自然资源与国有自然资源，通过公法与私法相结合的多元化法律体系，对自然资源国家所有权制度进行综合调整和分类规范。

《生态文明背景下的自然资源国家所有权研究》由福建师范大学法学院教授

施志源所著，从迈向生态文明新时代的要求出发，分析了我国生态文明建设中完善自然资源国家所有权制度的必要性，阐述了自然资源国家所有权制度的理论基础、基本内涵与法律构成，剖析了当前自然资源国家所有权制度实践中的立法现状与现实困境，提出了生态文明背景下完善自然资源国家所有权制度的具体思路。认为自然资源国家所有权制度的设计存在四方面不足：相关法律法规缺乏完整制度构架，自然资源法律保护力度不够、效果不理想；自然资源统一登记制度尚未建立，自然资源产权归属不清晰、权责不明确、监管不到位的现象普遍存在；国家作为自然资源所有者的身份不到位、权益不落实，侵害自然资源国家所有权的现象时有发生；一般民事主体开发利用自然资源的愿望未能得到充分满足。建议完善自然资源国家所有权的运行机制要完善三方面的具体制度：完善国家自然资源权益保障制度、自然资源用益物权制度和侵犯自然资源权益的法律责任制度。

《自然资源国家所有权的理论诠释与制度建构》由上海财经大学法学院教授叶榅平所著，该书分析了自然资源国家所有权的基本理论问题（自然资源国家所有权的内涵、性质、功能和目的等），我国自然资源国家所有权行使现状、问题及原因，提出了建构我国自然资源国家所有权行使制度的思路。认为应坚持我国自然资源国家所有权的双重权能结构，私法权能是其内在规定性内容，公法权能则保障着私法权能的行使不脱离自然资源国家所有权制度的目的和价值轨道。我国自然资源国家所有权行使主要存在资源垄断、资源浪费和环境破坏、资源配置使用收益和生态环境补偿不公、公共资源被私人独占四大问题，原因在于理论与实践中的重大偏差、法律相关规定过于原则、所有权委托—代理问题、忽视生态价值和社会责任、缺乏自然资源顶层设计的决策部门、政府行为缺乏有效规制和缺乏所有权行使民主监督机制七个方面。建议我国自然资源国家所有权制度建构应包括六方面内容：理论更新及行使原则、行权主体及职责权限、公法权能与私法权能、所有权客体制度、行权方式、民主监督制度。

（二）关于自然资源资产管理研究

1. 关于国有资产管理研究

从 20 世纪 90 年代开始，我国国有资产管理形成一批研究成果，主要著作包括：《国有资产管理与经营》（李波和陶长有，1996）、《构建新的国有资产管理体制》（魏杰，1998）、《国有资产监管与营运》（郑树生，2000）、《国有资产管理概论》（黄少安，2000）、《中国国有资产管理体制改革构想》（王中新和曹钢，2001）、《创建国有资产管理新体制》（邵秉仁，2003）、《国有资产管理学》（毛程连，2005）、《国有资产管理》（刘玉平，2008）、《中国国有资产管理体制改革研究——基于国有资本性质和特点的视角》（闵乐，2017）、《国有资产管理学》

（庄序莹和毛程连，2020）等，其中，比较有代表性的是《构建新的国有资产管理体制》和《创建国有资产管理新体制》。

魏杰的《构建新的国有资产管理体制》以经营性国有资产管理体制改革为重点，比较系统地研究了新的国有资产管理体制的构建，并阐述了行政事业性和资源性的国有资产管理。其中，辨析了资产、产权相关概念内涵，分析了国有资产的委托代理制，认为资源性国有资产管理存在众多问题：国家的自然资源所有者地位模糊，产权虚置或被弱化，所有权被条块和部门分割；国有自然资源无偿使用，国有资产收益大量流失，资源耗竭得不到补偿；自然资源产权缺乏明确界定。提出了八项资源性国有资产管理目标：一是将国有资源由事业型运作机制转变为经营型运作机制；二是构建与社会主义市场经济体制相适应的管理模式；三是达到产权清晰、权能结构合理；四是国家所有权得到维护，并在经济上得到实现；五是经营者能自主经营，进入市场；六是资源性资产的开发利用合理、高效、节约；七是强化投入，配置优化，实现资源、环境、生态一体化，走向良性发展道路；八是成为壮大中央和地方财政的杠杆，使我国的社会、经济快速、健康、稳定和可持续发展。

邵秉仁的《创建国有资产管理新体制》对我国国有资产管理体制的演进过程、存在问题、改革思路、体制创新、管理措施以及政策选择，都进行了全面而深刻的阐述，明确构建了社会主义市场经济条件下国有资产管理新体制的框架，具体阐述了在新体制框架下如何实施国有资产的管理、营运和监督等问题。该书对自然资源资产管理也进行了阐述，认为资源性国有资产有四方面的地位和作用：国家主体的体现、促进市场经济发展的重要因素、国民经济可持续发展的保证、我们赖以生存和发展的物质条件。自然资源转化为资源性资产有四个条件：构成社会生产要素或劳动对象，可以为企业所拥有、占有或控制，可以以产权形式流转，能够产生经济效益。资源性资产有四个特征：天然性、有限性、可计量性、国家垄断性。资源性资产管理存在四个问题：资产化程度很低、资源性产品价格过低、管理体制不完善、执法体制不完善。提出了加强资源性国有资产管理的五条基本原则：健全法制、依法管理，统一所有权、明晰产权、落实经营权，综合开发和整体优化，统一规划和因地制宜相结合，大力培育产权市场。

2. 关于自然资源资产管理综合研究

一般认为，我国自然资源资产的研究以 20 世纪 80 年代的资源经济学编译和自然资源价格理论研究为先声。1984 年，中国农业科学院牛若峰研究员以美国《自然资源经济学》（1979）和苏联《自然资源利用经济学》（1982）为基础编写了《资源经济学和农业自然利用的经济生态问题》。1993 年之前，倪祖彬先生、刘书楷教授、许涤新先生等先后编写了一些有关资源经济问题的著作。到目前为止，关于自然资源资产综合管理的专著并不多，公开的研究成果主要是期刊论文。该领域的专著如《资源资产论》（姜文来和杨瑞珍，2003）、《自然资源资产化管理——可持续发展的理想选择》（钱阔和陈绍志，1996）、《国土资源资产与市场》（苏讯，2004）、《资源与环境资产管理及其财税对策》（孙亦军，2009）、《生态文明视角下的自然资源管理制度改革研究》（马永欢等，2017）等。关于自然资源资产价格与核算研究专著也形成了一些成果，如《自然资源核算初探》（李金昌，1990）、《资源核算论》（李金昌，1991）、《自然资源核算研究》（王志雄，1995）、《资源价格》（刘文等，1996）、《资源利用与环保中的价值补偿问题》（孙毅，1999）、《资源会计研究》（许家林，2000）、《非再生资源开发中价值补偿的研究》（张云，2007）等。

钱阔和陈绍志的《自然资源资产化管理——可持续发展的理想选择》是国内较早系统研究自然资源资产化管理的专著，该书分析了我国自然资源的态势及管理中存在的主要问题，提出"对自然资源实行资产化管理是摆脱我国资源困境的根本出路"，论述了自然资源资产化管理的理论基础，提出了自然资源资产化管理的内涵、目标、原则及基本要求，专章研究了资源性资产运营的管理、自然资源核算，并且初步研究了包括森林、矿产、海洋和海岸带、土地四类自然资源的资产化管理，最后还研究了海外自然资源资产化管理及国外矿产资源资产化管理经验，认为我国自然资源管理存在六大主要问题：三权（所有权、行政权、经营权）混淆，以行政权、经营权管理代替所有权管理；对自然资源的无偿开发和利用，导致了自然资源的重采重用而轻保护和管理；对自然资源的无偿使用，导致综合利用效果差，经济效益不佳；国有资产大量流失；保护、综合利用资源的工作难以实现；自然资源工程的建设和维护难以进行。提出自然资源资产化管理的三大特征：确保所有者权益、自我积累增值性、产权的可流转性。提出了我国自然资源资产化管理的目标、原则、基本要求、步骤、基础工作等总体构想，提出了自然资源资产化管理四大目标：适当分离所有权和经营权，使国家对自然资源的所有权在经济上得到实现；使自然资源的培育、保护和发展良性循环，使资源业的经济效益、生态效益和社会效益同步实现；把自然资源纳入国民经济核算体系，使资源的价值得到反映和补偿；使资源产权流转变为现实，使自然资源参与到商品交换过程中，加入社会主义市场经济行列。书中还提出了把政府对自然资源的行政管理职能和所有权的职能区分开来（是自然资源资产化管理的首要条件）、建立健全具有权威性的自然资源产权管理机构、编制资源性资产负债表等富有创见的设想。

苏讯主编的《国土资源资产与市场》对比分析了资源、自然资源、资源资产、资源资产产权等概念，论述了资源资产的交易与市场、收益分配等管理问题，重点对土地资源资产管理与市场、矿产资源资产与矿业权市场的管理现状与制度创新进行了系统研究。

李金昌的著作《自然资源核算初探》开我国自然资源价值核算研究先河，分别研究了我国矿产资源、地下水资源、土地资源、森林资源以及草原资源的核算，并首次提出了自然资源核算问题，指出应将自然资源核算纳入国民经济核算体系。

2017 年，马永欢、吴初国和曹清华主编的《生态文明视角下的自然资源管理制度改革研究》比较全面系统地研究了在当前建设生态文明背景下，深化自然资源管理制度改革和自然资源资产管理体制改革任务的宏观思考和框架分析，其中包括了自然资源资产产权制度改革、自然资源有偿使用制度改革、自然资源产权法律制度和自然资源资产管理体制改革内容，提出了改革思路和重点任务。

在学术论文方面，较早开展自然资源资产管理研究的包括郎一环、宋再兵、钱阔、朱跃、张方明、肖明弟①等，比较有影响力的是姜文来、谷树忠、李维明和马永欢等②的文章。2000 年，姜文来的《关于自然资源资产化管理的几个问题》分析了自然资源资产化管理形势，提出考虑到自然资源特性只能对部分自然资源实行资产化管理；自然资源资产价值来源理论及其量化理论有待深化和创新；自然资源资产化管理客观环境逐渐具备但目前存在诸多障碍限制了其可操作性；国有自然资源资产流失有待从各个方面加以制止。谷树忠和李维明等分析了自然资源资产的基本概念、分类与属性、产权、价值及其评估、核算、收益、监管体制等系列问题。

总体来看，对资源资产管理的研究主要包括以下几个方面：

一是资源资产管理理论问题。主要就资源资产管理的理论基础、目标、原则，资源资产的构成、特点与经济行为，资源资产的国家控制及其效能，资源资产运行制度改革及国家管理职能的转变，资源资产产权等问题进行了系统的研究。

二是资源资产价值与价格问题。除了对价值与价格各学派学说的研究，一些学者还提出了创造性的见解，如李金昌将西方效用论和马克思的劳动价值论进行

① 郎一环，宋再兵．我国自然资源作为国有资产管理的探讨［J］．资源节约和综合利用，1992（2）；钱阔．我国自然资源的状况及资产化管理的必要性［J］．经济研究参考，1993（1）；朱跃．论我国资源性资产管理［J］．党校论坛，1993（5）；张方明，肖明弟．关于国有矿产资源资产化管理的思考与对策［J］．国有资产管理，1994（4）．

② 姜文来．关于自然资源资产化管理的几个问题［J］．资源科学，2000，22（1）；谷树忠，李维明．自然资源资产管理改革需处理好十对关系［N］．中国经济时报，2016-01-08（7）；李维明，谷树忠．自然资源资产管理体制改革之管见［N］．中国经济时报，2016-02-19（14）；马永欢，陈丽萍，沈镭等．自然资源资产管理的国际进展及主要建议［J］．国土资源情报，2014（12）；马永欢，吴初国，林慧．完善全民所有自然资源资产管理体制研究［J］．中国科学院院刊，2019，34（1）．

了有效的结合，提出资源的价值由未经人类劳动参与的天然产生的价值（即自然资源本身的价值）和人类劳动投入产生的价值两部分组成。孙毅和于连生等在马克思主义的劳动价值论基础上发展了补偿价值理论，提出了“功能价值模型”。在资源价格方面，一些学者深入分析了资源价格形成的机制、形式，资源价格对价格体系、国民收入再分配和价格总水平的影响以及资源价格实现条件等问题，并结合具体的资源进行探讨。

三是资源资产核算问题。资源资产核算主要集中在宏观核算领域，一些学者从微观会计角度对资源资产的基本理论范畴、资源耗费、资源成本、资源收益、资源会计信息和资源会计管理体系、资源资产负债表编制等进行了系统研究，积极推动了资源会计学科的发展。

四是资源资产可持续利用问题。主要从资源、能源、人口、经济、生态环境的结合上，探讨如何使社会资源系统同自然生态系统合理配置和协调发展，以提高整体的经济效益、生态效益和社会效益。

3. 关于单项自然资源资产管理研究

关于单项自然资源资产管理的研究，主要集中在土地、矿产等资源资产类型方面，成果如《土地资产管理论》（王德起，2009）、《土地资产管理》（李凌，2011）、《我国城市工业园区土地资源、资产、资本三资一体管理研究》（施建刚等，2015）、《土地资产调查核算技术方法体系设计与实践》（赵松等，2019）、《矿产资源资产管理概论》（王四光等，2001）、《矿产资源资产会计论》（吴杰，2009）、《矿产资源资本化管理》（刘欣，2018）等。上述著作多对单项资源资产的管理理论与实务进行系统研究，如王德起的《土地资产管理论》从土地资产的基本概念、特征、理论构建，到土地资产管理的实务的阐述，再到土地管理的监管及调控等职能进行实证研究，显示出了其全面系统而重点突出的特点。王四光等的《矿产资源资产管理概论》系统论述了矿产资源资产的概念、分类和特征，介绍了矿产资源资产管理的兴起、发展及其在社会经济中的地位，提出了矿产资源资产管理原则营运模式、评估手段及监督原则，并提出了矿产资源资产管理体制的总体构架。

此外，关于单项自然资源资产的研究还有数量较大的研究论文，涉及的资源资产类型包括公益性资产与经营性资产、土地、矿产、海洋、森林、草原、水乃至地质遗迹资产，研究的问题包括理论方法、改革实践、确权、清查、配置、运营、核算、评估、收益、负债表编制、审计、监管、管理体制、国外借鉴等。

三、研究述评

总体上看，目前关于自然资源资产产权的研究，取得的主要成果包括以下内容：一是对产权基础理论探讨较深入，特别是对马克思主义产权理论、科斯产权理论的内涵及比较的研究比较深刻，基本明晰了马克思主义产权理论的内容、指导作用以及与西方产权理论的关系等。二是对国有所有权法理的讨论比较深入，基本明确了国家所有权的概念、法律特征、起源、发展及本质、主体和本质、内在结构等。三是初步开展了自然资源资产产权制度研究，对自然资源物权法律制度、产权制度的基本内涵、必要性、存在问题、制度体系及改革方向的意见比较一致。四是开展了土地、矿产、水、海域等单项资源资产产权制度研究，主要明确了理论基础、概念内涵、存在问题、制度建设及改革方向和重点领域等。

在自然资源资产管理研究方面，主要在以下方面取得了进展：一是关于国有资产管理基本概念和管理体制改革的研究比较系统全面，明确了国有资产管理的内涵、分类、管理现状与问题、体制改革基本原则和总体方向等；二是初步研究了资源性资产的概念、特征、问题和管理制度框架；三是关于资产（土地、矿产、森林等）价格、价值核算以及资产负债表编制等专题的研究取得了进展；四是对于土地、矿产、水、森林等单项资源资产管理的探讨相对系统深入，勾勒出了相关资源资产管理的内容框架。

当前研究的不足主要表现在：一是研究重点多放在理论、法理上，而关于制度、政策则多为描述性、方向性的研究，与管理实际需求还有较远的距离。从对国有资源资产管理体制的研究内容来看，主要局限于宏观性问题的一般性分析与描述，研究角度依然有很大的局限性，关于体制层面问题成因的探讨较少，理论研究明显滞后于实践。① 二是无论是在资源资产产权领域还是资源资产管理方面，尚缺乏关于自然资源资产综合性的、比较全面系统的研究专著。三是对于全民所有自然资源资产的委托代理机制、清查、生态产品价值实现机制、收益以及评价考核等领域的研究相对较少、较粗浅。

第三节　研究思路

一、研究目标

本书编者希望通过系统研究全民所有自然资源资产管理的理论、方法、制度、政策、标准等，达到两个方面的目标：一是为当前全民所有自然资源资产管理实践提供帮助，满足管理实际的相关需求，为构建中国特色自然资源资产产权

① 李松森，夏慧琳．自然资源资产管理体制：理论引申与路径实现［J］．东北财经大学学报，2017（7）．

制度体系作出贡献；二是按照“着力构建中国特色哲学社会科学，在指导思想、学科体系、学术体系、话语体系等方面充分体现中国特色、中国风格、中国气派”的要求，创新、完善资源产权和资源资产管理研究内容和研究体系，培养锻炼相关领域研究队伍和人才，为资源经济学学科建设添砖加瓦，为构建中国特色社会主义政治经济学作出贡献。

二、研究原则

一是坚持马克思主义在我国哲学社会科学领域的指导地位。自觉把马克思主义特别是马克思主义产权理论的基本原理和立场、观点、方法贯穿研究全过程，坚持学习贯彻习近平新时代中国特色社会主义思想并转化为清醒的理论自觉、坚定的政治信念、科学的思维方法；坚持以人民为中心的研究导向，把实现好、维护好、发展好最广大人民的根本利益作为研究工作的出发点和落脚点，解决好为什么人的问题。

二是坚持从实际出发，问题导向，推进创新。自然资源资产产权理论创新要从问题开始，要根据统一行使全民所有自然资源资产所有者职责的工作实际，从管理需求出发，按照发现问题、筛选问题、研究问题、解决问题的逻辑，推进研究工作，推动研究创新。

三是系统全面与重点突出相结合。一方面，本书尽可能按照产权管理和资产管理的全链条内容布局，力求系统完整地构建全民所有自然资源资产管理制度体系；另一方面，也要根据实践进展和研究程度有所取舍，突出经过试点或在实践中得到部分验证的管理内容，力求理论与实践结合得更加紧密，观点论证更加严密，加强可操作性。

四是注重在研究中着重体现中央要求、国家立场、法理、逻辑、技术支持等系统性要求，即研究中首先要坚持正确的政治方向，与党中央的精神保持一致，坚持国家利益至上；其次注重从法律规定、理论支持的角度保证论据的可靠和严密；再次注意篇章布局和文字表述的逻辑性；最后要注意观点、建议的实施条件是否具备，以提出可操作性的建议。

三、研究路线

本书基本按照“总—分”的结构展开，在绪论之后，从综合篇、基础篇、产权篇、监管篇四个部分展开论述，共包括十七章。

绪论的内容主要是分析国内外宏观环境、中央产权政策要求和相关学科背景，为的是从国内国外两个大局、从落实中央有关要求、从哲学社会科学体系建设的高度认识自然资源产权和自然资源资产管理的地位和作用。对自然资源产权和资产管理研究进展进行综述，在全面掌握相关研究的历史、现状、重点和热点及研究走向的基础上，站在前人研究的肩膀上开展研究工作。研究思路主要明确本书的研究目标、原则、技术路线、创新点等。

综合篇的内容包括理论与概念、自然资源资产管理体系、所有权委托代理机制、所有权资源清单及国有自然资源资产管理国外经验这五章内容，主要从理论指导、体系框架、所有权改革和国外经验等方面，对全民所有自然资源资产管理作比较全面系统的分析研究。

基础篇的内容主要从全民所有自然资源资产的清查、统计、核算产权管理的基础环节展开，包括资产清查、资产统计、资产价值核算、资产生态价值核算这四章内容。

产权篇的内容按照全民所有自然资源资产产权制度的归属清晰、权责明确、保护严格、流转顺畅、保护有力等要求展开，包括产权登记、资产配置与有偿使用、建立健全自然资源资产损害赔偿机制这三章内容。

监管篇的内容根据当前实践和理论研究的进展，主要探讨了国有自然资源资产报告制度、全民所有自然资源资产负债表编制、全民所有自然资源资产管理评价考核和法治建设四方面的监管工作。

综合篇

第二章　理论与概念

第一节　基础理论

首先，习近平新时代中国特色社会主义思想是当代中国马克思主义、21世纪马克思主义，是党和国家必须长期坚持的指导思想；其次，从学科体系看，自然资源资产产权管理属于综合性学科，其基础理论至少涉及产权理论、资源地理理论、资源经济理论、生态学理论、资产管理理论等；最后，从理论体系看，产权问题属于马克思主义政治经济学的组成部分，我们要“坚持马克思主义在我国哲学社会科学领域的指导地位”①，同时也要吸收“对人类创造的有益的理论观点和学术成果”②。

一、习近平新时代中国特色社会主义思想

全面贯彻习近平新时代中国特色社会主义思想，用党的创新理论指导新的实践。党的十九大报告用“八个明确”对习近平新时代中国特色社会主义思想的主要内容进行了概括，党的十九届六中全会《中共中央关于党的百年奋斗重大成就和历史经验的决议》在党的十九大报告的基础上，用“十个明确”对习近平新时代中国特色社会主义思想的核心内容作了进一步概括。其中，第七条提出：明确必须坚持和完善社会主义基本经济制度，使市场在资源配置中起决定性作用，更好发挥政府作用，把握新发展阶段，贯彻创新、协调、绿色、开放、共享的新发展理念，加快构建以国内大循环为主体、国内国际双循环相互促进的新发展格局，推动高质量发展，统筹发展和安全。同时，直接体现生态文明建设的思想还包括：第二条中的“分两步走在本世纪中叶建成富强民主文明和谐美丽的社会主义现代化强国”；第四条中的“明确中国特色社会主义事业总体布局是经济

①② 《习近平在哲学社会科学工作座谈会上的讲话》，2016年5月。

建设、政治建设、文化建设、社会建设、生态文明建设五位一体”等，对于自然资源资产产权管理有直接指导作用。

二、产权理论

（一）马克思主义产权理论

1. 马克思、恩格斯关于产权的论述

马克思、恩格斯在《共产党宣言》《资本论》《反杜林论》和《家庭、私有制和国家的起源》等著作中系统地研究了与经济领域的生产关系相对应的法律领域的财产关系，研究了与财产有关的法的权利。通过考察历史上尤其是资本主义社会中的财产关系，分析了所有制及产权关系在生产方式内在矛盾作用下的发展变化，阐述了社会产权制度变化的动力、规律，科学预测公有产权将取代私有产权。对产权理论颇有研究的美国得克萨斯 A&M 大学教授 S. 佩乔维奇在《马克思、产权学派和社会演化过程》中提出“马克思是第一位有产权理论的社会科学家”。

马克思产权理论在马克思主义[①]理论体系中居于非常重要的地位。马克思主义基本原理至少包括四个方面的内容：关于人的彻底解放和全面自由发展的观点，关于人类社会发展规律的观点，关于资本主义社会发展运行规律的观点，关于未来社会发展的观点[②]。生产资料所有制理论是关于人类社会发展规律的观点中生产关系的核心内容，与其他三个方面也有密切联系。马克思认为，人类首先要进行物质生产活动，满足自己的生存需要。物质生产活动包含两对范畴：生产力和生产关系、经济基础和上层建筑，它们在各自内部的互动下推动人类社会发展。而决定生产关系性质的，是生产资料所有制。马克思产权理论和实践活动的核心价值追求是通过无产阶级的彻底解放，最终实现人的自由而全面的发展，达到这个核心价值的根本途径是消灭生产资料的资本主义私有制，由全体劳动者共同占有生产资料，使劳动力与劳动条件或劳动资料充分结合。

第一，马克思主义提出无产阶级革命要消灭资本主义私有制。尽管资本主义制度前所未有地解放和发展了生产力，为人的自由而全面的发展提供了物质基础，但生产社会化与生产资料私有制的矛盾阻碍了生产力的充分发挥并造成两极分化，使人的劳动失去自由创造活动的性质，人的个性发展必然会受到限制。马

---

① 马克思主义有狭义和广义之分。狭义的马克思主义，是马克思、恩格斯创立的一套完整的思想学说；广义的马克思主义，包括马克思、恩格斯的学说，也包括他们的继承者所发展出来的新的思想、学说和理论。本书中的马克思主义一般指广义的概念。

② 王中汝．马克思主义基本原理若干问题研究［M］．北京：社会科学文献出版社，2019.

克思和恩格斯在《共产党宣言》中昭告天下："共产党人可以把自己的理论概括为一句话：消灭私有制。"

第二，马克思主义展望了未来社会的生产资料所有制。马克思和恩格斯使用"公有制""社会所有制"等概念，强调取代资本主义社会的未来社会生产资料所有制"公共占有"① "社会所有"② 或社会成员"共同占有"③，并且提出以"合作生产"形式由社会占有生产资料"取代资本主义制度""联合起来的合作社按照共同的计划调节全国生产，从而控制全国生产，结束无时不在的无政府状态和周期性的动荡这样一些资本主义生产难以逃脱的劫难"④ 等初步的公有制实现形式。需要强调的是，无论是"公有制"还是"社会所有制"，马克思都是在资本主义制度基础上提出的，是"由旧的正在崩溃的资产阶级社会本身孕育着的新社会因素"⑤。

第三，马克思主义从历史发展的脉络追寻产权的起源、特征、本质与制度安排，提出了下述一系列重要命题：一是产权基本关系。所有制是经济范畴，是关于生产资料归属的经济制度；产权是法律范畴，是财产主体对财产所拥有的排他性、归属性关系或权利，实质上体现着人们之间的社会经济关系。二是产权的形式。研究了资本主义以前的财产的三种历史状态：原始的土地财产，劳动主体成为劳动工具、原料和生活资料所有者，劳动者只对生活资料有所有权，而对土地和劳动工具没有所有权。三是产权的构成。产权是与财产有关的各种法定权利，包括所有权、占有权、使用权、支配权、经营权、索取权、继承权和不可侵犯权等一系列权利，其中决定性的是所有权。四是产权的统一与分离。五是资本主义土地产权，包括土地产权结合与分离、土地地租及土地资本化以及土地产权商品化、配置市场化等观点。提出了土地所有、占有和利用三个概念，指出土地占有和所有可以分离，土地的占有者和利用者并不一定是土地的所有者；一切形态的地租都是"土地所有权在经济上的实现"⑥，是凭借土地所有权占有日益增大的剩余利润的转化形式，地租是以地价形式投入土地的资本的利息，地价是地租资本化后购买地租的价格，即土地价格=地租/利率；土地产权具有交易商品化和配置市场化的特点，并把土地所有权价格运动的这一长期趋势称为土地所有权的运动规律。

马克思、恩格斯对未来社会主义社会的发展过程、发展方向、一般特征作过科学预测和设想。如在生产资料公有制基础上组织生产，满足全体社会成员的需要是社会主义生产的根本目的；对社会生产进行有计划的指导和调节，实行等量劳动领取等量产品的按劳分配原则……这些构成了科学社会主义基本原则。但是

①②③④⑤⑥ 中共中央马克思、恩格斯、列宁、斯大林著作编译局．马克思恩格斯文集［M］．北京：人民出版社，2009.

马克思和恩格斯的时代还没有社会主义国家和社会主义经济发展的实践，这种历史局限性和实践局限性决定了马克思和恩格斯不可能形成完整、系统、明确、具体的社会主义经济发展理论，特别是社会主义产权理论。

2. 苏联产权理论

苏联和我国对生产资料所有制进行了理论探索和实践。苏联作为世界上第一个社会主义国家，形成了生产资料所有制的"苏联模式"，主要特征是：社会主义公有制有两种形式，即国家所有制、合作社集体农庄所有制，消灭个体经济、小商品生产。

3. 我国对于产权的理论创新和实践探索

我国改革开放前也采取了生产资料所有制的"苏联模式"，逐步建立起了生产资料公有制基础上的计划经济体制，在初期取得了社会生产力快速发展的巨大成就，但超前的生产关系（马克思未来社会所有制论述是建立在大工业资本主义生产方式基础上的）与落后的生产力（中国小农和小生产方式占主体）的矛盾逐渐暴露并突出。改革开放以来，我国以所有制结构调整和生产方式改革为主要线索，形成了以公有制为主体、多种所有制经济共同发展的所有制结构，极大地解放和发展了生产力。

（二）西方经济学相关理论

1. 产权理论

西方产权理论从交易视角引入交易费用概念，以分析产权制度和资源配置效率之间的关系为核心，从人们的交易活动出发，主张明确界定产权，减少交易费用，提高经济效率，实现社会资源的优化配置。西方产权理论形成于 20 世纪 50 年代，代表人物主要有科斯（Ronald Harry Coase）、诺斯（Douglass C. North）、威廉姆森（Oliver Eaton Williamson）、德姆塞茨（Harold Demsetz）等。

西方产权理论把产权看作是法律规定和实施的排他性独占权利，认为产权是由法律创造的，是一种法权关系，法权关系决定着经济关系；产权是一束权利，包括所有权、占有权、支配权、使用权；产权具有激励、约束、协调、资源配置、外部性内部化五种功能。清晰的产权有利于外部性的内部化，有利于维护市场秩序，协调不同物质利益主体之间的关系。产权主体在激励机制下努力争取使资源从配置效率低的地方流向配置效率高的地方，从而使自身获得收益。产权作为社会强制的制度安排，具有界定、规范和保护人们财产的经济关系，形成经济生活和社会生活的秩序，调节社会经济运行的作用。具有较强排他性是私有产权的决定性特征。可分割性是私有产权的重要特征，产权分割使现代法人组织的合作性联合生产成为可能，从而有效利用大规模集中的财产。可让渡性是私有产权的内在属性。产权界定清晰是交换的前提。公有产权（共有产权）在共有组织内部不具有排他性，成员之间是完全不可分的，不具备产权利益的匿名可转让性，难以避免“搭便车”等外部性问题。政府产权（国有产权）的外部性较大，经济效率较低。政府产权一般由政府选择的代理人来行使权利。第一，代理人对资源的使用与转让及最后成果的分配都不具有充分的权能，使得代理人对经济绩效和其他成员的监督的激励不足。第二，政府对代理人进行充分监督的费用高昂。第三，掌握政府权力的实体往往更重视政治利益而非经济利益。

所谓科斯定理，是指市场交易需要花费大量成本。包括寻找意图交易的交易者、了解交易者的交易意愿、为缔结交易契约而相互进行谈判、监督契约条款的履行等在内，都需要花费成本。在交易成本为零的情况下，财产法定权利的最初配置并不影响经济效率；在交易成本为正的情况下，不同的产权界定会带来不同的资源配置的效率。解释了产权制度安排、交易费用数量与资源配置效率高低三者之间的关系，实质是要说明交易费用的存在使产权的界定十分重要，要通过界定、变更和安排产权来降低或者消除市场运行中的交易费用，以改善资源配置的效率。

2. 委托代理理论

委托代理理论是西方制度经济学的重要内容。委托代理关系是指一个或多个行为主体根据一种明示或隐含的契约，指定、雇佣另一些行为主体为其服务，同时授予后者一定的权力，并根据后者提供的服务数量和质量对其支付相应的报酬。授权者就是委托人，被授权者就是代理人。委托代理关系是随着生产力大发展和规模化大生产的出现而产生的，用来描述和定义企业所有者与经营者之间两权分离状态下的关系。20 世纪 70 年代，莫里斯（James Mirrlees）、斯蒂格利茨（Joseph Stiglitz）、罗斯（S. Ross）、斯彭斯（Michael Spence）等共同开创了该理论。

委托代理理论主要研究在委托人和代理人之间利益相冲突和信息不对称的环境下，委托人如何设计最优契约激励代理人。由于代理人的利益与委托人的利益不完全相同，代理人不会完全按照委托人的利益行事，甚至会利用委托人授予的权力，以损害委托人的利益为代价，增加自身的效用。为防止这种现象的发生，当事人需通过严密的合同关系和对代理人活动的密切监督来限制代理人的行为。这样所付出的代价，叫作代理成本。由此产生的一系列问题，称为代理人问题。解决“代理人问题”的关键是要建立完善激励约束机制。在这种机制中，委托人发出的激励和约束信号必须是指向代理人的，而且这种指向越是方向明确、经过的环节越少，激励和约束信号的传递效率以及由此形成的对代理人的激励和约束作用就越大。

3. 公共信托理论

所谓公共信托，是指以国家等公共机构作为委托人，以特定的公共财产为信托财产，为实现公共利益而以特定或不特定的个人为受益人，以特定的法律法规设立信托的意思表示。公共信托理论包括四重框架：委托、受托、受益以及资产。无论是在大陆法系国家还是在英美法系国家，公共信托财产多以公物的形式出现。公共信托理念从国家和人民的关系及国家权力来源、目的及其运行的角度出发，来构造公共财产制度，通过有效制约国家权力来达成公共财产造福民众的理想。

公共信托是与传统的私法信托相对应的概念，二者间的区别主要体现在如下方面：第一，公共信托的创设人（即委托人）是国家、地方当局等公共机构，而私法信托的创设人则是自然人、企业、非营利组织等民间力量。第二，公共信托的信托财产是公共机构所掌管的公共财产（包括国有财产、集体所有财产及私人财产），而私法信托的信托财产则是私人或民间机构所掌控的私人财产或公有财产。第三，公共信托的目的是保障公共利益，因此属于社会治理的工具；而私法信托的目的则是实现个人意愿，属于私人理财工具。第四，设立公共信托的意思表示由公共机构通过特定的法律法规作出，而设立私法信托的意思表示则由委托人通过信托文件（如遗嘱、契约等）作出。

信托制度最早可以追溯至罗马时期，后来在英国得到发展，而后在美国成型，逐渐形成公共信托制度。英国普通法规定，“国家拥有海洋及其底土和沙滩，享有航行、商业和捕鱼等公共使用上的信托，而国王的财产也置于公共信托之下”。我国的《信托法》也对信托制度作出定义，明确信托关系是在委托人、受托人（受让人）和受益人三者之间的关系。在美国，公共信托的适用范围目前主要包括如下内容：①海滨、湖泊、湖沼、河流；②公园、道路、公有地；③野生生物、天然资源、大气、水等；④私有地的适用。1926 年美国联邦最高法院在裁判中明确指出，基于公共信托原则的公共权利许可属于各州法律范畴，现有宾夕法尼亚州、阿拉斯加、夏威夷、加利福尼亚、堪萨斯、华盛顿等十多个州将这一原则写入了本州的宪法和有关环境保护的制定法中，确立了州政府对自然资源保护的公共信托责任。如美国宾夕法尼亚州《宪法》第一条第 27 节规定：“人民有权享有清洁的空气、纯净的水，有权保护环境的自然、风景、历史和美学价值。宾夕法尼亚的公共资源是所有人民，包括未来世代的人民的共有财产。作为这些资源的受托人，宾夕法尼亚州应当为了所有人民的利益保护和维护这些资源。”在公共信托理论之下，政府配置公共自然资源，既受到信托的极大限制，也受到信托的法律保障。

4. 公共物品理论

公共物品理论是研究公共事务的一种现代经济理论。按照现代经济学的经典阐释，人类生产生活获得的物品和服务大致可分为两类：私有物品和公共物品。理解和区分这两类物品和服务的关键是“排他性”和“竞争性”。具有受益上的“排他性”和消费上的“竞争性”的属于私有物品，此类物品的供给和需求主要依靠市场机制。受益上的“非排他性”是指不排斥和排除他人免费享用某种物品和服务，如人们不可能排斥他人对空气和阳光的享用。公共物品的非排他性表明无法排除没有为公共物品的生产作出贡献的消费者，这容易产生“免费蹭车”问题，即让别人负担足够多的成本，自己来免费享用公共物品，由此会导致公共物品的供给不足。“非竞争性”是指对某种物品和服务的免费享用不会产生竞争性效果，萨缪尔森（P. A. Samuelson）对此的解读是“每个人的消费不会减少任一其他人对这种物品的消费”。公共物品的“非竞争性”会刺激着人们首先选用和消耗公共物品，哪怕过度使用和消费，产生“公地悲剧”。公共物品的特性表明其供求不能依靠市场机制，应主要依靠政府诉诸公共选择。

在纯粹的私有物品和公共物品之外，还存在大量处于中间地带的物品，经济学上一般统称为准公共物品，或者只具有非排他性但又有一定程度的竞争性，如孤儿院、养老院、垃圾处理等社会福利服务；或者只具有非竞争性但又有一定程度的排他性，如医疗、教育等。对于准公共物品的供给和消费需要以公共选择为主，结合市场机制和公众参与，形成政府、企业、公众共建共治共享的格局。

（三）小结

马克思主义产权理论从经济社会的发展规律出发，建立在唯物史观基础上，从宏观层面与微观层面完整而严密地论述产权关系、产权结构、产权实现形式及其在资本主义基本经济制度中的运行规律，是深化我国产权制度改革、构建中国特色现代产权制度的理论支点。①

一是以马克思的产权理论为指导，坚持中国特色产权制度根本性质——生产资料公有制。马克思从生产力与生产关系、经济基础与上层建筑的矛盾运动中研究产权内涵，深刻揭示产权所蕴含的经济关系，以及产权与所有制、生产关系之间的必然联系，认为产权是人们在经济生活中形成的、人与人之间的具体权利关系，是人类社会发展到一定历史阶段形成的特定经济关系，产权的核心是生产资料所有制。我们要维护公有产权所有者的根本利益，使其在社会经济关系中发挥决定性作用，这是我国产权改革的基本方向。

二是以马克思的劳动力产权理论为指导，保证劳动者按照劳动力产权分配剩余产品，建设效率与公平内在统一的中国特色现代产权制度。马克思认为，劳动力产权在整个产权结构中的地位表现了产权制度与生产关系的根本性质，凭借生

① 葛敬豪．我国现代产权制度的马克思主义支点［J］．中共中央党校学报，2010，14（2）．

产资料的所有权掌握劳动力的使用权和支配权，是资本主义产权制度的基本特征，无偿占有劳动者的剩余劳动，是资本主义所有权关系的实质。中国特色现代产权制度的基本结构应当以劳动力产权为主、资本等其他产权为辅，保障劳动力产权的权益，保证劳动者按照劳动力产权分配剩余产品，体现社会主义生产关系本质，这是中国特色现代产权制度的核心内容。

三是以马克思法权关系理论为指导，筑牢中国特色现代产权制度的法制保障。马克思从经济关系与法权关系的对立统一来进一步说明产权，指出经济关系是法权关系的基础，法权关系是反映现实经济关系的意志关系，其内容由经济关系确定，是实现经济关系的表现形式，并且服务于经济关系。先于法律存在并发挥作用的产权关系，只有上升为法律，才是完整的和有效率的。我们要运用完备的法律制度和健全的法规体系确认中国特色的产权关系，从根本上保护各类资产权益、促进公有制经济和非公有制经济的共同发展。

四是以马克思的产权分解理论为指导，落实全民所有所有权。马克思详尽考察了各类产权的分离状态，揭示了资本的所有权与使用权相分离是社会化大生产的客观要求，是资本在资本主义商品经济发展过程中必然产生的运动形式。资本的权能与职能的分解，并不改变生产资料所有制的性质。我们要实现国有产权的权能分解，探索创新适应市场经济的国有产权实现形式，分离政府的公共管理职能与国有资产所有人和出资人职能，通过委托代理关系与有形组织落实全民所有的所有权。

国外哲学社会科学的资源是构建中国特色哲学社会科学要把握好的三方面资源之一。西方产权理论从微观市场主体出发，将产权关系引入微观经济活动和经济行为等具体经济现象中，研究财产关系对劳动生产率的影响，阐明不同产权制度对于个体利益、市场绩效的影响，把产权看作是主体具有排他性的财产权益关系，其实质是论证私有产权制度最为合理、最有效率，不能成为我们的理论依据。但在剖析企业委托代理关系、经济外部性等问题以及相关经济政策的主张等方面值得我们借鉴。

三、资源地理理论

自然资源资产来源于自然资源，资源地理、资源经济的基础理论也是自然资源资产的基础理论。

（一）物质守恒与循环定律

物质是指占据一定空间并能被感知的任何事物①。物质存在两种基本形式：有机物和无机物。物质既不能被创造也不能被消灭，总是处于特定的和永久的循

① Daniel D. Chiras，John P. Reganold. 自然资源保护与生活（原书第 10 版）［M］. 黄永梅，段雷，等译. 北京：电子工业出版社，2016.

环中，其存在形式也在不断转变，在生态系统的生物群落与无机环境之间形成有规律的物质转换。在自然界各种物质循环中，与资源、环境联系较大的主要有水、碳、氮三大循环。这个定律启示我们：自然资源开发、利用、生产、消费全过程的物质循环特性，充分利用和保护自然资源就是要使不循环的物质（如“废物”）进入循环，并尽可能增加循环利用环节。

（二）能量守恒与流动定律

在资源—生态—经济系统中，自然资源可以用不同形式的能量来表示，能量既不能被创造也不能被消灭，它只能从一种形式变成另一种形式，且在转化的过程中能量的总量不变。在生态系统中，能量呈单向流动，能量只能通过任一给定营养级一次，在食物链中能量利用效率与食物链长度成反比。在能量转换过程中，一定会有一部分能量以热能的形式散失，大多数能量转换的效率接近20%~40%。该定律启示我们：对一个主要依赖有限的化石燃料供给能源的社会，每次燃烧燃料都在消耗供给，都在耗尽不可更新的资源。如果能量不能被循环利用，最终会全部以热能的形式消散在太空中，我们迟早不得不去寻找新的能源。

（三）自然节律规律

地理环境中一切组成成分随着时间有规则地变化，呈现出时序规律性，其影响因素包括天文（如太阳、月亮对地球的引力作用）、地球运动（如公转、自转）、生物自身特性等，其特性包括叠加、分级、变异等。该规律直接影响物质、能量和信息在生态系统中的输入、输出和状态变化，是适时开展自然资源利用、改造的科学依据之一。

（四）地域分异规律

自然地理各要素及其综合特征在地表按确定方向有规律地呈现出水平分化的现象，主要表现为纬度地带性、经度地带性和垂直地带性，主要影响因素包括地球表面纬度不同引起的全球热力分布差异、海陆对比引起的大陆内部湿度和水分分布差异、陆地地表起伏引起的局部区域水热再分配等。该规律决定了自然资源分布的地域性特征，是因地制宜开发利用和保护自然资源的科学依据之一。

四、资源经济理论

（一）资源供需与资源价值论

1. 资源供需平衡

在商品经济条件下，一般商品的供给与需求受供求定律的支配。需求大于供给，价格将会上升；需求小于供给，价格将会下降；供给与需求达到平衡，就会处于稳定状态，此时的价格为均衡价格，供求数量称为均衡数量。供需平衡是经济学的基本理论，自然资源作为最基本的生产和生活资料，其供需必然符合经济学的一般供求规律，但也有其特殊性。人类社会对自然资源的需求有无限扩大的趋势，而自然资源的供给是受自然限制的，因此自然资源的供需矛盾一般不能通过扩大供给来解决，只能从控制需求上入手。使用价格杠杆，把自然资源的需求转化为有效需求（即有支付能力的需求），使之不至于无限扩大而服从供求定律，才能有效地平衡自然资源的供需矛盾。因此，自然资源的价格就成为供需平衡的关键，通过资源价格来约束需求，从而达到自然资源的供需平衡①，这种作用其他经济活动更为显著。价格是价值的货币表现，虽然市场价格有时会背离价值，但从长期来看，价格由价值决定。

2. *劳动价值论*

马克思主义经济学中的价值概念是指凝结在商品中的无差别的人类劳动或抽象的人类劳动。商品有两个因素：使用价值和价值。商品是使用价值和价值的统一体。商品的二因素来源于生产商品的劳动的二重性：具体劳动和抽象劳动。生产商品的一切劳动，一方面，是人类劳动力在特殊的、有用的形式上的耗费，如在生产千差万别的使用价值上的耗费，马克思称这种劳动为具体劳动；另一方面，是人类劳动力在生理学意义上的耗费，是人的脑力、体力等的耗费，马克思称这种劳动为抽象劳动。生产商品的劳动具有具体劳动和抽象劳动两个方面。具体劳动创造使用价值，抽象劳动创造价值。商品中包含的价值量由两部分构成：一部分是劳动者的抽象劳动创造的新价值，另一部分是劳动者的具体劳动转移的生产资料原有的价值。商品价值取决于体现和物化在商品中的社会必要劳动时间。

对于资源价值，我们要坚持马克思主义的客观价值理论和价值源泉一元论，反对西方经济学的主观价值理论（如效用价值论）和价值源泉多元论（如生产要素价值论）。马克思曾经严肃地批判过劳动是一切财富的源泉的错误观点，指出劳动不是一切财富的源泉，劳动对象和劳动资料也是财富的源泉。这里的财富是指使用价值，劳动是指创造使用价值的具体劳动。② 商品生产过程是使用价值生产和价值生产的统一，也是劳动过程和价值形成过程的统一。商品生产过程的劳动过程是生产使用价值的过程，各种要素共同创造使用价值，只有劳动是生产不出物质产品的，物质产品生产是人的劳动、劳动资料、劳动对象这几个要素的结合，即劳动力和生产资料的结合。价值形成过程即价值生产过程，劳动创造价值，一般的无差别的人类劳动或抽象的人类劳动是价值的唯一源泉，这说明各种生产要素共同创造价值是错误的。

---

① 封志明．资源科学导论［M］．北京：科学出版社，2004.

② 吴易风．劳动是创造价值的唯一源泉——驳否定劳动价值论的奇谈怪论［N］．企业家日报，2017-07-07（009）．

（二）资源投入产出分析与价值核算论

1. 资源投入产出分析

自然资源开发利用过程也是经济活动过程，必然涉及确定合理投入和获取最大产出的问题。在资源投入产出分析中，投入主要是指投入生产过程的资源数量，与资本、劳动等要素形成合理的配比；产出则是指生产出的资源产品数量。投入产出分析的内容主要是资源经济系统中投入与产出间的数量关系，以规范自然资源与资源产品之间的平衡关系。资源报酬递减率、资源最优耗竭、资源最佳投入等是资源投入产出分析的理论基础。

2. 资源价值核算

经济核算分为宏观经济活动核算和微观企业会计核算。

国民账户体系（System of National Accounts，SNA）是当前国际通行的国民经济核算体系，主要从经济视角看问题，以国民生产总值为主要指标，没有考虑自然资源损耗和生态环境损失。在此框架中，自然资源属于非金融资产中的非生产资产，不是主要核算对象。为全面反映社会经济和资源环境发展状况，联合国等国际组织推出了综合环境与经济核算体系（System of Integrated Environmental and Economic Accounting，SEEA）作为国民经济核算体系（SNA）的卫星账户体系，主旨是“描述经济与环境之间的相互作用、环境资产存量及其变化”。

自然资源核算是对一定时间和空间内自然资源，在其调查统计和合理估价的基础上，从实物、价值和质量等方面，统计、核实和测算其总量和结构变化并反映其平衡状况，以及将资源纳入国民经济核算体系的活动。自然资源核算的内容包括自然资源实物量核算、价值量核算以及质量核算。数量核算、价值量核算和质量核算同等重要，缺一不可，互为基础、互为补充。自然资源资产核算还可分为存量核算和流量核算。

（三）资源配置论

资源配置是通过一定方式把有限的资源合理分配到社会的各个领域和不同用途中去，以实现资源的最佳利用。资源的稀缺性决定了资源配置的重要性和必要性，经济学本身就是研究稀缺资源配置问题的社会科学。影响资源配置的主要因素包括需求约束、供给约束、现实生产力约束和现实市场条件约束等。资源配置方式一般分为市场配置、行政配置以及公众约束软配置。按照时空关系也可以将资源配置分为时间配置和空间配置。

资源配置的核心问题是关于政府与市场的关系。古典政治经济学的创始人亚当·斯密曾形象地将政府与市场比喻为“两只手”。他认为增加国民财富的关键是发挥市场机制这只“看不见的手”的作用，而政府这只“看得见的手”只能履行“守夜人”的职责，主要是维护市场自由竞争。马歇尔在1890年出版的

《经济学原理》中虽然指出市场有可能在某一时间偏离均衡状态，但同时又说价格机制会让经济恢复均衡，无需政府干预。到了20世纪30年代，国际上围绕计划与市场的关系展开了一场大论战。1908年意大利经济学家巴罗内论证了全部经济资源归公共所有、整个经济由国家生产部集中管理的合理性。俄国十月革命后，奥地利经济学家米塞斯于1920年发表了《社会主义制度下的经济计算》一文，指出中央计划无法确定某种产品最终是否符合需求，也无法计算某种产品在生产过程中所耗费的劳动和原材料，因此企业的经营活动不可能合乎经济原则。米塞斯的观点得到了哈耶克和罗宾斯等学者的极力推崇。1936年，波兰经济学家兰格撰文论证，通过"模拟市场"可以实现资源的合理配置。同一时期，凯恩斯针对1929~1933年西方经济大萧条，出版了《就业、利息与货币通论》，指出单靠市场无法解决失业问题，主张国家干预经济。1949年，萨缪尔森对新古典经济学和凯恩斯理论进行了综合，得出的结论是：若一国经济未实现充分就业，就适用凯恩斯理论；若已实现充分就业，国家就不应对经济进行干预。20世纪70年代西方国家陷入"滞胀"后，又产生了新凯恩斯主义，认为靠价格机制不能实现市场出清，政府应通过经济政策修复市场机制。①

新中国成立初期我们学习苏联模式，长期实行计划经济体制。改革开放以后，我们开始对政府和市场的关系进行探索。党的十八大以来，以习近平同志为核心的党中央围绕新时代如何坚持和完善我国社会主义基本经济制度、推动经济高质量发展，在理论和实践上作了新的探索。其中，社会主义初级阶段的基本经济制度由三项构成，每一项都呈现为"二元结构"，即公有制和非公有制、按劳分配和按要素分配、有为政府和有效市场。这种"二元结构"展现了社会主义初级阶段作为通往共产主义的过渡阶段所具有的特点。一方面，公有制、按劳分配、更好发挥政府作用，体现了我们党所追求的价值和目标，规定了制度的性质和制度变迁的方向；另一方面，非公有制、按要素分配、市场对资源配置的决定性作用，尊重了客观经济规律和广大人民群众的首创精神。同时，基本经济制度的这种"二元结构"也表明，社会主义初级阶段存在着两种协调经济和配置资源的方式，一方面是市场价格机制，另一方面是政府的作用，即党领导下的国家经济治理。在社会主义市场经济中，既要充分发挥市场在资源配置中的决定性作用，也要更好地发挥政府作用。②

---

① 王东京．马克思主义政治经济学中国化的最新理论成果——学习习近平新时代中国特色社会主义经济思想［N］．光明日报，2018-01-09（11）．

② 孟捷，陈龙．科学认识习近平经济思想的体系结构［N］．经济日报，2021-11-03（10）．

五、生态学理论

自然资源从形成、演化到利用的整个过程，都发生在地球的生态系统中。生物有机体资源是生态系统中最直接，也是人类生存最基本的资源。获取最大生态效益也是自然资源开发利用的原则之一，因此自然资源也要遵循生态学原理。

（一）生态系统平衡

生态学研究生物之间及生物与它们所处环境之间的联系，主要关注生物的三个层次：种群、群落和生态系统。能量流动、物质循环和信息传递是生态系统的基本功能。生态系统具备自我调节机制，但超出一定范围（生态阈值），生态系统相对平衡就会遭到破坏甚至使系统崩溃。生态阈值的大小取决于生态系统的成熟性并与成熟性成正比。生态系统的稳定性主要通过系统的反馈调控来实现，反馈包括正反馈和负反馈。生态系统的物质循环和能量流动是生态系统演化的动力，如果这两个过程发生变化将会导致系统动态平衡的失调。人类开发利用自然资源的过程，就是人为改变了系统中能量和物质的流动规律，从而在很大程度上改变着生态系统的演化，人类的这一作用包括正反两方面功能。

（二）生态环境价值核算

1. 价值内涵

20 世纪 70 年代以来，由于世界环境问题日益严重以及环境经济学和生态经济学的发展，人们对生态系统及其服务功能给予了更多的关注。生态系统服务（Ecosystem Services），是指人类从生态系统获得的所有惠益，包括产品供给服务（如提供食物和水）、生态调节服务（如控制洪水和疾病）、生态文化服务（如精神、娱乐和文化收益）以及生命支持服务（如维持地球生命生存环境的养分循环）。与生态系统服务相关的概念主要有生态服务价值、生态产品、生态产品价值、自然资本等。

生态服务价值（Value of Ecosystem Services）是指人类直接或间接从生态系统得到的利益，主要包括向经济社会系统输入有用物质和能量、接受和转化来自经济社会系统的废弃物，以及直接向人类社会成员提供服务（如人们享用的洁净的空气、水）。生态产品是指在不损害生态系统稳定性和完整性的前提下，生态系统为人类生产生活所提供的物质和服务，主要包括物质产品供给、生态调节服务、生态文化服务等。也有人把提供生态系统服务的载体理解为生态产品，如提供生态调节服务的森林、绿地。广义上，生态产品可以理解为区域生态系统所提供的产品和服务的总称。生态产品价值可以定义为区域生态系统为人类生产生活所提供的最终产品与服务价值的总和。1992 年联合国环境与发展大会通过的《21 世纪议程》明确提出开展自然资本和生态系统评估研究，自然资本核算研究自此兴起，但自然资本并无统一定义，Costanza 和 Daily 认为自然资本是指生态系统产出的自然资源和生态服务的总称，可分为流量资本和存量资本两大部分。

目前对于生态环境价值的组成划分大致有三类：五分型分类、二分型分类和结合型分类。

五分型分类：将生态环境价值先分为使用价值（Use Value，UV）和非使用价值（Non Use Value，NUV），使用价值又分为直接使用价值（Direct Use Value，DUV）、间接使用价值（Indirect Use Value，IUV）和选择价值（Option Value，OV）。非使用价值又分为存在价值（Existence Value，EV）和遗赠价值（Bequest Value，BV）（见表 2-1）。这种分类划分细致，便于理解生态环境价值的范围和具体内容，但几种价值的界限较为模糊，不利于定量计算。

环境总经济价值（TEV）公式表达式为：

$$TEV=UV+NUV=(DUV+IUV+OV)+NUV=(DUV+IUV+OV)+(EV+BV)$$

二分型分类将生态环境价值分为两部分：一部分是比较实的、有形的、物质性的商品价值，另一部分是比较虚的、无形的、舒适性的服务价值。该分类比较简单，但涵盖了所有方面，便于定量计算。组合型分类则是将五分型分类和二分型分类融合在一起。

表 2-1　生态环境价值类型

价值类型	直接使用价值	间接使用价值	选择价值	存在价值	遗赠价值
价值描述	提供生产与消费所需的资源	提供生态功能与服务	未来的使用价值	资源及其相关知识的存在	代际传承的价值
价值表现	食物、药材、娱乐等	气候调节、水土保持、营养物质循环	珍稀物种、生物多样性	物种多样性、预防不可逆的损害等	生态系统、物种多样性、栖息地等

2. 价值评估方法

生态环境价值评估方法可以划分为两大类：揭示偏好法和陈述偏好法。每一大类方法都包括间接和直接的手段（见表 2-2）。揭示偏好法是基于实际可观察到的选择，可以直接从这一选择中推断具体资源的价值。

表 2-2　衡量环境和资源价值的经济学方法

方法	揭示偏好法	陈述偏好法
直接	市场价格 模拟市场	条件价值评估

续表

方法	揭示偏好法	陈述偏好法
间接	旅行成本 特征资产价值 特征工资 预防支出	选择实验 联合分析 基于特征的模型 条件排序

资料来源：汤姆·泰坦伯格，琳恩·刘易斯．环境与自然资源经济学（第十一版）［M］．王晓霞，等译．北京：中国人民大学出版社，2021.

六、资产管理理论

（一）自然资源管理理论

总方针：党的十九大报告强调，“建设生态文明是中华民族永续发展的千年大计。必须树立和践行‘绿水青山就是金山银山’的理念，坚持节约资源和保护环境的基本国策，像对待生命一样对待生态环境，统筹山水林田湖草系统治理，实行最严格的生态环境保护制度，形成绿色发展方式和生活方式，坚定走生产发展、生活富裕、生态良好的文明发展道路，建设美丽中国，为人民创造良好生产生活环境，为全球生态安全作出贡献。”这是新时代自然资源管理工作的总纲领，也是工作的根本指针和行动指南。

管理原则：“十四五”时期，必须坚持“绿水青山就是金山银山”的理念，坚持尊重自然、顺应自然、保护自然，坚持节约优先、保护优先、自然恢复为主，完善市场化、多元化生态补偿机制，推进资源总量管理、科学配置、全面节约、循环利用。①

管理主线：自然资源管理侧重从行政管理者的角度开展实物管理和数量管理，开展自然资源的调查评价—开发利用—保护监管活动，以调查监测为基础、空间规划和用途管制为龙头、节约和高效开发利用为核心、资源保护和生态修复为关键、法制建设为保障，目的是保障社会经济发展和满足社会公共利益需求。

主要管理手段：法规、战略、规划、政策、标准。

管理职责：调查、评价、供给、配置、管制、保护、整治、监督等。

（二）自然资源资产管理理论

加快国有资产管理体制改革是党的十六大作出的重要部署，健全国家自然资

① 陆昊．全面提高资源利用效率（深入学习贯彻党的十九届五中全会精神）［N］．人民日报，2021-01-15（9）．

源资产管理体制是党的十八届三中全会之后的一项全新的探索，根据近些年的理论和实践归纳出以下内容：

管理内涵：全民所有自然资源资产管理是国家对属于全民所有的自然资源资产统一行使所有者权利，目的是保障全民所有自然资源所有权有效实现，确保资产保值增值。资产化管理得以实现的重点是竞争、活跃、规范的市场机制和明晰、量化、稳定的产权制度。关键是找到并建立完善所有权实现方式，处理好直接行使所有权与委托部门、地方代理行使所有权的关系，处理好资产管理与资源监管的关系，处理好资产管理与资源产业经营的关系，处理好管理全民所有自然资源资产与维护集体所有自然资源资产权益的关系。

管理原则：国家统一所有、分级管理；权利、义务、责任相统一；综合管理为主，分类管理为辅；实物管理为基础，价值管理为重点。

管理主线：以保障国有自然资源资产安全和资产保值增值为目标、价格形成为基础、合理配置和有偿使用为手段、产权管理（产权界定、产权配置、产权交易、产权保护）为核心，确保所有者权益。

管理方式：委托管理、合同管理、直接管理等。

管理职责：资产清查统计和核算（基础工作）—确权登记（占有环节）—资产保护、交易流转（使用环节）—收益获取、分配（收益环节）—资产变更或消灭（处置环节）—情况报告和评价考核（监管环节）等。

与自然资源资产管理相关，自然资源的资本化管理是以自然资源资产化为基础，依托资本市场，采取股权、债权、金融衍生品等工具手段，实行自然资源资产预期收益当期货币化的管理模式，通过把控资本投向、优化资本进退来实现国有资本保值增值，维护出资人权益。主要手段包括：资产重组、企业并购、债务重组、产权转让、参股控股等。

从资源、资产、资本三者的关系来看，它们分别是自然资源的三重属性，资源重在揭示自然属性，强调实物量、数量；资产重在揭示经济属性，强调实物量的货币化；资本重在揭示金融属性，强调流动性和增值性，即钱生钱。资产与资本的共性主要集中在其物质载体的统一性上，这是由自然属性决定的。资本是通过不同形态（实物形态和货币形态）的循环和周转，进行无休止运动而实现利润的资产。国有资本是国家对国有资产的投资和投资所形成的收益。资产是以实物或货币状态存在的财产和债权，能够反映所有者的静态财富，但并不能反映其与利润、增值之间所具有的动态关系。资产具有产生利润的可能，但没有产生利润的必然。

第二节 基本概念

一、自然资源

（一）资源、环境、自然资源、自然环境

资源是指一切有用和有价值的东西，即一切生产和生活资料的来源，是生产实践的自然条件和物质基础。2017 年中共中央办公厅、国务院办公厅印发的《关于创新政府配置资源方式的指导意见》指出：“在社会主义市场经济条件下，政府配置的资源主要是政府代表国家和全民所拥有的自然资源、经济资源和社会事业资源等公共资源。”将政府配置的资源分为自然资源、经济资源和社会事业资源，并强调经济资源方面主要指金融类和非金融类经营性国有资产，社会事业资源方面主要指非经营性国有资产。

环境是指人类生存的空间，以及其中可以直接或间接影响人类生活和发展的各种自然因素。[①] 我国《环境保护法》第二条规定：“本法所称环境，是指影响人类生存和发展的各种天然的和经过人工改造的自然因素的总体，包括大气、水、海洋、土地、矿藏、森林、草原、湿地、野生生物、自然遗迹、人文遗迹、自然保护区、风景名胜区、城市和乡村等。”该定义强调了环境的自然属性。《中国大百科全书》给出的界定是：“围绕着人群的空间以及其中可以直接、间接影响人类生活和发展的各种自然因素和社会因素的总体。”这一定义将环境要素分为自然因素和社会因素。一般认为，环境按照主体划分，可分为天然环境和人工环境；按照要素划分，可分为自然环境和社会环境。

关于自然资源的定义，1972 年联合国环境规划署（UNEP）将自然资源定义为“在一定的时间和技术条件下，能够产生经济价值，提高人类当前和未来福利的自然环境因素的总称”[②]，并将其分为有形的自然资源（如水、森林、草原、矿产等）和无形的自然资源（如气候资源、热能资源等）两大类。可知自然资源的基本特征：一是天然性，二是可利用性。世界贸易组织（WTO）提出“自然资源是存在于自然环境中的、稀少的、能以其原始状态或经最低限度加工后在生产或消费中发挥经济效用的原料储备”[③]，自然资源还必须“在市场上有明确

① 石敏俊．资源与环境经济学［M］．北京：中国人民大学出版社，2021.

② 鲍尔·施蒂尔纳．德国物权法（上册）［M］．张双根，译．北京：法律出版社，2004.

③ WTO. World Trade Report 2010：Trade in Natural Resources［EB/OL］. https：//www. docin. com/p-68214120. html.

的价值，既可用作生产原料，也可供消费者直接使用”[①]。《英国大百科全书》的解释为，“人类可以利用的自然生成物，以及生成这些成分的环境功能，前者如土地、水、大气、岩石、矿物、生物及其群集的森林、草场、矿床、陆地与海洋等，后者如太阳能、地球物理的环境功能（气象、海象、水文地理现象）、生态学的环境功能（植物的光合作用、生物的食物链、微生物的腐蚀分解作用等）和地球化学的循环功能（地热现象、化石燃料、非金属矿物生成作用等）”。第7版《辞海》的定义是“指人类可直接从自然界获得，并用于生产和生活的物质资源”。《中国资源科学百科全书》的定义与之类似：“自然资源是人类可以利用的、自然生成的物质与能量。”2013年11月出版的《〈中共中央关于全面深化改革若干重大问题的决定〉辅导读本》提出的自然资源的定义是：“自然资源是指天然存在、有使用价值、当前和未来福利的自然环境因素的总和。”这个定义强调了自然资源的天然、有用、时间、系统等特性，并点出了自然资源是自然环境因素，比较准确、完整地表达了自然资源的特征。自然资源部出台的文件对自然资源的定义采用了这一解释，如2020年颁布的《自然资源调查监测体系构建总体方案》（自然资发〔2020〕15号）对自然资源的概念进行了界定，并备注来自党的十八届三中全会重要决定辅导读本。

如果比较环境同资源的联系与区别，可以认为，环境泛指人类周围所有的客观存在物，资源则是环境中能为人类直接利用，并带来物质财富的部分。自然环境又称自然条件，是人类周围所有的客观自然存在物，是气候、地质、地形、海洋水、陆地水、土壤、植被等各种自然要素相互关联的复杂综合体。自然资源是自然环境中对人类有用的部分，要从人类需要角度来认识和理解这些要素存在的价值。自然资源的开发利用就是物质与能量在自然环境中的转化与流动过程。有人把环境看作一种资源，所谓环境资源，一是指环境的单个要素（如土地、水、空气、动植物、矿产等）及其组合方式（环境状态），二是指与环境污染相对应的环境纳污能力，即环境承载能力。[②]

（二）范围和权属

《中华人民共和国宪法》《中华人民共和国民法典》和自然资源单项法律以列举的方式明确规定了我国自然资源的范围和权属，其中自然资源包括13种：矿藏、水流、森林、山岭、草原、荒地、滩涂、城市的土地、农村和城市郊区的土地、林地、野生动植物资源、海域、无居民海岛。全民所有的自然资源共7种：矿藏、水流、海域、无居民海岛、野生动物资源、野生植物资源、城市的土

① WTO. World Trade Report 2010：Trade in Natural Resources［EB/OL］. https：//www. docin. com/p-68214120. html.

② 石敏俊. 资源与环境经济学［M］. 北京：中国人民大学出版社，2021.

地。7 种自然资源存在集体所有制：森林、山岭、草原、荒地、滩涂、林地、农村和城市郊区的土地（见表 2-3）。

表 2-3 法律规定的资源

资源种类	法律依据
矿藏、水流、森林、山岭、草原、荒地、滩涂、城市的土地、农村和城市郊区的土地、海域、无居民海岛	《中华人民共和国宪法》第九条第一款规定："矿藏、水流、森林、山岭、草原、荒地、滩涂等自然资源，都属于国家所有，即全民所有；由法律规定属于集体所有的森林和山岭、草原、荒地、滩涂除外。"第十条规定："城市的土地属于国家所有。农村和城市郊区的土地，除由法律规定属于国家所有的以外，属于集体所有；宅基地和自留地、自留山，也属于集体所有。" 《中华人民共和国民法典》第二百四十七条规定："矿藏、水流、海域属于国家所有。"第二百四十八条规定："无居民海岛属于国家所有，国务院代表国家行使无居民海岛所有权。"第二百四十九条规定："城市的土地，属于国家所有。法律规定属于国家所有的农村和城市郊区的土地，属于国家所有。"第二百五十条规定："森林、山岭、草原、荒地、滩涂等自然资源，属于国家所有，但是法律规定属于集体所有的除外。"
野生动植物资源	《中华人民共和国宪法》第九条第二款规定："国家保障自然资源的合理利用，保护珍贵的动物和植物。" 《中华人民共和国民法典》第二百五十一条规定："法律规定属于国家所有的野生动植物资源，属于国家所有。" 《中华人民共和国野生动物保护法》第三条规定："野生动物资源属于国家所有。" 《中华人民共和国野生植物保护条例》第三条规定："国家对野生植物资源实行加强保护、积极发展、合理利用的方针。"第十条规定："野生植物分为国家重点保护野生植物和地方重点保护野生植物。"
无线电频谱	《中华人民共和国民法典》第二百五十二条规定："无线电频谱资源属于国家所有。"

野生动植物资源权属的有关法律规定不够具体明确。我国《宪法》只是要求"保护珍贵的动物和植物"，未规定其权属；《民法典》则是提出了权属原则，即"法律规定属于国家所有的野生动植物资源，属于国家所有"，似乎可以理解为在法律规定属于国家所有的野生动植物资源之外还存在其他权属。我国《野生动物保护法》明确规定"野生动物资源属于国家所有"。我国《野生植物保护条例》未明确野生植物权属，但规定"野生植物分为国家重点保护野生植物和地方重点保护野生植物"。

关于无线电频谱资源，《民法典》第二编的第二分编"所有权"第二百五十二条规定"无线电频谱资源属于国家所有"，但未明确规定无线电频谱资源是否为自然资源。2017 年中共中央办公厅、国务院办公厅印发的《关于创新政府配置资源方式的指导意见》将无线电频率、空域资源等称为非传统自然资源。

《自然资源调查监测体系构建总体方案》将阳光、空气、风等也列入自然资源，提出该方案主要围绕自然资源部职责涉及的土地、矿产、森林、草原、水、湿地、海域海岛7类资源的调查监测进行规划和设计。“阳光、空气、风等其他自然资源，待条件成熟时再开展调查。”

此外，随着20世纪中叶开始的人类太空探索活动，太空资源也进入自然资源管理视野。2015年11月25日美国颁布了《美国商用太空发射竞争法案》（*US Commercial Space Launch Competitiveness Act*），率先开启了太空资源开发的国际竞赛。国内外学者对开发太空资源进行了研究，认为太空主要指地球大气层之外的宇宙空间，太空资源开发主要针对地球日益稀缺而太空取之不竭的原位非生物资源。这些资源主要来自月球、某些类型的小行星和其他天体。我国是全球少数几个具备太空资源开发能力的国家之一，太空资源开发是中国矿业发展的新机遇，需要开展太空资源开发作为资源安全的额外保障。①

（三）属性

关于自然资源的属性并没有统一认识，如蔡运龙编著的《自然资源学原理（第二版）》（2016）提出，自然资源的基本属性包括稀缺性、整体性、地域性、多用性、动态性、社会性。封志明编著的《资源科学导论》（2004）提出，质、量、时、空是自然资源的基本属性，自然资源还具有相对有限性、绝对无限性、层次性、整体性、可塑性及多宜性等。

（四）分类

由于人们对自然资源的理解深度广度和目的及侧重角度不同，对自然资源分类尚无统一认识。从不同的角度出发对自然资源有不同分类：

根据自然资源的可持续利用特征，将自然资源划分为可耗竭资源和可更新资源。可耗竭资源又称为不可再生资源，是指自然界中有固定储量的资源。可耗竭资源还可根据其是否能重复使用，进一步划分为可回收资源（如金属资源）和不可回收资源（如能源资源）。

根据自然资源的物理特性，自然资源分为物质资源与能量资源，或者按功能分为原材料与能源两类，能源又可进一步续分为一次能源和二次能源。

根据自然资源是否具有自储性，分为存量资源和流量资源。存量资源是经过千百万年才形成的物质，以一定的储量蕴藏在一些特定的地方，数量有限，越用越少，资源量表现为储量限制，如矿产资源、能源等。流量资源的现时利用并不妨碍其将来利用，它在可用量上是可以得到补充的，理论上是取之不尽、用之不竭的，资源量表现为容量限制，如太阳能、气候资源、旅游资源和土地资源等。

根据自然资源所处的空间位置不同，可分为陆地资源、海洋资源和天空

---

① 涂亦楠．太空资源开发的现状与中国的立场［J］．科技导报，2021，39（11）．

资源。

根据与地理环境各圈层的关系，把自然资源分为气候资源（大气圈）、生物资源（生物圈）、土地资源（土圈）、水资源（水圈）和矿产资源（岩石圈）五大类。

按照产权归属方式，自然资源分为专有资源和共享资源两大类。专有资源指具有明确的所有者，能通过法律或所有权的方式，对资源使用加以控制、分配和管理。共享资源是指具有非排他性和非竞争性，没有明确的所有者或其所有者难以行使所有权的资源，如空气、公海、跨国界河流等。

近年来，在地球系统科学指导下，自然资源分类研究有了新进展。《自然资源调查监测体系构建总体方案》提出，根据自然资源产生、发育、演化和利用的全过程，以立体空间位置作为组织和联系所有自然资源体（即由单一自然资源分布所围成的立体空间）的基本纽带，按照三维空间位置，对各类自然资源信息进行分层分类，将自然资源分为：地表基质层、地表覆盖层、管理层和地下资源层。其中第一层为地表基质层，是地球表面孕育和支撑森林、草原、水、湿地等各类自然资源的基础物质。第二层是地表覆盖层，是在地表基质层以上，按照自然资源在地表的实际覆盖情况，将地球表面划分为作物、林木、草、水等若干覆盖类型。第三层是管理层，在地表覆盖层上，叠加各类日常管理、实际利用等界限数据；而地下资源层则是主要描述地表之下的矿产资源，以及以城市地下空间为主的地下空间资源。原地质矿产部副部长张文驹提出宇宙空间由远到近分为五个等级——宇宙、银河星系、太阳系、地月系统、地球；地球自然系统分为近地太空、大气圈、水圈（海洋、陆上水域）、岩石圈（表土或土地、底岩或底土）。[①]

二、自然资源资产

（一）定义

资产的概念来源于企业财务会计，联合国经济与社会理事会跨国公司委员会发布的《财务报告的主要目标与概念》（1988 年）指出："资产是报告公司由于过去事项而控制的资源（有形和（或）无形的），公司渴望从这些资源中获得未来利益。"我国《企业会计准则》规定："资产是企业拥有或控制的能以货币计量的经济资源，包括各种财产、债权和其他权利。"我国《企业国有资产法》第二条规定："本法所称企业国有资产（以下称国有资产），是指国家对企业各种形式的出资所形成的权益。"2015 年财政部令第 78 号公布《政府会计准则——基本准则》第二十七条规定："资产是指政府会计主体过去的经济业务或者事项

① 张文驹．自然资源一级分类［J］．中国国土资源经济，2019（1）．

形成的，由政府会计主体控制的，预期能够产生服务潜力或者带来经济利益流入的经济资源。”第二十八条规定：“政府会计主体的资产按照流动性，分为流动资产和非流动资产。流动资产是指预计在1年内（含1年）耗用或者可以变现的资产，包括货币资金、短期投资、应收及预付款项、存货等。非流动资产是指流动资产以外的资产，包括固定资产、在建工程、无形资产、长期投资、公共基础设施、政府储备资产、文物文化资产、保障性住房和自然资源资产等。”国内外对于资产特点的基本共识是：第一，资产能够给企业带来经济利益；第二，资产都是为企业所拥有的，或者即使不为企业所拥有，也是为企业所控制的；第三，资产都是企业在过去发生的交易、事项中获得的，企业预期在未来发生的交易或者事项不形成资产。

与资产相关的概念还有财产、财富、资本等。财产概念在我国《宪法》和《民法典》等法律条文中大量出现，如《宪法》第十二条规定：“社会主义的公共财产神圣不可侵犯。”《民法典》第二条规定：“民法调整平等主体的自然人、法人和非法人组织之间的人身关系和财产关系。”《辞海》和《民法辞典》[①] 对财产的解释都是“财产是金钱、财物及民事权利义务的总和”。财富则是泛指具有价值的东西。从“财富”到“财产”，实际上是将有价值的物与特定的人和集团的所有权挂钩的过程。财产与资产比较：第一，资产是财产的一部分，是财产的转化形态或运用形态，只有用于生产经营活动，并且能保值增值的财产才是资产。第二，从借贷关系来看，资产与负债相对应，有资产就有负债，资产随负债的增加而增加，随负债的减少而减少。财产则不与负债相对应，财产不随负债的变化而变化。资本是资产中最活跃的组成部分，是能够带来剩余价值的价值，是企业经营的本金，是通过资产流动和交易带来利润的资产。资本与资产都必须投入生产经营活动，但资产的目的是保值增值，资本的目的是用于投资以获取利润。我国《企业财务通则》对“资本”的定义是：“企业在工商行政管理部门登记的注册资金。”

《〈中共中央关于全面深化改革若干重大问题的决定〉辅导读本》提出了自然资源资产的定义：自然资源资产是指具有稀缺性、有用性（包括经济效益、社会效益、生态效益）及产权明确的自然资源。[②] 这个定义强调了自然资源资产来源于自然资源，且具有稀缺、有用、产权明确的“三性”。自然资源资产与其他物质资产的不同之处在于它不仅具有经济价值，更有同等重要的社会价值、生态价值。谷树忠和谢美娥提出自然资源资产是基础性资产，使用具有排他性，替代

① 吕淑琴．民法辞典［M］．上海：上海辞书出版社，2018.

② 《〈中共中央关于全面深化改革若干重大问题的决定〉辅导读本》编写组．中共中央关于全面深化改革若干重大问题的决定《辅导读本》［M］．北京：人民出版社，2013.

性较差，还有保值特性与增值特质等。[①] 全民所有自然资源资产是所有权属于全民的自然资源资产。此外，国内学者还使用生态资产概念，大多数认为生态资产是在自然资源价值和生态服务价值两个概念的基础上发展起来的，是二者的结合与统一。

（二）从自然资源到自然资源资产

自然资源是自然资源资产的源泉，但并非所有的自然资源都可以资产化，自然资源转化为自然资源资产是有一定条件的。我国《政府会计准则——基本准则》第二十九条规定："符合本准则第二十七条规定的资产定义的经济资源，在同时满足以下条件时，确认为资产：（一）与该经济资源相关的服务潜力很可能实现或者经济利益很可能流入政府会计主体；（二）该经济资源的成本或者价值能够可靠地计量。"强调了能够实现经济利益和价值可计量这两个条件。国务院发展研究中心研究员谷树忠提出，自然资源要成为自然资源资产需要具备四个条件：自然资源的稀缺性；自然资源能够产生经济价值，并且这种经济价值能够评价，甚至能够在市场上得以实现；产权主体尽可能明确；产权边界尽可能清晰。并且据此对自然资源资产内涵作出界定：所谓自然资源资产，是指产权主体明确、产权边界清晰、可给人类带来福利、以自然资源形式存在的稀缺性物质资产[②]。

综合来看，自然资源成为自然资源资产应具备以下四个条件：第一，可定义。自然资源资产的可定义体现在可界定和可确定两个方面。可界定是指主体可以准确地对某类资源的内涵划定边界，使得该资源与其他资源之间不会混淆（产生语意上的歧义或含义上的重叠）；可确定是指资源的内容可确定、资源用途明确或可确定。第二，稀缺性。自然资源具有使用价值，若某类自然资源供给不足，则意味着该类资源能够为主体带来预期的经济利益流入，且拥有者利用此类资源时必须付出代价。第三，产权明确，为一定的主体拥有或控制。包括产权主体明确和产权边界清晰。一项资源能否被视为某一主体的资产，关键要看该主体是否能够使用和支配该资源资产，并且拥有分享资源资产所带来的经济收益的权利。另外，如果产权边界不清晰，就不能保证资产权益的清晰，也不能保证权益的完全实现。这里说的产权实际是产权束的内涵，就是要对自然资源资产的所有权、经营权、收益权、处置权、监督权等权利、权益进行明晰。第四，产生经济价值且可核算。自然资源能够产生经济价值，并且这种经济价值能够评价，有的甚至能够在市场上得以实现。

（三）特征

自然资源资产的特征除了可定义、稀缺、产权明晰、价值量化等，其本质特

①② 谷树忠，谢美娥．论自然资源资产的内涵、属性与分类［N］．中国经济时报，2015-07-31.

征是确保所有者权益、自我积累增值性和产权流转。①

确保所有者权益：资产存在的意义就是为其所有者带来收益，自然资源资产所有权有两种内涵——经济性、法律性，两者互为条件，不可或缺。即，自然资源资产所有者拥有所有权的意义，就是按照法律规定在自然资源资产的开发利用中取得合法的经济利益，否则，这种所有权就没有任何价值和意义。全民所有自然资源资产按照宪法规定都属于国家所有，即全民所有。所有权属于全体人民，就要确保全体人民的经济权益，在管理上就必须做到：首先，维护国家所有权的完整性和统一性，这是确保国有资源国家所有权经济利益的前提；其次，明确国有资源开发利用经济收益的国家所有性。这里的国家所有性指的是这些应归国家收益的部分，不论以什么形式存在，在哪一种经济主体手中，以及会以什么形式投入在生产及其再生收益，其最终所有权都必须归国家所有。另外，目前由各主管部门以国家所有权取得的国有资源的收益，应集中一部分作为国有资源再开发、利用和耗竭补偿的基金，而不能归部门所有、集体所有，甚至个人所有。

自我积累增值性：自然资源资产化管理就是将自然资源资产作为商品投入社会再生产过程中，这就与其他商品一样要在社会再生产运动过程中实现保值增值和积累，才能维持简单再生产和实现扩大再生产。作为自然资源资产，其积累具有特殊性，一方面，其补偿和积累不是用于商品再生产的重复，而是用于自然资源的保育、勘探、开发，如矿产品开采，它的补偿和积累不是将开采完的矿产品再生产出来，而是将一个矿产品开采中的收益用来再投资，进行新的同类或不同类矿产品的开采。如果前一个时期积累的资金能够开发与前一矿井同样生产能力的新矿井，就是实现了资源再生产的完全补偿。如果生产能力更大一些，就有了积累，形成了扩大再生产。这种积累，对于可再生资源，如土地，则主要是土地资源的保护和提质（如休耕、轮耕、整治等）；对于不可再生资源，如矿产资源，则主要是勘探开发新的矿产地和矿区。另一方面，自然资源资产的积累和补偿还要用于治理和修复资源开发利用可能造成的环境和生态破坏，而且可能通过环境整治形成新的价值，如废弃矿区治理形成具备生态价值的景观。

产权流转性：我国自然资源资产的所有权为公有属性（国家或集体所有），因此所有权不可流转，但用益物权（使用权、经营权等）是可以流转的，而且只有通过用益物权流转才能实现公有所有权与使用权的分离，才能实现公有所有权价值和资源优化配置，这也要求国家制定专门的法律或法规来规范自然资源资产产权流转，管理好自然资源资产产权市场。

（四）分类

按照不同标准，自然资源资产有多种分类，这有助于认识各类自然资源资产

① 周永平．国土资源资产化管理探究［J］．经济与社会发展研究，2014（11）．

的功能和特点，从而采取差异化的管理对策。

第一，按自然资源资产的主体，可分为公有（全民所有、集体所有）自然资源资产、私有自然资源资产、共有（混合所有）自然资源资产等。我国社会主义经济制度的基础是生产资料的社会主义公有制，即全民所有制和劳动群众集体所有制，自然资源资产也分为全民所有和集体所有。需要说明的是，2017 年《中共中央关于建立国务院向全国人大常委会报告国有资产管理情况制度的意见》印发，要求国务院每年向全国人大常委会报告国有资产管理情况，专项报告分别反映企业国有资产（不含金融企业）、金融企业国有资产、行政事业性国有资产、国有自然资源等国有资产管理情况。

第二，按自然资源资产的实物性质，可分为土地资源资产、水资源资产、矿产资源资产、生物资源资产、海洋资源资产等。

第三，按自然资源资产的使用性质，可分为公益性资源资产、经营性资源资产和介于二者之间的准公益性资源资产。其中，公益性资源资产指完全用于公共目的、不以获取经济利益为目的的资源资产。

此外，按自然资源资产的作用大小，还可分为战略性资源资产和非战略性资源资产。前者关系国计民生，是资源资产中地位最关键、在非常态下难以从国际市场获得的资源资产，发挥基础性、关键性、战略性作用。

自然资源资产是资产分类体系中有形资产下分的一类（见图 2-1）。

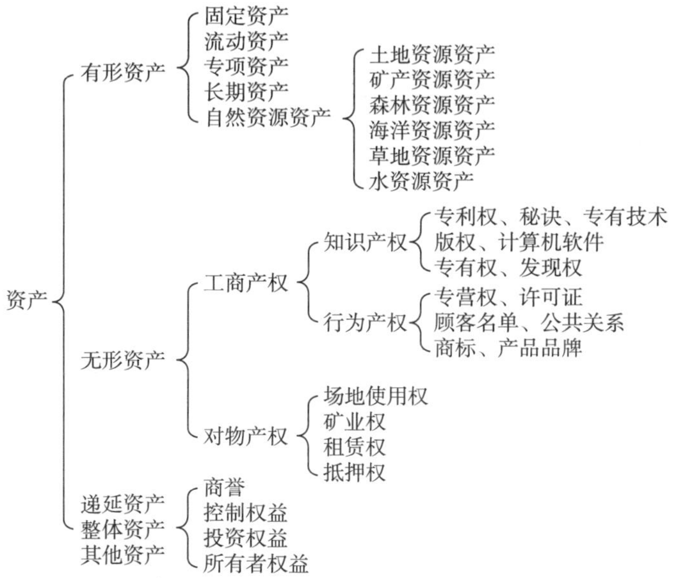

图 2-1 资产分类体系

三、自然资源资产所有权与产权、监管权、用益物权、使用权

（一）自然资源资产产权

产权是所有制的核心和主要内容，包括物权、债权、股权和知识产权等各类财产权。产权是经济所有制关系的法律表现形式，是基于所有权，包括占有权、支配权、使用权、经营权、继承权和剩余索取权及不可侵犯权等一系列权利关系的一组“权利束”。产权源自所有权，是可以分解的，但当它们完整地集中于一个主体时，就与所有权重合；所有权出发点是物的归属，产权出发点是物的利用；所有权是绝对或普遍的权利，产权是相对权利；可交易性是产权本质特征，还有可分割性、排他性等，而所有权则不可让渡、不可分割，具有统一性、唯一性。产权按占有主体的性质，可分为私有产权、政府产权和法人产权。产权和物权都是有关特定财物的归属权，但是物权指直接支配有体财物的权利，不包括无体财物（如发明或著作等知识产权）；而产权包括有体产权和无体产权，因此产权概念的外延要比物权宽泛。

产权制度是覆盖各类财产以及财产权利界定、运营、交易、保护的一系列体制和制度，是与社会化大生产和现代市场经济相适应的制度安排。一般认为，产权制度有四大功能：一是激励功能，即通过法律对产权的确认和保护，促使财产占有主体使用产权来谋取自身利益；二是约束功能，即通过产权确立对产权主体权利与责任的界定和对非产权主体侵权行为的排他性约束；三是资源配置功能，即通过产权制度对稀缺资源的占有、使用、交易、收益等行为的稳定秩序规范来解决人们之间的利益矛盾从而促使资源合理配置；四是预期功能，即稳定且科学的产权制度会有力地促使人们增加财富和有效利用资源，谋划长期的经济活动。产权制度的作用就在于赋予产权主体占有的合法性，明晰产权主体及其关系，激励产权主体高效率利用和有效保护资产。产权制度是社会主义市场经济体制的基础性制度，其作用体现在：一是保障市场秩序的基础，二是保障市场主体活力的基础，三是保障市场预期的基础。①

2003 年通过的《中共中央关于完善社会主义市场经济体制若干问题的决定》指出：“建立归属清晰、权责明确、保护严格、流转顺畅的现代产权制度，有利于维护公有财产权，巩固公有制经济的主体地位；有利于保护私有财产权，促进非公有制经济发展；有利于各类资本的流动和重组，推动混合所有制经济发展；有利于增强企业和公众创业创新的动力，形成良好的信用基础和市场秩序。这是完善基本经济制度的内在要求，是构建现代企业制度的重要基础。”2013 年，党

① 善长．产权制度是社会主义市场经济体制的基石［N］．中国纪检监察报，2017-12-26（01）．

的十八届三中全会通过的《中共中央关于全面深化改革若干重大问题的决定》重申："健全归属清晰、权责明确、保护严格、流转顺畅的现代产权制度。"

自然资源资产产权是国家、集体或个人对某种自然资源资产形成的一组排他性的权利，是自然资源所有、占有、处分、受益等权利的总和。自然资源资产产权制度是加强生态保护、促进生态文明建设的重要基础性制度①，是关于自然资源资产产权的形成、设置、行使、转移、结果、消灭等的规定或安排。自然资源产权管理主要涉及资产清查与评估、登记、确权、产权流转、资源产权的使用权和收益权分配、使用权监管等内容。党的十八届三中全会通过的《中共中央关于全面深化改革若干重大问题的决定》明确提出："健全自然资源资产产权制度和用途管制制度……形成归属清晰、权责明确、监管有效的自然资源资产产权制度。"2019 年中共中央办公厅、国务院办公厅印发的《关于统筹推进自然资源资产产权制度改革的指导意见》要求"加快构建系统完备、科学规范、运行高效的中国特色自然资源资产产权制度体系"，并将自然资源资产产权制度的特征概括为"归属清晰、权责明确、保护严格、流转顺畅、监管有效"。

关于自然资源资产产权体系，《关于统筹推进自然资源资产产权制度改革的指导意见》要求"健全自然资源资产产权体系"。一是提出了建立健全自然资源资产产权体系的基本原则和目的："适应自然资源多种属性以及国民经济和社会发展需求，与国土空间规划和用途管制相衔接，推动自然资源资产所有权与使用权分离，加快构建分类科学的自然资源资产产权体系，着力解决权利交叉、缺位等问题。"二是提出了建立健全自然资源资产产权体系的主要任务："处理好自然资源资产所有权与使用权的关系，创新自然资源资产全民所有权和集体所有权的实现形式。"明确了自然资源资产产权体系的核心是自然资源资产所有权与使用权的关系，并且重点提出了建立土地、矿产、海洋、水四类自然资源资产产权体系以及理顺相互关系。其中，土地资源资产产权体系包括三方面内容：落实承包土地所有权、承包权、经营权"三权分置"，开展经营权入股、抵押；探索宅基地所有权、资格权、使用权"三权分置"；加快推进建设用地地上、地表和地下分别设立使用权，促进空间合理开发利用。矿产资源资产产权体系包括四方面内容：探索研究油气探采合一权利制度，加强探矿权、采矿权授予与相关规划的衔接；依据不同矿种、不同勘查阶段地质工作规律，合理延长探矿权有效期及延续、保留期限；根据矿产资源储量规模，分类设定采矿权有效期及延续期限；依法明确采矿权抵押权能，完善探矿权、采矿权与土地使用权、海域使用权衔接机制。海洋资源资产产权体系包括两方面内容：探索海域使用权立体分层设权，加

① 《关于统筹推进自然资源资产产权制度改革的指导意见》，2019 年 4 月，中共中央办公厅、国务院办公厅印发。

快完善海域使用权出让、转让、抵押、出租、作价出资（入股）等权能；构建无居民海岛产权体系，试点探索无居民海岛使用权转让、出租等权能。建立健全水资源资产产权体系的重点则是“完善水域滩涂养殖权利体系，依法明确权能，允许流转和抵押”。最后还提出了“理顺水域滩涂养殖的权利与海域使用权、土地承包经营权，取水权与地下水、地热水、矿泉水采矿权的关系”。

（二）自然资源资产所有权

《辞海》对所有权的解释是：“全称‘财产所有权’。财产所有人有权任意处置自己的财产的权利，即依法享有占有、使用、收益和处分，并排除他人干涉的权利。所有权的取得、转移与行使，都必须符合法律的规定。”《民法典》对所有权的一般规定、所有权取得的特别规定、国家所有权和集体所有权及私人所有权都有专章规定。《民法典》第二百四十条规定：“所有权人对自己的不动产或者动产，依法享有占有、使用、收益和处分的权利。”根据《中华人民共和国民法典（实用版）》的条文“理解与适用”，占有，是对于财产的实际管领或控制，拥有一个物的一般前提就是占有，这是财产所有者直接行使所有权的表现。使用，是权利主体对财产的运用，发挥财产的使用价值。收益，是通过财产的占有、使用等方式取得经济效益。处分，是指财产所有人对其财产在事实上和法律上的最终处置。《民法典》第二百四十一条规定：“所有权人有权在自己的不动产或者动产上设立用益物权和担保物权。用益物权人、担保物权人行使权利，不得损害所有权人的权益。”所有权制度即所有制，是指一定社会中因占有生产资料和劳动产品而发生的经济关系，是社会生产关系的核心和基础。我国《宪法》规定：“社会主义经济制度的基础是生产资料的社会主义公有制，即全民所有制和劳动群众集体所有制。”

关于国家所有权，《民法典》第二百四十六条规定：“法律规定属于国家所有的财产，属于国家所有即全民所有。国有财产由国务院代表国家行使所有权。法律另有规定的，依照其规定。”第二百四十二条规定：“法律规定专属于国家所有的不动产和动产，任何组织或者个人不能取得所有权。”

自然资源资产的所有权是自然资源资产所有人对自然资源资产依法所享有的占有、使用、收益和处分的权利，是自然资源资产所有制度在法律上的反映和确认。自然资源所有权与自然资源用益物权和自然资源抵押权共同构成了自然资源物权，它是自然资源物权中最完整、最充分的权利，是他物权设定的基础。我国自然资源资产所有权分为国家所有（即全民所有）与集体所有两种形式，国家所有的自然资源资产由国务院代表国家行使所有权。2018 年《自然资源部职能配置、内设机构和人员编制规定》明确的自然资源部主要职责的第一条就是：“履行全民所有土地、矿产、森林、草原、湿地、水、海洋等自然资源资产所有者职责和所有国土空间用途管制职责。”2019 年中共中央办公厅和国务院办公厅印发的《关于统筹推进自然资源资产产权制度改革的指导意见》规定，由国务院授权国务院自然资源主管部门具体代表统一行使全民所有自然资源资产所有者职责。

自然资源资产所有权除具备一般所有权的完全性、整体性、恒久性等特点之外，还具有特殊性，主要是主体、客体、性质和流转等方面的特殊性。关于自然资源资产所有权的主体，我国实行社会主义公有制，只有国家和集体才能成为自然资源资产所有权主体，国有自然资源资产的主体是全体人民，体现了全民性。关于自然资源资产所有权的客体，自然资源资产明显不同于一般的物，具有自然性、整体性、生态性和公共性等特征；在性质上，自然资源资产所有权特别是全民所有自然资源资产所有权，兼具私权和公权特征。一方面，所有权是《民法典》物权编的重要内容，自然资源资产所有权以资产化、市场化为主要特征，以获取最大经济利益为目的，这符合私权的基本精神。另一方面，自然资源资产具有公共物品特征，是经济社会发展的重要物质基础，一些国家通过立法确认自然资源作为社会财富归全民所有或者国家所有，联合国大会在 1962 年 12 月 14 日通过的《关于自然资源永久主权的决议》明确了自然资源资产具有主权性政治特征，决定了自然资源资产的公权性。因此，全民所有自然资源资产所有权是具有强烈公权特征的私权，既要实现所有者权益，又要以服从服务于国家根本利益或者社会公益性需求为基本前提，还承担着保护自然资源不被侵占或者破坏、保障自然资源的合理利用等法律规定的国家义务。在流转方面，国有自然资源资产所有权不能流转，集体自然资源资产只能在一定条件下由国家将其征收为国家所有。《宪法》第十条第三款规定：“国家为了公共利益的需要，可以依照法律规定对土地实行征收或者征用并给予补偿。”《民法典》第二百四十三条规定：“为了公共利益的需要，依照法律规定的权限和程序可以征收集体所有的土地和组织、个人的房屋以及其他不动产。”

（三）自然资源资产使用权

自然资源资产的使用权是自然资源资产使用权人依法对自然资源资产进行实际利用并取得相应收益的权利，是自然资源资产占有权、部分收益权和不完全的处分权的集合，是自然资源资产使用制度在法律上的体现。我国自然资源资产所有权的公有性质决定了我国自然资源资产实行所有权与使用权分离的产权制度，通过保障和促进自然资源资产使用者合法权益并借此实现国家自然资源资产所有权益。

自然资源使用权依据登记生效主义等原则，通过有偿出让、行政许可或者公示登记等形式，从自然资源所有权中分离出来并享有对自然资源的占有、使用、收益和相应的处分权能，使用权人借此权利依法开发利用资源，在实现自身经济收益的同时，负有遵守法律规定不破坏浪费资源、影响其用途而导致功能性损害的义务。在特定情况下，出于公共利益的需要，国家可以依政治权力对自然资源使用权实施行政征收或者征用，但应依法给予经济补偿①，如我国《宪法》第十条规定："国家为了公共利益的需要，可以依照法律规定对土地实行征收或者征用并给予补偿。"

（四）自然资源资产用益物权

物权制度是财产权制度的基础，我国民法理论将其界定为调整"物"的归属与利用关系，前者主要体现为所有权制度，后者主要体现为用益物权与担保物权制度，由此确立了"所有权—用益物权—担保物权"的规范体系。

根据我国《民法典》，用益物权是指"用益物权人对他人所有的不动产或者动产，依法享有占有、使用和收益的权利"。在社会经济活动及人们相互交往的关系中，财产的客体即财产物具有使用价值和交换价值的双重属性，用益物权和担保物权就是以这两种不同的价值而设立的权利。用益物权以物的使用和收益为目的，担保物权侧重于物的交换价值。用益性是用益物权的基本属性，所谓用益性即着眼于物的使用和收益，用益物权具有独立性。用益物权一旦设立，用益物权人便可独立地享有对标的物的使用和收益权，用益物权的内容不包括最终处置权。处置权是所有权最重要的权利，在不违反其他法律规定的情况下所有权人可以任意将自己的财产转让、遗赠或消灭。用益物权设定后，物的所有权人并没有将处置权转移给用益物权人，用益物权人可以在权利设定范围内行使使用权、抵押权、典权，但不能对标的物本身进行最终处置。

《民法典》第二编"物权"中第三分编"用益物权"中明确规定了自然资源相关的10种用益物权：海域使用权，探矿权，采矿权，取水权，使用水域、滩涂从事养殖、捕捞的权利，土地承包经营权，建设用地使用权，宅基地使用权，居住权和地役权。

（五）自然资源监管权

本书认为，自然资源监管权是国家作为国土范围内全部自然资源监管者所具有的行政监管权力，其出发点不是自然资源所有者而是公共事务管理者，是对自然资源公共事务进行监督和管理的强制力量和支配力量，包括用途管制、执法监察、行业监管等行政监管职责。

所有者的客体是"自然资源资产"，管理者的客体是"自然资源"，二者的内涵和外延都不同。管理者的关注点是自然资源的自然属性即实物量，所有者的

---

① 刘欣．民法典视域下自然资源资产产权制度理论分析［J］．中国国土资源经济，2021（8）．

关注点是自然资源的资产属性即价值量。从“所有者”与“管理者”关系看，在我国，国家既是“自然资源资产所有者”，又是“自然资源所涉及的公共事务管理者”。二者的区别在于，所有者的权利是占有、使用、收益和处分，管理者的权利是规划、用途管制、标准制定等。

自然资源资产所有者在对自然资源资产进行配置和处置时应受到限制，要符合用途管制要求和保护生态环境等公共利益需要；自然资源监管者也不得超越用途管制要求，干预自然资源资产所有者依法行使权利。自然资源资产所有者以自然资源资产的保值增值为主要目标，自然资源监管者以自然资源的可持续利用和生态保护为主要目标，二者之间要建立沟通协商和监督制约机制，实现信息共享，确保两个方面工作目标的对立统一。

四、所有者权益与所有者职责

（一）权力、权利与权益

权力：是一个国家的政权分配方式，是掌握国家政权的国家机关或工作人员所拥有的。在我国，国家的一切权力属于人民。权力与责任相对应，它表明了约束权力的方式和途径。

权利：指由法律赋予的行为与否的自由，做什么或不做什么以及要求他人做什么或不做什么的资格，是行为的合法性以及受法律保护的利益和主张，其主体是公民、法人或其他组织。在我国，任何公民都平等地享有宪法和法律规定的权利。权利对应义务，是法律规定下公民为获得权利而需要付出的代价。

权益：指享受权利而产生的利益，是权利和利益的结合体，是权利的效应和主要内容，权利产生的效益是权利享有者的最终目的。

总之，权力、权利、权益和权能是完全不同的概念，但是又有不可分割的联系。“利益”是“权力”和“权利”的共同指向，它们的深层含义都是对利益的追求，只是两者在实现的途径上存在差异。而权利、权益、权能以权利为中心而连接在一起。权利赋予的是某种可为可不为的行为，权益则是因某种权利而包含的利益，权能是权利所具有的功能，权利重点强调权，权益重点强调益，是权利带来的利益。

（二）所有者与出资人

1. 所有者权益

企业财务会计中的所有者权益是指企业资产扣除负债后由所有者享有的剩余权益，是业主权益和股东权益。资产=负债+所有者权益。根据我国民法，收益权是所有权的权能之一，所有者权益应是财产所有者依法享有的权利和利益。1993年，《中共中央关于建立社会主义市场经济体制若干问题的决定》在党的重要文件中首次提出了国有企业中“所有者”“出资者”及“所有者的权益”等产权关系，明确了“出资者按投入企业的资本额享有所有者的权益，即资产受益、重大决策和选择管理者等权利。企业破产时，出资者只以投入企业的资本额对企业债务负有限责任”。1997年，党的十五大报告提出：“进一步明确国家和企业的权利和责任。国家按投入企业的资本额享有所有者权益，对企业的债务承担有限责任；企业依法自主经营，自负盈亏。政府不能直接干预企业经营活动，企业也不能不受所有者约束，损害所有者权益。”2002年，党的十六大报告提出：“国家要制定法律法规，建立中央政府和地方政府分别代表国家履行出资人职责，享有所有者权益，权利、义务和责任相统一，管资产和管人、管事相结合的国有资产管理体制。关系国民经济命脉和国家安全的大型国有企业、基础设施和重要自然资源等，由中央政府代表国家履行出资人职责。其他国有资产由地方政府代表国家履行出资人职责。”

2. 所有者职责

2013年，党的十八届三中全会通过的《中共中央关于全面深化改革若干重大问题的决定》在党的重要文件中首次提出了“所有者职责”概念，要求“健全国家自然资源资产管理体制，统一行使全民所有自然资源资产所有者职责”。2017年，党的十九大再次提出“统一行使全民所有自然资源资产所有者职责”。自然资源部会同有关部门，在系统梳理中央要求、法律规定，深入调研、广泛听取意见的基础上，根据民法典等法律法规规定，按照《生态文明体制改革总体方案》及《关于统筹推进自然资源资产产权制度改革的指导意见》的要求，将全民所有自然资源资产所有者职责界定为“主张所有、行使权利、履行义务、承担责任、落实权益”这二十个字，并将其作为试点有关内容的基础逻辑和理论支撑，开展相应的制度设计。2021年6月，中共中央办公厅和国务院办公厅印发的《全民所有自然资源资产所有权委托代理机制试点方案》正式明确了全民所有自然资源资产所有者职责的内涵为“主张所有、行使权利、履行义务、承担责任、落实权益”，其中：

主张所有，包括摸清家底、确权登记和清查统计等。对自然资源资产的数量、范围、用途进行统一调查或委托调查，并划清边界、确认权属，将所有权登记在相应的所有者名下。

行使权利，包括行使占有权（实际控制）、使用权（直接使用）、收益权（征缴资源资产收益）、处分权（依法处置，设立用益物权、担保物权以及地役权、捕捞权、狩猎权等他物权）等。加快推进经营性自然资源资产所有权和使用权的分离，全面建立以有偿使用制度为核心、覆盖各类自然资源资产的配置制度。所有者可以通过法律、契约等意思表示设立、变更、终止民事法律关系，并且可以附条件、附期限；可以通过代理人实施民事法律行为。

履行义务，鉴于自然资源具有外部性和公共物品属性等特点，所有者代理人在对自然资源资产进行配置和处置时应受到一定限制，要符合用途管制要求和保护生态环境等公共利益需要，保障自然资源合理利用；遵循公平诚信原则，切实履行法律规定和民事双方约定。

承担责任，包括承担向全国人大报告国有自然资源资产的责任；承担对自然资源资产损害和生态环境破坏的发现、核实和追偿责任与生态补偿责任，对造成资源环境损害的相对人提起生态环境损害诉讼。当权利受到侵害时，可以提请民事诉讼，承担原告角色，造成损失的先于行政、刑事诉讼受偿。如所有权人违反法律规定或合同约定，也应承担相应的法律责任。

落实权益，包括保护自然资源资产所有者权益，依法收缴国有土地、矿产资源等收益，公平分享自然资源资产收益，履行自然资源资产出资人职责。既包含依法收取资产收益、享有经济利益的过程，也包含建立管理制度、保值增值、对代理人进行监管考核等行为，以及为了防止权益被侵害而开展的保护性或防卫性工作等，当代理人越位、缺位时，可暂停代理并追究其责任。

3. 出资人权益和职责

出资人概念来源于国有经营性资产特别是国有企业资产管理领域。一般来说，股东即出资人，对于国有企业而言，出资人是全体人民，但由国家代表全体人民出资，而由国务院行使国有资产所有权，各级政府分别履行出资人职责。国务院建立国有资产监管机构，授权其对国有企业履行出资人职责。根据相关规定，国务院、省级政府以及设区市、自治州政府分别代表国家履行出资人职责，并由相应的国有资产监督管理机构具体行使相应权利，分别对相应各级国有企业进行监督管理。

1993 年党的十四届三中全会通过的《中共中央关于建立社会主义市场经济体制若干问题的决定》要求："出资者按投入企业的资本额享有所有者的权益，即资产受益、重大决策和选择管理者等权利。企业破产时，出资者只以投入企业的资本额对企业债务负有限责任。"2003 年公布的《企业国有资产监督管理暂行条例》第四条规定："企业国有资产属于国家所有。国家实行由国务院和地方人民政府分别代表国家履行出资人职责，享有所有者权益。"第五条规定："省、自治区、直辖市人民政府和设区的市、自治州级人民政府分别代表国家对由国务院履行出资人职责以外的国有及国有控股、国有参股企业，履行出资人职责。"2008 年印发的《中华人民共和国企业国有资产法》第六条规定："国务院和地方人民政府应当按照政企分开、社会公共管理职能与国有资产出资人职能分开、不干预企业依法自主经营的原则，依法履行出资人职责。"第十一条规定："国务院国有资产监督管理机构和地方人民政府按照国务院的规定设立的国有资产监督管理机构，根据本级人民政府的授权，代表本级人民政府对国家出资企业履行出资人职责。国务院和地方人民政府根据需要，可以授权其他部门、机构代表本级人民政府对国家出资企业履行出资人职责。”第十五条规定：“履行出资人职责的机构对本级人民政府负责，向本级人民政府报告履行出资人职责的情况，接受本级人民政府的监督和考核，对国有资产的保值增值负责。”《民法典》第七十六条规定：“以取得利润并分配给股东等出资人为目的成立的法人，为营利法人。”第二百五十七条规定：“国家出资的企业，由国务院、地方人民政府依照法律、行政法规规定分别代表国家履行出资人职责，享有出资人权益。”第二百六十八条规定：“国家、集体和私人依法可以出资设立有限责任公司、股份有限公司或者其他企业。国家、集体和私人所有的不动产或者动产投到企业的，由出资人按照约定或者出资比例享有资产收益、重大决策以及选择经营管理者等权利并履行义务。”

2018 年印发的《中共中央　国务院关于完善国有金融资本管理的指导意见》指出：“国有金融资本属于国家所有即全民所有。国务院代表国家行使国有金融资本所有权。国务院和地方政府依照法律法规，分别代表国家履行出资人职责。按照权责匹配、权责对等、权责统一的原则，各级财政部门根据本级政府授权，集中统一履行国有金融资本出资人职责。国务院授权财政部履行国有金融资本出资人职责。地方政府授权地方财政部门履行地方国有金融资本出资人职责。履行出资人职责的各级财政部门对相关金融机构，依法依规享有参与重大决策、选择管理者、享有收益等出资人权利，并应当依照法律法规和企业章程等规定，履职尽责，保障出资人权益。”2020 年国务院办公厅印发的《国有金融资本出资人职责暂行规定》（国办发〔2019〕49 号）进一步细化了财政部门作为出资人代表机构的主要职责：在宏观上，要建立健全国有金融资本的管理机制和制度体系；在微观上，要坚持市场化、法治化原则，行使股东权利，履行股东义务。

股东权利是与出资人权利相关的概念，是指在按《公司法》注册的企业中，企业财产的一个或多个权益所有者拥有哪些权利和按什么方式、程序来行使权利。相对于所有权、产权、出资人权利，股东权利是最清楚、明确的权利。

五、授权与委托代理

（一）授权

授权是管理学的一个重要原则，是指组织中的上级单位或领导将部分权力和相应职责授予下级单位或下属，使其在一定范围内具有相当的自主决策权，同时负有相应的责任，以达到组织目标的过程。授权管理是企业经营管理中的重要工作，对构建管理体系、提高工作效率具有重要作用。

根据授权的方式和内容等不同标准，可从不同角度对授权进行分类。根据授权方式不同，可以将授权分为固定授权和专项授权。固定授权是指企业法定代表人按年度授予被授权人行使职权的行为。专项授权指在固定授权之外，企业法定代表人根据实际需要，授予被授权人履行特定职权、从事特定事务的行为。根据授权内容不同，可以将授权分为管理授权和业务授权。管理授权是指基于企业组织结构、岗位职责情况进行的管理权限的授权，是根据组织结构体系形成的在一定时期内较为固定的管理权力分配。业务授权是指上级为有效履行职务职责、完成工作目标，运用专门人才的知识和技能，将处理特定业务的权力授权给某个或某些下属。根据授权事项不同，可以将授权分为合同签署授权、战略合作文件或协议签署授权、行使股东权利授权、参与诉讼或仲裁案件授权、办理行政登记授权以及从事其他法律行为授权。

（二）委托代理

我国《民法典》第一百六十一条规定："民事主体可以通过代理人实施民事法律行为。"第一百六十三条规定："代理包括委托代理和法定代理。委托代理人按照被代理人的委托行使代理权。法定代理人依照法律的规定行使代理权。"第一百六十二条规定："代理人在代理权限内，以被代理人名义实施的民事法律行为，对被代理人发生效力。"根据《民法辞典》，代理是代理人在代理权限内以被代理人的名义与第三人为民事法律行为，该行为所产生的法律后果直接归属于被代理人的法律制度。在代理关系中，至少要有代理人、被代理人和相对人三方当事人。以他人的名义为他人实施民事法律行为的人为代理人，为代理人所代理并承受该行为法律后果的人为被代理人，与代理人为民事法律行为的第三人为相对人。

我们认为，委托代理主要是指一个或多个行为主体根据一种明示或隐含的契约，指定、雇佣另一些行为主体为其服务，同时授予后者一定的权力，并根据后者提供的服务数量和质量对其支付相应的报酬。委托一般是指委托主体将特定的权力或权利交由他人代为行使的过程，按照委托主体的不同，分为行政委托和民事委托。

第三章　自然资源资产管理体系

第一节　自然资源资产管理体制沿革

我国自然资源资产管理经历了行政配置、研究探索、逐步完善、全面推进等阶段，实现了从计划经济时期的自然资源无偿使用到全面推进自然资源资产管理的转变。

一、自然资源计划管理（中华人民共和国成立至20世纪70年代末）

中华人民共和国成立到改革开放之前，我国法律明确了主要自然资源属于国家所有，实行国民经济高度集中统一计划管理体制，自然资源管理突出专业性和技术性，实行分散管理体制，自然配置行政划拨。1954年《宪法》规定："矿藏、水流，由法律规定为国家的森林、荒地和其他资源，都属于全民所有。"禁止自然资源流通，限制资源产品流通，政府负责供给、分配、经营、管理自然资源，国有自然资源企业生产与经营活动全部由政府安排。例如，土地使用制度实行以无偿、无限期、无流动为特征的计划分配、行政划拨方式，土地资源不能自由流动，也没有经济价值；矿产资源也实行无偿占用，按规定矿产资源不得进入市场交易。其间出台了部分自然资源保护的法规，如《国家建设征用土地办法》（1953年）、《中华人民共和国水土保持暂行纲要》（1957年）、《国务院关于积极保护和合理利用野生动物资源的指示》（1962年）、《森林保护条例》（1963年）、《矿产资源保护试行条例》（1965年）、《中华人民共和国森林法（试行）》（1979年）、《水产资源繁殖保护条例》（1979年）。

主要自然资源的管理部门沿革如下：

土地：内务部地政司（1949年）—农业部土地利用总局（1955年）—农垦部、城市服务部、内务部（1956年）—全国农业区划委员会土地资源组（1979年）。

矿产：地质工作计划指导委员会（1950 年）—地质部（1952 年）—国家计划委员会地质局（1970 年）—国家地质总局（1957 年）—地质部（1979 年）。

水：水利部（1949 年）—水利电力部（1958 年）—水利部（1979 年）。

林：林垦部（1949 年）—林业部（1951 年）—森林工业部（1956 年）—林业部（1958 年）—农林部（1970 年）—林业总局（1978 年）—林业部（1979 年）。

草：管理职能长期设置在农业、农牧部门。

海洋：国家海洋局，由海军部门代管（1964 年）。

二、逐步建立国有资产管理体制和自然资源有偿使用制度（20 世纪 80 年代初至 1991 年）

这一时期我国经济体制改革逐步从微观的企业改革扩展到建立国有资产管理体制，并开始探讨资源性资产管理问题，土地、矿产、水资源等有偿使用制度改革逐步展开。

1984 年党的十二届三中全会通过的《中共中央关于经济体制改革的决定》把增强企业活力作为经济体制改革的中心环节。1987 年党的十三大要求按照所有权经营权分离的原则，搞活全民所有制企业。1988 年国务院成立国家国有资产管理局（以下简称国资局）。1990 年《国务院关于加强国有资产管理工作的通知》（国发〔1990〕38 号）印发，要求保卫国有资产及其权益不受损害。1991 年 1 月 16 日国务院发布《国有资产评估管理办法》，其中明确指出“有关国有自然资源有偿使用、开采的评估办法，由国务院另行规定”，标志着资源性国有资产被纳入统一的国有资产管理。1991 年 11 月，国资局在北京召开了“自然资源产业化和资产管理问题”理论研讨会。

自然资源有偿使用方面，率先探索土地资源有偿使用管理。1979 年 7 月 1 日，第五届全国人民代表大会第二次会议通过《中华人民共和国中外合资企业经营法》，第一次提出对外资企业征收土地使用费的概念。1982 年，《深圳经济特区土地管理暂行规定》规定了土地使用年限和土地使用费征收标准。1987 年 9 月到 12 月，深圳市分别以协议、招标、拍卖三种方式出让三宗国有土地使用权，同年，国务院批准在深圳、上海、天津、广州、厦门、福州等地进行土地使用制度改革的试点。1988 年我国先后修改了《宪法》和《土地管理法》，明确了土地使用权可以依法转让，1990 年出台《城镇国有土地使用权出让和转让暂行条例》。同期积极探索矿产资源、水资源等的有偿使用，1982 年规定合作开采海洋石油资源企业缴纳矿区使用费。1984 年征收资源税。1986 年颁布的《矿产资源法》明确规定，国家对矿产资源实行有偿开采，开采矿产资源，必须按照国家有关规定缴纳资源税和资源补偿费。1988 年颁布的《水法》明确要求，通过征收水费和水资源费等经济手段加强用水管理。1989 年开始国有林地使用权登记发证。

三、深化自然资源有偿使用和开展国有自然资源资产管理试点（1992~2011 年）

1992 年党的十四大明确了“我国经济体制改革的目标是建立社会主义市场经济体制”。1993 年党的十四届三中全会通过的《中共中央关于建立社会主义市场经济体制若干问题的决定》要求“对国有资产实行国家统一所有、政府分级监管、企业自主经营的体制。按照政府的社会经济管理职能和国有资产所有者职能分开的原则，积极探索国有资产管理和经营的合理形式和途径”。1996 年《关于国民经济和社会发展“九五”计划和 2010 年远景目标纲要的报告》要求“尽快完善自然资源有偿使用制度和价格体系，建立资源更新的经济补偿机制”。1997 年党的十五大报告要求“实施资源有偿使用制度”。1998 年成立国土资源部，统筹管理土地、矿产、海洋。2002 年党的十六大报告明确指出“继续调整国有经济的布局和结构，改革国有资产管理体制，是深化经济体制改革的重大任务”。标志着国有资产管理体制改革进入新阶段。2003 年党的十六届三中全会通过的《中共中央关于完善社会主义市场经济体制若干问题的决定》提出“建立健全国有金融资产、非经营性资产和自然资源资产等的监管制度”，这是中央重要文件中首次出现“自然资源资产”概念。2007 年党的十七大报告强调“完善各类国有资产管理体制和制度”“建立健全资源有偿使用制度和生态环境补偿机制”。这一时期逐步建立健全自然资源有偿使用制度、资源管理法规体系，自然资源管理机构由分散管理向集中统一转变。

土地资源方面，1994 年颁布的《城市房地产管理法》首次从法律层面明确了划拨和出让供地的范围。1998 年修改的《土地管理法》和颁布的《土地管理法实施条例》确立了土地用途管制制度和土地有偿使用制度，并首次从法规上明确了出让、租赁、作价出资等土地有偿使用方式。2001 年国务院《关于加强国有土地资产管理的通知》（国发〔2001〕15 号）下发后，土地收购储备制度广泛实施，经营性国有土地使用权招标拍卖挂牌出让逐步推开，协议出让和划拨供地得到进一步规范，国有土地资产管理得到加强。矿产资源方面，1996 年印发的《关于修改〈矿产资源法〉的决定》第四条规定了矿业权转让的情形；1998 年国务院印发的《探矿权采矿权转让管理办法》（国务院令 242 号）明确了转让的相关条件。水资源方面，2002 年修订的《水法》明确提出国家对水资源依法实行取水许可制度和有偿使用制度，征收水资源费。海域资源方面，2001 年颁布的《海域使用管理法》明确规定国家实行海域有偿使用制度，单位和个人使用海域，应当按照国务院的规定缴纳海域使用金。2007 年颁布的《物权法》建立了以自然资源所有权为主体，自然资源用益物权和担保物权为两翼的自然资源产权体系。

国资局等部门积极推进国有自然资源资产管理试点工作。1992年，在搜集国外有关资源资产管理的文献资料的基础上，国资局先后选择海岸带、矿产和森林资源，与国家海洋局、地矿部、林业部共同研讨资产化管理的进一步设想。1994年国资局经与国家海洋局研究，选择河北沧州进行海岸带资源产权界定与登记试点工作，而后又在唐山、秦皇岛等地扩大试点。在沧州试点工作的基础上，研究制定海岸带资源产权界定办法和建立海岸带资产基准价格体系问题。从1994年下半年开始，国资局又分别与冶金部黄金管理局、煤炭部、林业部等多次研究如何推进资产化管理问题。为加强对资源性资产的管理，国资局先后会商有关部门，提出在清产核资中土地作为企业资产的构成部分进行清查登记。国资局与国家土地管理局、林业部等单位联合向国务院呈送《关于请国务院机关事务管理局加强对中央机关土地资产的管理》《关于加强对东北、内蒙古国有林管理》等请示报告，并分别联合发文，要求在产权登记中加强土地资产管理和加强林权管理的通知等。1994年11月国资局召开“全国国有资产管理暨全国清产核资工作会议”，财政部副部长兼国家国有资产管理局局长张佑才提出，“近期各级国有资产管理部门要会同有关部门认真研究国有资源的资产化管理问题，重点抓好国有土地资源、矿产资源、水资源、海洋资源和国有森林资源的资产化管理改革，提出切实可行的管理措施和管理方法，保护国有资源”。[①] 1995年3月27日国资局又在北京召开了全国首次“国有资源性资产全国工作会议”，提出了资源性国有资产管理的8项目标和5项基础工作。[②]

四、全面推进自然资源资产管理阶段（2012年以来）

党的十八大以来，我国将生态文明建设纳入“五位一体”总体布局，大力推进生态文明建设，并从自然资源有偿使用、自然资源资产管理体制改革等多方面，推动自然资源资产管理迈向全新发展阶段。2013年党的十八届三中全会明

① 钱阔，陈绍志．自然资源资产化管理——可持续发展的理想选择［M］．北京：经济管理出版社，1996.

② 首次国有资源性资产管理全国工作会议在京举行，会上提出，国有资源性资产管理改革的目标是：力求通过实现资产化管理，使固有资源业由事业型运作机制转变为经营型运作机制；构建与社会主义市场经济体制相适应的管理模式；达到产权清晰，权能结构合理；资源业成为独立性产业，资源性资产开发、出让、转让进入市场；国家所有权得到维护，并在经济上得到实现；经营者能自主经营；资源性资产的开发利用合理、高效、节约；强化投入、配置优化，实现资源、环境、生态一体化，走向良性发展道路；成为壮大中央、地方财政的杠杆，使我国社会、经济快速、健康、稳定、协调、持续发展。还要求必须抓好如下基础性工作：摸清资源性资产家底，防止国育资产流失，探索资源性资产产权界定、产权登记办法；建立资源性资产基准价格与标准价格体系；开展资源性资产价值评估方法研究；研究和制定资源性资产开发、运作效益考核指标体系与考核办法，并建立相应的信息采集、分析系统；研究和制定产权出让、转让与产权交易收益管理法规、条例，规范市场行为等。

确提出“健全国家自然资源资产管理体制，统一行使全民所有自然资源资产所有者职责”，开启了我国自然资源资产管理新纪元。2015 年，党中央印发《关于加快推进生态文明建设的意见》《生态文明体制改革总体方案》，部署安排有偿使用、产权制度改革等自然资源资产管理重大改革任务。2018 年中共中央印发《深化党和国家机关改革方案》，组建自然资源部，统一行使土地、矿产、森林、草原、湿地、水、海洋等全民所有自然资源所有者职责，标志着我国初步形成相对综合的自然资源资产管理体制机制，为全面推动自然资源资产管理提供基础保障。

我国自然资源资产管理阶段如表 3-1 所示。

表 3-1　我国自然资源资产管理阶段

阶段	时间	部门、出处	法律、文件、会议、举措	内容及作用
行政配置阶段	1949 年至 20 世纪 70 年代末	国家	—	行政配置，无偿使用
探索研究阶段	1982 年 1 月	国务院	中华人民共和国对外合作开采海洋石油资源条例	参与合作开采海洋石油资源的中国企业、外国企业，都应当依法纳税，缴纳矿区使用费
	1984 年 9 月	国务院	中华人民共和国森林法	提出了森林经营管理有关要求
	1986 年 3 月	国务院	中华人民共和国矿产资源法	国家对矿产资源实行有偿开采。开采矿产资源，必须按照国家有关规定缴纳资源税和资源补偿费
	1986 年 6 月	国务院	中华人民共和国土地管理法	国家依法实行国有土地有偿使用制度
	1988 年 1 月	国务院	中华人民共和国水法	通过征收水费和水资源费等经济手段加强用水管理
	1991 年 11 月	原国家国有资产管理局	自然资源产业化和资产管理问题理论研讨班	明确和强化自然资源产权
	1992 年 2 月	原国家国有资产管理局	实行国有资源的资产化管理是摆脱我国资源困境的根本出路工作简报	明确提出对我国自然资源实行资产化管理
	1994 年 9 月	财政部、原国家国有资产管理局、中国人民银行	关于颁发《国有资产收益收缴管理办法》的通知	为了加强国有资产收益的收缴管理工作，确保国有资产收益及时足额上缴，制定本办法
	1994 年 11 月	国务院	矿产资源补偿费征收管理规定	明确矿产资源补偿费是一种财产性收益，是矿产资源国家所有权在经济上的实现形式

续表

阶段	时间	部门、出处	法律、文件、会议、举措	内容及作用
探索研究阶段	1994年11月	原国家国有资产管理局	全国国有资产管理暨全国清产核资工作会议	要认真研究国有资源的资产化管理问题
	1995年2月	原国家国有资产管理局	关于印发《中央部门国有资产基础管理工作制度》的通知	协调国家国有资产管理局与国务院各部门之间的分工合作关系，加强中央部门国有资产基础管理工作
	1995年3月	原国家国有资产管理局	国有资源资产管理全国工作会议	第一次明确使用“资源资产”，资源资产从理论走向实务
逐步完善阶段	1996年3月	第八届全国人民代表大会第四次会议	关于国民经济和社会发展“九五”计划和2010年远景目标纲要的报告	完善自然资源有偿使用制度
	1996年8月	国务院	关于修改《中华人民共和国矿产资源法》的决定	矿产资源资产化运作正式实施
	1998年2月	国务院	探矿权采矿权转让管理办法	明确矿业权转让的相关条件
	1998年4月	第九届全国人民代表大会常务委员会	关于修改《中华人民共和国森林法》的决定	森林、林木、林地使用权可以依法转让，也可以依法作价入股或者作为合资、合作造林、经营林木的出资、合作条件
	2001年4月	国务院	关于加强国有土地资产管理的通知	严格控制建设用地供应总量；严格实行国有土地有偿使用制度；大力推行国有土地使用权招标、拍卖；加强低价管理
	2001年10月	第九届全国人民代表大会常务委员会	中华人民共和国海域使用管理法	国家实行海域有偿使用制度；单位和个人使用海域，应当按照国务院的规定缴纳海域使用金
	2002年8月	第九届全国人民代表大会常务委员会	中华人民共和国水法（修订）	国家对水资源依法实行取水许可制度和有偿使用制度；实施取水许可制度和征收管理水资源费；用水实行计量收费和超定额累进加价制度
	2003年10月	中国共产党第十六届中央委员会	党的十六届三中全会	建立健全国有资产管理和监督机制
	2004年8月	第十届全国人民代表大会常务委员会	关于修改《中华人民共和国土地管理法》的决定	—

续表

阶段	时间	部门、出处	法律、文件、会议、举措	内容及作用
逐步完善阶段	2008年10月	第十一届全国人民代表大会常务委员会	中华人民共和国企业国有资产法	为了维护国家基本经济制度，巩固和发展国有经济，加强对国有资产的保护，发挥国有经济在国民经济中的主导作用，促进社会主义市场经济发展而制定
深入推进阶段	2012年11月	中共第十八次代表大会	党的十八大	完善各类国有资产管理体制
	2013年11月	中国共产党第十八届中央委员会	党的十八届三中全会	健全国家自然资源资产管理体制
	2014年10月	中国共产党第十八届中央委员会	党的十八届四中全会	建立健全自然资源产权法律制度
	2015年5月	中共中央、国务院	关于加快推进生态文明建设的意见	健全自然资源资产产权制度和用途管制制度
	2015年8月	国务院办公厅	关于印发整合建立统一的公共资源交易平台工作方案的通知	提出将工程建设项目招标投标、土地使用权和矿业权出让、国有产权交易、政府采购等公共资源交易纳入规范化、法治化轨道，实行全流程透明化管理
	2015年9月	中共中央、国务院	生态文明体制改革总体方案	健全自然资源资产产权制度、健全资源有偿使用和生态补偿制度
	2015年10月	国务院	关于改革和完善国有资产管理体制的若干意见	提出改革和完善国有资产管理体制的总体要求、基本原则和主要任务等
	2015年11月	国务院办公厅	关于印发《编制自然资源资产负债表试点方案》的通知	探索编制自然资源资产负债表，指导试点地区探索形成可复制可推广的编表经验
	2016年12月	国务院	关于全民所有自然资源资产有偿使用制度改革的指导意见	健全完善国有土地资源、水资源、矿产资源、国有森林资源、国有草原资源、海域海岛资源等全民所有自然资源资产有偿使用制度
	2017年1月	中共中央办公厅、国务院办公厅	关于创新政府配置资源方式的指导意见	从广度和深度上推进市场化改革，大幅度减少政府对资源的直接配置，创新配置方式，更多引入市场机制和市场化手段，提高资源配置的效率和效益

续表

阶段	时间	部门、出处	法律、文件、会议、举措	内容及作用
深入推进阶段	2017 年 12 月	中共中央	关于建立国务院向全国人大常委会报告国有资产管理情况制度的意见	加强人大国有资产监督职能，加强国有资产管理和治理，建立国务院向全国人大常委会报告国有资产管理情况制度
	2018 年 3 月	中共中央	深化党和国家机构改革方案	组建自然资源部，统一行使全民所有自然资源资产所有者职责，统一行使所有国土空间用途管制和生态保护修复职责
	2019 年 4 月	中共中央办公厅、国务院办公厅	关于统筹推进自然资源资产产权制度改革的指导意见	2020 年基本建立归属清晰、权责明确、保护严格、流转顺畅、监管有效的自然资源资产产权制度
	2019 年 5 月	第十三届全国人民代表大会常务委员会	贯彻落实《中共中央关于建立国务院向全国人大常委会报告国有资产管理情况制度的意见》五年规划（2018—2022）	全面落实中央有关要求，稳步有序推进国有资产管理情况报告和审议监督工作，增强工作的规范性和引导性
	2019 年 5 月	国务院办公厅	转发国家发展改革委关于深化公共资源交易平台整合共享指导意见的通知	提出了深化公共资源交易平台整合共享的指导思想、基本原则、主要目标，部署完善公共资源市场化配置机制、优化公共资源交易服务和创新公共资源交易监管体制
	2019 年 8 月	第十三届全国人民代表大会常务委员会第十二次会议	修改《中华人民共和国土地管理法》	对耕地保护、保护农民土地财产权益、完善征地制度、划分中央和地方的土地管理职权、不动产统一登记制度、国家土地督察制度和落实“多规合一”改革等内容进行了修改，如将“基本农田”上升为“永久基本农田”，进一步提升了最严格耕地保护制度的理念；完善了农村宅基地制度，在原来一户一宅的基础上，增加宅基地户有所居的规定①
	2019 年 12 月	第十三届全国人民代表大会常务委员会第十五次会议、中华人民共和国主席令第三十九号	修订《中华人民共和国森林法》	在发展理念原则、经营管理模式、制度保障设计等方面发生重大转变，如在总则中规定“践行绿水青山就是金山银山理念”，将“保护、培育、利用森林资源应当尊重自然、顺应自然，坚持生态优先、保护优先、保育结合、可持续发展”明确为基本原则②

① 魏莉华．《土地管理法》的变与不变［N］．中国自然资源报，2020-06-25（3）．

② 陈玉新，任雪君．新《森林法》转变和观望［J］．合作经济与科技，2021（8）．

续表

阶段	时间	部门、出处	法律、文件、会议、举措	内容及作用
深入推进阶段	2020年3月	中共中央、国务院	关于构建更加完善的要素市场化配置体制机制的意见	深化要素市场化配置改革，促进要素自主有序流动，提高要素配置效率，进一步激发全社会创造力和市场活力，推动经济发展质量变革、效率变革、动力变革
	2020年5月	第十三届全国人民代表大会第三次会议、中华人民共和国主席令第四十五号	中华人民共和国民法典	—
	2020年5月	中共中央、国务院	关于新时代加快完善社会主义市场经济体制的意见	在更高起点、更高层次、更高目标上推进经济体制改革及其他各方面体制改革，构建更加系统完备、更加成熟定型的高水平社会主义市场经济体制
	2020年6月	国务院办公厅	自然资源领域中央与地方财政事权和支出责任划分改革方案	健全充分发挥中央和地方两个积极性体制机制，优化政府间事权和财权划分，建立权责清晰、财力协调、区域均衡的中央和地方财政关系，形成稳定的各级政府事权、支出责任和财力相适应的制度
	2020年12月	第十三届全国人民代表大会常务委员会	关于加强国有资产管理情况监督的决定	加强人大国有资产监督职能，促进国有资产治理体系和治理能力现代化
	2020年12月	第十三届全国人民代表大会常务委员会第二十四次会议通过，中华人民共和国主席令第六十五号	中华人民共和国长江保护法	为了加强长江流域生态环境保护和修复，促进资源合理高效利用，保障生态安全，实现人与自然和谐共生、中华民族永续发展，制定本法
	2021年2月	国务院	关于加快建立健全绿色低碳循环发展经济体系的指导意见	我国首次从全局高度对建立健全绿色低碳循环发展的经济体系作出顶层设计和总体部署
	2021年4月	中共中央办公厅、国务院办公厅	关于建立健全生态产品价值实现机制的意见	为加快推动建立健全生态产品价值实现机制，走出一条生态优先、绿色发展的新路子，提出意见
	2021年7月	国务院	修订《中华人民共和国土地管理法实施条例》	聚焦土地征收、集体经营性建设用地入市、宅基地管理等重点问题，强化对耕地的保护，针对耕地“非农化”“非粮化”以及“合村并居”中违背农民意愿等突出问题，进一步明确制度边界，强化法律责任

续表

阶段	时间	部门、出处	法律、文件、会议、举措	内容及作用
深入推进阶段	2021年10月	中共中央、国务院	关于完整准确全面贯彻新发展理念做好碳达峰碳中和工作的意见	就确保如期实现碳达峰、碳中和作出全面部署
	2021年10月	国务院	2030年前碳达峰行动方案	聚焦2030年前碳达峰目标，对推进碳达峰工作作出总体部署
	2021年12月	第十三届全国人民代表大会常务委员会第三十二次会议、中华人民共和国主席令第一〇二号	公布《中华人民共和国湿地保护法》	为了加强湿地保护，维护湿地生态功能及生物多样性，保障生态安全，促进生态文明建设，实现人与自然和谐共生，制定的法律
	2022年1月	国务院办公厅	国务院办公厅关于印发要素市场化配置综合改革试点总体方案的通知	深入贯彻落实《中共中央　国务院关于构建更加完善的要素市场化配置体制机制的意见》，就积极稳妥开展要素市场化配置综合改革试点工作制定方案
	2022年3月	第十三届全国人大四次会议	通过《中华人民共和国国民经济和社会发展第十四个五年规划和2035年远景目标纲要》	要求“全面完善产权制度……健全自然资源资产产权制度和法律法规”“加强领导干部自然资源资产离任审计”等
	2022年3月	中共中央办公厅、国务院办公厅	全民所有自然资源资产所有权委托代理机制试点方案	为统筹推进自然资源资产产权制度改革，落实统一行使全民所有自然资源资产所有者职责，探索建立全民所有自然资源资产所有权委托代理机制，开展试点工作
	2022年6月	第十三届全国人民代表大会常务委员会第三十五次会议、中华人民共和国主席令第一一五号	中华人民共和国黑土地保护法	为了保护黑土地资源，稳步恢复提升黑土地基础地力，促进资源可持续利用，维护生态平衡，保障国家粮食安全，制定本法

续表

阶段	时间	部门、出处	法律、文件、会议、举措	内容及作用
	2022年10月	十三届全国人民代表大会常务委员会第三十七次会议	中华人民共和国黄河保护法	为了加强黄河流域生态环境保护，保障黄河安全，推进水资源节约集约利用，推动高质量发展，保护传承弘扬黄河文化，实现人与自然和谐共生、中华民族永续发展，制定本法
	2022年10月	—	高举中国特色社会主义伟大旗帜为全面建设社会主义现代化国家而团结奋斗——在中国共产党第二十次全国代表大会上的报告	坚持和完善社会主义基本经济制度，毫不动摇巩固和发展公有制经济，毫不动摇鼓励、支持、引导非公有制经济发展，充分发挥市场在资源配置中的决定性作用，更好发挥政府作用。构建全国统一大市场，深化要素市场化改革，建设高标准市场体系。完善产权保护、市场准入、公平竞争、社会信用等市场经济基础制度，优化营商环境

第二节　我国自然资源资产管理现状

一、自然资源资产管理机构与职责

自然资源管理涉及面广、资源种类多，大致可归纳为主要资源管理部门和参与管理部门两类。随着自然资源部组建，我国已初步建立起相对综合的自然资源管理体制，主要自然资源管理部门包括四个：一是自然资源部，履行全民所有土地、矿产、森林、草原、湿地、水、海洋等自然资源资产所有者职责和所有国土空间用途管制职责，负责自然资源调查监测评价、统一确权登记、有偿使用、合理开发利用等工作，并负责建立空间规划体系并监督实施、统筹国土空间生态修复、组织实施最严格的耕地保护制度等工作；二是水利部，水资源管理主要部门，负责保障水资源的合理开发利用，负责生活、生产经营和生态环境用水的统筹和保障以及节约用水等工作；三是农业农村部，主要组织农业资源区划工作，指导农用地、渔业水域以及农业生物物种资源的保护与管理，负责水生野生动植物保护、耕地及永久基本农田质量保护工作；四是国家林业和草原局，负责森林、草原、湿地、陆生野生动植物资源、各类自然保护地等资源的监督管理。国家发展和改革委员会、工业和信息化部、财政部、生态环境部、住房和城乡建设部、交通运输部、应急管理部、审计署、国家税务总局等部门涉及部分资源管理职能。

国家林业和草原局参与森林、草原等自然资源管理工作，主要职能包括负责林业和草原及其生态保护修复的监督管理，组织林业和草原生态保护修复和造林绿化工作，负责森林、草原、湿地资源的监督管理，负责监督管理荒漠化防治工作，负责陆生野生动植物资源监督管理，负责监督管理各类自然保护地，负责推进林业和草原改革相关工作，拟订林业和草原资源优化配置及木材利用政策，指导国有林场基本建设和发展等。需要提出的是，“监督管理林业和草原中央级资金和国有资产”也列入了国家林草局的职责中。

为加强自然资源监管，一些部门还设置了派出机构。自然资源方面，设立了国家自然资源督察北京、沈阳、上海、南京、济南、广州、武汉、成都、西安九个局，以及北海、东海和南海三个海洋分局，分别对黄海、渤海海域，东海区和南海区实施海洋行政管理，完成国家下达的维护海洋权益、保障海洋资源的合理开发与利用、保护海洋环境、预防及减少海洋灾害等任务。水资源管理方面，我国在七大流域设立了流域管理机构：长江水利委员会、黄河水利委员会、淮河水利委员会、海河水利委员会、珠江水利委员会、松辽水利委员会、太湖流域管理局。林草资源方面，设立了国家林业和草原局驻内蒙古自治区、长春、黑龙江省、大兴安岭林业集团公司、成都、云南省、福州、西安、武汉、贵阳、广州、合肥、乌鲁木齐、上海、北京 15 个森林资源监督专员办事处，监督所辖区域森林、草原、湿地、荒漠资源和野生动植物等管理工作。

自然资源部统一履行全民所有土地、矿产、森林、草原、湿地、水、海洋等自然资源资产所有者职责，部内将自然资源资产管理和自然资源监督管理分开。自然资源资产管理设计为自然资源调查监测、自然资源确权登记、自然资源所有者权益和自然资源开发利用四个关键环节，对应自然资源调查监测司、自然资源确权登记局、自然资源所有者权益司、自然资源开发利用司四个司局，主要职能包括以下内容：一是拟订自然资源调查监测评价的指标体系和统计标准，建立自然资源定期调查监测评价制度。定期组织实施全国性自然资源基础调查、变更调查、动态监测和分析评价。开展水、森林、草原、湿地资源和地理国情等专项调查监测评价工作。承担自然资源调查监测评价成果的汇交、管理、维护、发布、共享和利用监督。二是拟订各类自然资源和不动产统一确权登记、权籍调查、不动产测绘、争议调处、成果应用的制度、标准、规范。承担指导监督全国自然资源和不动产确权登记工作。建立健全全国自然资源和不动产登记信息管理基础平台，管理登记资料。负责国务院确定的重点国有林区、国务院批准项目用海用岛、中央和国家机关不动产确权登记发证等专项登记工作。三是拟订全民所有自然资源资产管理政策，建立全民所有自然资源资产统计制度，承担自然资源资产价值评估和资产核算工作。编制全民所有自然资源资产负债表，拟订相关考核标准。拟订全民所有自然资源资产划拨、出让、租赁、作价出资和土地储备政策。

承担报国务院审批的改制企业的国有土地资产处置。四是拟订自然资源资产有偿使用制度并监督实施，建立自然资源市场交易规则和交易平台，组织开展自然资源市场调控。负责自然资源市场监督管理和动态监测，建立自然资源市场信用体系。建立政府公示自然资源价格体系，组织开展自然资源分等定级价格评估。拟订自然资源开发利用标准，开展评价考核，指导节约集约利用。

一些相关部门实际上也承担了部分自然资源资产管理职责，如水利部的主要职责中包括“指导开展水资源有偿使用工作”；国有林业草原局“负责中央政府直接行使所有权的国家公园等自然保护地的自然资源资产管理”和“监督管理林业和草原中央级资金和国有资产”；财政部“牵头编制国有资产管理情况报告”，“依法管理资产评估有关工作”；审计署“对领导干部实行自然资源资产离任审计”；工业和信息化部“统一配置和管理无线电频谱资源”；住房和城乡建设部“指导城镇土地使用权有偿转让和开发利用工作”；国家统计局负责编制自然资源资产负债表等。具体如表3-2所示。

表3-2　我国自然资源和自然资源资产管理机构及主要职责

序号	机构	主要职责
主要管理部门		
1	自然资源部	资产管理： 1. 履行全民所有土地、矿产、森林、草原、湿地、水、海洋等自然资源资产所有者职责。 2. 负责自然资源统一确权登记工作。制定各类自然资源和不动产统一确权登记、权籍调查、不动产测绘、争议调处、成果应用的制度、标准、规范。建立健全全国自然资源和不动产登记信息管理基础平台。负责自然资源和不动产登记资料收集、整理、共享、汇交管理等。指导监督全国自然资源和不动产确权登记工作 3. 负责自然资源资产有偿使用工作。建立全民所有自然资源资产统计制度，负责全民所有自然资源资产核算。编制全民所有自然资源资产负债表，拟订考核标准。制定全民所有自然资源资产划拨、出让、租赁、作价出资和土地储备政策，合理配置全民所有自然资源资产。负责自然资源资产价值评估管理，依法收缴相关资产收益
		资源监管： 1. 履行所有国土空间用途管制职责。拟订自然资源和国土空间规划及测绘、极地、深海等法律法规草案，制定部门规章并监督检查执行情况 2. 负责建立空间规划体系并监督实施。推进主体功能区战略和制度，组织编制并监督实施国土空间规划和相关专项规划。开展国土空间开发适宜性评价，建立国土空间规划实施监测、评估和预警体系。组织划定生态保护红线、永久基本农田、城镇开发边界等控制线，构建节约资源和保护环境的生产、生活、生态空间布局。建立健全国土空间用途管制制度，研究拟订城乡规划政策并监督实施。组织拟订并实施土地、海洋等自然资源年度利用计划。负责土地、海域、海岛等国土空间用途转用工作。负责土地征收征用管理 3. 负责统筹国土空间生态修复。牵头组织编制国土空间生态修复规划并实施有关生态修复重大工程。负责国土空间综合整治、土地整理复垦、矿山地质环境恢复治理、海洋生态、海域海岸线和海岛修复等工作。牵头建立和实施生态保护补偿制度，制定合理利用社会资金进行生态修复的政策措施，提出重大备选项目

续表

序号	机构	主要职责
1	自然资源部	4. 负责组织实施最严格的耕地保护制度。牵头拟订并实施耕地保护政策，负责耕地数量、质量、生态保护。组织实施耕地保护责任目标考核和永久基本农田特殊保护。完善耕地占补平衡制度，监督占用耕地补偿制度执行情况 5. 负责管理地质勘查行业和全国地质工作。编制地质勘查规划并监督检查执行情况。管理中央级地质勘查项目。组织实施国家重大地质矿产勘查专项。负责地质灾害预防和治理，监督管理地下水过量开采及引发的地面沉降等地质问题。负责古生物化石的监督管理 6. 负责落实综合防灾减灾规划相关要求，组织编制地质灾害防治规划和防护标准并指导实施。组织指导协调和监督地质灾害调查评价及隐患的普查、详查、排查。指导开展群测群防、专业监测和预报预警等工作，指导开展地质灾害工程治理工作。承担地质灾害应急救援的技术支撑工作 7. 负责监督实施海洋战略规划和发展海洋经济。研究提出海洋强国建设重大战略建议。组织制定海洋发展、深海、极地等战略并监督实施。会同有关部门拟订海洋经济发展、海岸带综合保护利用等规划和政策并监督实施。负责海洋经济运行监测评估工作 8. 负责测绘地理信息管理工作。负责基础测绘和测绘行业管理。负责测绘资质资格与信用管理，监督管理国家地理信息安全和市场秩序。负责地理信息公共服务管理。负责测量标志保护 9. 推动自然资源领域科技发展。制定并实施自然资源领域科技创新发展和人才培养战略、规划和计划。组织制定技术标准、规程规范并监督实施。组织实施重大科技工程及创新能力建设，推进自然资源信息化和信息资料的公共服务 10. 开展自然资源国际合作。组织开展自然资源领域对外交流合作，组织履行有关国际公约、条约和协定。配合开展维护国家海洋权益工作，参与相关谈判与磋商。负责极地、公海和国际海底相关事务
		交叉职责： 1. 负责自然资源调查监测评价。制定自然资源调查监测评价的指标体系和统计标准，建立统一规范的自然资源调查监测评价制度。实施自然资源基础调查、专项调查和监测。负责自然资源调查监测评价成果的监督管理和信息发布。指导地方自然资源调查监测评价工作 2. 负责自然资源的合理开发利用。组织拟订自然资源发展规划和战略，制定自然资源开发利用标准并组织实施，**建立政府公示自然资源价格体系，组织开展自然资源分等定级价格评估**，开展自然资源利用评价考核，指导节约集约利用。负责自然资源市场监管。组织研究自然资源管理涉及宏观调控、区域协调和城乡统筹的政策措施 3. 负责矿产资源管理工作。负责矿产资源储量管理及压覆矿产资源审批。**负责矿业权管理**。会同有关部门承担保护性开采的特定矿种、优势矿产的调控及相关管理工作。监督指导矿产资源合理利用和保护 4. 负责海洋开发利用和保护的监督管理工作。负责海域使用和海岛保护利用管理。制定海域海岛保护利用规划并监督实施。负责无居民海岛、海域、海底地形地名管理工作，制定领海基点等特殊用途海岛保护管理办法并监督实施。负责海洋观测预报、预警监测和减灾工作，参与重大海洋灾害应急处置 5. 根据中央授权，对地方政府落实党中央、国务院关于自然资源和国土空间规划的重大方针政策、决策部署及法律法规执行情况进行督察。查处自然资源开发利用和国土空间规划及测绘重大违法案件。指导地方有关行政执法工作 6. 管理国家林业和草原局。管理中国地质调查局 7. 完成党中央、国务院交办的其他任务

续表

序号	机构	主要职责
2	水利部	1. 负责保障水资源的合理开发利用。拟订水利战略规划和政策，起草有关法律法规草案，制定部门规章，组织编制全国水资源战略规划、国家确定的重要江河湖泊流域综合规划、防洪规划等重大水利规划 2. 负责生活、生产经营和生态环境用水的统筹和保障。组织实施最严格水资源管理制度，实施水资源的统一监督管理，拟订全国和跨区域水中长期供求规划、水量分配方案并监督实施。负责重要流域、区域以及重大调水工程的水资源调度。组织实施取水许可、水资源论证和防洪论证制度，**指导开展水资源有偿使用工作**。指导水利行业供水和乡镇供水工作 3. 指导水资源保护工作。组织编制并实施水资源保护规划。指导饮用水水源保护有关工作，指导地下水开发利用和地下水资源管理保护。组织指导地下水超采区综合治理 4. 负责节约用水工作。拟订节约用水政策，组织编制节约用水规划并监督实施，组织制定有关标准。组织实施用水总量控制等管理制度，指导和推动节水型社会建设工作 5. 指导水文工作。负责水文水资源监测、国家水文站网建设和管理。对江河湖库和地下水实施监测，发布水文水资源信息、情报预报和国家水资源公报。按规定组织开展水资源、水能资源调查评价和水资源承载能力监测预警工作 6. 负责水土保持工作。拟订水土保持规划并监督实施，组织实施水土流失的综合防治、监测预报并定期公告。负责建设项目水土保持监督管理工作，指导国家重点水土保持建设项目的实施
3	国家林业和草原局	1. 负责林业和草原及其生态保护修复的监督管理。拟订林业和草原及其生态保护修复的政策、规划、标准并组织实施，起草相关法律法规、部门规章草案。组织开展森林、草原、湿地、荒漠和陆生野生动植物资源动态监测与评价 2. 组织林业和草原生态保护修复和造林绿化工作。组织实施林业和草原重点生态保护修复工程，指导公益林和商品林的培育，指导、监督全民义务植树、城乡绿化工作。指导林业和草原有害生物防治、检疫工作。承担林业和草原应对气候变化的相关工作 3. **负责森林、草原、湿地资源的监督管理**。组织编制并监督执行全国森林采伐限额。负责林地管理，拟订林地保护利用规划并组织实施，指导国家级公益林划定和管理工作，**管理重点国有林区的国有森林资源**。负责草原禁牧、草畜平衡和草原生态修复治理工作，监督管理草原的开发利用。**负责湿地生态保护修复工作，拟订湿地保护规划和相关国家标准，监督管理湿地的开发利用** 4. 负责监督管理荒漠化防治工作。组织开展荒漠调查，组织拟订防沙治沙、石漠化防治及沙化土地封禁保护区建设规划，拟订相关国家标准，监督管理沙化土地的开发利用，组织沙尘暴灾害预测预报和应急处置 5. 负责陆生野生动植物资源监督管理。组织开展陆生野生动植物资源调查，拟订及调整国家重点保护的陆生野生动物、植物名录，指导陆生野生动植物的救护繁育、栖息地恢复发展、疫源疫病监测，**监督管理陆生野生动植物猎捕或采集、驯养繁殖或培植、经营利用**，按分工监督管理野生动植物进出口 6. 负责监督管理各类自然保护地。拟订各类自然保护地规划和相关国家标准。负责国家公园设立、规划、建设和**特许经营**等工作，**负责中央政府直接行使所有权的国家公园等自然保护地的自然资源资产管理**和国土空间用途管制。提出新建、调整各类国家级自然保护地的审核建议并按程序报批，组织审核世界自然遗产的申报，会同有关部门审核世界自然与文化双重遗产的申报。负责生物多样性保护相关工作

续表

序号	机构	主要职责
3	国家林业和草原局	7. 负责推进林业和草原改革相关工作。拟订**集体林权制度、重点国有林区、国有林场、草原**等重大改革意见并监督实施。拟订农村林业发展、**维护林业经营者合法权益**的政策措施，指导**农村林地承包经营**工作。开展退耕（牧）还林还草，负责天然林保护工作 8. 拟订林业和草原资源优化配置及木材利用政策，拟订相关林业产业国家标准并监督实施，组织、指导林产品质量监督，指导生态扶贫相关工作 9. 指导国有林场基本建设和发展，组织林木种子、草种种质资源普查，组织建立种质资源库，负责良种选育推广，管理林木种苗、草种生产经营行为，监管林木种苗、草种质量。监督管理林业和草原生物种质资源、转基因生物安全、植物新品种保护 10. **监督管理林业和草原中央级资金和国有资产**，提出林业和草原预算内投资、国家财政性资金安排建议，按国务院规定权限，审核国家规划内和年度计划内投资项目。参与拟订林业和草原经济调节政策，组织实施林业和草原生态补偿工作
参与管理部门		
4	国家发展和改革委员会	1. 指导推进和综合协调经济体制改革有关工作，提出相关改革建议。牵头推进供给侧结构性改革。**协调推进产权制度和要素市场化配置改革**。推动完善基本经济制度和现代市场体系建设，会同相关部门组织实施市场准入负面清单制度。牵头推进优化营商环境工作 2. 统筹提出国民经济和社会发展主要目标，监测预测预警宏观经济和社会发展态势趋势，提出宏观调控政策建议。综合协调宏观经济政策，牵头研究宏观经济应对措施。调节经济运行，协调解决经济运行中的重大问题。**拟订并组织实施有关价格政策**，组织制定少数由国家管理的重要商品、服务价格和重要收费标准。参与拟订财政政策、货币政策和**土地政策** 3. 推进实施**可持续发展**战略，推动**生态文明建设和改革**，协调生态环境保护与修复、**能源资源节约和综合利用**等工作。提出健全生态保护补偿机制的政策措施，综合协调环保产业和清洁生产促进有关工作。**提出能源消费控制目标、任务并组织实施**
5	财政部	1. 负责管理中央各项财政收支。编制年度中央预决算草案并组织执行。组织制定经费开支标准、定额，审核批复部门（单位）年度预决算。受国务院委托，向全国人民代表大会及其常委会报告财政预算、执行和决算等情况。**负责政府投资基金中央财政出资的资产管理。负责中央预决算公开** 2. 按分工**负责政府非税收入管理。负责政府性基金管理**，按规定管理行政事业性收费。管理财政票据。制定彩票管理政策和有关办法，监管彩票市场，按规定管理彩票资金 3. **牵头编制国有资产管理情况报告**。根据国务院授权，集中统一履行中央国有金融资本出资人职责。制定全国统一的国有金融资本管理规章制度。拟订行政事业单位国有资产管理规章制度并组织实施，制定需要全国统一规定的开支标准和支出政策 4. 负责管理全国会计工作，监督和规范会计行为，制定并组织实施国家统一的会计制度，指导和监督注册会计师和会计师事务所的业务，指导和管理社会审计。**依法管理资产评估有关工作**
6	生态环境部	指导协调和监督生态保护修复工作。组织编制生态保护规划，监督对生态环境有影响的自然资源开发利用活动、重要生态环境建设和生态破坏恢复工作。组织制定各类自然保护地生态环境监管制度并监督执法。监督野生动植物保护、湿地生态环境保护、荒漠化防治等工作。指导协调和监督农村生态环境保护，监督生物技术环境安全，牵头生物物种（含遗传资源）工作，组织协调生物多样性保护工作，参与生态保护补偿工作

续表

序号	机构	主要职责
7	审计署	1. 主管全国审计工作。负责对国家财政收支和法律法规规定属于审计监督范围的财务收支的真实、合法和效益进行审计监督，对公共资金、**国有资产、国有资源**和领导干部履行经济责任情况实行审计全覆盖，**对领导干部实行自然资源资产离任审计**，对国家有关重大政策措施贯彻落实情况进行跟踪审计。对审计、专项审计调查和核查社会审计机构相关审计报告的结果承担责任，并负有督促被审计单位整改的责任 2. 直接审计下列事项，出具审计报告，在法定职权范围内作出审计决定，包括自然资源管理、污染防治和生态保护与修复情况等 3. 按规定对省部级党政主要领导干部及其他单位主要负责人实施经济责任审计和**自然资源资产离任审计** 4. 组织实施对国家财经法律法规、规章、政策和宏观调控措施执行情况、财政预算管理及**国有资产管理使用**等与国家财政收支有关的特定事项进行专项审计调查
8	农业农村部	1. 拟订深化农村经济体制改革和巩固完善农村基本经营制度的政策。**负责农民承包地、农村宅基地改革和管理有关工作。负责农村集体产权制度改革，指导农村集体经济组织发展和集体资产管理工作。**指导农民合作经济组织、农业社会化服务体系、新型农业经营主体建设与发展 2. 负责种植业、畜牧业、渔业、农垦、农业机械化等农业各产业的监督管理。指导粮食等农产品生产。组织构建现代农业产业体系、生产体系、经营体系，指导农业标准化生产。负责双多边渔业谈判和履约工作。负责远洋渔业管理和渔政渔港监督管理 3. 组织农业资源区划工作。指导农用地、渔业水域以及农业生物物种资源的保护与管理，**负责水生野生动植物保护**、耕地及永久基本农田质量保护工作。指导农产品产地环境管理和农业清洁生产。指导设施农业、生态循环农业、节水农业发展以及农村可再生能源综合开发利用、农业生物质产业发展。牵头管理外来物种 下属农垦局主要职责：起草农垦经济发展战略、政策、规划。**指导农垦体制改革和垦区现代农业建设**。指导垦区完成国家交给的政治、经济任务。协调垦区对外关系。起草热带、亚热带地区作物发展规划，指导其农业资源开发利用
9	国家统计局	1. 组织实施能源、投资、消费、价格、收入、科技、人口、劳动力、社会发展基本情况、环境基本状况等统计调查，收集、汇总、整理和提供有关调查的统计数据，综合整理和提供资源、房屋、对外贸易、对外经济等全国性基本统计数据 2. 组织各地区、各部门的经济、社会、科技和资源环境统计调查，统一核定、管理、公布全国性基本统计资料，定期发布全国国民经济和社会发展情况的统计信息，组织建立服务业统计信息共享制度和发布制度 3. 对国民经济、社会发展、科技进步和资源环境等情况进行统计分析、统计预测和统计监督，向党中央、国务院及有关部门提供统计信息和咨询建议
10	工业和信息化部	1. 拟订并组织实施工业、通信业的能源节约和资源综合利用、清洁生产促进政策，参与拟订能源节约和资源综合利用、清洁生产促进规划，组织协调相关重大示范工程和新产品、新技术、新设备、新材料的推广应用 2. **统一配置和管理无线电频谱资源**，依法监督管理无线电台（站），负责卫星轨道位置的协调和管理，协调处理军地间无线电管理相关事宜，负责无线电监测、检测、干扰查处，协调处理电磁干扰事宜，维护空中电波秩序，依法组织实施无线电管制

续表

序号	机构	主要职责
11	住房和城乡建设部	承担规范房地产市场秩序、监督管理房地产市场的责任。会同或配合有关部门组织拟订房地产市场监管政策并监督执行，**指导城镇土地使用权有偿转让和开发利用工作**，提出房地产业的行业发展规划和产业政策，制定房地产开发、房屋权属管理、房屋租赁、房屋面积管理、房地产估价与经纪管理、物业管理、房屋征收拆迁的规章制度并监督执行
12	交通运输部	负责提出公路、水路固定资产投资规模和方向、国家财政性资金安排意见，按国务院规定权限审批、核准国家规划内和年度计划规模内固定资产投资项目。拟订公路、水路有关规费政策并监督实施，提出有关财政、土地、价格等政策建议

注：表中交叉职责是指既包含资产管理又包含资源监管，二者难以拆分的职责，其中黑体字为可能与自然资源资产管理职责相关的内容。

二、自然资源资产管理取得的进展

（一）分析角度

首先是对照党中央的要求。党的十八大以来，党中央提出健全自然资源资产产权制度和健全国家自然资源资产管理体制，我们认为主要从理念、原则、制度、体制、工作措施等方面系统提出了明确要求：

树立自然价值和自然资本的理念。2015 年 9 月中共中央、国务院印发《生态文明体制改革总体方案》，提出树立生态文明体制改革的六大理念，其中第三条为："树立自然价值和自然资本的理念，自然生态是有价值的，保护自然就是增值自然价值和自然资本的过程，就是保护和发展生产力，就应得到合理回报和经济补偿。"

坚持自然资源资产公有性质的原则。《生态文明体制改革总体方案》提出坚持生态文明体制改革的六大原则，第二条为："坚持自然资源资产的公有性质，创新产权制度，落实所有权，区分自然资源资产所有者权利和管理者权力，合理划分中央地方事权和监管职责，保障全体人民分享全民所有自然资源资产收益。"

建立健全自然资源资产产权制度、健全资源有偿使用和生态补偿制度、国有资产监督制度和国有自然资源资产报告制度。2013 年《中共中央关于全面深化改革若干重大问题的决定》在"加快生态文明制度建设"中，要求"健全自然资源资产产权制度和用途管制制度"。《生态文明体制改革总体方案》提出的"生态文明制度体系"8 项制度中，第 1 项制度就是"自然资源资产产权制度"，第 5 项制度是"健全资源有偿使用和生态补偿制度"。其中，"健全自然资源资产产权制度"包括"建立统一的确权登记系统""建立权责明确的自然资源产权体系""健全国家自然资源资产管理体制""探索建立分级行使所有权的体制""开展水流和湿地产权确权试点"5 项内容。2016 年《国务院关于全民所有自然资源资产有偿使用制度改革的指导意见》（国发〔2016〕82号）印发，要求“基本建立产权明晰、权能丰富、规则完善、监管有效、权益落实的全民所有自然资源资产有偿使用制度”。2017年《中共中央关于建立国务院向全国人大常委会报告国有资产管理情况制度的意见》要求加强人大国有资产监督职能，建立国务院向全国人大常委会报告国有资产（包括国有自然资源资产）管理情况制度。2019年中共中央办公厅、国务院办公厅印发《关于统筹推进自然资源资产产权制度改革的指导意见》，要求“加快构建系统完备、科学规范、运行高效的中国特色自然资源资产产权制度体系，为完善社会主义市场经济体制、维护社会公平正义、建设美丽中国提供基础支撑”。“到2020年，归属清晰、权责明确、保护严格、流转顺畅、监管有效的自然资源资产产权制度基本建立，自然资源开发利用效率和保护力度明显提升，为完善生态文明制度体系、保障国家生态安全和资源安全、推动形成人与自然和谐发展的现代化建设新格局提供有力支撑。”还要求“研究建立国务院自然资源主管部门行使全民所有自然资源资产所有权的资源清单和管理体制。探索建立委托省级和市（地）级政府代理行使自然资源资产所有权的资源清单和监督管理制度”“完善自然资源资产督察执法体制”“完善自然资源资产产权法律体系”。党的十九届五中全会通过的《中共中央关于制定国民经济和社会发展第十四个五年规划和二〇三五年远景目标的建议》要求“健全自然资源资产产权制度和法律法规”。

健全国家自然资源资产管理体制和完善自然资源监管体制。《中共中央关于全面深化改革若干重大问题的决定》明确提出要“健全国家自然资源资产管理体制，统一行使全民所有自然资源资产所有者职责。完善自然资源监管体制，统一行使所有国土空间用途管制职责”。《生态文明体制改革总体方案》在“健全自然资源资产产权制度”中提出：“健全国家自然资源资产管理体制。按照所有者和监管者分开和一件事情由一个部门负责的原则，整合分散的全民所有自然资源资产所有者职责，组建对全民所有的矿藏、水流、森林、山岭、草原、荒地、海域、滩涂等各类自然资源统一行使所有权的机构，负责全民所有自然资源的出让等。”党的十九大报告在“改革生态环境监管体制”中要求“设立国有自然资源资产管理和自然生态监管机构，完善生态环境管理制度，统一行使全民所有自然资源资产所有者职责，统一行使所有国土空间用途管制和生态保护修复职责，统一行使监管城乡各类污染排放和行政执法职责”。

编制自然资源资产负债表等重要工作部署。《中共中央关于全面深化改革若干重大问题的决定》要求“探索编制自然资源资产负债表，对领导干部实行自然资源资产离任审计”。《生态文明体制改革总体方案》进一步明确“制定自然资源资产负债表编制指南，构建水资源、土地资源、森林资源等的资产和负债核算方法，建立实物量核算账户，明确分类标准和统计规范，定期评估自然资源资产变化状况”。

另外，也要研究和吸收有关专家的观点和建议。如谷树忠提出了判断自然资源资产产权制度优劣的三个标准：[①] 一是看自然资源产权主体是否明确、主体责任是否清晰和主体的合理性，显然导致产权主体缺位或其责任不明确的制度不是好制度。自然资源产权主体为国家和集体两种形式，分析两个主体的法律地位、经济利益安排地位等是否合理，涉及产权边界的清晰性问题。各类自然资源之间、各产权主体之间，往往不同程度地存在产权边界不清晰的问题，并由此导致自然资源产权主体之间的利益冲突，以及各类自然资源之间用途及监管责任的重叠或缺失等，导致自然资源处置和利益中的矛盾，进而影响到自然资源利用和收益分配的公平与效率。二是看自然资源权利的完备性如何，产权是权利束，缺一不可。特别是处分权、收益权是否完备，显然导致资产权利不完备、有缺失的制度不是好制度，特别是极易导致产权主体的自然资源处分权和收益权缺失或不充分的制度不是好制度。特别要分析收益格局的合理性问题。资源产权问题的核心是收益问题。能否保障资源产权主体获得应得收益，是衡量资源产权制度优劣的关键。三是看自然资源产权制度的有效性，重点看制度的合法性如何、是否与现行相关法律法规相容，这就是制度可容性，显然与法律法规相关规定有矛盾的制度，其有效性是有根本问题的。同时还要看自然资源产权制度实施的社会环境或民心民意基础如何，与多数民众期望相背离的制度显然不是好制度。

（二）主要进展

1. 基本确立相对集中的自然资源资产管理体制，初步明确所有者职责内涵

实施自然资源资产管理体制改革，在不改变各级政府分级行使行政监管权的情况下，整合分散的所有者职责，由新组建的自然资源部统一行使全民所有的土地、矿产、森林、草原、湿地、水、海洋等各类自然资源资产所有者职责。同时，新组建的国家林草局负责中央政府直接行使所有权的国家公园的自然资源资产管理。在自然资源部，基本明确自然资源资产、自然资源监管的职责分工，基本建立“一类事项原则上由一个部门统筹、一件事原则上由一个部门负责”的自然资源资产管理体制。

2019 年 3 月 12 日，时任自然资源部部长陆昊在十三届全国人大二次会议第三次全体会议后首次亮相“部长通道”接受采访时提出，自然资源部要履行好“统一行使全民所有自然资源资产所有者职责，统一行使所有国土空间用途管制和生态保护修复职责”，在自然资源部内将第一个“统一”设计为自然资源调查

---

① 谷树忠．自然资源资产产权制度的五个基本问题［N］．中国经济时报，2015-10-23（14）．

监测、自然资源确权登记、自然资源所有者权益和自然资源开发利用四个关键环节；将第二个“统一”设计为国土空间规划、国土空间用途管制和国土空间生态修复三个关键环节，设立了一批新的司局，履行新的职责任务。

“统一行使全民所有自然资源资产所有者职责”是中央赋予自然资源部的职责，部权益司系统梳理中央有关要求、法律有关规定，从马克思主义产权理论、西方产权理论等经典著作中寻找理论依据，充分借鉴国有企业资产“出资人职责”的经验以及国际自然资源资产所有权管理经验，在深入调研、广泛听取意见的基础上，形成专题研究报告，首次将全民所有自然资源资产所有者职责内涵界定为“主张所有、行使权利、履行义务、承担责任、落实权益”这五个方面，将其作为开展权益管理制度设计、谋划工作的基础逻辑和理论支撑。围绕“履行所有者职责、维护所有者权益”的工作主线，按照所有者职责“五个方面”的内涵，构建了由清查统计制度、评估核算制度、委托代理制度、规划管护制度、资产配置制度、收益管理制度、考核监督制度、资产报告制度八项制度组成的权益管理制度框架体系。

2. 自然资源资产管理制度体系框架基本建立

一是我国自然资源资产权利体系基本形成。经过改革开放 40 多年的实践，“以公有制为基础，所有权使用权分离，囊括地权、房权、海权、林权、草权、水权、矿权、渔业权、空间权等诸多权利，横跨陆海空”的自然资源资产产权制度初步形成。

二是自然资源资产权利登记制度逐步确立。正式成立自然资源部不动产登记局，标志着不动产统一登记国家层面机构建设全面完成。地方各级不动产登记机构职能整合基本完成。制定自然资源统一确权登记的办法和操作指南，对各类自然保护地和具有完整生态功能的自然生态空间和单项自然资源开展统一确权登记，完成重点区域自然资源确权登记工作，开展海域、无居民海岛确权登记试点；启用了统一的不动产登记簿证样式，相关配套制度不断完善；不动产登记信息平台建设稳步开展，为不动产登记信息实时共享、互通共享打下坚实基础。自然资源登记制度也已经逐步实现了由主要服务于自然资源的行政管理向主要服务于自然资源资产权利保护和维护市场交易安全的转变。自然资源由分散登记逐步过渡到目前的统一登记。以不动产登记为基础，以登记机构、登记簿册、登记依据和信息平台的“四统一”为目标的自然资源资产权利登记制度逐步确立。

三是自然资源产权流转制度深入推进。扩大国有土地有偿使用范围，完善建设用地使用权转让、出租、抵押二级市场。确立了城镇国有土地市场的基本制度框架，建立起了以国有土地使用权为主要权利载体的土地市场的基本制度框架。建立了以城镇国有土地使用权出让、转让、出租、抵押、作价出资（入股）等多种方式的国有土地使用权制度，农用地转用、征收制度，闲置土地处置与土地储备制度，限制、禁止、划拨用地项目目录等管理制度，建立土地价格管理与综合运用多种税收调节的土地收益分配体系，规范土地市场和监管。林权流转发生了重大变革。林改落实处置权收益权，规范流转，盘活了森林资产。各地《林权流转和抵押管理办法》等法律法规对林权流转作出了详细规定。特别是林权抵押贷款实现了农村金融改革的重大突破，有效破解了林业发展融资难问题。建立健全矿业权出让收益制度，推进矿业权竞争性出让改革。矿业权出让形成了全面推进竞争性出让（招标、拍卖、挂牌出让），严格限制协议出让的矿业权出让方式制度体系。矿业权出售、合资、合作、上市、抵押以及矿业企业分立合并等多种形式流转局面基本形成。矿产资源有偿出让范围不断扩大，招标、拍卖、挂牌、协议等出让方式日趋多元化并不断优化。完善海域、无居民海岛有偿使用制度。《海域使用管理法》明确了海域使用权可以通过申请审批和市场化出让方式取得。《海岛保护法》确立了无居民海岛有偿使用制度。出台了《海域、无居民海岛有偿使用的意见》，提出建立保护优先、产权明晰、权能丰富、规则完善、监管有效的海域、无居民海岛有偿使用制度。印发关于水资源有偿使用制度改革的意见，组建全国水权交易平台。

四是协商、调解、政府处理（行政裁决）和诉讼等多渠道、全方位的自然资源资产权利救济制度形成。自然资源产权调处机制基本建立。自然资源产权受到侵害的，权利人可以依法采取和解、调解、仲裁、复议、诉讼等多种方式获得法律的救济，依法得到相应的赔偿。违法侵害他人自然资源产权的，当事人依法承担相应的民事责任、行政责任和刑事责任，受到法律的严格制裁。

3.《民法典》等明确了有关自然资源资产物权规定

《民法典》对自然资源的国家所有权和集体所有权、各种国有使用权和集体使用权以及抵押权、地役权等所有自然资源权利，从权利的主体与客体、取得与丧失、内容与限制等方面，作出了原则性规定，有利于改变自然资源权利的规定不全面、不系统、不具体、不明确的局面。2021 年新修订的《土地管理法实施条例》确认土地“挂牌”的地位，明确国有土地使用权出让、国有土地租赁等应当采取招标、拍卖、挂牌等竞争性方式确定土地使用者，解决长期实践中“挂牌”作为重要土地资源市场化配置手段的法律缺位，也为进一步规范完善土地“挂牌”程序提供了依据。2019 年新修订的《森林法》强化森林权属保护，设专章以明晰“森林权属”，明确表示国有森林的所有权由国务院行使，国务院可以授权有关部门行使所有者职责；高度重视森林权利人（地区）的利益，对森林、林木、林地的所有权、使用权予以登记保护；多种所有制的林业经营主体可以依法取得国有森林、林木和林地的使用权，且该使用权经过法定程式批准后，可以转让、出租、作价出资等。

4. 加强了资源调查、资产清查与核算等基础工作

加快建设自然资源统一调查监测体系，制定“综合+专业”的统计调查制度体系，推进调查监测技术融合与创新，高质量完成第三次全国国土调查，全面查清我国陆地国土利用现状，统筹推进矿产资源国情调查、森林资源调查、第三次水资源调查等专项调查，完成全国森林碳储量和珊瑚礁海草床、盐沼生态系统现状调查。开展全民所有自然资源资产清查全国试点、国有土地资源资产核算试点、全民所有自然资源资产负债表编制试点和生态价值核算基础研究。

三、自然资源资产管理存在的问题

（一）习近平总书记有关指示

2013 年 11 月，习近平总书记在党的十八届三中全会关于《〈中共中央关于全面深化改革若干重大问题的决定〉的说明》中指出：“我国生态环境保护中存在的一些突出问题，一定程度上与体制不健全有关，原因之一是全民所有自然资源资产的所有权人不到位，所有权人权益不落实。”2014 年 3 月 14 日习近平总书记在中央财经领导小组第五次会议上的讲话中提出：“湖泊湿地被滥占的一个重要原因是产权不到位、管理者不到位，到底是中央部门直接行使所有权人职责，还是授权地方的某一级政府行使所有权人职责？所有权、使用权、管理权是什么关系？”

可以看出，习近平总书记关注所有权人的主体明确、权益落实以及所有权与管理权和使用权的关系问题。

（二）中央和国家有关文件的表述

2016 年，《国务院关于全民所有自然资源资产有偿使用制度改革的指导意见》（国发〔2016〕82 号）中指出：“由于有偿使用制度不完善、监管力度不足，还存在市场配置资源的决定性作用发挥不充分、所有权人不到位、所有权人权益不落实等突出问题。”

2017 年 1 月，中共中央办公厅、国务院办公厅印发的《关于创新政府配置资源方式的指导意见》提出：“针对政府配置资源方式单一、行政性配置手段较多的突出问题，坚持从体制上改革突破，构建科学、合理、规范的公共资源配置长效机制。”

2017 年 12 月，《中共中央关于建立国务院向全国人大常委会报告国有资产管理情况制度的意见》中指出：“这项工作程序不够规范，内容覆盖不够完整，人大国有资产监督职能发挥还不够充分，有待从制度上加以完善。”其中，“这项工作”是指国务院向全国人大常委会报告国有资产管理情况工作。

2019年，中共中央办公厅、国务院办公厅印发的《关于统筹推进自然资源资产产权制度改革的指导意见》提出："改革开放以来，我国自然资源资产产权制度逐步建立，在促进自然资源节约集约利用和有效保护方面发挥了积极作用，但也存在自然资源资产底数不清、所有者不到位、权责不明晰、权益不落实、监管保护制度不健全等问题，导致产权纠纷多发、资源保护乏力、开发利用粗放、生态退化严重。"

2020年4月，《中共中央 国务院关于构建更加完善的要素市场化配置体制机制的意见》中指出："针对市场决定要素配置范围有限、要素流动存在体制机制障碍等问题，根据不同要素属性、市场化程度差异和经济社会发展需要，分类完善要素市场化配置体制机制。"

2020年5月，《中共中央 国务院关于新时代加快完善社会主义市场经济体制的意见》中指出："我国市场体系还不健全、市场发育还不充分，政府和市场的关系没有完全理顺，还存在市场激励不足、要素流动不畅、资源配置效率不高、微观经济活力不强等问题，推动高质量发展仍存在不少体制机制障碍。"

综上所述，中共中央和国务院文件中对自然资源产权和资产管理领域存在的问题的表述可以归纳为五个方面：调查——自然资源资产底数不清；权属——所有权人不到位（所有者不到位）；配置——有偿使用制度不完善，市场配置资源的决定性作用发挥不充分（市场决定要素配置范围有限），政府配置资源方式单一、行政性配置手段较多，要素流动存在体制机制障碍，要素流动不畅，资源配置效率不高；权益——所有权人权益不落实；监管——权责不明晰，监管保护制度不健全，监管力度不足，人大国有资产监督职能发挥还不够充分等。其中以《关于统筹推进自然资源资产产权制度改革的指导意见》的归纳最为全面。

（三）问题表现

1. 自然资源资产所有权人不到位，权益不落实

首先是产权主体不明晰。我国民法典和各类自然资源单行法等法律规定了国务院代表国家行使国有资产所有权，但没有进一步说明由哪个部门统一管理，也未明确横向（各部门之间）、纵向（各级政府之间）所有权权能关系，并且缺少统一的人格化代表。法律规定的国务院代表国家行使自然资源所有权权能（占有、使用、收益和处置），但缺乏相关配套制度政策予以落实，所有权受到条块的多元分割，有相当部分职能实际由地方政府行使，国家作为资源所有者代表的地位模糊。中央政府与地方政府之间是一种低效率的委托代理关系，国家所有权权能被层层分解到各个职能部门，造成终极所有权虚置。如国有土地所有权应由国务院行使，但在实际操作过程中，国有土地的划拨、出让、收回等土地处置由市县人民政府执行并实际享有国有土地处置权，国务院作为国有土地的所有者对

国有土地却没有实际处置权，未能体现所有者权力。再如部分重点国有林区名为国家所有，实际却为地方和企业自管自用。

其次是所有权人权益不落实。长期以来，我国在全民所有自然资源产权管理上中央和地方权责利划分不清，相当数量的自然资源资产的处置权和收益权由地方政府行使。

一是在处置权方面，按照目前的法律政策框架，自然资源部可以直接行使国有自然资源资产所有者权利的事项，主要是部分矿种矿业权的出让和国有企业改革过程中的土地资产处置。由于省级以上政府国有企业改革划拨土地的性质转换，既可以通过向市、县政府补缴出让金的方式转为出让土地，也可经省级以上政府批准以作价出资（入股）或授权经营的方式进行处置。所以，这类资产可以属于不同层级政府的资产，却没能构成土地所有者资产，同时由于这类资产仍被政府作为出资进入改革后的企业，按照企业国有资产法的规定，应由履行出资人职责的机构负责监管。完成处置后，这些自然资源不构成任何一级政府的资产项。

二是在资产收益方面，全民所有自然资源资产收益未能完全实现足额征缴、全民共享。目前仍有不少资源资产低价甚至无偿出让，即使是有偿使用制度起步较早、制度较完善的土地、矿产资源资产也存在一定比例的非市场的配置方式。自然资源资产收益分配制度不健全。由于没有严格区分资源性资产所有者、占有使用者、经营管理者之间的收益分配关系，也没有明确的法律规范和保障，导致政府间、政企间的自然资源资产收益分配关系不协调，分配格局不均衡。在自然资源资产各类收益分配中，普遍存在地方留存比例过高的问题，中央对于资源资产收益统筹利用、统一管理、统一调配的力度较弱。如土地资源资产收益是财政收入的重要来源，在土地资源资产收益中，占比最大的土地出让收入全额留归地方，缺乏中央统筹安排，仅新增建设用地土地有偿使用费中按30%的比例上交中央，其他土地资源资产收益均由地方政府负责征收并且全部缴入当地财政，由地方政府自行支配。另外，一些全民自然资源资产没有体现全民共享。例如，风景名胜区的高价门票和特许经营收入，往往直接进入地方政府的财政，缺乏相应的约束机制和政策限制，其分配也缺乏全民性，这也是导致地方政府过度使用资源追求经济利益的主要原因。

2. 国有自然资源资产损失严重

多年来我国国有自然资源资产损失严重。1992 年，我国正式加入《湿地公约》，并在随后的 1995 ~ 2003 年进行了第一次全国湿地资源调查。2009 ~ 2013 年，第二次全国湿地资源调查展开。前后对比显示，十年间，被围垦和基建威胁的湿地面积由 1276 平方千米增加到 12928 平方千米，增幅接近 10 倍。2014 年国家海洋局的调查报告显示，我国滨海湿地受损极为严重，不但湿地面积大大减少，湿地的质量也在不断下降，存在生态退化、污染加剧、生物多样性丧失等问题。与20世纪50年代初期相比，我国滨海湿地的红树林面积减少了大约60%，珊瑚礁的面积减少了80%，海草床几乎消失殆尽，66%的海岸遭到侵蚀。[①]

3. 自然资源产权边界和资产底数不清

目前仍有相当数量的国土空间、自然资源资产的产权主体尚未清晰界定，产权归属不清晰的情况大量存在，部分自然资源类型存在边界交叉、权属重叠，同一标的物上赋予不同权利类型的现象。部分自然资源之间、不同产权主体之间，一定程度上存在类别归属不清、所有权边界不明、所有权与管理权不分等问题，加上实践中不同部门发放的林权证、土地证等确权范围冲突，由此导致产权交叉重叠等，易引发利益纠纷、出现国有资产流失或侵占农民、集体利益等现象，影响自然资源利用和收益分配的公平与效率。如部分草原权属不清，土地权利、草原使用权、林权、土地承包经营权之间存在交叉重叠，草原与林地"一地两证"，海域使用权与水域滩涂养殖权界限不清，采矿权与土地使用权、海域使用权之间衔接性不足等现象，往往使自然资源难以得到有效利用或造成监管难。

部分全民所有自然资源实物量底数不清。森林、草原等资源账面数和国土调查数据存在差异。目前，我国还没有一套完整的草原资源基础数据，近海海洋综合调查与评价工作也存在类似情况，尚不能及时准确掌握海域资源现状。

缺少自然资源资产的价值信息。自然资源资产可分为实物量和价值量，相对而言，实物量属性信息因与资源信息基本重合而有较好基础，但成本、价格、收益、价值量、负债等价值属性信息严重缺乏。

（四）原因分析

1. 贯彻落实自然资源资产管理理念有待加强

自然资源资产管理和产权制度在我国推进的时间较晚，特别是受长期实行计划经济体制、管理体制所有权与监管权不分等影响，自然资源管理系统和公众对相关改革理念、政策、举措等的理解还不深、不透，存在许多模糊认识，影响深入贯彻落实自然资源资产产权改革和健全自然资源资产管理体制。

2. 国有自然资源资产管理体制还不健全

一是全民所有自然资源资产所有者职责还没有完全理顺，自然资源资产管理由分类分散向统一综合转变不够到位。全民所有自然资源资产产权制度改革方案明确由自然资源部统一履行全民所有自然资源资产所有者职责。但在实践中，横向上看，部分国有自然资源资产所有者职责依然分散在不同部门，如森林资源、草原资源、水资源、海洋渔业资源等的所有者职责，尚未明确与自然资源部统一履行的

---

① 宋述芹．正在消失的滨海湿地［J］．生态经济，2018（3）．

关系及方式。纵向上看，全民所有自然资源资产所有权委托代理机制尚处于试点过程中，试点范围只涉及有关省、市级地方。全民所有自然资源资产所有权管理纵向层面的顶层设计（三种行权方式：中央直管、委托地方政府和法律授权地方政府），尚待试点探索和实践落实。在土地等重要自然资源资产的占有、使用、收益、处分等物权权能的实现上，地方政府的角色和定位还需依法作出明确的制度安排。

受过去自然资源分类监管体制影响，国有自然资源资产管理未全面认识自然资源要素之间的关联属性，依然延续以单门类资源资产管理为主的模式，执行中各类国有自然资源资产管理各自为政、缺乏统筹，整体利用和综合管理不够等问题比较普遍，与自然资源资产价值属性、各类资源要素综合管理和保护的目标要求不相适应。部分自然资源，如水流产权的确权上，水利部门和自然资源部门分别进行了确权试点，改革思路并不完全一致，还存在分别发证的现象。

二是政府自然资源监管与国有自然资源资产管理职责有待进一步明确规范和衔接。国有自然资源资产管理是国家基于所有者身份对全民所有自然资源资产行使所有权并进行管理，自然资源监管是国家基于管理者身份对国土范围内所有自然资源行使监管的权力。一方面，由于对自然资源与自然资源资产的科学界定与划分还不够到位，导致对自然资源资产所有者与自然资源监管者的职责定位还不够清晰，国有自然资源资产所有权人意义上的权利和管理者意义上的权力行使规则和程序等制度不够完善。一些地方国有自然资源资产所有者权力与政府监管的行政权力混同使用。另一方面，自然资源资产管理与自然资源监管存在密切联系，需要相互配合，而目前尚未建立起有效的衔接机制，导致有的地方在划定和落实“三条控制线”过程中，仅从监管角度突出保护生态环境，没有充分考虑保护区内矿业权等自然资源资产的合法权益，大量井站关闭既影响矿产资源产量，也可能造成国有资产损失。有的林草部门认为地质公园等自然保护地没有“林草”，不履行资源监管责任，而自然资源部门以自然保护地统一划归林草部门管理为由也不履行资产管理责任，出现管理空白。

三是缺乏多层次的自然资源资产管理协调沟通机制。目前的自然资源资产管理体系中，虽然主要管理职责集中在自然资源部，但仍有部分职责由相关部门承担，如水利部负责水资源有偿使用；自然资源部内部也存在自然资源监管与自然资源资产管理的协调问题。在地方政府层面，森林、草原、水资源等管理部门与自然资源主管部门之间存在大量的沟通协调工作。

3. 自然资源资产确权登记、有偿使用、收益管理制度等重点改革亟须深入推进

统一确权登记工作进展不够理想，确权登记工作有待规范。调查统计监测还不充分，资源变动情况反映不够。水流和湿地等重要的自然资源产权的确权登记

工作尚未完成。

自然资源资产有偿使用和收益管理制度改革还不到位。一是各类自然资源有偿使用制度推进不平衡，土地、矿产、海洋等自然资源资产以市场化配置为主，部分自然资源资产以行政审批的方式进行配置，国有农用地和未利用地、国有森林等资源有偿使用制度尚未完全建立，矿产、草原、湿地等资源的有偿使用配套政策仍在完善中。二是资产收益实现形式和机制不够规范，维护国家资源所有者权益的功能发挥不够；自然资源资产收益计征制度还有待完善。资源资产收益目前有税、费、金等形式，亟待完善。市场化程度较高的城镇建设用地和部分矿产资源资产以及海洋资源资产形成了相对完善的资产收益计征制度。但森林、草原等生物资源资产并未建立完善的收益计征制度。2014 年以来我国启动水权交易试点和水权交易平台建设，但目前政府获取收益仅限于区域水权交易价款。已有自然资源资产收益都是基于自然资源资产的商品价值。基于自然资源资产服务价值的所有权权益收益，以及相关的规制权权益收益，则尚未被列入计征范围，如自然保护区、风景名胜区以及国家森林公园、国家矿山公园、国家湿地公园、国家海洋公园等，其收益多划归地方或部门所有，国家所有权和规制权从获取收益层面无从体现。另外，收入形式不规范，税、费、利、租、金等收入性质定义不明晰。

4. 政府与市场作用协调机制还不完善

自然资源资产具有经济、社会、生态等多重效益，自然规律、价值规律甚至资本规律都发挥作用，政府与市场作用的界限亟待明晰。目前在自然资源资产管理和配置方面，存在以生态属性为主的公益性自然资源资产的保护与修复方面政府主导作用不够，以经济属性为主的经营性自然资源资产配置方面市场作用发挥不足，以及政府对自然资源市场的监测监管和调控有待加强、相关机制有待健全等问题。例如，土地、矿产、水等要素市场发展滞后，一些生态产品的市场还在建设发展之中，行政干预资源资产配置广泛存在，市场配置资源的决定性作用发挥还不够充分。资源产品价格形成机制不够成熟、透明度低，尚未形成健全的市场机制下的资源价格体系和资产价值体系。实现自然资源资产领域的有为政府与有效市场仍是需要深入研究和探索的重要课题。

国有资源资产配置方式单一，未能体现不同类型自然资源资产的特点，使得管理定位不明，相应的资产化程度也不高。对于各类资源的经济属性（资产化）和社会属性（资源化）并没有明确的分类界定准则，对各种公益性自然资源资产（如自然保护地、生态用地、生态用水、生态林等）未能有效按照其公共、公益属性进行使用和监管，各种经营性自然资源资产未被完全纳入市场并依照市场规则进行运营和监管。

自然资源产权交易市场发育程度较低。部分自然资源使用权交易尚未落实，且尚未具备产权交易的基本条件，交易实现载体——统一的产权交易市场尚未建立。如《草原法》确认了草原承包经营权流转的法律制度，标志着我国草原承包经营权流转制度进入了法制化轨道，但对于转让主体范围、流转方式、流转价格及限制等问题欠缺具体规定。水权交易市场的法律法规很不健全，对于水权的界定、用水权转让审批管理、水权交易价格的评估以及水权交易纠纷等相关问题都还没有明确的配套规定。国有自然资源资产通过市场化方式配置的比例总体不高。有偿使用标准尚未形成与市场价格相挂钩等的动态调整机制，与利用效率衔接不够，促进资源节约与综合利用的功能发挥不够。

5. 资源调查、资产清查核算等基础管理工作有待加强

我国自然资源资产管理的基础制度仍然存在很大缺陷，自然资源资产的统一登记体系尚未形成，资产调查、统计和核算体系尚没有建立。

不同自然资源调查登记和规划的空间分类标准和调查周期多元化、不统一，不同统计口径的资源数据存在差异。如在资源调查周期上，除原国土资源部门的土地资源数据可以每年更新外，森林、水等资源为 5 年甚至 10 年进行一次普查，无法满足年度更新的要求。如自新中国成立以来，我国累计开展了 2 次区域性和 2 次全国性草原资源调查工作。第一次开展全国性的草原资源调查工作是从 1980 年开始的，历经 10 余年，覆盖全国 2000 多个县 95%以上的国土（仅东部极少数平原农区和城镇、工矿区未做调查），首次掌握了我国草原资源本底情况。第 2 次全国草地资源清查工作于 2017 年 3 月才开始，农业部下发了《全国草地资源清查总体工作方案》。目前，部分省份外业清查工作基本完成，少数省份清查工作还未完成。①

已有的自然资源调查（清查）主要以数量、质量、用途、分布等资源属性信息为主，反映自然资源资产家底的价格、收益和使用权情况等产权属性信息不全。如《自然资源调查监测体系构建总体方案》要求："基础调查以各类自然资源的分布、范围、面积、权属性质等为核心内容……组织开展自然资源的专业性调查，查清各类自然资源的数量、质量、结构、生态功能以及相关人文地理等多维度信息。"《第三次全国土地调查实施方案》指出："三调的主要任务是：在第二次全国土地调查成果基础上，按照国家统一标准，在全国范围内利用遥感、测绘、地理信息、互联网等技术，统筹利用现有资料，以正射影像图为基础，实地调查土地的地类、面积和权属，全面掌握全国耕地、园地、林地、草地、商服、工矿仓储、住宅、公共管理与公共服务、交通运输、水域及水利设施用地等地类

① 赵磊磊等．我国草原调查监测现状、存在问题及对策分析［J］．林业建设，2020（6）．

分布及利用状况；细化耕地调查，全面掌握耕地数量、质量、分布和构成；开展低效闲置土地调查，全面摸清城镇及开发区范围内的土地利用状况；建立互联共享的覆盖国家、省、地、县四级的集影像、地类、范围、面积和权属为一体的土地调查数据库，完善各级互联共享的网络化管理系统；健全土地资源变化信息的调查、统计和全天候、全覆盖遥感监测与快速更新机制。”两个文件要求的调查内容除权属外基本不包括自然资源资产属性信息。

自然资源资产管理指标体系不规范、不统一。各个资源管理部门出于不同的管理需求，对同一自然资源采用不同的分类标准和调查方法，建立了各自领域的国家分类标准和管理规则，导致出现各类自然资源资产管理技术规程不匹配、统计口径不一致、清查时点不统一等问题。一些地方与自然资源资产管理相关的考评指标体系多套并存，不同考评指标体系中的指标往往存在重复交叉，考核评价流于形式，影响管理成效。

6. 自然资源资产监管问责不到位

全民所有自然资源资产监管尚未从自然资源监管中独立出来，重资产处置、收益管理，轻后期监督管理问题严重，以内部监督为主的多元监督体系尚未建成。许多国有自然资源资产由有关部门和地方政府直接配置，但没有承担明确的管理职责和目标，也缺乏有效的监督制约手段。评价考核内容和方式有待完善，评价考核的结果应用缺乏明确导向，奖惩和责任追究制缺位，处置不力、违法成本低。对于国有自然资源资产的侵害，没有建立起严格的责任追究和赔偿制度。自然资源使用权人的合法权益也没有得到严格尊重，随意限制、侵犯权利人合法权益的现象时有发生。

各级政府向本级人大常委会报告国有自然资源资产管理情况进展不平衡，人大对政府管理国有自然资源资产情况的监督刚刚起步。对领导干部实行自然资源资产离任审计制度和生态环境损害责任追究制度的作用还未充分发挥。人大、纪检、审计、社会等监督方式的信息数据等未实现有效衔接，尚未形成合力。

7. 自然资源资产负债表和生态产品价值实现机制等难点有待攻关

一是自然资源资产负债表编制还存在难点。自然资源资产负债表的编制目前还面临许多理论、技术和方法上的障碍。主要以土地、林木、水和矿产等部分自然资源实物量账户为主，关于自然资源资产核算、生态系统功能评估、生态价值核算等还在探索研究阶段，也没有权威、可普遍推广的计算方法。对资产负债表中的负债部分从概念内涵到种类范围都还没有破题，暂未考虑自然资源资产负债。从试点地区的情况看，获得基础数据的难度较大，且越到基层基础数据缺口越大，编制结果应用作用极为有限。同时，编制结果一般滞后两年，时效性不强，与开展领导干部自然资源资产离任审计等工作存在衔接困难。

二是生态产品价值实现机制还需探索创新。目前自然资源生态产品价值核算的范围、计量、定价、标准等还处于理论研究和探索中，部分资源的质量评定标准体系也不健全，尚未形成统一、公认的价值核算方法。从地方试点看，对于生态调节服务价值的核算，不同地区采用不同方法，评估结果差异非常大。从生态保护补偿机制看，补偿方式以资金补助为主，产业扶持、技术援助、人才支持等补偿方式未得到广泛应用，补偿标准缺乏生态产品价值核算基础，难以准确反映生态保护投入等成本和生态产品的实际价值，稳定筹资、科学分配的补偿机制还不完善。目前区域间横向补偿典型案例，主要集中在流域生态补偿领域，未能推广至其他生态领域和区域，协作、产业转移、共建园区等补偿方式多体现在各类协议层面，在实践中落地较少。生态产品和用能权、水权等资源环境权益交易还处在起步阶段，市场机制还不完善，交易活跃度还较低。碳排放权交易范围还需进一步扩大，在配额分配、价格形成等方面还需持续探索。其他类型的生态资源权益交易市场各自为政、自成体系，没有形成统一、完整、活跃的生态产权交易市场。

8. 自然资源资产法治和治理比较薄弱

一是法制建设相对滞后。目前，我国尚无自然资源领域的综合性法律，既有的《土地管理法》《矿产资源法》《森林法》《草原法》等都基于分散立法方式重点对某一类自然资源管理作出规范，对于自然资源管理的一些共性问题、基础性问题缺乏统一性协调性的规定。现行自然资源单行法虽已基本形成体系，但仍尚有空白。在国家公园、国土空间开发保护、资源节约集约利用、生态保护补偿、生态损害赔偿等方面还缺少相关法律规范。部分地方性法规因没有上位法支撑，权威性和刚性约束力不足。另外，部分自然资源法律法规与机构改革后的自然资源资产管理保护实际不符，亟须作出相应的修改。相关法律在建立健全资源保护与节约集约利用的激励约束机制方面体现不够，需要补充完善。

《民法典》等法律有关自然资源资产物权的规定仅搭建了框架，许多规定还不够明确、具体，因而可操作性还不够。比如，怎样在正在起草的《不动产登记法》中进一步明确不动产登记队伍建设、不动产登记的审查效力、不动产登记损失赔偿以及如何平衡推进“互联网+”、优化营商环境与登记安全等。再比如，在自然资源资产权利救济方面，除了土地承包经营权仲裁有专门的法律外，其他地权、林权、草权、海权、水权纠纷的调处都没有明确的法律规定。[①]

单行法之间存在对象交叉、内容重复甚至冲突的问题。因为没有统一的自然资源基本法，各自然资源单行法又是在不同时期由不同部门起草，故自然资源单

① 佟绍伟．健全完善自然资源资产权利保护体系［N］．中国自然资源报，2021-01-29（3）．

行法之间缺乏协调统一性，自然资源法律的综合效应难以真正发挥。如土地资源方面，因《土地管理法》《森林法》《草原法》等在调整范围上的交叉，导致同一土地资源同时受到多个资源法律的调整，使有关法律主体无所适从，也使执法部门之间相互推诿扯皮，从而影响了土地资源的保护和管理。

自然资源资产缺乏专门法律。国有资源资产综合法规一直未能出台，只印发了《中华人民共和国企业国有资产法》，自然资源资产法律制定尚未提上工作日程。

二是基层执法力量不足。基层综合执法队伍专业水平参差不齐，执法能力较弱。现有地方综合执法队伍没有包括自然资源、水、林业等部门，对自然资源破坏、土地违法违规利用等缺乏有效的执法监督手段。

第三节　全民所有自然资源资产管理体系框架

一、设计原则

（一）贯彻落实党中央有关要求

党的十八大以来，党中央对于自然资源资产管理从理念、原则、制度、体制、工作措施等方面系统地提出了明确的要求，主要包括坚持自然资源资产公有性质原则，体现自然价值和自然资本理念，建立健全自然资源资产的产权、有偿、监督等制度和法律法规，完善国家自然资源资产管理体制，推进自然资源资产负债表编制等重要工作部署。

我们要认真学习理解党中央要求的背景、内涵、实质等，做到学懂弄通；还要在落实上下功夫，要严格对标对表，按照党中央的各项要求，在自然资源资产管理体系总体设计、指导思想、总体目标、谋篇布局、战略安排、重点任务等各个关键环节中逐一落实，确保实现体系设计总体方向正确、目标明确、任务落地。

（二）符合自然资源资产领域自然规律和经济规律

要在习近平新时代中国特色社会主义思想、马克思主义产权理论指导下，按照自然资源与生态系统、自然资源和自然资源资产管理的内在逻辑，着重体现资源地理规律、资源经济规律、生态经济规律、自然资源和自然资源资产管理规律要求。

分析资产管理，首先要从资产的属性特征出发。资产的主体、客体、主客体关系是资产定义的三要素，客体可控、可计量并进入生产流程以带来经济利益是资产的突出特征，体现在资产管理上就要求产权明确以明晰主体及主客体关系，开展清查（调查）以控制客体（资源实物量），开展核算以落实价值量及经济收益。

其次要分析自然资源资产的特征。稀缺性、多益性、动态性是自然资源资产与其他物质资产不同之处。稀缺性表明自然资源虽然是自然资源资产的来源，但其不仅要具备一般的资产特征，还必须是稀缺资源才是自然资源资产。多益性是指自然资源资产不仅具有经济价值，更有同等重要的社会价值、生态价值。动态性是指自然资源资产范围的变动性，随着科技和社会经济水平的发展，过去一些难以控制和利用的自然资源，也逐渐具备了资产特征，如太空资源、大气资源等，自然资源资产的范围和内容动态变化。另外，自然资源资产是经济社会发展的基础，在国有资产当中，从资产形成过程来看，它与其他国有资产有着密切的联系，是形成链条的前端与后端的关系，还存在相互转换的可能。国有企业资产、国有行政事业资产都是对自然资源资产进行开发以后形成的，资源一旦开发，必然进入这两者中的某一个形态，其他国有资产一般会包括国有自然资源资产（如一般企业占用的土地、矿产企业占用的矿产资源、国有林场占据的森林资源等），在一定条件下还可能相互转换。这体现在自然资源资产管理工作上，一是管理目标要体现自然资源管理要求；二是管理流程要衔接自然资源；三是价值管理内容要包括社会价值和生态价值；四是管理范围要动态更新并适当前瞻；五是从系统性角度充分考虑资源资产管理与相关国有资产的界限、协调和配合。

最后要体现国有自然资源资产的国有性质对管理的要求。国有资产主体具有虚拟性，全民所有自然资源资产是由国家机构（国务院）来代表全民行使所有权。这体现在管理上，一是国家是国有资产的唯一终极产权主体，只有中央政府是它的最高或最终代表，地方政府不具有所有权。二是我国幅员辽阔，自然资源资产量大类多，必须通过委托代理机制来分级行使所有权，即自然资源资产管理体制实行“统一所有，分级代理”模式，形成多级主体、多层关系、多种要素和多个维度构成的复杂系统，形成自上而下的职能分工、责任委托、权力授予和局部利益分享的关系链条，其中的分工、委责、授权、分利是构成管理体制的基本要素。逻辑结构是，以职能分工为前提，以责任配置为根本，依据责任分工授予权力并分享利益。其中，职能分工是基础环节，责任配置是核心所在，权力授予是保障条件，利益分享是激励机制。①

另外，一般认为产权管理是资产管理的核心。资产管理内容或环节要把产权

① 齐守印．以公共经济视角全要素全维度深化国有资产管理体制改革［J］．财政科学，2019（4）．

制度四要素（产权界定、产权配置、产权交易、产权保护）和所有权四大权能（占有、使用、处分和收益）考虑在内。

（三）目标导向与问题导向相结合

坚持目标导向就是要在深入学习和理解党和国家关于全民所有自然资源资产管理有关要求的基础上，明确党中央对这项工作提出的目标、任务等，并围绕实现目标来谋划和安排各项措施。从全民所有自然资源资产相关的中央文件来看，其提出的直接目标主要是要求加快构建中国特色自然资源资产产权制度体系，健全自然资源资产产权制度、健全国家自然资源资产管理体制等。

坚持问题导向实质上是一个及时发现问题、科学分析问题、着力解决问题的过程，全民所有自然资源资产管理制度设计要考虑解决当前在所有权人主体、资产家底、市场配置、收益分配、监督体系、法律体系等方面存在的问题，重点解决全民所有自然资源资产的所有权人不到位、权益不落实这一核心问题。

二、处理好相关关系

1. 社会主义公有制与市场经济体制

我国基本经济制度的内容是："坚持和完善公有制为主体、多种所有制经济共同发展，按劳分配为主体、多种分配方式并存，社会主义市场经济体制。"保护和强化全民所有自然资源资产是坚持和完善公有制主体地位的重要表现，要通过落实全民所有自然资源资产的民有、民营、民享，实现社会主义及公有制的目的即维护社会公平正义、促进共同富裕。

社会主义市场经济体制是中国特色社会主义的重大理论和实践创新，以完善产权制度和要素市场化配置为重点，以现代产权制度为基石。市场经济的本质是自由、平等、法治经济，现代市场经济体制框架有四个基本要素或环节：规范化的市场主体、现代化的市场体系、灵活有效的宏观调控系统和完善的社会保障制度。健全归属清晰、权责明确、保护严格、流转顺畅、监管有效的自然资源资产产权制度，落实《关于统筹推进自然资源资产产权制度改革的指导意见》要求，坚持物权法定、平等保护。要推动所有权和使用权相分离，健全自然资源资产产权体系和权能，依法明确全民所有自然资源资产所有权的权利行使主体、所有权的各项权能以及派生权益，培育市场主体，加强产权激励；要构建产权市场，发挥市场对资源配置的决定性作用，加强政府的监督管理；要完善自然资源资产产权法律体系，平等保护各类自然资源资产产权主体的合法权益，更好地发挥产权制度在生态文明建设中的激励约束作用。

2. 市场配置与政府监管

首先，这里所说的政府是指作为所有权代表的政府而非作为经济社会管理者的政府，前者与市场的关系核心是全民所有自然资源资产产权的运行方式与边界，后者与市场的关系核心是公共权力的运行方式与边界。

其次，处理好政府与市场的关系，实质是处理好所有权与用益物权（使用权）的关系。所有权权能可以分解，可以为不同于所有权主体的经济主体持有，全民所有自然资源资产的所有权代表是中央政府，主要掌握收益和处置权能；而（经营性资产的）使用权主体是市场各类主体，经常掌握占用和使用及分享部分收益权能，二者既相联系，又相对独立。应坚持政企分开、政资分开，政府强调基于出资关系的监管，注重国有资产保值增值及整体功能，尊重市场主体地位和企业法人财产权。

最后，从资产配置角度来看，一方面要发挥市场对经营性自然资源资产配置的决定性作用，努力提升自然资源要素市场化配置水平。加快构建全国（及区域性）自然资源资产交易体系，建立统一的自然资源交易平台，统一规范和标准，公开交易，理顺自然资源资产价格形成机制，完善自然资源资产有偿使用制度、价值评估制度等，让价值规律、竞争规律和供求规律在经营性自然资源资产配置中起决定性作用。另一方面要发挥政府在公益性自然资源资产配置中的主体性作用，重点强调政府应本着公开、公正、公平原则，市场在其中发挥调节、补充作用。

3. 所有权与监管权

所有权与监管权二者的权源、目标、手段、形式都是不同的。

所有权人基于所有权通过资产的占有、使用、收益来确保自然资源资产保值增值，是一种资产管理，也是基于自身财产权形成一种民事关系，主要是要求培育发达的资产市场体系，强调用经济手段调节资产利用，管理方式可以选择委托管理、合同管理、直接管理等。资源监管者基于行政权力依法对全部国土空间自然资源的保护和开发利用活动进行用途管制、市场准入、执法监督等，对资源的开发利用进行审批、许可、监督检查、禁止、强制或者处罚，这是一种行政管理，是基于管理权形成的一种行政法律关系，是针对所有自然资源所享有的一种管理职能，突出的是市场失灵状态下的政府管制，目的是满足社会公共利益的需求，保护国家和地区的自然资源基础。由自然资源管理转向自然资源资产管理，是一个从实物管理向资产管理、从自然属性到经济属性的质的转变。在这个转变过程中，不能简单地用资产管理去全面否定资源监管，而应一方面加强资产权益的统一管理和公平分配，重点防止国有资产的流失；另一方面加强资源的系统监管和保护，重点加强自然资源基础。

自然资源资产管理与自然资源监管都是自然资源部的基本职责，二者既有密切联系，又有显著区别。一方面，自然资源资产来源于自然资源，自然资源监管是自然资源资产管理的基础，空间用途管制影响乃至决定了自然资源资产的价值；另一方面，两项职能性质不同，管理目的、管理对象、影响领域、管理手段都存在明显不同，但在某些环节存在管理主体重合，在某些领域存在业务交叉。

要加强自然资源资产管理与资源监管的衔接，更好地落实“两统一”职责。全民所有自然资源资产管理要以自然资源监管为基础，资产配置和处置要符合用途管制，符合生态保护的公共利益需要。自然资源监管也要综合考虑促进自然资源资产保值增值，实现所有者权益。另外，从减少管理成本、提高行政效率上看，自然资源监管与自然资源资产管理也需要统一调查评价、协调监管政策。总之，要通过建立内部分工负责机制，加强相关管理工作和流程衔接，实现二者的“相互独立、相互配合、相互监督”。

4. 资源管理、资产管理、资本管理

从产权角度分析，自然资源强调所有权，我国自然资源实行公有制，包括全民所有和集体所有，全民所有自然资源作为全民所有的财产不得买卖，即其所有权不得买卖；自然资源资产强调用益物权，即资产化在用益物权上，而不是化在所有权上。用益物权依法买卖，并由用益物权人将其作为资产直接支配；所有权人依法享有自然资源的所有者收益权和最终处分权，同时承担“不得干涉用益物权人行使权利”[①] 的义务；用益物权人依法直接支配所有者的资源财产，并取得直接支配应得的正当收益，同时承担“不得损害所有权人的权益”[②] 的义务。按照物权设立不动产以登记为要件、动产以交付为要件的法律规定，用益物权“设立、变更、转让和消灭，经依法登记，发生效力”。[③] 自然资源资本强调对资源产业（企业）的投资权，国家投入到资源性产业或企业中的经营性国有资产就是国有资本，如探矿权、采矿权可以依法作价出资、作价入股、上市融资、收购并购等，实施资产重组，并可作为资源性资本的货币价值载体，依法评估作价，登记注册企业。资本的天性是流动和增值，在社会主义市场经济体制下，要树立和强化资本经营的观念，确立牢固的国有资本增值的理念，建立以搞活资本为中心的改革思路，通过资本的流动来调整产业结构，体现产业政策，通过国有资本的控股，发挥“乘数效应”，使国家可以控制比国有资本大得多的资金的运营，从而大大增强国家控制经济的力量。

自然资源管理与自然资源资产管理联系密切。第一，二者的管理基础相同，

---

① 《民法典》第三百二十六条规定：“用益物权人行使权利，应当遵守法律有关保护和合理开发利用资源、保护生态环境的规定。所有权人不得干涉用益物权人行使权利”。

② 《民法典》第二百四十一条规定：“所有权人有权在自己的不动产或者动产上设立用益物权和担保物权。用益物权人、担保物权人行使权利，不得损害所有权人的权益”。

③ 《民法典》第二百零九条规定：“不动产物权的设立、变更、转让和消灭，经依法登记，发生效力；未经登记，不发生效力，但是法律另有规定的除外”。

自然资源统一调查、统计、评价、监管是共同的管理需求，特别是摸清自然资源家底是二者的管理起点。第二，空间用途管制影响乃至决定了自然资源资产价值，自然资源与自然资源资产是同一自然空间的不同属性，区位和用途是影响价值的重要因素；第三，二者都要着眼于属性与功能的系统性、全面性实现，包括自然资源资产的自然、经济、社会、政治等属性，资源、环境、生态、空间等功能。

总之，自然资源、自然资源资产、自然资源资本三者的衍生关系大体是：以自然资源为母体，不得买卖的全民所有自然资源作为母体派生出的用益物权是形成资源性资产的基本存在形态；以自然资源资产为核心，其具有承上启下的作用；以自然资源资本为方向，资源性资本是资源性资产在特定经济运行模式下的特殊表示方式，但只适用于由经营性自然资源资产所形成的产业。

5. 中央与地方

处理好中央政府与地方政府的产权关系，系统考虑、协同推进，以使中央和地方之间形成合理分工、上下互动、激励相容的工作局面，这是全民所有自然资源资产管理及其制度改革的重要内容。

一是明确全民所有自然资源资产“统一所有，分级代理”的管理模式。法律规定，属于国家所有的自然资源资产由国务院代表行使所有者权利，即国家所有权代表是中央，地方无法律资格来行使国家所有权。全民所有自然资源资产应由中央政府统一行使所有者职权，同时，为调动地方政府的积极性，按照不同资源种类及其在生态、经济、国防等方面的重要程度，实行中央、省级政府分级代理行使所有权的模式。除中央政府直接行使所有权的自然资源资产外，按授权管理和属地管理相结合的原则，明确省级、地（市）级政府责任，制定全民所有自然资源资产管理责任清单。

二是须重点明晰中央政府与地方政府在全民所有自然资源资产管理中的责任与权利关系、事权与财权关系。要明确中央政府作为所有者如何向地方“确权”，全民所有自然资源资产在中央与地方之间如何界定权属，国家所有权的各项权能，如使用权、处分权和收益权等如何在中央与地方之间分解，进而促进社会化和结构化。一方面要强化中央部门的宏观管理职能，彰显其国有自然资源资产终极所有者的地位和作用，重点制定和完善规则，做好战略性资源资产和跨省、跨流域资源资产管理，加强对地方国有自然资源资产管理的监管；另一方面要明确地方政府的具体职能，按照法律授权或受中央部门委托行使所有者权利，负责管理辖区内一般资源型资产，取得收益并履行逐级监管职责。

6. 综合管理与分类分级管理

自然资源资产的分类分级管理是基础，综合管理是发展趋势。在实行分类管理的基础上，根据不同门类自然资源之间的系统性、关联性和综合管理的趋势，强化集中统一管理。

一是依据全民所有自然资源资产属性，加强分类分级管理。要针对不同门类资源资产的属性差异，以单门类的自然资源资产为管理对象，研究单要素自然资源资产的利用和管理规律，建立分类、分级的管理政策、制度和措施。要处理好管理与经营的关系，对公益性较强的自然资源资产重点做好保护和自然资本投资工作，对经营性较强的自然资源资产重点做好保值增值和可持续变现工作。

经营性资源资产以提供市场产品实现经济价值功能为主，一般采用市场规则来运营管理，以维护所有者利益为主要目标。譬如农业生产用地、经营性建设用地及矿产、商业林木等资源。探索国有资源资产经营与管理的分离，经营主体可以多元化，重点考核其资产价值的保值增值。结合经营性国有资产的改革经验，可建立专门的资源性资产运营公司，其独立于资源行政管理部门以外。依法明确规定相应的运营管理主体，并有序构建完善统一的经营性资源资产监管体系，探索国家所有权、经营权与监督权的分离，建立相对完整的现代企业制度。对于战略性资源资产，国家可按市场规律评估其价值，将其折合为股份，组建国有控股资源型企业，参照经营性国有企业改革模式实施考核管理。对于一般性资源性资产，可放开经营权，建立国家、集体、个人等多种资本均可进入的混合所有企业，提高自然资源资产的经营效率。

公益性资源资产以提供公共生态产品和社会服务及生态环境功能为主，一般应以资源保护、可持续利用和全民福利效益为主要目标，采取公共行政管理手段加以管理，严格限制和禁止其经营性利用，重点考核公共生态产品和服务质量及相应成本状况。各地域的风景名胜区、自然保护区、国家森林公园、国家地质公园甚至生态防护林等都属于公益性资源资产。对于保护区类资源性资产，应将其从资源行政管理部门内分离，建立独立的专业化资源性资产保护机构，统一负责各级风景区，合理划分中央政府和地方政府的管理层级，将国家级的公益性资源资产纳入中央层级直接管理。对于其他公共产品类的资源性资产，坚持国家所有、政府经营的管理模式，明确相应的代理机构及管理主体，建立完善统一的公益性资源资产监管体系，禁止公益性资源资产用于非公共领域，实行资源化管理。

二是加强综合管理。要以自然资源资产的分类分级管理为基础，根据不同门类自然资源资产之间的系统性、关联性和综合性，加强自然资源的集中统一管理。主要包括统一行使所有权权能（占有、使用、收益和处分）、统一中央和地方政府分级行使所有权的管理体制、统一资产登记、统一资产调查、统一资产核算、统一资产规划、统一产权交易市场、统一监管和统一考核体系等。

三、管理体系框架设计

（一）定位

1. 国家治理体系中重要制度的组成部分

党的十八届三中全会将“推进国家治理体系和治理能力的现代化”作为全面深化改革的总目标，实际上是在原来的工业、农业、国防、科技四个现代化基础上提出了第五个现代化目标——政治现代化。党的十九大再次明确：“全面深化改革总目标是完善和发展中国特色社会主义制度、推进国家治理体系和治理能力现代化。”党的十九届四中全会通过的《中共中央关于坚持和完善中国特色社会主义制度、推进国家治理体系和治理能力现代化若干重大问题的决定》指出：“我国国家治理一切工作和活动都依照中国特色社会主义制度展开，我国国家治理体系和治理能力是中国特色社会主义制度及其执行能力的集中体现。”明确了我国的制度建设的核心制度是中国特色社会主义制度，中国特色社会主义制度是一个严密完整的科学制度体系，按照重要性层次包括根本制度、基本制度、重要制度，还有根据这些制度细化的管理制度等，按照领域包括党的领导、政治、法律、行政、经济、文化、民生、社会、生态、军事、祖国统一、外交、监督 13 个方面。

制度建设是治理体系的核心。习近平总书记在党的十八届三中全会第二次全体会议上明确指出：“国家治理体系和治理能力是一个国家的制度和制度执行能力的集中体现。”治理指的是政府组织和（或）民间组织在一个既定范围内运用公共权威管理社会政治事务，维护社会公共秩序，满足公众需要，治理的理想目标是善治，即公共利益最大化的管理活动和管理过程。现代国家治理体系是一个有机的、协调的、动态的和整体的制度运行系统，本质是规范社会权力运行和维护公共秩序的一系列制度和程序，政府治理、市场治理和社会治理是体系中三个最重要的次级体系，治理主体、治理机制和治理工具是国家治理体系的三大要素，解决谁治理、如何治理、依靠什么治理。①

在国家治理体系中，根本制度是中国特色社会主义制度存在的依据，起顶层决定性、全域覆盖性、全局指导性作用；基本制度是体现党关于经济社会发展基本原则和基本理念的制度，是各领域建设赖以运转的主要依据和基本规范；重要制度是从根本制度和基本制度派生而来的、国家治理各领域各方面各环节的具体的主体性制度，包括经济体制、政治体制、文化体制、社会体制、生态文明体

① 俞可平．国家治理的中国特色和普遍趋势［J］．公共管理评论，2019（1）．

制、法治体系、党的建设制度等，是推动国家治理各方面政策落实落细的制度。

全民所有自然资源资产管理制度与经济体制和生态文明体制都有密切关系，是这两个重要制度的组成部分。从政府治理、市场治理和社会治理三个子系统来看，可定位为以政府治理为主，兼顾市场治理和社会治理。因为全民所有自然资源资产的所有者是全体人民，所有权权能由国务院代表、自然资源部具体代表和统一行使、地方政府受托代理行使，但用益物权权能大量涉及市场治理和社会治理。

2. 生态文明制度体系的基础制度

中共中央办公厅、国务院办公厅印发的《关于统筹推进自然资源资产产权制度改革的指导意见》指出："自然资源资产产权制度是加强生态保护、促进生态文明建设的重要基础性制度。"实施自然资源资产管理是我国生态文明建设的核心理念，其概念的提出和健全自然资源资产产权等相关制度，标志着我国自然资源管理发生了重大变化，从传统的以"发证、收费、监督"为主要内容的实物型管理延伸到自然资源价值形态的资产化管理，并与资源行政管理分离，从产权角度处理好所有权与使用权之间的关系，不仅强调自然资源的高效利用，而且注重自然资源资产的保值增值，更加重视以资产化管理方式有效解决资源所有者不到位等问题。

国家自然资源资产管理体制是关于自然资源资产管理机构设置、管理权限划分和确定调控管理方式等方面的基本制度体系，是规定中央、地方及相关部门在自然资源资产管理方面的范围、权限、职责、利益及其相互关系的准则，核心是管理机构的设置、各管理机构职权的分配以及各机构间的相互协调。职责是管理体制的内涵之一，是因特定的身份依法应当履行的责任义务，如果不履行，应当承担相应的责任。

（二）思路

围绕统一行使全民所有自然资源资产所有者职责，通过建立资产管理制度体系，开展资产价值评估和资产核算，制定资产收益与处置政策，加强资产保护与监管，实现"产权清晰、权责明确、保值增值、权益落实、监管有效"，切实维护全民所有自然资源资产所有者权益，实现自然资源资产的保值增值。

统一行使全民所有自然资源资产所有者职责的内涵为"主张所有、行使权利、履行义务、承担责任、落实权益"，主要权利是代表全体人民履行对自然资源资产的所有权，即占有、使用、收益和处分的权利。具体包括资产确权登记、资产核算（占有环节）—出让、租赁、作价出资等有偿使用（使用环节）—收益分配（收益环节）—资产变卖、变性等（处置环节）。主要义务是充分保障全民所有自然资源安全，合理配置自然资源资产，实现自然资源资产保值增值，为国计民生提供坚实的支撑和保障。

统一行使职责的依据是国务院授权国务院自然资源主管部门具体代表统一行使全民所有自然资源资产所有者职责，方式包括中央政府直接行使全民所有自然资源资产所有权，委托省级和市（地）级政府代理行使所有权，法律授权省级、市（地）级或县级政府代理行使所有权。内容包括统一行使所有权权能（占有、使用、收益和处分）、统一建立中央和地方政府分级行使所有权的管理体制、统一资产登记、统一资产调查、统一资产核算、统一资产规划、统一产权交易市场、统一监管和统一考核体系等。

（三）目的

1. 根本目的：实现全民共享、共同富裕，最终实现人的自由而全面的发展

全民所有自然资源资产管理工作从根本上讲要服务于全民所有、全民所用、全民共享，实现共同富裕。共同富裕隐含着生产力和生产关系的双重意蕴，“共同”隐含着生产关系，而“富裕”则隐含着生产力。[①] 全民所有自然资源资产保护和开发利用的总目标，无论是从社会主义本质要求，还是从维护所有权人权益的角度来看，都要求实现全民共享和共同富裕。

2. 基本目的：维护全体人民所有者权益

资产管理的直接目的是为资产的所有者或使用者带来收益或创造利润，即为其带来效用，全民所有自然资源资产管理的基本目的是为全体所有者即全体人民带来收益，维护全体人民的所有者权益。

2018 年中共中央印发《深化党和国家机构改革方案》，其中在“组建自然资源部”内容中指出：“为统一行使全民所有自然资源资产所有者职责，统一行使所有国土空间用途管制和生态保护修复职责，着力解决自然资源所有者不到位、空间规划重叠等问题。”可见统一行使全民所有自然资源资产所有者职责是为了解决全民所有自然资源所有权人不到位的问题，后来这也成为自然资源部的主要职责之一。

落实这一目标，可从全民所有自然资源资产产权制度的五个特征来衡量，即“归属清晰、权责明确、保护严格、流转顺畅、监管有效”。归属清晰，是指明确全民所有自然资源资产产权主体，不仅是界定清楚归谁所有，还要界定清楚归谁所用。首先是明确所有权主体，使全民所有自然资源资产所有权人格化，即明确界定在有行为能力的主体上。在现代市场经济里，交易中的产权更多地表现为法人产权的行为。法人是法律认可或规范的有独立人格的团体组织，是具有民事权利能力和民事行为能力、依法独立享有民事权利和民事义务的团体组织。其次

① 曾铮．市场有效政府有为扎实推进共同富裕［N］．光明日报，2021-08-24（11）．

是明确用益物权主体。最后是明晰不同产权主体的边际。以上界定应为相关法律法规或确权登记所认定。权责明确，是指全民所有自然资源资产产权在具体实现过程中实现各相关主体权利到位、责任落实。首先，使各产权主体明确各自的权利界限，明确与此权利相对应的责任范围，各类产权主体的责任与权益应是统一的，又是区界分明的。其次，完整的产权显然还包括利益，因此，这里的“权”即权利，涵盖了相应的利益，所以，完整的表述应为：权责利明确。最后，权责利还应是对称的，即权力的大小必须与相应的利益及责任相匹配。否则，不对称的权责利将导致权力的滥用、逃避责任、利益分配不对等，从而使产权起不到应有的激励和约束作用。实际上，产权制度的效率与权责利的对称性是正相关的。保护严格，是指保护全民所有自然资源资产产权的法律制度系统、完备，各种性质、各种形式的产权一律受到法律的严格保护。在现代社会，产权的实施主要靠国家的法律来保证，而且，只有在国家法律的保护下，产权的实施才是严格的、可靠的、具有效率的、公正的。流转顺畅，是指产权的流动性和交易性特征。全民所有自然资源资产产权主体以谋求利益最大化为目的，能够有效地配置其权能，独立决定资产的投向与规模，灵活地选择其所有权的实现方式，自主地实现用益物权的让渡，依法在市场上自由流动、有效运营。这意味着要打破自然资源资产产权的地方、部门分割和封锁的市场状况，建立全国统一的市场。监管有效，是指通过完善监管体制机制、清晰监管框架、丰富监管手段，实现对自然资源资产开发利用和保护的全程动态有效监管。

加强对全民所有自然资源资产的管理，从总体上看，还要满足两个方面的目标需求：一是促进实现全面提高资源利用效率。自然资源管理是自然资源资产管理的基础和前提，加强自然资源资产管理，必须要有利于实现自然资源管理目标。党的十九届五中全会通过的《中共中央关于制定国民经济和社会发展第十四个五年规划和二〇三五年远景目标的建议》对“十四五”时期自然资源管理的总要求就是全面提高资源利用效率。二是维护国家资源安全、生态安全。党中央要求“十四五”时期要坚持系统观念，统筹发展和安全，实现更高质量、更有效率、更加公平、更可持续、更为安全的发展。在国家总体安全格局中，确保粮食安全，保障能源和战略性矿产资源安全，提高水资源集约安全利用水平和守住自然生态安全边界等具有特殊的重要地位。在当前的世界变局背景下，自然资源资产对于整个国家的可持续发展起着基础性的作用，从长远来看具有重要的战略意义，必须迅速提高管理水平，提高资源利用率，才能维护国家的安全和利益。

总之，将所有权与管理权实现分离，政府严格按市场经济规律办事，管理行为和过程实现法制化、规范化、标准化；资产管理理念深入人心，管理职能日趋完备，职责划分更趋科学，管理手段逐步多元化、连续化、系统化，信息系统逐步完善，管理可问责性和有效性增强，管理效率日益提升，自然资源科学合理开发水平得到提高；资源资产市场规范有序，保值增值能够实现，投资环境公平良好，收益分配科学合理，公众利益得以维护，资源安全得到保障，自然资源行业逐步实现健康、稳定和可持续发展。

3. 主要指标：全民所有自然资源资产保值增值

（1）国有企业资产的管理主要指标是保值增值。资产存在和发展的关键是保值增值，特别是对于经营性资产来说更是如此。原国家国有资产管理局 1994 年出台《国有资产保值增值考核试行办法》，从 1995 年开始国有资产保值增值考核，设立了国有资产保值增值率等基本的考核指标。当时设置保值增值相关指标是从问题导向出发，着眼于解决国有资产流失问题。该办法提出：

第二条　本办法所称的国有资产是指国家对国有企业（以下简称企业）的各种形式的投资以及投资收益形成的，或者依法认定取得的国家所有者权益，具体包括资本金、资本公积金、盈余公积金和未分配利润等。

第三条　本办法所称的国有资产保值，是指企业在考核期内期末国家所有者权益等于期初国家所有者权益。

第四条　本办法所称的国有资产增值，是指企业在考核期内期末国家所有者权益大于期初国家所有者权益。

第五条　国有资产保值增值考核，以考核期企业财务报告中的所有者权益价值为依据，暂不考虑货币时间价值以及物价变动因素的影响。

第六条　国有资产保值增值指标为：

国有资产保值增值率=（期末国家所有者权益÷期初国家所有者权益）×100%

企业国有资产保值增值率等于 100%，为国有资产保值；国有资产保值增值率大于 100%为国有资产增值。

党的十八大报告提出："各级政府要严格执行国有资产管理法律法规，坚持政企分开，实行所有权和经营权分离，使企业自主经营、自负盈亏，实现国有资产保值增值。"2017 年中共中央办公厅、国务院办公厅印发的《关于创新政府配置资源方式的指导意见》要求创新经营性国有资产配置方式，要求国有资本投资、运营公司"按照责权对应原则切实承担起国有资产保值增值责任"。2019 年《十三届全国人大常委会贯彻落实〈中共中央关于建立国务院向全国人大常委会报告国有资产管理情况制度的意见〉五年规划（2018－2022）》在"三、推动健全报告制度"的"2. 健全完善政府国有资产管理评价指标体系"中把"国有资本保值增值"列入企业国有资产（包括金融企业和非金融企业）的评价指标中。

（2）中央要求国有资产保值增值。党的十九大报告要求："要完善各类国有资产管理体制，改革国有资本授权经营体制，加快国有经济布局优化、结构调整、战略性重组，促进国有资产保值增值，推动国有资本做强做优做大，有效防止国有资产流失。”2017 年《中共中央关于建立国务院向全国人大常委会报告国有资产管理情况制度的意见》的“（二）审议重点”中要求：“国有资本保值增值，防止国有资产流失制度的建立和完善，国有企业兼并重组、破产清算等国有资产处置以及国有资产收益分配情况。”2019 年《十三届全国人大常委会贯彻落实〈中共中央关于建立国务院向全国人大常委会报告国有资产管理情况制度的意见〉五年规划（2018-2022）》要求各类国有资产专项报告的报告重点内容当中包括“说明国有资产管理情况，包括制度建设、投向布局、改革进展、绩效监管、保值增值、支撑社会事业发展和生态文明建设等情况”。2020 年《全国人民代表大会常务委员会关于加强国有资产管理情况监督的决定》也将“国有资本保值增值、防止国有资产流失和收益管理等情况”列为全国人大常委会审议国有资产管理情况报告和开展国有资产监督应当重点关注的内容。2020 年《中共中央　国务院关于新时代加快完善社会主义市场经济体制的意见》要求“进一步完善和加强国有资产监管……盘活存量国有资本，促进国有资产保值增值”。

我们认为，虽然国有资产保值增值首先是作为国有企业管理的直接目标提出的，但中央在对整体国有资产管理的要求中反复强调这一要求，而且国有自然资源资产虽然有特殊性，但也应遵循资产管理的一般性要求，最直观的管理目标也是资产保值增值。

（3）关于国有资产保值增值内涵。黄少安教授认为，国有资产保值，亦称“国有资产保全”，是指在国有资产的运营过程中，与社会简单再生产相适应，维持规模不变的国有资产再生产，实现价值补偿与实物补偿的统一。从实物补偿角度来看，国有资产保值必须以重置不变的生产能力为前提；从价值补偿角度来看，国有资产保值要求对预付价值进行足额补偿。国有资产增值，是指国有资产在社会主义再生产过程中价值的增值及自身积累进行的扩大再生产。它包括三个方面：一是通过时间差价、国内外差价实现其自身溢价；二是通过国有资产的有效运营，为社会创造新的价值；三是通过对资产增值的合理分配，将其中一部分用于积累，进行扩大再生产，实现国有资产价值的增长。国有资产增值的实质是国有资产在再生产过程中不仅要维持简单再生产，而且要进行扩大再生产。[①] 不过，国有自然资源资产的保值增值与一般国有资产保值增值的内涵有所不同，一是价值不仅包括经济价值，还应包括生态价值和社会价值；二是公益性资产以保值为主，经营性资产在保值基础上，还应实现增值。另外，国有自然资源资产的保值增值是宏观概念，是一个总量上的增长，而非其中任何构成部分的绝对

① 黄少安．国有资产管理概论［M］．北京：经济科学出版社，2000.

增长。

（四）范围和对象

全民所有自然资源资产管理的对象是宪法和其他法律规定的属于全民所有的自然资源资产，范围是由所有权主体（全体人民）及其代理主体（国务院代表、自然资源部具体代表）行使全民所有自然资源资产所有权权能的总量和空间范围界区。根据现行法律规定，完全属于全民所有的自然资源包括矿藏、水流、海域、城市土地、无线电频谱资源、无居民海岛、野生动物资源这7种资源，野生植物资源在法律上未明示权属。自然资源部管理职责对象是“全民所有土地、矿产、森林、草原、湿地、水、海洋等自然资源资产”。由于我国宪法和民法典用列举法明确全民所有自然资源的范围，即在列举了部分具体类型的自然资源之后采取了“等自然资源”的表述方式，这就为全民所有自然资源资产的增加留下了空间。一些目前尚未被人类大规模利用，还有待进一步研究试验与开发利用的自然资源，在科技、经济等条件具备时，将会被列为管理对象，如太阳能、风能、太空资源等。有学者提出阳光、空气、风等属于自然科学领域中的自然资源，目前暂不属于法律意义上的自然资源。①

《十三届全国人大常委会贯彻落实〈中共中央关于建立国务院向全国人大常委会报告国有资产管理情况制度的意见〉五年规划（2018-2022）》要求：“逐步增加纳入报告范围的国有自然资源资产的种类……到2022年，各类国有资产的报告范围、分类和标准基本规范和健全。”因此，全民所有自然资源资产管理的对象还应根据管理实践逐步调整、扩展和完善。例如，可再生能源方面可考虑水电、太阳能、风能、生物质能、波浪能、潮汐能、海洋温差能、地热能等。境外投资形成的国有自然资源资产方面，可探讨研究全球公域资源（主要包括深海海底、南极洲、北极的一部分和太空，它们均属于尚未充分开发且被认为具有丰富资源的区域。之所以被称为全球空域，是因为目前任何国家对这四个区域都不拥有主权）或全球公共自然资源（指无国家行使主权的区域的自然资源，如深海海底的资源、南极洲的资源及太空的资源等，或者无法约束在国界线内从而无法宣称主权的资源，如流动的大气、游动的鱼类及跨境迁徙的动物等）。

（五）体系

1. 体系构成：管理、运营、监督、协调、法规、技术

体系是泛指一定范围内或同类的事物按照一定的秩序和内部联系组合而成的整体。管理体制是规定中央、地方、部门、企业在各自方面的管理范围、权限职责、利益及其相互关系的准则，核心是管理机构的设置。运行机制以管理体制为

① 蔡卫华．自然资源法律概念初探［J］．中国不动产，2020（4）．

基础，是体系内各要素间的相互作用、运作方式等。现代国家管理由决策、执行、信息、咨询、监督、反馈等诸多环节构成一个完整系统。

国外公共自然资源遵循行政管理三权分立的原则，在管理体制内部，实行决策、执行、监督三权分立，推动“决策集中化，执行专门化，监督独立化”，决策权、执行权、监督权既相互制约又相互协调。①

关于国有资产管理体制，我国大多强调管理、监督和营运三位一体，如1996年通过的《关于国民经济和社会发展“九五”计划和2010年远景目标纲要的报告》提出：“要建立权责明确的国有资产管理、监督和营运体制，促进国有资产保值增值。”1997年党的十五大报告要求：“建立有效的国有资产管理、监督和营运机制，保证国有资产的保值增值，防止国有资产流失。”2003年党的十六届三中全会通过的《中共中央关于完善社会主义市场经济体制若干问题的决定》要求：“建立健全国有资产管理和监督体制……积极探索国有资产监管和经营的有效形式，完善授权经营制度。”2013年党的十八届三中全会通过的《中共中央关于全面深化改革若干重大问题的决定》要求：“完善国有资产管理体制，以管资本为主加强国有资产监管，改革国有资本授权经营体制，组建若干国有资本运营公司，支持有条件的国有企业改组为国有资本投资公司。”2017年党的十九大报告提出：“要完善各类国有资产管理体制，改革国有资本授权经营体制，加快国有经济布局优化、结构调整、战略性重组，促进国有资产保值增值，推动国有资本做强做优做大，有效防止国有资产流失。”2019年党的十九届四中全会通过的《中共中央关于坚持和完善中国特色社会主义制度 推进国家治理体系和治理能力现代化若干重大问题的决定》要求：“形成以管资本为主的国有资产监管体制，有效发挥国有资本投资、运营公司功能作用。”

除了管理、运营、监督三大体制，我们认为全民所有自然资源资产管理体系还应包括协调、法律、技术（信息）等板块，从而形成系统完备、功能协调、科学规范、运行高效的制度体系。

2. 体系构建重点内容

（1）管理体系。重在明确全民所有自然资源资产由谁来管、管什么、怎么管的问题，要按照党的十九届四中全会提出的“坚持和完善中国特色社会主义行政体制，构建职责明确、依法行政的政府治理体系”的要求，从完善管理体制、优化职责体系、优化组织结构、健全充分发挥中央和地方两个积极性体制机制等方面采取措施。特别是根据以责确权、权责一致的原则实现责任与权力的统一。以责确权意味着责任优先于权力，把责任作为政府权力与调配资源能力的基准，

① 陈丽萍，等．自然资源综合管理框架与工具［M］．北京：地质出版社，2019.

根据所有者职责的20字方针，明确政府的责任清单，授予其与之相匹配的权力。权责一致是把所有者权能与责任相互匹配，作为组织设计规则和运行准则，实现管理技术、治理资源与自身职能的契合，保证政府角色不缺位、不错位、不越位。确定责任的环节中，纵向上要坚持宏观层面中央把握、中观层面地方落实、微观层面基层执行的原则，理顺中央与地方、自然资源部与相关部门的资产管理权责关系。

（2）运营体系。国有自然资源资产的运营即其保值增值的过程是国家授权经营国有自然资源资产的单位的一种经济行为。按照国有自然资源资产管理监督与运营适当分开、政企分开、分层分类经营的原则，国有自然资源资产划分为非竞争性资产（如公益林）和竞争性资产（如商品林），分别按照各自的特点和规律运营。在政府的产权管理和企业经营活动之间设置一个缓冲带——资产运营层作为中介，所有权人“管资本”而不是“管资产”，塑造真正的国有自然资源资产运营主体，形成“国资管理机构—国有资本投资、运营公司—国有企业”的新型国有资产管理运营体制框架。

（3）监督体系。全民所有自然资源资产监督体系的任务是通过加强对全民所有自然资源资产管理和运营的有效监管，实现全民所有自然资源资产及权益不受侵犯，并且实现保值增值。

一是以人大监督为核心，构建全民所有自然资源资产管理的监督网，明确职责分工。我国现行的政治监督体系包括纪检监督、监察监督、审计监督、司法监督、人大及其常委会监督、民主党派监督、人民政协监督、新闻媒体监督、公民监督、网民监督、社会组织监督11大类政治监督主体，以及为这些政治监督主体行使权力或权利提供的基本法律制度保障。[①] 除了专门针对自然资源资产的专项监督和自然资源系统内部的监督，外部监督大体又可以分为行政监督（财政、税务、审计、监察、工商、统计监督）、市场监督、社会监督（政党、工青妇社会团体、社会人士等）、司法监督和舆论监督等。作为全民所有自然资源资产代表主体和代理主体的中央政府和地方政府，几乎适用于所有的监督形式。要明确各类监督在监督网中的定位、作用、相互关系等，区分一般监督与专项监督、内部监督与外部监督、同级监督与对下监督等。在强化落实国有资产管理情况报告制度的基础上，加强人大国有资产监督职能。推进人大预算联网监督系统与有关数据平台联网，实现自然资源资产数据共享。推进国有资产信息公开，增加国有资产管理透明度，拓宽人民群众参与监督和治理的渠道。加强自然资源资产管理情况审计监督，加大对审计查出问题的整改和问责的力度。提高人大、纪检、审

① 何增科．中国政治监督40年来的变迁、成绩与问题［J］．中国人民大学学报，2018（4）．

计、社会等监督方式的贯通协调，形成合力，提升国有自然资源资产的治理能力和水平。

二是建立健全问责机制。实现问责对政府治理过程的全覆盖，从“决策—执行—结果”的完整链条入手，构建系统的问责流程，丰富相互配套、相互补充的问责条例，为精准问责、有效问责提供更为明确的依据。

（4）协调体系。主要解决全民所有自然资源资产管理中对外、对内的管理职能协调问题。

在对外协调方面，要厘清中央直接管理与委托地方政府代理、不同自然资源资产（产权）管理部门之间、资源资产管理与环境监管部门、资源资产与产业发展、资源与贸易、部门管理与属地管理、流域治理与区域治理等的关系。明确自然资源部与有关部门（如国家发展改革委、财政部、审计署、水利部、农业农村部、工业和信息化部等）以及地方政府的具体功能，明确应该做什么、可以做什么、能够做成什么的基本问题，按照其作用明确责任清单，保证不同部门、单位之间的责任清单内容相互贴合、相互补充，化解责任冲突，消除责任空白。

在内部协调方面，主要是处理好自然资源部门内资源资产管理与资源监管部门之间、资产管理综合部门与专业管理部门、不同资源资产类型的部门之间的关系等。还包括建立各类、各层次的协调机构或形式以及运作方式等。

（5）法律体系。构建自然资源资产管理法规体系，主要包括以下四个层次：一是由全国人民代表大会通过，以国家法律形式存在的，涉及自然资源资产管理行为规范的正式法律，如《民法典》《中华人民共和国企业国有资产法》等；二是由自然资源部颁发，用于自然资源资产管理行为规范的基本法规制度，如全民所有自然资源资产管理条例；三是由自然资源部颁发，专门用于全民所有自然资源资产管理或涉及资产管理行为规范的重要领域的法规制度，诸如资产产权登记、计价核算、财产清查、统计报告、资产评估、管理考评规定或办法等，如全民所有自然资源资产清查管理条例、全民所有自然资源资产统计管理条例、全民所有自然资源资产核算标准条例、全民所有自然资源资产报告管理条例、全民所有自然资源资产处置监管条例等；四是由自然资源部颁发，用于某项或某类自然资源资产管理行为规范的专门法规制度，如国有土地资产管理规定、矿产资源资产管理办法等。

（6）技术（或信息）体系。一是搭建统一的全民所有自然资源资产管理信息平台。以统一的不动产登记平台为基础，搭建涵盖全民所有自然资产调查、评估、核算、登记、配置、收益、处置和监管等内容的自然资源资产管理信息平台。以自然资源资产登记为基础，统一资产调查与核算标准，充分利用云计算、大数据等现代信息技术手段，加快资产数据的集中统一汇交和核算，实时掌控资产“家底”。二是建设统一规范的全民所有自然资源资产管理系统。规范全民所有资产出让行为，集中土地市场交易系统、矿业权交易市场系统、林权交易系统和水权交易平台等分散的自然资源资产交易系统，建设规范统一的全民所有自然资源资产管理系统。加强全民所有自然资源资产收益征缴与分配系统建设，在“收支两条线”的管理体制下，确保资产收益全额征收，资产分配公平合理。建设全民所有自然资源资产处置系统，全面监测资产处置流向，维护国家权益。强化全民所有自然资源资产监管系统建设，搭建从“源头”到“末端”、从“入口”到“出口”的资产监管系统，助推全流程严管体制的落实。

（六）环节

构建自然资源资产化管理体系框架，将自然资源从单一的实物量管理转为价值量和实物量相统一的管理，使资源性资产走向市场，参与市场交易，实现资源性资产的保值增值。在这一体系中，基本可分为三个部分：一是基础环节，二是产权环节，三是监管环节。其中，产权环节是核心。基础环节包括资源调查、资产清查、资产统计、资产价值核算、资产储备等，主要作用是摸清资产家底，为资产管理运行做准备；确权登记、配置、收益、损害赔偿等是关键，构成完整的资产管理运行链条；资产报告、负债表编制、考核评价、资产法治等监管是保障。资产运行逻辑大体沿着资产清查统计核算—产权界定—资产配置—收益分配—保护监管的思路展开，形成一个完整而又运行有序的管理框架。

围绕履行全民所有自然资源资产所有者的权利和义务，建立健全国家自然资源资产管理体系，开展资产清查统计、价值评估和资产核算，制定资产保护、使用、收益与处置政策，加强资产保护与监管，实现“产权清晰、权责明确、保值增值、权益落实、监管有效”，切实维护全民所有自然资源资产所有者权益，实现自然资源资产的保值增值。

清查统计：资产清查统计是资产管理的前提与基础，通过开展全民所有自然资源资产单位基本情况清理、账务清理、财产清查、资产清查核实、统计在册、完善制度等内容，查明全民所有自然资源资产实有数额，目的是摸清全民所有自然资源资产的家底，为核算评估管理提供基础数据。

评估核算：开展自然资源资产价值评估和资产核算工作，制定各种类型的资源资产产权评估准则，建立全民所有自然资源资产统计和报告制度，编制国有自然资源资产专项报告，开展国有自然资源资产开发利用效率、效益、评价工作，摸清全民所有自然资源资产家底。

收益处置：拟订全民所有自然资源资产划拨、出让、租赁、作价出资和土地储备政策。承担报国务院审批的改制企业的国有土地资产处置。制定全民所有自然资源资产收益分配政策。

保护监管：负责全民所有自然资源资产的保护与保值增值监督管理。界定、划分公益性与经营性全民所有自然资源资产的权利与义务，对公益性资产实行专门化管理，监督经营性资产的运营方式、交易方式，落实资源资产经营收益。

信息服务：加强自然资源资产管理信息化和数据平台建设，开展国有自然资源资产信息服务建设，组织国内外自然资源资产信息交流。

指导地方：指导和监督地方自然资源资产管理。

四、近期主要任务

（一）健全自然资源产权体系

持续推进产权制度改革，根据中央与地方委托代理权责划分，明确履行国有自然资源资产所有者职责的产权主体，保障所有者利益。推进全民所有自然资源资产所有权与使用权分离，创新所有权实现形式，调整完善中央与地方收益分配机制。衔接国土空间规划和用途管制，激活各类使用权出让、转让、出租、抵押、担保、入股等权益。妥善解决历史遗留的多头发证、交叉重复问题，保护群众利益。进一步完善自然资源权利救济制度。

推动所有权和使用权充分相分离，明确占有、使用、收益和处分等权利的归属和权责，适度扩大使用权的出让、转让、出租、抵押、担保、入股等权能。明确国有农场、林场和牧场土地所有者和使用者权能。逐步完善集体经营性建设用地使用权、农村土地承包经营权、宅基地使用权、探矿权、采矿权、海域使用权的相关制度。逐步扩大自然资源资产使用权主体范围，国有自然资源产权要逐步向民间资本开放，推动自然资源产权领域的混合所有制经济的发展。

（二）健全国家自然资源资产管理体制

进一步理顺集中统一与分级分类相融合的管理体制。认真落实《全民所有自然资源资产所有权委托代理机制试点方案》，加快厘清自然资源部统一履行全民所有自然资源资产所有者职责与相关中央部门、地方政府代理履行的关系与方式。充分考虑不同类型国有自然资源资产的性质特点和地域差异，以及现有法律规定及体制惯性等影响，采取横向委托与纵向委托相结合的方式，尽快出台国务院相关部门和省级、地市级政府代理履行所有者职责的自然资源清单，分别明确所有者职责履行主体、代理履行主体及行权履职的具体内容，相应地完善相关资源收益分配机制和财政支出责任，有效调动各方面的积极性。

完善自然资源资产管理与自然资源监管体制。准确把握国有自然资源资产所有者与自然资源监管者既相互独立又紧密联系的特点，进一步明晰各自的职责定位，形成边界清晰、权责明确、系统高效、有机衔接的自然资源资产管理体制和自然资源监管体制。要完善履行职责的规则和制度体系，加强统筹衔接，防范越位、缺位，保证国有自然资源资产的配置、使用、处置等开发利用，在符合空间规划和用途管制要求、适应保护生态环境等公共利益需要的同时，也促进自然资源资产的保值增值，保障所有权人的合法权益。

厘清政府与市场的边界。适应高质量发展和生态文明建设的需要，转变政府职能，发挥有效市场和有为政府的作用。对于以生态属性为主的公益性自然资源资产，完善政府监管，加强保护与修复，积极培育生态产品市场，探索解决“市场失灵”问题；对于以经济属性为主的经营性自然资源资产，政府以放活为主，畅通市场要素自主有序流动，构建完善的自然资源资产市场体系，完善市场交易机制，使自然资源资产价格更好地反映市场供求和资源稀缺程度、体现生态价值和代际补偿，推进市场化环境权益交易。

（三）夯实资产管理基础工作

完善自然资源资产调查监测。健全完善自然资源统一调查、登记、评价、评估、监测体系，在统一分类、标准、规范的基础上，充分运用“空天地”一体化的技术手段，摸清自然资源的禀赋特征、时空分布、资源潜力、开发利用前景等，建立涵盖自然资源数量、质量、生态“三位一体”的全口径自然资源资产数据库和共享平台。同时，在全国统一规范下，相关地方可结合自身的特点和实际增加监测项目和报表。加快推进国有自然资源资产统一确权登记。

进一步完善自然资源权利登记制度。尽快完成全国重点区域自然资源统一确权登记，适时启动非重点区域自然资源确权登记工作。

加强国有自然资源资产管理标准体系建设。以自然资源资产清查统计和资产核算为重点，规范自然资源分类和统计标准，研究制定节约集约开发利用标准，推动自然资源资产管理体系标准化。将各类国有自然资源资产的配置、使用、处置和效益等情况纳入信息平台管理，运用大数据、云计算等现代信息技术，对资产管理开展综合评价，为高效管理国有自然资源资产提供有力支撑。建立健全统一的绿色发展指标体系和生态文明建设考核目标体系，统一纳入高质量发展考评体系，进行统一评价和统一考核。

加快探索创新生态产品价值实现机制。加快生态产品价值相关理论研究，创新生态产品价值的实现路径，建立科学的评估方法和标准。研究制定国家层面的生态保护补偿制度，完善横向生态保护补偿省际协调机制，构建科学合理的考核评价体系，进一步发挥财政资金引导撬动作用，完善多元化、市场化的补偿方式。逐步扩大参与碳排放权交易市场的行业范围和交易主体范围，增加交易品种，提高市场活跃度。逐步建立统一的生态环境权益交易市场，促进产权流转体系建设。

（四）建立健全自然资源资产有偿使用制度

加快推进土地、矿产、森林、草原、湿地等资源的有偿使用制度改革，严格界定公益性征地范围，各类建设用地原则上均实行有偿出让，从严控制矿产资源协议出让，科学界定水、森林、草原、湿地的有偿使用范围。健全市场化出让方式，扩大采取“招拍挂”等竞争性出让方式的范围，更好地发挥市场在资源配置中的决定性作用，增强信息透明度。国有自然资源资产有偿使用收支全部被纳入预算管理。深化自然资源领域税费改革，厘清国有土地使用权出让金、矿业权出让收益等政府基于所有权的收入与其他基于管理者身份征收税费的关系。改变以往依据评估结果征收矿业权出让收益的方式，根据不同区域和矿产资源赋存条件确定收益率，依托资源税征收渠道，分年度征收出让收益。

（五）健全自然资源产权保护制度

尊重和保障自然资源使用权人的合法权益，在符合用途管制及法律规定的有关条件下，保护自然资源使用权人的自主权，允许自然资源使用权人根据自然资源的具体情况进行合理的开发利用，不得以任何行政、强制手段干涉自然资源使用权人合法的生产经营活动。在征收或者收回自然资源使用权时，要依照法定的程序和价格公平补偿使用权人。完善自然资源产权争议调解处理机制和损害赔偿机制，严格保护各类自然资源产权人的合法权益。修订和完善已有的自然资源产权保护的法律法规，进一步明确、细化不同产权主体在资源开发利用和环境保护中的权责利关系。对在资源开发利用的实际过程中发生的产权纠纷，引导当事人通过协商、行政调解、仲裁、诉讼等多种途径，及时化解矛盾。构建行政执法部门和有关司法部门及时办案、及时处理的机制，依法惩治侵权行为，切实维护国家、企业、个人等不同产权主体的合法权益。

（六）完善自然资源产权法律体系

一是研究制定自然资源基本法律制度。起草《自然资源保护法》，研究制定《自然资源法》《国土空间规划法》等自然资源综合性法律，逐步将我国各类自然资源作为一个整体，统筹规划、开发、利用和保护，明确自然资源种类并进行保护、开发和利用。

二是开展自然资源资产权利立法试点。争取全国人大授权，选择各种国家实验区和经济特区、有立法权的城市等，作为自然资源资产权利立法试点。由点到面、由低级向高级，努力推动自然资源资产权利立法，为《民法典》有关自然资源资产物权的内容完善提供支撑。

三是颁布有关自然资源资产权利的部门规章。依据《民法典》确立的指导思想和基本原则，对于《民法典》没有规定、虽有规定但不完善且工作急需的，研究制定出台有关土地权利的部门规章。比如，《确定土地所有权和使用权的若干规定》已经被各级自然资源管理部门和司法机关采用了 20 多年，但由于只是一个规范性文件，自然资源管理部门在实际工作中据其作出的有关自然资源资产的确权决定，有时候还是被司法机关以引用法律依据不当而予以取消。因此，应尽快将其上升为部门规章，进而推动其上升为法规甚至是法律。[①]

第四节　编制自然资源资产保护与使用规划

一、我国规划体系

根据《中共中央　国务院关于统一规划体系更好发挥国家发展规划战略导向作用的意见》，目前我国形成以国家发展规划为统领，以空间规划为基础，以专项规划、区域规划为支撑，由国家、省、市县各级规划共同组成，定位准确、边界清晰、功能互补、统一衔接的国家规划体系。通俗地说，发展规划要解决“干什么”，空间规划要解决“在哪儿干”，专项规划和区域规划要解决“怎么干”的问题。在国家规划体系中，坚持下位规划服从上位规划、下级规划服务上级规划、等位规划相互协调的原则，国家发展规划居于规划体系最上位，是其他各级各类规划的总遵循；国家级专项规划要细化落实国家发展规划对特定领域提出的战略任务，国家级区域规划要细化落实国家发展规划对特定区域提出的战略任务，国家级空间规划要细化落实国家发展规划提出的国土空间开发保护要求。国家级专项规划、区域规划、空间规划，规划期与国家发展规划不一致的，应根据同期国家发展规划的战略安排对规划目标任务适时进行调整或修编。国家级空间规划对国家级专项规划具有空间性指导和约束作用。

在自然资源领域，1998 年国土资源部成立以后，共编制印发了三个五年规划，即国土资源“十一五”规划、“十二五”规划和“十三五”规划。自然资源“十四五”规划是自然资源部成立以后编制的第一个五年规划，主要编制任务是确定自然资源工作的总体目标、指导原则、重点任务、重大政策、重大工程项目和重大改革举措，形成落实经济社会发展目标任务的重要部署，指导未来五年自然资源管理事业改革和发展。此外，自然资源部编制和实施的规划还包括《全国土地整治规划（2016—2020 年）》（2017 年经国务院批复同意，国土资源部、国家发展改革委印发实施）、《全国矿产资源规划（2021—2025 年）》（已印发实施）、《“十四五”林业草原保护发展规划纲要》（已印发实施）、《全国海洋功能区划（2011—2020 年）》（2012 年，国务院批准实施）、《“十四五”海洋经济发展规划》（已印发实施）等。

---

① 佟绍伟．健全完善自然资源资产权利保护体系［N］．中国自然资源报，2021-01-29（3）．

二、国有资产规划

（一）国有资产管理工作规划

1996 年，为了贯彻落实党的十四届五中、六中全会精神，稳步推进我国国有资产管理体制改革和各项基础工作，国家国有资产管理局编制了《国有资产管理工作“九五”规划》，并在 1997 年 1 月以（国资局发〔1997〕4 号）报财政部党组审定。

这个规划，一是根据党中央、国务院关于国有资产管理工作的一系列指示精神，对“九五”期间的工作目标和工作任务作了进一步的明确；二是划分了 8 年（1988 年成立国家国有资产管理局）来国有资产管理工作的三个阶段；三是遵循了 1994 年制定的《国有资产管理体制改革与近期工作纲要》所提出的基本方针和政策，并在此基础上对该纲要中提出的一个中心、三项首要任务、四个体系、六项基础工作和正确处理六个关系作了进一步的深化和发展，特别是首次提出要从国有资产管理、监督和营运三个方面，构建新型的国有资产管理体制；四是根据经济体制改革和各地国资管理工作的新情况，提出了与之相适应的工作方法，按照党中央、国务院提出的实现“两个根本性转变”的要求，提出国有资产管理及其体制改革要实现“六个转变”；五是提出了实现“九五”目标而必须采取的措施，即“四个抓住、两个开拓、三个保障”。

该规划提出的“九五”期间国有资产管理工作的目标是：到 20 世纪末，初步建立起符合社会主义市场经济体制要求的、权责明确的国有资产管理、监督和营运体系。在管理方面，一要加强机构建设，其核心是职能专司、职责到位；二要健全国有资产立法、执法体系，在推动《国有资产法》出台的同时，切实加大执法力度；三要拓展基础管理工作的功能，强化国有资产管理手段，使之成为国有资产管理工作的有力保障。在监督方面，要坚持以所有者监督为重点，国有资产管理部门监督为主体，政府监督、社会监督和企业自我监督相结合的原则。在营运方面，国有资产经营实行政企分开、出资者所有权与企业法人财产权分开、企业盈利目标与社会公益目标分开的原则。除国家授权的特定经营部门外，政府部门不得直接经营国有资产。

该规划提出了“瞄准目标、勇于实践、夯实基础、稳中求进、进中求新”的二十字工作方针，要求紧紧抓住落实《监管条例》的四项基础工作，积极开拓两个新的工作领域，努力实施三方面有力保障。第一，抓住保值增值考核这个“牛鼻子”，推进企业改革，加强管理。第二，抓住产权登记这个核心环节，硬化国有资产基础管理工作。第三，抓住资产评估这个关键手段，加强和规范国有资产评估管理工作。第四，抓住清产核资这个突破口，逐步建立健全国有资产统计评估体系。第五，积极做好结构调整这篇大文章，开辟国有资产优化配置新途径。第六，逐步开创行政事业性和资源性国有资产管理工作新局面。第七，实施法律法规保障，严格依法治产。第八，实施机构队伍保障，提高国有资产管理工作效率。第九，实施理论宣传保障，创造良好的舆论环境。

（二）行政事业性国有资产管理工作规划

2017 年 7 月，依据全国“十三五”规划纲要，国家机关事务管理局（以下简称国管局）印发《机关事务工作“十三五”规划》，该规划是第一个面向全国机关事务系统的五年规划，全面总结了过去五年机关事务工作取得的成绩和经验，系统描绘了“十三五”时期改革发展的战略蓝图。此后 2021 年 6 月，根据《中华人民共和国国民经济和社会发展第十四个五年规划和 2035 年远景目标纲要》，国管局又印发了《机关事务工作“十四五”规划》（国管办〔2021〕259 号）。

该规划主要包括发展基础、总体要求、深化机关事务管理体制机制改革、提升机关事务保障水平和管理效能、服务经济社会管理、强化实施支撑六个部分，总结了“十三五”时期机关事务工作取得的各项成果，主要包括以下六个方面：一是各级机关事务管理部门强化政治建设，贯彻落实中央决策部署，圆满完成专项任务展现新面貌。二是推进集中统一管理，加强标准化、信息化建设，体制机制建设实现新作为。三是落实过紧日子要求，严控机关运行成本，节约型机关建设取得新成效。四是坚持稳中求进工作总基调，积极主动创新，服务保障能力得到新提升。五是完善制度体系，强化依法行政，机关事务法治建设翻开新篇章。六是加强业务指导，深化理论研究，机关事务系统建设开创新局面。同时，分析了“十四五”时期机关事务工作面临的形势和挑战，阐明了“十四五”时期工作的指导思想、主要原则和发展目标，并围绕重点业务领域，研究谋划了“十四五”时期的主要任务和重点内容。

“十四五”时期机关事务工作的发展目标是：力争到 2025 年，实现机关运行保障更加有力围绕党和国家中心工作、党政机关运转和干部职工生活，统筹整合资金、资产、资源，聚焦职能职责，提高服务保障力；机关事务管理改革全面深化；机关事务制度标准更加健全；机关运行成本得到有效控制；机关事务信息化建设成效明显；机关事务理论研究和人才培养取得新突破，推进机关事务理论研究工作，强化学科建设，锻造一支讲政治、作风好、服务优的服务保障队伍。

“十四五”期间的亮点任务包括要有效控制机关运行成本，继续从严控制办公用房建设，健全机关事务制度标准，全面深化机关事务管理改革，打造全国机关事务云平台，推动京津冀、长三角、粤港澳、成渝等区域机关运行保障一体化发展。同时，为响应中央号召，落实相关法律法规制度要求，明确了反对食品浪费、推广垃圾分类等专项工作的五年工作要求和目标。

（三）《全国森林经营规划（2016—2050年）》

2016年原国家林业局印发了《全国森林经营规划（2016—2050年）》（林规发〔2016〕88号），该规划明确了与“两个一百年”奋斗目标相衔接的未来35年全国森林经营的基本要求、目标任务、战略布局和保障措施，是指导全国森林经营工作的纲领性文件。针对全国8个森林经营区的突出问题，分别提出了经营方向和经营策略，明确了各经营区的经营目标和主要任务。针对我国森林经营理论和技术滞后的突出问题，吸纳借鉴国际先进森林经营理念和技术，结合我国森林分类管理和森林经营生产实践，确立了以多功能森林经营理论为指导的经营思想，树立了全周期森林经营理念，明确了培育健康稳定优质高效森林生态系统的核心目标，是相对于传统森林经营方式的重大变革。

该规划共分“我国森林经营的基本情况”“加强森林经营的必要性及条件分析”“总体思路和规划目标”“森林经营分区、经营策略与目标”“森林经营基本遵循、分类与森林作业法”“建设规模”“效益评价”“主要政策和保障措施”8章，以及各经营区主要树种经营特征表等附件。主要内容包括全国森林经营未来35年的指导思想，森林经营的主要原则，森林经营的近期目标、远期目标，森林经营活动的5条基本遵循，针对不同森林类型和森林经营类型分类的7种森林作业法，8个经营区体系，森林经营规划、公共财政扶持、现代金融支持、森林资源管理、天然林保育经营5项主要政策，加强组织领导、科技示范带动、强化人才培养、健全规章制度、加强基础建设、广泛宣传引导6项保障措施。

三、自然资源资产保护与使用规划的总体设计

（一）落实中央要求

1. 关于自然资源资产保护与使用规划的目标和指标

2019年，《十三届全国人大常委会贯彻落实〈中共中央关于建立国务院向全国人大常委会报告国有资产管理情况制度的意见〉五年规划（2018-2022）》印发，其中提出了到2022年的总体目标和具体目标。总体目标是：全面摸清国有资产家底，理清国有资产管理体制机制，建立健全国有资产管理情况报告和监督制度，为向全国人民交出国有资产“明白账”“放心账”奠定坚实基础。具体目标是：基本建立起报告范围全口径、全覆盖，分类、标准明确规范，报告与报表相辅相成的报告体系；基本建立起符合国有资产类别特点、以联网数据库为依托、以评价指标体系为重点、以常委会审议意见处理和整改问责为重要抓手的人大国有资产监督制度；基本建立起横向协作与纵向联动顺畅有序、规范高效的工作机制。其中还提出，国有自然资源资产的评价指标主要包括保护生态环境、保

障国家安全等，并要求到2022年，基本建立起比较完善的全口径评价指标体系。

2. 关于自然资源资产保护与使用规划的主要内容

2017年《中共中央关于建立国务院向全国人大常委会报告国有资产管理情况制度的意见》（以下简称《意见》）印发，其中提出了国有自然资源报告的重点内容和审议重点。提出的国有自然资源报告重点是：自然资源总量，优化国土空间开发格局、改善生态环境质量、推进生态文明建设等相关重大制度建设，自然资源保护与利用等情况；提出的全国人大常委会审议重点是：①贯彻落实党中央有关国有资产重大决策部署和方针政策情况；②有关法律实施情况；③全国人大常委会有关审议意见和决议落实情况；④完善国有资产管理体制，落实党中央有关国有资产和国有企业改革方案情况；⑤国有资本服务国家战略目标，提供公共服务、发展重要前瞻性战略性产业、保护生态环境、支撑科技进步、保障国家安全等情况；⑥国有资本保值增值，防止国有资产流失制度的建立和完善，国有企业兼并重组、破产清算等国有资产处置以及国有资产收益分配情况；⑦推进绿色发展和生态文明建设情况；⑧有关审计查出问题整改情况；⑨其他与国有资产管理有关的重要情况。

《十三届全国人大常委会贯彻落实〈中共中央关于建立国务院向全国人大常委会报告国有资产管理情况制度的意见〉五年规划（2018-2022）》要求规范国有资产报告基本内容。提出各类国有资产专项报告要紧扣《意见》要求的报告重点和党中央关于国有资产管理、国有企业改革的决策部署，呼应《意见》确定的人大常委会审议和监督重点：①反映国有资产的规模、结构、分布、表现形式，配置、使用、处置、收益等情况；②说明国有资产管理情况，包括制度建设、投向布局、改革进展、绩效监管、保值增值、支撑社会事业发展和生态文明建设等情况；③查找国有资产管理中存在的突出问题，并进行原因分析；④提出具体可行的推进改革、改进工作的安排和建议。

上述这些内容虽然是从国有自然资源资产报告的角度提出的，但对于自然资源资产保护与使用规划的目标制定和内容框架等也有启发和借鉴作用。

（二）规划定位

以规划引领经济社会发展，是党治国理政的重要方式，是中国特色社会主义发展模式的重要体现。《中共中央　国务院关于统一规划体系更好发挥国家发展规划战略导向作用的意见》（中发〔2018〕44号）要求：国家发展规划居于规划体系最上位，是其他各级各类规划的总遵循。国家级专项规划、区域规划、空间规划，均须依据国家发展规划编制。国家级专项规划要细化落实国家发展规划对特定领域提出的战略任务，要围绕国家发展规划在特定领域提出的重点任务，制定细化落实的时间表和路线图，提高针对性和可操作性，由国务院有关部门编制，其中国家级重点专项规划报国务院审批。要坚持下位规划服从上位规划、下级规划服务上级规划、等位规划相互协调。

国家全民所有自然资源资产保护与使用规划（以下简称资源资产规划）主要细化落实国家发展规划对全民所有自然资源资产管理领域提出的战略任务，是未来一段时期（一般为5年、10年或15年）内指导全民所有自然资源资产管理工作的纲要性文件，要对资产产权体系、资产配置、收益管理、考核监管以及清查统计等基础工作、技术标准、实施保障等重点任务和举措作出统筹谋划和总体安排，在国家规划体系中，定位于专项规划。通过编制资源资产规划，对全民所有自然资源资产提出保护和可持续利用的目标、路线、政策以及时序安排，优化资产布局、结构和配置，着力实现资产保值增值。资产的保护和利用要符合国土空间规划和用途管制要求，做好与自然资源相关规划的衔接。

（三）规划体系

根据中发〔2018〕44号文的要求，我国规划体系是以国家发展规划为统领，以空间规划为基础，以专项规划、区域规划为支撑，由国家、省、市县各级规划共同组成的“三级四类规划体系”，这是统一我国规划体系的基本遵循。

1. 规划的分类分级

按照《全民所有自然资源资产所有权委托代理机制试点方案》中国务院自然资源主管部门直接履行部分全民所有自然资源资产所有者职责，以及委托省级、市（地）级政府代理履行部分所有者职责的要求，考虑到县级政府依据法律授权承担部分所有者职责事项，资产规划分为国家、省、市（地）、县四级。

按照规划的对象和功能，资产规划分为综合规划和专项规划。综合规划是针对全民所有自然资源资产保护和使用编制的综合性规划。专项规划是针对资源资产管理的专项工作（如资产清查、资产统计、资产负债表编制、资产收益、资产监管等），或者单项资产类型（如土地、矿产、海洋、国家公园等），或特定区域（如国有林场、自然保护区等）的自然资源资产编制的规划。

2. 各级规划的重点

国家级资源资产规划对全国范围内全民所有自然资源资产管理重点任务和举措作出战略和政策层面的部署，同时对自然资源部直接履行所有者职责的资源清单范围以内资产的保护和使用进行重点安排，侧重战略性。

省级资源资产规划落实国家级规划的要求，对受自然资源部委托，对省级人民政府代理履职的全民所有自然资源资产的科学保护和合理利用进行重点安排，侧重对省级和市级资源清单范围资产管理重点任务作出有关部署，侧重协调性。

市（地）级资源资产规划落实国家级和省级规划的部署要求，对受自然资源部委托，由市（地）级人民政府代理履职的全民所有自然资源资产的科学保护和合理利用进行重点安排，对市（地）级清单范围内资产管理重点任务作出具体安排，侧重实施性。

县级资源资产规划落实国家级和省级、市（地）级规划的部署要求，对依据法律授权承担部分所有者职责的全民所有自然资源资产的科学保护和合理利用进行重点安排，侧重实施性。

3. 规划编制主体

编制资产规划是所有者职责的一项重要内容。按照“履职者编规划”的思路，编制主体应为所有者职责履行主体或代理履行主体。国家级资源资产规划作为国家级重点专项规划，由国务院自然资源资产主管部门即自然资源部组织编制，国务院其他承担自然资源资产管理职责的部门（如国家发展和改革委、财政、生态环境、水利、农业农村、审计、税务、统计、金融等）协助编制，报国务院审批。其上位规划是国家发展规划，等位规划是国家级空间规划、国家自然资源五年规划等，下级规划是省级、市（地）级、县级资源资产规划。省级、市（地）级规划由省级、市（地）级人民政府组织编制，或授权自然资源主管部门组织编制，林草等部门依据职责做好配合。规划编制过程中，也应会同国家发展和改革委、财政、生态环境、水利、农业农村、审计、税务、统计、金融等部门共同编制。

4. 规划的审批

国家级规划报国务院审批。省级规划报自然资源部审批。市（地）级规划由自然资源部审批或委托省级人民政府审批。县级规划由自然资源部委托市级人民政府审批。各级专项规划的审批参照同级资产规划。

（四）规划管理制度体系

按照资源资产规划编制的管理流程，相关管理制度包括规划编制的衔接协调制度、规划编制的公众参与和专家论证制度、规划编制程序制度、规划的审批管理制度、规划的实施评估制度、规划的调整制度等。

（五）编制原则

一是坚持贯彻落实党中央有关要求的原则。中央关于全民所有自然资源资产管理的相关要求，主要体现在《关于统筹推进自然资源资产产权制度改革的指导意见》和《十三届全国人大常委会贯彻落实〈中共中央关于建立国务院向全国人大常委会报告国有资产管理情况制度的意见〉五年规划（2018-2022）》等文件中，如前者要求构建归属清晰、权责明确、保护严格、流转顺畅、监管有效的自然资源资产产权制度，以及健全自然资源资产产权体系等 9 项重点任务，后者也提出了到 2022 年的主要目标。这些要求和内容都需要在资源资产规划中逐一落实和体现。

二是坚持整体性、系统性的原则。山水林田湖草沙是生命共同体，生态是统一的自然系统，是相互依存、紧密联系的有机链条。同时，各级各类资产规划也是一个有机协调的整体，要加强规划之间的衔接协调，落实国家发展规划纲要（如国民经济和社会发展第十四个五年规划和 2035 年远景目标纲要）的部署要求，与同级自然资源“十四五”规划、同级空间规划及同级其他重要专项规划衔接，今后还要与上一期资源资产规划相衔接。

三是坚持问题导向、目标导向的原则。为健全国家自然资源资产管理体制，统一行使全民所有自然资源资产所有者职责，着力解决全民所有自然资源资产的所有权人不到位、所有权人权益不落实等问题，以规划为龙头，对所有权委托代理全链条工作进行统筹谋划和总体安排。依据自然资源清单界定的全民所有自然资源资产所有者职责履职主体、履职对象、职责范围、权利义务和受托责任，确定资产规划的编制主体、对象和范围，统筹安排资产清查统计、资产配置、考核评价等重点内容。

四是坚持突出重点的原则。既要发挥规划的宏观引领作用，系统谋划，全面推进资源资产事业发展，又要突出关键领域和重点问题，集中力量突破瓶颈；既要强调战略性和指导性，又要考虑规划的可落实、可操作性，确保规划任务定量具体。

（六）规划目标

发展目标是指整个国家或某些领域，通过发展实践期望达到的程度和标准。全民所有自然资源资产保护和使用规划的根本目的是实现全民共享、共同富裕，最终实现人的自由和全面的发展。规划编制的基本目的是健全自然资源资产产权体系，完善资产管理体制机制，科学保护和合理利用全民所有自然资源资产，实现自然资源资产保值增值，切实维护所有者权益。所以规划编制的主线要围绕“履行所有者职责，维护所有者权益”，从建立健全全民所有自然资源资产产权制度、保障国家资源安全、实现资产保值增值、履行所有者职责等角度设置具体指标，实现“归属清晰、权责明确、保护严格、流转顺畅、监管有效”。

（七）规划方法

指标驱动。规划应提出规划期资源资产事业发展的具体指标，通过指标设置，层层传导工作任务，强化落实责任导向。指标包括预期性指标和约束性指标，预期性指标是国家期望的发展目标，主要依靠市场主体的自主行为实现；约束性指标是在预期性基础上进一步明确并强化所有者职责的指标，具有法律效力，要纳入各地区、各部门经济社会发展综合评价和绩效考核中。

开门问策。把加强顶层设计和坚持问计于民统一起来；切实把社会期盼、群众智慧、专家意见、基础经验充分吸收到规划编制中，齐心协力把规划编好。

重视实施。要制定规划实施方案，促使规划有效落实。要避免过去一些事业发展规划存在的“重编制，轻实施”的问题，要建立系统、完整的实施机制。规划纲要经过批准发布后，要尽快制定实施方案，明确规划重点任务分工、实施时间表和路线图，确保规划的各项目标任务有效落实，把规划蓝图变为发展实效。

规划对象：全民所有自然资源资产保护与使用规划的对象与管理对象一致，即规划的对象是宪法和其他法律规定的属于全民所有的自然资源资产。各级资源资产规划对象以资源清单为依据，即直接履行或代理履行所有者职责清单范围内的资产。

规划期：应与国家发展规划期一致，一般以 5~10 年为期，特殊情况也可以达到 20 年期或 30 年期。当前规划编制建议以 2020 年为基准年，规划期分近期、中期、远期，近期到 2025 年（5 年，即“十四五”时期），中期到 2030 年（10 年，即“十五五”时期），远期到 2035 年（两个“十五年”的第一个）。

编制过程：规划编制要做好基础性工作，包括成立规划领导小组、规划编制工作组，对现有相关规划情况进行分析，拟订规划编制工作方案，做好与相关规划的衔接等。规划编制过程中要组织专家对主要目标、重大任务等进行充分论证，要向社会公众征求意见。

成果形式：规划成果主要包括规划文本、附图附表、数据库、编制说明等。

四、自然资源资产保护与使用规划纲要内容建议

编制事业发展规划，通常可以按照一定的逻辑顺序来展现：规划现状（上一规划期工作回顾、主要成就）、问题诊断（矛盾透视）、发展趋势、发展战略（指导思想、规划原则）、发展目标（总体目标、具体指标）、主要任务（政策、措施、重点项目等）和保障措施（工作机制、资金配套、政策制定、管理服务、科技支撑、公众宣传），还需要涵盖环境判断、思路确定、原则制定、指标设计、任务确定等方面的内容，需要满足近期、中期及远期的实际需求。其中的重点是形势分析、目标原则、主要任务、保障措施四大部分。另外，还应部署支撑规划编制的专题研究。

1. 形势分析

主要包括发展现状、主要问题、规划期预测等内容。重点围绕全民所有自然资源资产保护和使用，对国内外形势、中央要求、工作进展、存在的主要问题、未来预测等进行分析研究。

2. 目标原则

明确提出全民所有自然资源资产保护和使用规划的指导思想、基本原则、主

要目标、指标体系等。

3. 主要任务

落实中共中央、国务院《生态文明体制改革总体方案》，中共中央办公厅、国务院办公厅《关于统筹推进自然资源资产产权制度改革的指导意见》等有关精神，涵盖自然资源资产管理全过程，核心内容体现自然资源资产产权制度总体目标的五句话（归属清晰、权责明确、保护严格、流转顺畅、监管有效）和全民所有自然资源资产所有者职责内涵。主要包括权属管理、资产清查统计核算、资产保护管护、资产使用和收益、资产考核监督、资产法治建设等重点任务。

4. 保障措施

主要包括从规划编制和实施的责任主体、组织保障、资金保障、队伍建设等方面，提出规划的保障措施。

专题研究安排建议：为更好地完成总报告，围绕相关内容，进行若干专题研究。建议的专题方向包括以下几个：

专题一：《自然资源资产保护和使用的形势分析和规划目标研究》。

专题二：《土地资源资产保护和使用专项规划研究》。

专题三：《矿产资源资产保护和使用专项规划研究》。

专题四：《海域海岛资源资产保护和使用专项规划研究》。

专题五：《森林资源资产保护和使用专项规划研究》。

专题六：《草原资源资产保护和使用专项规划研究》。

专题七：《湿地资源资产保护和使用专项规划研究》。

专题八：《自然资源储备研究》。

专题九：《国外资源资产保护和使用规划研究》。

专题十：《资源资产保护和使用规划与相关规划衔接协调研究》。

第五节　自然资源资产管理展望

一、加强资源安全体系和能力建设

自然资源管理是自然资源资产管理的基础，从当前和今后国家大局考虑，自然资源管理的核心目标是保障资源安全。

安全发展是当前和未来我国经济社会发展的核心要求之一。从国际环境看，百年变局中的不确定性、不稳定性不断增加，凸显了安全发展的极端重要性。从国内环境看，新发展阶段面临着许多可以预见和难以预见的风险和矛盾，维护国家安全和社会稳定的重要性更加凸显。以粮食安全、能源安全和战略性矿产安全等为代表的资源安全是习近平总书记提出的总体国家安全观的重要组成部分。国家“十四五”规划《纲要》提出了两个安全保障主要定量指标、六大经济安全保障工程、十大方面的安全保障战略任务。其中，在主要指标单列“安全保障”部分，增加了粮食综合生产能力、能源综合生产能力两项约束性定量指标；六大经济安全保障工程中包括粮食储备设施工程、油气勘探开发工程、煤制油气基地工程、新一轮找矿突破战略行动；十大方面安全保障战略任务中包括能源安全、粮食安全和空间安全保障。

二、推进以降碳为重点战略方向的全面绿色转型

实现碳达峰、碳中和，是以习近平同志为核心的党中央统筹国内国际两个大局作出的重大战略决策，是着力解决资源环境约束突出问题、实现中华民族永续发展的必然选择，是构建人类命运共同体的庄严承诺。生态文明建设正处于压力叠加、负重前行的关键期和为人民提供更多优质生态产品的攻坚期，“十四五”时期，我国生态文明建设进入以降碳为重点战略方向、推动减污降碳协同增效、促进经济社会发展全面绿色转型、实现生态环境质量改善由量变到质变的关键时期。

推进碳达峰、碳中和工作面临的主要矛盾是碳排放居高不下和碳汇能力不足的矛盾。自然资源工作渗透到源汇关系的全流程和各个环节，是破解这一矛盾的重要方法。自然资源工作促进减碳和除碳并重。碳达峰、碳中和是关于碳源与碳汇之间的数量关系问题，碳源是以能源结构为主的系统性问题，关系到经济与产业结构调整，核心是降低碳排放强度与总量；碳汇是实现碳中和不可或缺的重要环节，负碳技术创新将发挥核心支撑作用。

以自然资源和国土空间支撑能源结构优化和碳减排协同发展。一是物质资源支撑。向清洁能源转型，自然资源工作要发挥关键作用，特别是锂、稀土等新能源矿产和深层地热能与天然气水合物等非常规能源资源。二是地上空间支撑。自然资源工作服务于优化传统能源的国土空间布局，科学匹配可再生能源产需空间，构建绿色低碳的土地利用结构。三是地下空间支撑。自然资源工作充分利用地下空间储能储热，也包括二氧化碳地下地质封存。四是海洋空间支撑。充分利用蓝色国土空间发展“蓝色能源”，推进海上风电与海洋产业协同发展。

以生态保护修复来提升生态系统碳汇能力。一是陆地生态系统，以森林碳汇、草地碳汇、湿地碳汇、农田碳汇为主要构成。受人为干预影响较大的陆地生态系统碳汇存在较大不确定性，经科学保护修复后，固碳潜力有望得到进一步提升，并趋于稳定。二是海洋生态系统。联合国可持续海洋经济高级别小组提出，

到2030年海洋可望吸收全球1/5的温室气体排放量。

以自然资源科技工作开发新领域碳汇潜力。一是土壤碳。根据生态环境部环境规划院报告，全球土壤碳储量为大气的3倍，土壤碳占基于自然的解决方案潜力的25%（总潜力为每年238亿吨）。二是碳捕获与储存。国际能源署预计，该技术的减排贡献将在2030年达到总减排量的10%，2050年达到19%。自然资源工作为碳捕获与储存提供充足的储存空间。三是配备碳捕获与储存的生物质能。据科技部21世纪中心估计，到2050年全球配备碳捕获与储存的生物质能上限碳汇潜力为每年100亿~150亿吨。四是岩溶碳汇。根据中国地质调查局岩溶地质研究所预计，经过生态修复、土壤改良和水生生物培育等工程，我国岩溶碳汇量可达亿吨级。五是矿物碳汇。经人为作用加速自然界中硅酸盐风化，使二氧化碳转化为固态物质或可溶解碳酸盐，这种方法下固碳潜力巨大。①

三、加快实现自然资源和生态产品资产化管理

加快实现自然资源资产化管理。一是明晰权利、量化产权。根据自然资源不同特性明晰产权束内涵，厘清产权相关各方权责，量化权利边界。二是健全流转机制，以促进产权交易市场建设。兼顾自然资源经济效益和生态效益，完善从政府至个人、企业等经营主体出让；充分尊重经营主体权利，加强相应认证、仲裁工作，完善经营主体之间的转让制度，促进产权交易市场的有序运行。三是加快制度创新，探索资源资本化管理模式。加快制度建设，促进自然资源开发利用产业的升级改造，创新资本市场与自然资源产权交易市场的结合机制，依托资本市场，运用股权、债权、金融衍生品等工具和手段，实现自然资源资产预期收益当期货币化。四是理顺各部门自然资源资产监督和协调的权力边界和责任划分，理顺中央政府与地方政府之间自然资源资产的所有权、处置权和收益权的配置及其匹配关系。

探索实现生态产品资产化管理。积极稳妥地推进生态产品的信息普查、确权登记、价值评价，制定生态产品价值核算规范、推动生态产品价值核算结果应用，以推动其价值实现，进而把生态产品类资产转化为绿色资本，以实现其价值增值和价值创造，助力共同富裕和乡村振兴。树立共有共治共享的新发展理念，构建政府与国有资本、社会与民营资本、村民以及具有独立地位的第三方利益相关者之间“多元共治”的管治模式，进而设计出公平合理、为各方所共同接受的利益分配机制及权力结构安排。

---

① 张新安．“双碳”路上，如何统筹资源开发与生态保护［N］．中国自然资源报，2021-11-10（03）．

四、失去自然资源领域数据资产管理

世界正在进入智能时代。数据、算力和算法都在加速发展，整个物理世界和经济、社会生活都正在被数字化，在市场经济原则下，要更好地满足数据技术对数据规模、维度、密度的要求，就必须把数据从“资源”变成“资产”，从而使其承担起应有的经济学功能，推动智能社会更好地运转，数据资产化将是下一个颠覆世界和推动时代发展的里程碑。中国已经是世界数据大国，推动数据资产化对中国科技创新、经济增长和社会发展意义重大。技术、数据等新生产要素的重要性将大幅提升，特别是数字经济发展起来以后，数据规模、数据加工能力、数据治理体系正在成为市场竞争的制高点。

自然资源领域数据领域广、规模大，协调和管理复杂，跨机构协同工作困难，跨机构数据流动不畅，运用区块链等技术来构建统一的自然资源数据管理平台的需求迫切。建议今后：一是启动区块链网络建设方案，开展软硬件基础设施的建设工作；二是建立跨机构协同工作环境，实现跨机构任务的制定和运行；三是建立跨机构数据共享访问平台；四是提前设计，预先布局，建立对外数据服务的机制和流程。

第四章　所有权委托代理机制

第一节　中央有关要求

2015 年，中共中央、国务院印发《生态文明体制改革总体方案》，明确“对全民所有的自然资源资产，按照不同资源种类和在生态、经济、国防等方面的重要程度，研究实行中央和地方政府分级代理行使所有权职责的体制，实现效率和公平相统一”，正式提出了“地方政府分级代理行使所有权”的概念。

2019 年中共中央办公厅、国务院办公厅印发《关于统筹推进自然资源资产产权制度改革的指导意见》（以下简称《产权制度改革指导意见》）提出“明确国务院授权国务院自然资源主管部门具体代表统一行使全民所有自然资源资产所有者职责。研究建立国务院自然资源主管部门行使全民所有自然资源资产所有权的资源清单和管理体制。探索建立委托省级和市（地）级政府代理行使自然资源资产所有权的资源清单和监督管理制度，法律授权省级、市（地）级或县级政府代理行使所有权的特定自然资源除外”，进一步明确了由自然资源部具体代表统一行使所有权和委托地方代理行使所有权。

第二节　相关领域的授权与委托代理

一、管理学中的授权

（一）概念

授权（empowerment）是管理工作中的一项基本行为，是由上级委任下属一定的权力和责任，使下属在一定的监督之下，有相当的行动自主权。授权者对被授权者有指挥权、监督权，被授权者对授权者有汇报情况及完成任务之责。

从字面上理解，授权即授予权力。从组织关系视角看，权力常被理解为组织内部由组织结构及职位所决定的正式职权；从个体视角看，权力被定义为完成作业任务及获取利用资源以实现自身目标的能力，或被定义为个人的内在动机，归诸一种对自主的内在需求或对自我效能的确信。根据对权力的不同理解，对授权内涵的认识也具有两个不同的视角：从组织视角看，领导者和下属分享权力、允许员工在一定范围内作出决策并承担相应责任的过程就是授权；从个体视角看，如果把权力理解为能力，则提高能力就是授权，如果把权力理解为内在动机，则授权指激发内在动机和活力。

（二）作用

现代领导的工作方法，要求最大限度地向下级授权，凡可以授权给下级去做的，自己都不要包揽起来。一方面，授权可以使领导者集中时间和精力做好职权范围内的工作。领导的关键在于确定工作思想和合理使用人才，领导者只有大胆授权，才可以从琐碎的事务堆中解脱出来，集中时间和精力处理重大问题，做好职权范围内的主要工作，从而发挥领导者自身的能动作用。另一方面，授权可以充分发挥领导系统中各个层次的积极性。管理就其基本含义来说，就是通过组织和协调众人之长而去实现一定目标的活动。作为一个领导者，必须发挥领导系统的整体功能，以组织的整体利益、长远利益为目标，制定出切实可行的行动措施，从而为整个组织的发展奠定良好的基础。为发挥领导系统各层次的积极性，最为恰当的方法便是正确地授权。

（三）原则

在管理行为中必须研究授权的原则，否则，授权可能无效，组织工作有可能失败，管理过程有可能受阻。

1. 按照预期成果授权

由于职权的目的在于给下级主管人员提供一种管理手段，以帮助他们为实现领导系统的目标作出贡献，所以，授予某个下属主管人员的职权，应当保证他具有实现预期成果所需的权力。按预期成果授权即确定目标，编制计划，下达目标与计划并且使人们理解，以及为实现这些目标与计划而设置职务，并按照相应的职务授予相应的权力。

2. 明确职能界限

为了使领导系统的机构部门化，必须将业务工作归类，以促进目标的实现。而每个部门的负责人又必须拥有能使其业务工作和整个领导系统协同活动的职权。因此，必须明确划分职能界限的原则：一个职务或部门的预期成果、所从事的业务工作、所授予的组织职权以及信息沟通的关系等规定得越清楚，个人的职责就越有助于领导系统目标的实现，仅就预期成果而言，不这样做就易引起混乱。这一原则既是授权的原则，又是划分部门的原则。

授权必须准确。要通过正确的、有效的分权和授权，实行分级管理，逐级监督，各司其职。授权既不可在领导系统中上下错乱，更不可厚此薄彼。如果上下错位，让下层领导的权力大于中层领导的权力，那就破坏了同一层次的领导者之间的心理平衡。这种授权不准的情况，显然达不到授权的目的和作用。

3. 分级

分级原则涉及整个领导系统中一系列的自上而下的直接的职权关系。一个组织从最高主管部门（或称决策层）的领导人到每个下属人员职务的职权系统越是明确，决策和信息沟通工作就越有成效。清楚地了解分级原则，对适当地发挥组织的职能作用是必要的。下级人员必须知道是谁授予自己职权的，如遇超出自己职权范围的事，应知道该向谁请示。

4. 统一指挥

管理工作的一条基本原则就是统一指挥，但是由于它被人们认为是理所当然的，因而往往被忽视。统一指挥的原则是：个人越是完全只受一个上级领导指挥，则上级在下达指示时互相冲突的问题就越少，个人对成果的责任感就越强。统一指挥的原则对于澄清职权与责任的关系是必要的、有用的。

5. 职责绝对性

职责作为一种应该承担的义务是不能授予别人的。所以，即使通过授权，上级也不能推卸他对下级应负的职责。上级可以向下级授权委派任务，下级对上级负有执行任务的绝对责任。一旦他们接受了上级委派的任务以及执行任务所需的权力，就有义务去贯彻执行。同时，上级对下级的业务工作负有进行组织的责任。

6. 权责对等

执行任务时的自决权与完成该任务的责任相符，职责不能大于也能小于所授予的职权。确切地说，这种对等不是数字上的相等而是相当，因为职责和职权都与同一任务有关。另外，任何人都不应该拥有超过职责所要求的职权。

凡是属于领导者的职责范围的重要权限，都不能授给下级，除此之外，就要尽可能地把权授给下级。属于领导者职责范围的权限有：有关全局的最后决定权、管理全局的集中指挥权、总的经济预算审批权、主要部门的人事任免权等。如果领导者抓不住全局性的主要职权，那么领导地位实际上就会被“架空”，领导者就会失去对领导系统的控制。与此相反，如果领导者抓权太多，不属于自己职责范围的权力也抓住不放，不该管的事也去管，那样，既分散了自己的时间和精力，又影响了下级领导者的工作责任心，显然也是不可能把领导工作做好的。

二、企业管理中的授权

（一）起源

授权理论的起源可追溯到20世纪20年代，当时盛行的泰勒主义（TAYLORISM）科学管理模式在提高生产效率的同时，也带来了劳动力高流动、旷工和劳资冲突等员工疏离问题，因而引发了一些批评。如美国管理学家弗莱特（Follett）就极力反对等级森严的组织机构和“命令与控制”型领导作风。此类反思延续体现在其后诸多民主人文主义的代表性理论中，如X和Y理论、Maslow需要层次模型、动机双因素理论等。20世纪60年代，Job-enrich理论被提出和建立，其目标是通过一定程度的自我控制和绩效回馈，给予员工工作意义，内部动机被视为工作满意度的关键。其近似概念——Job autonomy，也开始频频出现于研究文献中。这两个概念皆可视作授权概念的早期体现。20世纪80年代员工参与发展出新的形式，更强调以质量圈、团队简报和利润分享为表现形式的员工参与。尤其是全面质量管理（Total Quality Management，TQM）热潮对授权思想起到了推波助澜的作用。《追求卓越》（*Peters & Waterman*，1982）一书的出版，在奠定现代授权理论基础方面很有影响。此外，20世纪末组织扁平化盛行一时，在此情境下，作业任务不得不分派给人数更少的新组织中的幸存者，授权成了一种必需的选择。

（二）主要观点

20世纪80年代晚期，授权理论初步形成，其论点契合一种新的管理思想：个体是掌握自己命运的企业主人，不应被官僚规矩束缚。提倡这种思想的Peters（1989）等指出，新的经营环境要求企业更多地瞄准目标市场满足个性化需求，而不是在稳固的市场销售大众化的产品。这就需要离顾客和产品最近的员工作出更快的决策，及时回应顾客的需求。结果，管理重点从利用规模经济转向更柔性化、创新型和快速反应型的组织。因而，企业管理必须从建立在顺从、等级权力和有限员工判断基础上的方法，转移到更多强调信任、团队协作和授权的方法上。

授权理论包含一个共性认知：劳动力应被视作资源而非成本，员工是一种有待开发的具有知识和经验的资源。也都包含一个共性假设：员工更喜欢在自治状态下工作。因此，授权将提高员工的组织承诺，增加工作满意度，并减少对复杂和事实上功能紊乱的控制系统的需要，从而提升组织绩效，而员工也能在奉献组织的同时实现自我价值。

三、授权管理与其他管理形式的关系

1. 授权管理与行政管理

行政管理关系是机构内部上下级之间根据管理权限及其职能所发生的管理关系。在授权管理体制下，行政管理权不再单纯依职能而存在，授权和转授权本身就是上级将一定的管理职能和权力赋予下级。因此，在机构内部，授权管理与依职能所发生的行政管理关系并存。实践中，授权管理范围是各级机构实施行政管理职能的基本依据，从而有效地限制和约束单纯行政管理的随意性和人为性，亦从根本上保证授权单位经营管理自主权的充分行使。

2. 授权管理与内控自律管理

内控自律制度是机构对自身管理行为实施监督、监管的内部管理机制的集中体现，是各种规章制度、管理方式、监管措施手段的集合。内部自律控制制度表现形式通常为制度、办法、通知等几种类型，每一类都具有针对性、专业性、可操作性、自律性等特点，但各类之间相互平行，具有不交融性。内控自律制度实际上并不是新的管理方法，而是机构在管理过程中，为防范风险、强化监管而对各类规章制度的进一步完善统一、落实强化约束，是对各类规章制度执行进行检查监督的强调。内部控制自律制度与授权管理的关系是一般与个别、整体与部分的关系，二者是统一的。授权管理是内控自律制度群体类别中的一部分，授权管理制度在内部控制自律体系中处于核心地位。前者为纲，后者为目，相互作用为举纲张目，不可偏废。因此，在机构的具体管理过程中，必须坚持以授权管理为中心，推动内控制度的落实，绝不能离开授权管理制度，空谈风险防范和加强内控自律。

四、产权委托代理

（一）概念内涵

1. 定义

市场经济本身是一种社会分工的经济。分工本身便是效率的提高，是生产力的进步。社会生产力的发展客观上要求对权利，尤其是对财产权利本身进行社会分工，以满足社会经济发展对财产权利运用效率提高的要求。因此，根据产权不同方面的权能，使产权各方面的权能发生社会分解，在一定制度规定下对产权的各种权能进行社会分工，成为当代市场经济运行对产权制度的要求的显著特征。这种关于产权权能的社会分工的典型形式就是委托代理制，股份公司又是委托代理制的典型代表。

现代企业制度是适应现代社会化大生产的企业制度，其代表是现代公司制

度，而其中又以股份公司制度为典型。现代企业的主要制度特征之一是产权的委托代理制度。产权委托代理制度不是一开始就有的，是随着社会生产力的发展，适应市场经济社会分工的要求而产生的产权运营制度。产权委托代理制度的核心内容是对代理人的激励机制设计。

2. 产权结构①

在现实经济生活中，在典型的产权委托代理制下，产权权能被制度性地分解为三方面的权利：一是所有权，二是支配权，三是管理权。在股份公司中，所有权转化为股权，由出资者掌握；支配权则表现为公司董事会作为公司法人代表对公司法人产权的控制，公司法人产权本质上不是财产所有权，而是对他人财产的支配权；管理权则是经理等企业家的专门职能。在所有者与支配者、支配者与管理者之间发生的两级产权委托代理，前一级产权委托代理的关键在于财产责任的明确、在于财产权利与风险的对称；后一级产权委托代理的关键在于财产运用效率的提高。

这种产权权能结构具有以下几方面的特点：

第一，所有者作为出资者委托他人支配其财产后，所有者大多不在企业内部直接监督财产的使用，而是通过市场的股权交易来评价、监督、选择代理者。这就使所有者对其财产的监督不再局限于企业之内，其监督标准也不再取决于出资者的个人的偏好和认识水平，而是使监督超越企业范围变为在整个市场范围内的比较和评价，同时，监督、评价标准也不再仅取决于出资者的个人标准，而是取决于整个市场的评价，从而使所有权对支配权的监督更加市场化、社会化，以提高监督的效率。

第二，代理者必须对委托者按照法律、契约的事先规定，承担代理责任。这是代理者获得他人财产的支配权，即公司董事会作为法人代表，代表全体股东直接管理公司的依据。一方面，代理者支配的财产可能包括自己出资的部分财产，如公司董事自身出资的财产，但更多的、更重要的是支配着不属于自己的财产，如外在于公司的广大股东的财产，并且生产社会化程度越提高，公司规模越巨大，代理者支配的财产越在更大程度上是他人所有的财产。另一方面，从一般的和规范的情况看，对董事来说，代理责任也包括财产责任，若公司财产有损，甚至破产，那么代理者本身也要承担损失。这也是为什么在一般情况下，成为董事在原则上要依据出资多少为准，正因为董事会承担代理风险，因此一般的所有者获得股息，管理者和劳动者获得工资，而公司法人获得利润，从而对公司法人产生利益刺激，使之愿意进行市场竞争并冒险，同时又不能不受到比一般所有者和

① 居昊．国家产权委托—代理制度研究［D］．北京：中国政法大学，2000.

管理者、劳动者更多的资产责任约束，使其冒险行为受理性的制约。因此在制度上规定代理者的财产责任能力和义务是产权权能分离的重要前提。否则，或者对企业法人缺乏财产权利刺激，或者对企业法人缺少责任约束，进而既无效率又无秩序。

第三，企业法人产权虽然不是所有权，而是以对他人资产的支配权为特征，但企业法人产权一经制度性地形成，便有其独立性。这种独立性是保证企业法人在市场竞争中独立决策的根本，这种独立性的财产根据在于：在一定制度下，在代理者依法承担相应财产责任的条件下，任何人，即使是出资者也不能凭借所有权任意分割企业法人产权，不能随意破坏企业法人产权的完整性、独立性；所有者对公司法人的监督主要表现为外在的市场监督，所有者主要通过股权转让来转移财产风险。同时通过股市来评价、选择企业法人，进而以市场交易来约束企业法人。

第四，管理权作为管理执行权，直接对董事会负责，而不是直接对外在于企业的出资者负责，经理人员在制度上是无力也不必对所有者负财产责任的。尽管董事会与经理之间也是产权委托代理关系，但董事会委托出去的并不是也不可能是财产所有权，而是财产管理权。因而，董事会必须内在于企业，而且也有监督经理的职能，因为经理并不能承担财产责任但却获得了管理财产运营的权利，对其权利的约束便很难以财产责任来规定，必须通过直接的内在监督来保证其权利不滥用。发生在董事会与经理之间的产权委托代理，使无物质财产但却拥有管理知识、拥有更多的人力资本积累的企业家寻找到了社会位置，使之在财产权利权能社会分工中成为不可或缺的组成部分，从而提高了产权的运营效率。

（二）特征

产权的委托代理是一种契约关系，具有一般委托代理关系所具有的法律特征，但也有本身的特殊性。产权委托代理关系一般具有以下几个方面的基本特征：

1. 产权委托代理关系的主体可以是自然人，也可以是法人或其他经济组织

作为产权委托代理关系的主体，一般具有三个方面的特征：一是主体必须占有有形财产或无形财产作为参加社会经济生活的前提；二是主体有自身独立的经济利益，在参与社会经济生活时，其主要目的是实现自身经济利益的最大化；三是主体的法律地位由法律或委托代理契约确认。在国有产权的委托代理关系中，委托代理关系主体，除了上述三种，还有三个特殊主体，就是全体人民、国家和政府。但不管是一般主体还是特殊主体，他们在委托代理关系中的法律地位都是平等的，这种平等的地位或是由法律规定，或是由产权委托代理契约确认，任何主体都有明确的权利和义务，而且一经确定，就不能随意变动。

2. 产权委托代理关系的客体是产权

由于产权总是附着在一定的有形财产或无形财产上，是关于财产的权利，因而作为产权委托代理关系客体的产权并不仅是观念上的权利，而是包含着真实的财产的。因此，所有作为产权关系的客体都可以成为产权委托代理关系的客体。在通常意义上，有形财产和无形财产是产权关系的客体，因而也是产权委托代理关系的客体。

3. 产权委托代理关系是一种特殊的契约关系

在这种关系中，委托人与代理人的权利和义务，有的是由法律规定的，大部分则是由产权委托代理双方经讨价还价后在契约中约定的。在大多数情况下，由于“信息不对称”，产权委托代理契约往往更有利于代理人一方，代理者的权利、义务、责任、利益都是有限的，代理者虽不可能享有全部代理利益，但也不会承担效率损失的全部成本，法律和委托代理契约中代理人权限之外的责任仍要由委托人来承担。在契约规定的职权之内，代理人可以依自己的而不是委托人的意志进行代理活动。也就是说，代理人在执行代理事务的过程中，为了委托人（即被代理人）的利益，在授权委托的范围内，可以表达自己的意思。委托人不能随意干预代理人的决策和行为，因为在信息不对称条件下，委托人不知道在既定的环境下他自己会不会同样采取代理人所采取的行动，也难以准确判断代理人的行为是否恰当。但是，为了防止代理人超越契约规定的职权而追求自我利益最大化，产生渎职或侵权等代理风险，委托人不仅要在契约设计中规定好对代理人的激励机制和约束机制，而且还要在契约履行过程中进行必要的监督，力争做到使代理人在追求自身利益最大化的同时，实现委托人的利益最大化。也就是说，产权委托代理契约的实现，必须辅之以有效的外部激励和约束机制。

4. 产权委托代理关系是多层次的

在特定的条件下，为了委托人的利益，代理人可以将其代理的产权的部分或全部再委托给第三者代理，从而形成新的产权委托代理关系。这种再代理有严格的条件限制，其中包括再代理者的代理权限不能超过原代理者的权限；再代理关系的确立应取得产权委托人的同意或符合委托代理契约的规定；再代理关系不能对委托人的利益造成损害等。再委托也称转委托。我国《民法典》规定，代理人需要转委托第三人代理的，应当取得被代理人的同意或者追认。转委托代理经被代理人同意或者追认的，被代理人可以就代理事务直接指示转委托的第三人，代理人仅就第三人的选任以及对第三人的指示承担责任。转委托代理未经被代理人同意或者追认的，代理人应当对转委托的第三人的行为承担责任，但是，在紧急情况下代理人为了维护被代理人的利益需要转委托第三人代理的除外。《民法典》关于转委托的规定，同样适用于产权的委托代理。

5. 产权委托代理的变更和终止

产权委托代理契约所能明确规定的条款是有限的，在通常情况下，许多条款具有不确定性。但是，尽管产权委托代理契约不可能面面俱到，委托人会尽可能地将代理人的代理活动和权利行使限制在与委托人偏好及其利益相一致的范围之内。当代理者的行为明显地超出这一范围或预期代理人会严重地损害委托人的利益时，为了降低代理成本，在继续维持原有产权委托代理关系所造成的预期损失会大于取消原有产权委托代理关系所带来的预期成本的情况下，委托人通常要终止原有委托代理关系，更换代理人。此外，除了这种委托人主动撤销之外，委托代理关系也可以在双方互相同意、代理人放弃权利、委托代理契约期满、委托人和代理人一方消亡（包括破产、丧失行为能力、死亡等）或无法继续产权委托代理关系的情况下宣告终止。

（三）产权委托代理制度中的激励机制

解决效率不足问题，是企业理论研究的核心内容，而效率不足的关键原因是激励不足。委托代理的激励机制设计，是现代公司制企业产权制度设计的中心问题。委托代理理论把竞争与效率、效率与企业内部的有效激励联结起来，使竞争理论在市场行为和企业行为中统一起来。

从现代企业的长期实践中我们可以得出这样的判断：优化企业行为而又成本最小的选择，是借助于有效的制度结构，使显性激励（内部竞争）和隐性激励（外部竞争）功能互补。前者属于企业内部管理制度的具体设计，后者则由市场自然地产生。从市场与企业运行不可分性来说，隐性激励对于纵向一体化的代理制企业的运行效率更具有决定意义。对于目标明确、易于进行项目分解的价值管理，希望委托代理契约尽可能具体、明确；对于选择弹性很大、项目无法分解的人的行为管理，则希望更多地借助市场竞争机制或外生激励。

1. 代理制企业的竞争与隐性激励

显性激励产生于委托代理契约的明确规定中，如销售收入与代理者报酬挂钩，经理的货币收入可以部分地转为企业股份、年薪制、绩效奖金长期累积制，等等。隐性激励是指无法以明确的契约形式加以规定的竞争性激励，是市场机制影响代理者行为的具体方式。在显性激励不足以解决代理人绩效—补偿的不对称难题时，市场制度可以弥补企业制度的不足。企业作为一种制度结构，需要由契约来界定其内部成员之间的非交易性的责、权、利关系，协调团队内部的组织行为，所以制定明确的纵向垂直一体化方案是重要的。在企业组织中起决定作用的代理人又是不同程度地追求名誉效应、在竞争市场上实现个人价值的人，所以从经理市场的竞争机制中寻求隐性激励来补充企业显性激励的不足，同样是重要的。

好的委托代理契约固然可以产生高效率的显性激励，但代理者作为有名誉追求和未来预期的人，不会只考虑货币补偿与经营绩效在某一合约内是否对称，他还会考虑即期经营绩效对下期乃至更远的未来的影响。他本期的年薪可能只有20万元，但本期的经营绩效可能使他下期的年薪升为100万元，在更远的未来，他可能因为绩效显赫而跻身全球著名企业家行列。在以经营业绩作为竞争和被选择条件的经理市场上，名誉就是无法用货币收入来度量但却可以转化为货币收入、非货币收入和自我价值的竞争性激励，隐藏在其后面的"无形之手"就是竞争。委托人以资本收益最大化为目标选择代理人，代理人以名誉最大化为目标选择了经营绩效最优化，委托人和代理人的目标因为经理市场的竞争机制联系到了一起。

委托代理契约可以将委托人和代理人双方的责、权、利置于明确的界域之内，但它对代理绩效和名誉激励的影响是不确定的。名誉激励在不同的代理人身上的行为表现是不同的，委托人和代理人各自对它的评价也高低不一。对代理人来说，名誉激励的有效性主要取决于名誉效应对未来收益的自我评价。

委托代理合约对既定目标的管理和约束是有效的，对界限模糊、弹性较大的代理行为的管理和约束却通常无效。名誉效应分析所涉及的代理行为就属于这种弹性区间很大，而又难以用委托代理契约来实现有效约束和激励的非企业行为。

代理制企业的价值管理属于契约管理，包括成文的和不成文的。其管理目标、手段、绩效补偿方式等可以用契约形式确定下来。行为管理大多属于非契约的弹性管理，其目标、手段、绩效补偿方式一般不是契约所能确定的，相比而言，价值管理比行为管理简单得多。前者的重点是对履约过程实施有效监督；后者的重点是在契约以外寻求外生的激励和约束，其目标很大程度上取决于委托人和代理人双方的价值偏好、行为偏好和预期。

2. 委托代理契约中的显性激励

市场与企业对代理人的激励是通过不同途径实现的。市场通过竞争规则，实现对代理者的隐性激励；企业则通过货币和非货币的绩效补偿，实现对代理者的显性激励。相对于隐性激励，显性激励的机理和过程要简单、明确得多。对于委托人来说，更倾向于用明确的契约来规定委托代理双方的责、权、利，除此之外的一切有利或有害的后果对他来说都是不确定的。

委托代理契约对代理人的激励功能，必须要能刺激代理人根据企业利益最大化增长的目标，在反映不同利益约束和不同约束强度的长期变量和短期变量之间寻求均衡。

对代理人的结构性激励契约，强调的是反映不同利益约束的变量集合，而不能只是反映某一种或某几种利益约束的单个变量，着眼点是多变量体系。所谓最大化激励，是指各种激励因素的结构功能最大化。反映不同利益约束的变量很多，激励合约不可能过于细化，只能选取对企业正常运行起主导作用的变量，如投资回报率、销售额、股票价格、职工工资增长水平等。

对代理人激励措施的选择，必须重点考虑各种激励措施对上述主导变量可能产生的影响，防止各科层经理以损害公司整体利益和长期利益为代价，追求本部门的短期利益和局部利益，防止代理人忽视部门或子公司、分公司及其行为协调问题，使企业制度失灵。常规而有效的做法有：

（1）将长期绩效补偿与短期工薪支付分开，前者一般占总收入的 40%～60%。长期绩效补偿的措施主要包括延期支付奖金，对实现的超额销售收入或利润按比例分成，以认股权证或赠股代替现金支付，强化财产所有权对代理人的约束。确定补偿额度的依据是代理人在过去几年内的综合业绩。

（2）代理人可低价购买一定额度的本公司股票，股票升值后可按市场价格转让；反之，代理人承担股票损失。这一措施的目的是强化股东利益对代理者的约束。

（3）效益赠股联动。即在一定期限内，一般是 5 年左右，企业税前利润持续一定幅度增长，如代理人愿意继续在企业供职，则可享受效益赠股；效益增长的幅度越大，得到的赠股越多。这样做，既可强化代理人的长期经营意识，又促使代理人重视投资回报和股票价格。

（4）岗位工资制。按不同的岗位性质，确定工资和奖金等级，随岗位变换而相应地调整工资水平。这是为了增强代理人的岗位意识和地位自豪感，刺激进取精神。

（5）实行长期福利计划，为代理人解除后顾之忧，增加安全感。

（6）严格执行财务核算、审计、报表制度，依法向股东如实公开企业财务状况，相对增加代理人的短期盈利的压力。

这些激励措施通常作为一个整体被企业采用，以适应各种长期和短期目标的约束，其结构上的完整性和功能性互补的特征在各国和地区大同小异。

（四）国有企业产权的委托代理[①]

无论在资本主义国家还是在社会主义国家，无论在计划经济体制下还是在市场经济体制下，国有企业产权的特点决定了其实现方式都是某种委托代理关系。

1. 必然性

国有资产归国家所有，原始所有权主体是全体人民。在保证全体人民统一所有的前提下，国有产权不可能由每一个所有者都去亲自行使，客观上只能由全体

① 居昊．国家产权委托—代理制度研究［D］．北京：中国政法大学，2000.

所有者委托给一部分人去代表全体所有者的利益加以组织和运营。这就产生了国有产权的第一层委托代理关系，在这里，全体人民是委托人，国家则充当了代理人的角色。

全体人民把全民产权委托给国家，由国家统一所有的国有产权数量巨大，种类繁多，国家不可能对所有产权进行具体的占有、使用、支配和处置。除部分特殊产权（如涉及国家安全）需要由国家直接行使各项权能外，大部分国有产权必须通过进一步的委托代理关系，寻求国有产权具体实现的有效形式。为了达到既保证国家所有权得以有效地实现，而又不丧失国家所有者权益的统一性的目标，国有产权在客观上需要在多层次上通过产权分解，形成多层次的国有产权委托代理关系。

2. 关系结构

（1）多层次委托代理。国有产权的结构特征是多层次的委托代理：自上而下多层次委托，自下而上多层次代理。全体人民是第一级委托人，中央政府是第二级委托人，省级政府是第三级委托人，企业经营者是第四级委托人。与此相应，国家是第一级代理人，政府是第二级代理人，企业法人代表是第三级代理人，企业中的经理层是第四级代理人。具体如图 4-1 所示。

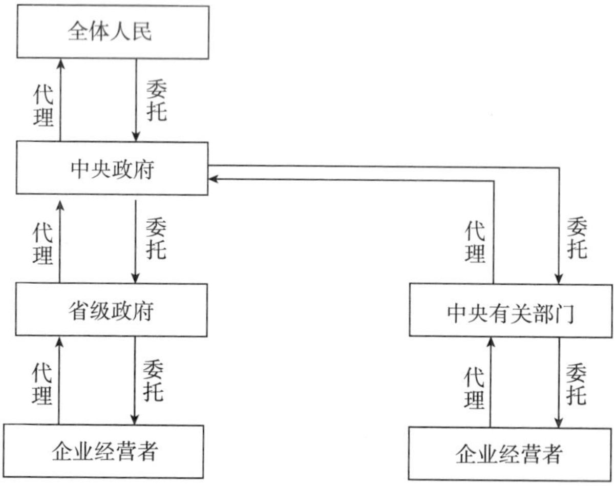

图 4-1　国有企业的委托代理层次

委托代理关系一：全国人民与国家之间的委托代理关系。在这一委托代理关系中，作为全民资产的最终所有者——全国人民，将全民资产委托给代表全体人民利益的国家代理，全民资产变为国有资产。这一委托代理关系一方面明确了国有产权的社会属性，承认全体人民整体是国有产权唯一而且是最终的主人；全体人民共同所有的国有资产是不能分割的，一旦分割，国有产权将变成非国有产权。另一方面作为国有产权唯一最终主体的全体人民，由于不可能直接行使所有全民产权，可行的选择是由国家作为全民产权的代理人。

委托代理关系二：国家与政府之间的委托代理关系。国家与政府并不是同等的概念。《宪法》规定，国家最高权力机关是全国人民代表大会，不可能直接经营国有产权，必须将其委托给政府代理。经过这一层次的委托代理，政府成为国有产权的全权代表。其中，又包括中央政府对下级政府部门进行资产所有权委托。

委托代理关系三：政府与企业法人代表之间的委托代理关系。在这一层次的委托代理关系中，作为国有产权全权代表的政府，将由投资形成的法人财产的实际控制权和经营权交给企业法人代表，由企业法人代表代表股东利益开展经营活动，而国有产权的所有权转化成股权，政府成为企业的股东。作为委托人的股东将通过股东大会依一定的程序行使收益、剩余财产分配和重大决策等最高权力，并通过股东大会、监事会等对企业法人代表进行必要的监督。作为代理人的企业法人代表则凭借股东投资形成的法人财产，独立开展经营活动。

委托代理关系四：企业法人代表与经理人员之间的委托代理关系。为了更好地提高公司绩效，企业法人代表通常聘任具有经营才能的职业经理从事企业的日常经营活动，达到专家经营、精英管理。这样，企业法人代表作为委托人，在保证控制权的情况下，又把公司的日常经营权委托给职业经理。职业经理作为代理人，在委托代理契约规定的职权范围内开展日常经营活动，并接受监事会的监督。这实际上是法人产权主体与经营权主体之间的委托代理关系。

（2）特征。这种模式有三个突出特点：

第一个特点是多层次性。如果把全体人民作为所有者，初始委托代理关系发生在中央政府同全民之间，中央政府又对下级政府部门进行资产所有权委托。通过层层政府及其部门委托，最后到企业，国有企业经营者群体成为最终代理人。

第二个特点是角色的重叠性。在国有企业长长的委托代理链条中，除初始委托人和最终代理人之外，所有的中间层次，这里指从中央到地方各级政府及其部门都具有双重身份，对其上级是代理人，对其下级是委托人，形成对于同一资产或企业的委托代理链中同一主体既是代理人又是委托人的特殊经济现象。

第三个特点是约束—激励机制的行政性。在我国的国有资产的委托代理关系中，委托人与代理人并不具有平等地位，而是一种行政上下级关系。委托人并不是在市场中购买代理人的服务，而是用行政指令干预代理人。市场性委托代理遵循的是平等交易思路，是“我”来购买或不购买，委托人可以对代理人“用手投票”，代理人也可通过另谋高就对委托人“用脚投票”，双方都可以退出，退出权成为代理效率的有效约束。行政性委托代理遵循上下级之间的管制思路，是“我”来管“你”或不管“你”，双方被行政隶属纽带锁定，不能退出。在每一层次上，委托人和代理人都是垄断性的，不存在替代机制，双方被行政隶属关系锁定，没有双向退出，结果委托人和代理人都会产生机会主义动机，双方都不能形成对对方的稳定行为预期。每一级代理人追求的往往都是政治性人力资本价值的最大化，即个人的政治升迁，委托人对代理人的激励与约束也往往是在这方面下功夫。对代理人渎职最重的惩罚往往是开除党籍和公职。其弊端一是处分轻微，或者说风险不对等，不能有效地制止各种渎职行为；二是要有赖于上级的调查和监督，比起市场机制的退出约束会耗费更高的监督费用。

在国有资产多层委托代理中，由于终极委托人——全体人民是所有者权能的理论拥有者，而不是现实所有人，这导致两个后果：一是由于终极委托人的所有者身份不明确，资产营运的收益情况与其相关性不大，因而缺乏对代理人实行激励约束的积极性；二是终极委托人实际上无权对代理人实行激励约束。特别是在双向多层委托代理中，由于缺乏代理人市场，委托人即使有权激励约束代理人，也会因代理人可替代性根本不存在或极其微弱的缘故，而最终无法形成较强的激励约束。

（3）各层次的区别。上述四个层次的委托代理关系概括了国有产权运作的全部过程，形成了监督、管理与经营既互相依赖又互相独立的国有产权运作体系。但在性质和形式上，各个层次的委托代理关系存在着明显的区别。

第一层次和第二层次的委托代理关系是全民产权到国有产权的委托代理关系，具有独特的委托代理特点：首先，这两个层次的委托代理关系是法定全权委托，是包括所有权在内的全部产权权能的交接，并通过立法的形式固定下来。其次，这两个层次的委托代理关系由法定程序、法定规则和法定手段加以维系，产权集中统一控制，产权与政权合一，委托者直接任命代理者，代理者无条件地向委托者负责，委托者对代理者具有法定强制性。最后，委托者和代理者之间在利益上高度一致，具有同样的目标。

第三层次的委托代理关系是国家行政机构与企业法人之间按照市场规则形成的股权关系。在此层次上形成了国有产权主体多元化和国有产权经营的多样化，是国有产权与市场机制相结合的一个关键联结部位，也是政企分离媒介所在。

第四层次的委托代理关系是在国有企业内部，企业法人代表与职业经理之间形成的聘任与被聘任的关系。

在国有产权多层次的委托代理关系中，不同层次的委托人和代理人所委托和代理的权利性质不同，具有的法律和经济意义也不一样。全民对国家的产权委托、国家对政府的产权委托、国家为全民的产权代理、政府为国家的产权代理源于宪法政制的规定，都是所有权的委托和代理，但都没有实质的经济意义。全民所有是抽象的，甚至是虚拟的。作为全民的任何个体对全民财产并没有任何财产请求权，因而任何个体都不会基于自身财产利益的关注而主动监督全民财产的代理人。宪法规定了全民所有，但作为全民的个体却不是全民产权的委托人。没有谁能够剥夺法律赋予全民的所有权，但全民却不可能把所有权真正置换成委托人的监督权。国家为全民的产权代理、政府为国家的产权代理同样都是法律意义上的，是抽象的产权委托代理关系。

而政府对企业法人代表的产权委托、企业法人代表对经理层的产权委托、企业法人代表为政府的产权代理、企业经理层为企业法人代表的产权代理，则是具体的产权管理和运营，具有实质性的经济内容，因而是具体的产权委托代理关系。

授权与委托、代理的概念内涵及法理对比如表 4-1 所示。

表 4-1　授权与委托、代理的概念内涵及法理对比

	授权	委托	代理
定义	授权主体将特定的权力或权利授予他人代为行使的过程	委托主体将特定的权力或权利交由他人代为行使的过程	代理人在代理权限内以被代理人的名义行使特定的权力或权利的行为
分类	1. 人大立法授权 2. 法律法规授权 3. 行政机关授权。包括国务院授权、地方政府授权、部门授权 3 种 4. 民事主体授权。**民法上的授权等同于委托**，通过授权和委托，产生民法上的代理关系	1. 行政委托。指行政机关将**行政权力**委托其他行政机关的行为 2. 民事委托。指民事主体将**民事权利**委托给其他民事主体的行为	1. 委托代理（授权代理、意定代理） 2. 法定代理
特征	1. 公法授权特征：①授权是指权力行使的转移，非权力本身的转移；②授权者不可能授出自己所有的权力；③授权必须法定明示；④授权者负有监督的责任以及发出指令的权力；⑤授权者有取消授权与变更授权的权力，也有在授权期限届满后重新予以授权的权力 2. 行政授权不得再转授权	1. 只要受托人是在委托权限范围内、以委托人的名义实施的行为，应由委托人承担一切责任、享有一切权利。作为受托人，不承担什么责任 2. 委托授权行为是一种单方法律行为，只要有委托人授予代理权的意思表示，无须受托人的同意，即可发生授权的效力，代理人取得代理权 3. 行政委托一般不得再转委托	1. 代理人必须在被授予的权限内行权，不得擅自超越授权或故意规避授权权限 2. 代理人行权时必须以被代理人的名义进行，代理人与相对人的法律行为的后果由被代理人承受 3. 代理人需要转委托第三人代理的，应当取得被代理人的同意或者追认

续表

	授权	委托	代理
法条	1. 人大立法授权。《立法法》第九条规定："对尚未制定法律的，全国人民代表大会及其常务委员会有权作出决定，**授权**国务院……先制定行政法规。"第十三条规定："全国人民代表大会及其常务委员会可以根据改革发展的需要，决定就行政管理等领域的特定事项**授权**在一定期限内在部分地方暂时调整或者暂时停止适用法律的部分规定。" 2. 法律法规授权。《行政许可法》第二十三条规定："法律、法规授权的具有管理公共事务职能的组织，在**法定授权**范围内，以自己的名义实施行政许可。"《行政处罚法》第十七条规定："法律、法规**授权**的具有管理公共事务职能的组织可以在法定授权范围内实施行政处罚。" 3. 行政机关授权。**一是国务院授权**。如《土地管理法》第六条规定："国务院授权的机构对省、自治区、直辖市人民政府以及国务院确定的城市人民政府土地利用和土地管理情况进行督察。"《矿产资源法》第十二条规定："特定矿种的矿产资源勘查登记工作，可以由国务院**授权**有关主管部门负责……开采石油、天然气、放射性矿产等特定矿种的，可以由国务院**授权**的有关主管部门审批。"《海域使用管理法》第八条规定："……项目用海的审批权限，由国务院授权省、自治区、直辖市人民政府规定。"《森林法》第十四条规定："森林资源属于国家所有，由法律规定属于集体所有的除外。国家所有的森林资源的所有权由国务院代表国家行使。国务院可以授权国务院自然资源主管部门统一履行国有森林资源所有者职责。"**二是地方政府授权**。如《土地管理法》第二十条规定："乡（镇）土地利用总体规划可以由省级人民政府授权的设区的市、自治州人民政府批准。"《企业国有资产法》第十一条规定："国务院和地方人民政府根据需要，可以**授权**其他部门、机构代表本级人民政府对国家出资企业履行出资人职责。"**三是部门授权**。如《矿产资源勘查区块登记管理办法》第四条规定："国务院地质矿产主管部	1. 行政委托。《行政处罚法》第十八条规定："行政机关依照法律、法规或者规章的规定，可以在其法定权限内**委托**符合本法第十九条规定条件的组织实施行政处罚。"《森林法》第五十七条规定："农村居民采伐自留山和个人承包集体林地上的林木，由县级人民政府林业主管部门或者其**委托**的乡镇人民政府核发采伐许可证。"《行政处罚法》第一十八条规定："行政机关依照法律、法规或者规章的规定，可以在其法定权限内**委托**符合本法第十九条规定条件的组织实施行政处罚。行政机关不得委托其他组织或者个人实施行政处罚。委托行政机关对受委托的组织实施行政处罚的行为应当负责监督，并对该行为的后果**承担法律责任**。受委托组织在委托范围内，以委托行政机关名义实施行政处罚；不得再委托其他任何组织或者个人实施行政处罚。" 2. 民事委托。《民法典》第一百六十三条规定："代理包括委托代理和法定代理。委托代理人按照被代理人的委托行使代理权"。第一百六十九条规定："代理人需要转委托第三人代理的，应当取得被代理人的同意或者追认。转委托代理经被代理人同意或者追认的，被代理人可以就代理事务直接	《民法典》第一百六十一条规定："民事主体可以通过代理人实施民事法律行为。依照法律规定、当事人约定或者民事法律行为的性质，应当由本人亲自实施的民事法律行为，不得代理。"第一百六十二条规定："**代理人**在代理权限内，以被代理人名义实施的民事法律行为，对被代理人发生效力。"我国《海洋环境保护法》第六十七条规定："载运具有污染危害性货物进出港口的船舶，其承运人、货物所有人或者**代理人**，必须事先向海事行政主管部门申报。经批准后，方可进出港口、过境停留或者装卸作业。"《公司法》第二十九条规定："股东认足公司章程规定的出资后，由全体股东指定的代表或者共同委托的**代理人**向公司登记机关报送公司登记申请书、公司章程等文件，申请设立登记。"

续表

	授权	委托	代理
法条	门**授权**省、自治区、直辖市人民政府地质矿产主管部门审批登记的矿产资源……由省、自治区、直辖市人民政府地质矿产主管部门审批登记。”《自然保护区条例》第三十五条规定：“由县级以上人民政府有关自然保护区行政主管部门或者其**授权**的自然保护区管理机构没收违法所得，责令停止违法行为。”《野生植物保护条例》第十六条规定：“采集国家一级保护野生植物的，应当按照管理权限向国务院林业行政主管部门或者其**授权**的机构申请采集证。” 4. 民事主体授权。《民法典》第一百六十五条规定：“委托代理**授权**采用书面形式的，**授权委托书**应当载明代理人的姓名或者名称、代理事项、权限和期间，并由被代理人签名或者盖章。”	指示转委托的第三人，代理人仅就第三人的选任以及对第三人的指示承担责任。转委托代理未经被代理人同意或者追认的，代理人应当对转委托的第三人的行为承担责任；但是，在紧急情况下代理人为了维护被代理人的利益需要转委托第三人代理的除外。”	

第三节　所有权委托代理制度设计

一、内涵与定位

（一）内涵

自然资源资产国家所有权委托代理的主体是全体人民，由全国人民代表大会—国务院—自然资源部—地方政府等构成多层次委托代理关系和代理主体，其中，国务院是代表主体，自然资源部是具体代表主体；客体是国有自然资源资产；最终目标是确保国有自然资源资产得到最佳配置和有效运营，充分实现全体人民的当前和长远利益；各层次代理主体的具体目标是完成人民或上一层次代理主体委托的管理责任，以此实现自身的社会价值和契约规定的经济利益；管理手段既包括管理方法、管理工具、管理网络这些实体性的硬件，也包括管理原则、管理制度、管理政策、管理法律法规和管理体制这样一些不具实物形体的软件；管理机制是借助于利益关系和责任、权力配置关系影响各层次代理主体行为的一系列策略性安排，主要包括利益激励机制和监督约束机制两个方面，侧重克服委托代理关系中基于各层次代理主体自利倾向和信息不对称导致的对实现国有自然资产管理目标的不利影响。

（二）定位

建立自然资源资产国家所有权委托代理机制是落实习近平生态文明思想的重大举措，是国有产权实现方式的重大创新，是健全自然资源资产产权制度、完善自然资源资产管理体制的重大变革，是社会主义市场经济条件下特殊的契约关系。

（三）分类委托代理

借鉴国外自然资源“公产/私产”分类委托代理管理经验。建议以“是否可在市场上进行产权流通”为标准，将我国的国有自然资源资产区分为“公益性自然资源资产/经营性自然资源资产”，并分类来组建或者委托不同的企业具体行使自然资源资产的经营管理权，并按照生态保护、国有资产保值增值等不同目标为这些代理人设定不同的监管和考核标准。

1. 公益性自然资源资产

公益性自然资源资产主要包括：①具有生态或科研保护价值的水源地、海滩、森林、湿地、草原、滩涂、天然洞穴等；②应当对公众开放由其进行日常生活使用的公园、山岭、草原、滩涂等；③其他应当纳入自然资源资产但不宜在市场上进行流通的土地（如各类政府机关、军事、教育、卫生用地）及其他资产等。

公益性自然资源资产根据其特性，还可以进一步区分为公用型自然资源资产（如国家公园、国有的滩涂、海岸等）和“专用型自然资源资产”（如特定的科研或军事用地）。这两类国有自然资源应当按照其各自特点来设置开发、利用、保护和监管规则。

对于公益性自然资源资产的委托代理，一是在管理原则上，应当按照其公共、公益属性进行使用和监管，以资源的储存和保护为管理原则，通常以政府为供给主体通过公共财政的方式进行管理，不可以资产化经营。二是在管理体制上，进一步明确规定各类公益性自然资源资产的具体代理或者托管机构，明确相应的行政管理主体，并逐步建立完整统一的自然资源资产监管制度体系，包括资产登记、资产核算和审计等制度和措施，有效加强监督。三是收益分配上，明确公益性自然资源资产收益在中央与地方之间的分配问题，比如旅游收益的分配。

2. 经营性自然资源资产

属于“经营性自然资源资产”类型的，则指不属于其他主体所有且没有被纳入公益性国有资产范围之内的自然资源资产。

对于经营性自然资源资产委托代理，一是强调其资产性，需要纳入市场并依照市场规则进行运营和监管，通过市场机制达到有效的利用和配置。二是在管理体制上，应当依法明确规定各种经营性自然资源资产具体的代理或者托管机构，明确相应的经营管理主体，并逐步建立完整统一的自然资源资产监管制度体系，包括监管主体及其职责，资产经营活动考核、资产核算和审计等制度和措施。探索把政府资产监管职能和企业资产运营职能区分开来，建立比较完整的资产代理、资产监管和资产市场运营的管理制度。三是鉴于国有经营性自然资源资产管理的问题较多，没有按照透明、规范的市场原则进行运营和监管，市场价格和收入分配方面的问题突出，应当优先把国有经营性自然资源资产管理分离出来，探索建立独立于自然资源行政管理部门的资产管理机构或者运营公司，并统一按国有收益性资产管理的原则进行管理和考核。

（四）委托代理链条

全民所有（或国有）自然资源资产的所有权人是人民，为了实现自然资源的有效管理，所以将自然资源所有权委托给国家，其目的在于保护全民对于自然资源的使用，防止个别人的垄断，委托财产的管理和处分应当以增进公众利益为目标。

委托代理的内部关系同传统的信托理论一致，分为委托人、受托人和受益人。

第一层次：委托人是全体人民，受托人是国家，受益人是全体人民。在信托中，委托人为了完成信托目的而将信托财产暂时性地交给受托人来进行管理，国家基于全民的委托而享有对自然资源的管理权。

第二层次：由中央政府直接行使自然资源资产所有权的部门（自然资源部等）、委托代理行使自然资源资产所有权的地方政府（省、市政府等），授权相关法人机构直接负责公益性自然资源资产特许经营和经营性自然资源资产的经营管理。

二、委托代理方式

根据不同类型的资源决定不同自然资源使用权的创设：

一是生存性自然资源。关系到民众的生存，关涉基本人权，应当优先得到保障，具有非排他、无偿利用、持续利用的特点，此类使用权无需配置，如生存性用水等。

二是公共性资源。为民众生活、生产共同所需，属于自由权范畴，也具有非排他利用特点，国家要保障民众自由、平等利用，原则上无需配置。如确需配置，前提也不应妨碍公共利用，如通航用水。

三是生态性资源。以生态保护为主要目的甚至是唯一目的，禁止开发利用，原则上以保护为主。此类使用权也无需配置，如湿地、珍贵野生动植物等。

四是经济性资源。以经济效益最大化为目标，以有偿利用为原则，应引入市场化的方式配置使用权，将使用权配置给效益最高的市场主体，此类资源有石油、天然气等。

三、体制机制框架

（一）构建所有权委托代理管理体制

研究提出全民所有自然资源所有权委托代理管理体制构建方案，按照中央直接行使所有权、委托省级和市（地）级政府代理行使所有权、法律直接授权省市县级政府行使所有权部分职责这三个方面，设计管理系统的结构、组成方式、管理手段和方法等，形成一个科学合理的有机系统。具体内容包括：

一是明确全民所有自然资源所有权委托代理的管理机构及职责。主要是从全国层面研究提出构建全民所有自然资源所有权委托代理的管理机构，应包括从中央到市（地）级行政区的整个管理系统；明确全民所有自然资源所有权委托代理的各级管理机构的职责。主要包括不同层级管理机构的管理范围、权限边界、空间尺度、利益及其相互关系等方面的准则，管理机构职权的分配以及各机构间的相互协调。

二是提出全民所有自然资源所有权委托代理的管理体制方案。在分析国内外理论实践经验教训基础上，研究所有权委托代理管理体制的系统构成要素、相互联系，提出体系构建的指导思想、原则、系统组合、管理职责，与运行机制的协调，构建步骤等，提出系统的建设方案。其中包括：

构建中央直接行使所有权的管理体制。研究构建全民所有自然资源资产所有权委托代理机制的顶层设计和相关制度标准框架。要制定中央直接行使所有权的管理制度，明确八大类自然资源资产（含自然生态空间）的清单管理范围，明确所有权代表行使主体的权利、责任和义务。研究制定中央直接行使所有权的监督考核机制和具体规范标准。

构建委托地方代理行使所有权的管理体制。研究明确从中央到市（地）级政府的委托人和受托人、委托的具体形式、委托期限、调整情形、受托所有权管理方式。研究构建由申报、审核批复、规范实施、跟踪评估、考核验收等构成的全流程工作运转机制。研究制定委托地方代理行使所有权的监督考核机制、奖惩机制，提出具体管理办法与规范标准。

构建法律直接授权省市县政府行使所有权部分职责的管理体制。全面梳理当前法律法规中已授权省、市（地）、县行使的职责清单。研究制定法律法规中已授权省、市、县行使职责的管理方式及其行权成效、存在的问题。

（二）构建所有权委托代理机制

一是建立沟通协调机制。通过建立部际、省际、片区联席会议制度等方式研究建立自然资源部内系统间与林草、水利等横向委托部门间及与省级人民政府等纵向委托部门之间的沟通协调机制。

二是建立所有权委托代理的激励和约束内在机制。其中，通过激励机制调动各代理主体的积极性、创造性，充分发挥自然资源资产的功能是委托代理的首要任务所在；而控制、监督、问责的约束机制，是防范基于委托代理关系中的信息不对称和道德风险、保障委托方权益和实现管理目标的重要手段。

第五章　所有权资源清单

第一节　中央要求

2015 年中共中央、国务院印发的《生态文明体制改革总体方案》明确提出："探索建立分级行使所有权的体制，对全民所有的自然资源资产，按照不同资源种类和在生态、经济、国防等方面的重要程度，研究实行中央和地方政府分级代理行使所有权职责的体制，实现效率和公平相统一。分清全民所有中央政府直接行使所有权、全民所有地方政府行使所有权的资源清单和空间范围。中央政府主要对石油天然气、贵重稀有矿产资源、重点国有林区、大江大河大湖和跨境河流、生态功能重要的湿地草原、海域滩涂、珍稀野生动植物种和部分国家公园等直接行使所有权。"

2019 年中共中央办公厅、国务院办公厅印发的《关于统筹推进自然资源资产产权制度改革的指导意见》提出了研究建立国务院自然资源主管部门行使全民所有自然资源资产所有权的资源清单和管理体制，探索建立委托省级和市（地）级政府代理行使自然资源资产所有权的资源清单和监督管理制度的任务。

第二节　编制思路

一、编制原则

（一）坚持国家利益至上

党的十九大报告指出，坚持总体国家安全观，必须坚持国家利益至上。编制分级行使所有权的资源清单，应坚持国家安全和国家利益至上的原则。对于关系国家经济、国防和生态安全的自然资源资产由中央政府直接行使所有权，主要包括军事用地、国家机关用地、石油、天然气、页岩气等重要战略性矿产，黑龙江、吉林、内蒙古等重点国有林区内的森林资源，长江、黄河、淮河、松花江等生态功能重要的湿地、草原以及部分国家公园等由中央政府直接行使所有权。对省域内生态、经济有重大影响的自然资源资产所有权，由国家委托省级政府代理行使；对省域内一般性自然资源资产，由省级政府委托市（地）级政府代理行使。

（二）坚持依法依规

习近平总书记强调各级政府必须依法全面履行职责，坚持法定职责必须为，法无授权不可为。因此，全民所有自然资源资产清单的目录与管理职责权限范围，在编制过程中应以《土地管理法》《矿产资源法》《森林法》《草原法》《水法》等七类自然资源的法律法规作为基本的编制依据和基础。通过法律规定、委托代理和合同约定，依法明确全民所有自然资源资产所有权的权利行使主体，落实所有者职责，明确各级代理机构的权利、责任、义务，明确代理行使所有权的具体内容，平等保护各类自然资源资产产权主体的合法权益。

（三）坚持属性管理，分类界定

依照自然资源的社会经济属性，区分公益性资产与经营性资产。公益性自然资源资产强调保护，经营性自然资源资产则注重开发利用。对于保护程度高、公益性强的自然资源资产，由中央或省级政府行使所有权；对于市场化配置程度高、经营性强的自然资源资产，由省级政府或市（地）级政府代理行使所有权。

（四）坚持充分发挥中央和地方两个积极性

资源清单应充分考虑中央与地方的利益关系，充分调动中央与地方两个方面的积极性，注重清单内容设置的科学性与协调性，既要考虑重要战略性自然资源资产的所有权由中央直接行使，又要充分发挥地方政府的积极性、主动性，考虑相关政策的连续性，尊重现实，平滑过渡，提高效率，降低成本，注重操作性。同时，划分中央和地方的所有者职责资源清单类别，依据国家和地方经济发展的依赖程度、空间开发适宜性来划定代理行使所有权主体。

（五）坚持协同配合，统筹推进

资源清单在编制过程中，应做好与自然资源统一确权登记、国家公园体制改革、重点国有林区改革、自然资源有偿使用等改革的衔接，加强与《土地管理法》《矿产资源法》等法律法规修改的衔接，结合当前简政放权、“放管服”改革的相关要求，进一步下放审批权限，统筹推进清单制定。

（六）坚持全面覆盖，分批制定

按照统一行使全民所有自然资源资产所有者职责的要求，清单编制坚持资源门类全覆盖。按照“成熟一批、发布一批”的思路，将尚未考虑完全或暂时无法明确所有权的资源，随着试点工作的推进，逐步纳入资源清单名录中，实现资源名录的全覆盖。对法律法规已明确授权各级政府行使所有权职责的特定自然资源，各级政府按照法律规定执行，不再纳入委托代理资源清单范围。

二、编制思路与方向

2015 年中共中央、国务院印发的《生态文明体制改革总体方案》明确提出："中央政府主要对石油天然气、贵重稀有矿产资源、重点国有林区、大江大河大湖和跨境河流、生态功能重要的湿地草原、海域滩涂、珍稀野生动植物种和部分国家公园等直接行使所有权。"中央文件的有关要求，为编制分级行使所有权的自然资源清单指明了方向。

（一）土地资源资产

根据《生态文明体制改革总体方案》的指示精神，按照土地资源资产承载的生态、经济、国防等方面的重要程度，并结合现行土地利用管理现状，建议中央直接行使土地资源资产所有权资源清单编制的思路与方向，应包括以下几个方面：一是军事国防外交用地，目的是保障外交、战备需要和国防安全，兼顾发挥土地资源的军事国防和社会经济效益。二是中央国家机关和事业单位用地，主要是中央国家机关和事业单位已登记取得的国有土地，这一类土地用于直接服务中央国家机关事业单位的需要，确保中央国家机关事业单位行使职能、开展活动。三是功能性国有企业用地，关系到国民经济命脉的"重要行业和关键领域"及有特殊功能的领域，包含涉及国家安全的行业、自然垄断的行业、外部性强的提供重要公共产品和服务的行业、部分战略性高新技术产业和支柱产业的骨干企业及平台类企业等。四是具有重要战略意义的农垦用地，大多为农用地，是具有复合功能性的生态用地，既关系到粮食经济安全，又关系到生态保障。五是具有重要生态价值的土地，包括重点国有林区用地、大江大河大湖和跨境河流、海域滩涂、无居民海岛、以国家公园为主体的自然保护地等公益性生态用地。六是战略性能源与矿产资源资产涉及的土地，事关国家经济命脉、国家经济安全和稳定，对战略性新兴产业、全球精尖科技发展具有重要意义，事关国防安全。在适当考虑简政放权和地方发展的情况下，中央直接行使石油、烃类天然气、页岩气、天然气水合物、放射性矿产、钨、稀土等能源与矿产资源用地。七是具有重要生态或后备功能的未利用地，主要包括生态功能重要的沼泽地、冰川及永久积雪、盐碱地、沙地、裸土地、裸岩石砾地等，以及可转换成农用地或建设用地的、具有潜在后备功能的未利用地。八是其他重要经济、社会、生态用地，如国家重大经济和基础公益性建设用地和用海、公共海域等。

（二）矿产资源资产

矿产资源的种类繁多，多达 173 种，涉及能源、金属、非金属、水气矿产，有些矿种直接关系到国家的国防、军事安全；有些矿种关系到国家的经济命脉；有些矿种属于新兴资源，对于全球精尖科技发展以及参与全球竞争具有重要意义。根据《生态文明体制改革总体方案》的要求，中央政府主要对石油天然气、贵重稀有矿产资源直接行使所有权。自然资源部发布的《关于推进矿产资源管理改革若干事项的意见（试行）》（自然资规〔2019〕7号）提出，自然资源部负责石油、烃类天然气、页岩气、天然气水合物、放射性矿产、钨、稀土、锡、锑、钼、钴、锂、钾盐、晶质石墨14种重要战略性矿产的矿业权出让、登记。结合《生态文明体制改革总体方案》与《关于推进矿产资源管理改革若干事项的意见（试行）》的要求，中央直接行使矿产资源资产所有权资源清单编制的思路与方向应与中央的要求及当前的改革相衔接，建议中央主要对石油、烃类天然气、页岩气、天然气水合物、放射性矿产、钨、稀土、锡、锑、钼、钴、锂、钾盐、晶质石墨14种重要战略性矿产行使所有权。

（三）海洋资源资产

全民所有海洋资源资产中央直接行使所有权资源清单的编制应充分考虑海洋资源空间类型、生态属性、国防安全和军事需要等方面，建议中央直接行使海洋资源资产所有权资源清单编制的思路与方向，应包括以下几个方面：一是海洋自然保护区核心区、缓冲区；二是海洋特别保护区、重点保护区和预留区，具有重要生态功能的滨海湿地、海域滩涂、珍稀野生动植物；三是国家重大建设、公共基础设施、公益事业和国防建设的围填海开发活动空间。

（四）森林资源资产

根据《生态文明体制改革总体方案》的要求，重点国有林区由中央直接行使所有权，因此，中央直接行使森林资源资产所有权资源清单主要包括黑龙江、吉林、内蒙古3省（区）重点国有林区范围内的森林资源。

（五）湿地资源资产

根据《生态文明体制改革总体方案》的要求，生态功能重要的湿地草原、海域滩涂等由中央政府直接行使所有权。因此，中央直接行使湿地资源资产所有权资源清单主要包括内蒙古自治区呼伦湖国际重要湿地、上海崇明东滩国际重要湿地、江西鄱阳湖国际重要湿地、山东黄河三角洲国际重要湿地、海南东寨港国际重要湿地等。

（六）草原资源资产

根据《生态文明体制改革总体方案》的要求，生态功能重要的湿地草原、海域滩涂等由中央政府直接行使所有权。因此，中央直接行使草原资源资产所有权资源清单主要是：大小兴安岭森林生态功能区、长白山森林生态功能区、阿尔泰山地森林草原生态功能区、三江平原湿地生态功能区等。

（七）水资源资产

根据《生态文明体制改革总体方案》的要求，大江大河大湖和跨境河流由中央政府直接行使所有权。因此，全民所有水资源资产中央直接行使所有权资源清单编制思路与方向应考虑长江、黄河、淮河、松花江、辽河、海河、珠江、太湖8条大江大河大湖以及鸭绿江、图们江、黑龙江、额尔齐斯河、伊犁河、狮泉河、雅鲁藏布江、怒江、澜沧江、红河等重要跨境河流。

三、资源清单动态调整机制

资源清单及权责清单制度是规范政府权力运行、依法行政的重要手段，是一项需要长期建设的基础性制度，而清单并不是静态目录，它会随着国家安全战略以及自然资源领域的法规调整、简政放权、机构改革、资源开发等因素而调整变化，即清单应当动态调整，具体包含事项的新增、取消、合并、拆分、下放与承接、废置、划转、内容变更等调整类型。

（一）资源清单调整情形

资源清单需要依据全民所有自然资源资产在国防、经济和生态等方面的重要性，建立动态分类调整机制。一段时间内，将生态功能上升的、发展为战略性和经济命脉的自然资源资产直接调整为由中央政府直接行使；将生态功能下降的、经济重要程度降级的自然资源资产下放至地方政府代理行使所有权。

（二）动态调整制度

1. 不定期微调

建议每年初下发通知，要求各级政府对资源清单提出调整意见，提交相关资料。对有调整意见的自然资源资产，由自然资源部依据所承载的生态、经济、国防的重要程度，向国务院提出调整申请，提请审定后，调整行使主体及相应权责清单。

2. 三年总体调整资源清单

建议每隔三年总体调整不同行使主体的全民所有自然资源资产所有权资源清单。

第六章　国有自然资源资产管理国外经验

第一节　国有自然资源所有权行使方式

自然资源国家所有在国际上普遍存在。国有产权制度不同程度地存在于世界上所有的国家中。[①] 各国对重要的自然资源多采用国有或共有模式，矿产、水资源一般规定属于国家所有；土地、森林、野生动物等资源实行混合制，分为公有和私有，公有又实行中央和地方分级所有。具体来看，土地方面，公有土地占比较高，如俄罗斯约为92%、加拿大约为89%、美国约为47%。在矿产领域，法国、巴西等国家实行矿产资源国家所有，德国、日本等国家实行土地所有者和国家共有模式，土地所有权人不享有或共同享有某些地下矿产开发权利。水资源方面，大多数国家的水资源基本上为国有。森林方面，美国的公有林占比约为51%、加拿大约为94%、日本约为42%、澳大利亚约为73%、德国约为53%、英国约为36%、俄罗斯则为100%。即便是在资源完全私有化的国家，也没有绝对的所有权和自由开采权，国家会在价格、税收、环保等方面进行规制。

一、依法明确国家所有权性质、范围、主体和权利

一是对公有制的必要性和可能性作出规定。自20世纪70年代以来，由宪法直接规定自然资源属于国家所有已经成为国际上的普遍现象。[②] 德国、法国、意大利等国宪法都规定，国家可以出于公共利益对特定行业进行公有化，或者将其保留给国家和非私营机构。德国《基本法》第十五条中授权可以通过法律对土地、自然资源和生产资料进行公有制转型。法国《1946年宪法序言》规定：所

① 汤姆·泰坦伯格，琳恩·刘易斯．环境与自然资源经济学［M］．王晓霞，等译．北京：中国人民大学出版社，2021.

② 叶榅平．自然资源国家所有权的理论诠释与制度建构［M］．北京：中国社会科学出版社，2019.

有财产、企业的经营本身具有或取得了国家公共服务或垄断性质的，均得转为集体财产。意大利宪法提出“为了合理利用土地和建立平衡的社会关系，法律对土地私有制设定各种义务和限制”。加拿大《联邦资产法》、日本和韩国《国有财产法》和《地方公营企业法》、美国《联邦财产及行政服务法》《公共建筑物法》以及意大利《国家参与法》等严格规定国有资产管理。二是法律明确国家所有权主体和权利。西方国家人民在国有资产管理方面的民主权利主要通过其选举产生的议会议员及其组成的议会间接地行使，同时人民对国有资产管理也具有直接的知情权和监督权。如美国通过宪法第 4 条第 3 款第 2 项规定：“国会有权处置属于合众国所有的土地或其他财产，并制定必要法规和条例。”国会对国有资产和国有企业依法实施多方面的控制和管理，每成立一家政府公司，就由国会通过一个单行法律，规定该公司的设立目的、董事会组成、经营方式、经营范围等主要事项，从根本上控制了国有企业资产配置方向。同时，国会立法中还对国有企业的组建方式、销售领域、价格权限、兼并重组、产权出售和董事长的任免等重要内容作了明确的规定。美国公民也可以向议会检举国有企业违规行为，议会根据举报情况要求审计署调查并做出相应处理。三是国家所有权适用民法关于所有权内容的规定。国家所有权的内容体现为国家依法享有的对国有财产的占有、使用、收益和处分的权利。在一些国家的宪法中，如美国宪法，明确规定国有财产的取得和让渡应遵循补偿原则，即私法原则。在《德国民法典》《法国民法典》中也都有相关规定。在法国，国家作为主体对公司进行的股票的持有、购买与转让活动，完全遵循民商法规定。四是依法明确中央政府、地方政府行使自然资源所有权范围。德国、俄罗斯、瑞士、墨西哥宪法中对自然资源在中央和地方的归属和管理权限进行了原则性确定。如德国基本法明确国家财产原则上归联邦所有，并由联邦实施管理。在水资源管理方面，联邦是所有者也是管理者，但如果对各州的任务有帮助的，可以将其无偿转移给各州进行管理。

二、重视资源调查、登记统计、评估核算，摸清资产家底

一是自然资源基础调查工作。如美国规定必须开展资源调查，内政部需编制并保存一份所有的公有土地、它们的各种资源及其他价值的详细目录，应随时修订此种详细目录以真实地反映各种条件的变化、新的和待开发的资源及其他价值。再如，加拿大自然资源部开展加拿大森林资源清查，通过掌握林木树龄分布状况，准确地估计未来的林木储量，并核算林木资源的价值。二是自然资源登记统计，主要有两种模式：一种是国家自然资源统一登记。设立统一的不动产登记部门，公有自然资源所有权和使用权与私人所有自然资源都需要经过登记才能生效。英国《2002 年土地登记法》规定，所有土地都应纳入土地登记簿，包括王

室土地和公有土地。公有地产同私有地产一样，其产权必须落实到具体个人，以免在发生纠纷时找不到责任人。外国驻英国使领馆的用地用房，有的也需要以使馆官员的个人名义买下，在土地登记局登记，并发给土地所有权证书，如果再出卖，必须由当时的登记承办人承办，否则出卖无效。另一种是谁管理谁登记。由具体的自然资源管理部门登记，登记目的在于认定所管辖自然资源资产的各项权益。如美国内政部负责对联邦所有的自然资源进行登记，同时，联邦要向州和地方政府提供详细目录中的各种资料和数据，以协助其对与公有土地相接的非联邦所属土地进行规划和对这些非联邦所属土地的依法使用加以管理。加拿大贯彻谁所有谁登记原则，宪法规定自然资源所有权由各省/地区行使，矿权登记和土地登记管理职责也全部在各省。三是探索自然资源评估和资产核算机制。美国、加拿大、挪威等都在探索自然资源资产核算方面做了大量工作。美国内政部于2003年整合了土地管理局、垦务局、鱼类和野生动物管理局与国家公园管理局的评估功能，成立了综合的自然资源评估服务办公室。2018 年又增加了估值业务，成立了自然资源评估办公室和估值办公室，主要面向土地管理局、垦务局、国家公园管理服务局以及鱼类和野生动物管理局开展业务，并按照美国《统一搬迁援助和不动产收购政策法案》及其修正案、《联邦土地政策和管理法案》等文件规定了联邦购买和征用土地的财产评估标准。

三、出租为主、加强征管、获取收益

目前世界各国采取多种公有自然资源资产经营方式，主要有出售、出租、入股和直营四种，其中出租是主要方式。第一种是出售自然资源。对于具有重要生态价值的国有自然资源，世界主要国家都停止了私有化的出售政策，主要以国家占有所有权为主。对于不涉及经济安全的矿产资源，如建筑材料，一些国家仍然采取出售产权的方式。如美国对于建筑材料等资源，按照 1947 年材料法，直接出售给矿业公司。第二种是出租自然资源。世界上绝大多数国家对公有自然资源采取出租的方式，在各种资产收益方式中占 70%～80%。美国联邦土地管理法规定，通过行使地役权、颁发许可证、租契、发布规章及采用其他恰当的措施，对公有土地的利用、占用和开发依法加以管理。这些利用、占用和开发包括但不限于通过签订长期租契将公有土地租给有许可证的个人作为居住地、用于耕作和发展小型工商业或制造各种产品等。在矿产资源方面，主要收取两种类型的出租收益：一是权利金，相当于绝对地租。对于石油、天然气、煤炭等能源及矿产资源来说，主要是指权利金，收取比例约为公司所采出矿产品产值的 1/8，典型国家如美国、英国等。对于风险相对较高的金属、非金属等固体矿产，征收比例为 2%～5%。二是超额利润税，相当于级差地租。是指受矿产品市场价格的影响，

当矿业权人的利润率达到或超过一定水平后征收的地租，一般以资源租金税、超额利润税、附加利润税、超权利金等方式征收，比例为20%~30%。第三种是以自然资源所有权入股。这种模式多在能源和矿产资源领域采用，按照股份分享资源收益。美国、加拿大、挪威、俄罗斯、智利、巴西等矿产资源国都实行这种资源资产收益方式。第四种是自然资源直营。一般是在自然资源管理部门或财政部门中下设专门的公司，如针对矿产资源、森林、土地资源下设专门公司。这方面的代表有加拿大、法国、澳大利亚等，如加拿大财政部下设公有土地公司，负责加拿大公有土地的开发和管理。

在加强收益征管方面，一是建立专门的自然资源资产收益征管机构。美国内政部针对矿产资源和能源产生的特许使用费、净利润股份、租金、奖金、利息等，成立了由负责政策、管理和预算的部长助理负责的自然资源收益办公室对其进行管理，同时对当事人因权利金、特许使用费等提出的异议进行裁定。其他国家一般是由设立在自然资源管理部门内的一个处级机构负责自然资源收益的收缴和管理。二是科学管理自然资源资产收支。通常情况下由自然资源管理部门负责收取，收取之后上交财政，采取收支两条线的方式，以规范国有自然资源资产的使用方式，提高资金使用效益。也有一些国家实行收支一体的模式。

四、横向纵向管理体制分工明确

发达国家国有资产管理责权在各级国家机构之间纵向配置体制，总体上采取分级所有、分级管理的模式。在美国、德国这种实行联邦制政体的国家，各类国有资产产权自然由联邦、州和地方政府各自持有，国有企业也连同经营性国有资产一起分别由三级国家机构管理。即使是实行单一制政体的国家，在国有资产管理责权的纵向配置方面一般也都采取中央集权与地方分权相结合的管理体制。

发达国家国有资产管理责权的横向配置包括国家高层权力机关之间和行政机关内部各部门之间两个层面。第一层面的国有资产管理责权横向配置格局分为两类：一类是美国“以国会立法为核心”的模式，国会主要通过立法和审议监督的方式对国有企业及其所用资产实施监管，政府有关部门对国有企业经营管理实施日常监管，立法机关负责相关方面的司法裁决；另一类是以政府为主导、以立法机关和司法机关为辅助的模式，德国、法国、意大利、瑞典等都实行这种管理体制模式。在亚洲，日本采取国会立法与政府受托依法负责国有企业日常管理的双核模式，国有企业的预决算、事业计划、各种财务报表、利润分配等都要报送国会或政府主管大臣审查后方可实施。第二层面的国有资产管理责权的横向配置，西方多数国家采取统分结合的方式，大体分为三种体制模式：第一种是财政部与各主管部相结合、以财政部为主的模式，德国和法国是这种模式的典型代表，德国财政部对国有资产负有综合管理之责，负责审批国有企业的成立、解散、合并、股份购买与出售等；法国的国有资产由财政部负责管理。第二种是财政部与各主管部相结合、以各主管部为主的模式，英国是这种模式的典型代表。第三种是设立专门机构专司国有资产和国有企业管理，以意大利和瑞典为典型代表，意大利政府专司经营性国有资产和国有企业管理的机构是1956年成立的国家参与部，瑞典专司经营性国有资产管理的机构是工业部下设的国有企业管理局。日本和新加坡也实行以财政部为核心的管理体制。印度"采取以综合协调机构为中心的多部门管理模式"，"代表政府对国有资产进行管理"的是中央政府设置的"公营企业局"，但它不独立行使国有资产的所有者职能，而只是为包括财政部在内的有关部门行使相关职责提供协调服务，财政部派出国有企业董事会代表参与管理。

五、启示

一是在法治维度上，制定修订相关国有自然资源资产法律，明确所有权委托代理主体的责权利，逐步构建起系统完备的国有自然资源资产法律制度和严格规范的执法机制，以法律权威维护国有自然资源资产管理体制的严肃性。二是在所有权委托代理机制上，对作为国有自然资源资产终极所有者的人民与作为受托代理主体的国家机关（国务院、自然资源部）之间的责任与权力作出符合民主政治和公共经济本质要求的制度安排。从纵向上和横向上，按照分工明确、责任清晰、权责匹配和分享利益的原则，处理好各级代理主体之间的责权利关系，以合理的激励机制调动各级国家机构对各类国有自然资源资产实施有效管理的积极性。三是统筹考虑整体国有资产制度设计，构建起跨类别国有资产统筹配置和国有资产管理法律法规拟定、政策制定、改革推进统筹协调机制。

第二节　公有自然资源资产委托代理典型经验

一、公有经营性自然资源资产委托代理典型

（一）挪威石油资源的"国有公司参股+主权基金"模式

概况：挪威《矿产法》规定"石油天然气资源属于全体人民"。20世纪80年代，挪威在北海陆续发现了大储量的海上油田，成为继沙特阿拉伯和俄罗斯之后世界第三大石油出口国。1972年，政府成立了挪威国家石油公司（Statoil），代表国家参与油气资源的开发。1990年，挪威议会通过了一项法案，决定成立

政府石油基金（Government Petroleum Fund，GPF），定期从石油收入中划拨资金到政府石油基金，对石油收入进行长期管理。随着人口老龄化和石油收入降低的预期，2006 年，根据《挪威养老基金法》，政府石油基金被正式更名为政府全球养老基金（Government Pension Fund-Global，GPFG）。挪威油气资源以采矿权的形式变为了各油气公司的资产，通过资产资本化，将挪威油气收益在挪威全球养老基金中积累，而基金自身通过投资回报不断增资，实现了资源利益的最大化以及油气资源的高效循环转化。

1. 委托主体及其权能

委托主体：石油和能源部。挪威石油和能源部（MPE）同下属的石油能源局（NPD）是石油资源开发活动的具体管理者。

调查登记：挪威大陆架被划分为 15′（纬度）×20′（经度）的区块，政府登记区块并对区块做一个详细的评估，决定是否对该区块进行油气的勘查和开发。在区块招标前，石油和能源部还要开展地震等公益性工作以降低油气公司的风险，帮助投标人理解标的采矿权的价值。

出让招标：挪威矿业权分为探矿许可和生产许可两种，石油和能源部负责授予许可权，并规定其中的具体条款。石油管理局每年都会发布数量不定的生产许可，2018 年 5 月，石油和能源部启动新一轮的海上成熟油气区授权许可，许可证发放范围比 2017 年增加了 103 个区块，其中 47 个在挪威海，56 个在巴伦支海。

开发审查：在油气田开发之前，油气公司需向石油能源部和劳工部提供两份计划书，一是油田开发和运营计划书（PDO），PDO 中包含了公司如何开发和运营油气田，以及环境影响的相关具体信息；二是设备安装和运营计划书，里面通常包含了设备的安装和运营、油气运输，以及环境影响的相关信息，并向挪威石油管理局和挪威石油安全管理局提交复印件。

指导经营：在挪威，大多数的油田开发多采用联合经营的方式。一旦生产许可获得授权，各生产许可人签订联合经营协议和会计协议以调整各方关系，其联合经营协议和会计协议的形式由挪威石油和能源部提供。油田项目的日常管理工作由挪威石油与能源部指定的运营商负责，该运营商是持有生产许可的合作经营者之一，而运营商的变更需要获得石油和能源部的批准。

流转审批：生产许可权人可以在石油和能源部同意和财政部批准的条件下，购买或出售其生产许可权。

2. 代理方式

挪威在油气开发领域实现的国家利益，除税收利益外，主要通过政府参与挪威大陆架上油气项目的形式获得。一是通过国家石油公司的持股间接参与；二是通过国有的 Petoro 公司代表国家管理“国家直接财政权益”（State Direct Financial Interest-SDFI)，即国家通过在油气田、管道和陆上设施持有的股份直接参与。SDFI 是国家对大陆架上的油气田所拥有的直接所有者权益，与其他生产许可证所有人一样，国家从各个油田的油气生产收入和其他收入中取得与其所占股份对应的收入。在大多数生产许可中，其他的生产许可人不具有优先认股权。而 SDFI 在所有的生产许可中，可视情况拥有优先认股权。

3. 代理主体及其权能

代理主体：国有 Petoro 公司和国家石油公司（Statoil）。

代表国家占有和开发资源：挪威国家石油公司是国家占有很大股份比例（最初是 100%的国有企业，2018 年政府控股 67%）的国际化大公司，政府不干预挪威国油的日常运作，政府通过国家石油公司参与开采，并通过所持有的股份获得分红。挪威国家石油公司以国家优势持股的方式，让整个石油资源符合“油气资源属于全体人民”的原则，让私人资本失去了在挪威石油财富中的中心地位，然后通过石油基金再用之于全体人民。1962 年，当美国菲利普斯石油公司给出每月 16 万美元的价格要求获得挪威海上石油资源的独家开采权时，遭到了拒绝。挪威政府认为，油气资源属于全体人民。之后，国家议会于 1972 年决定设立由国家组建的挪威石油公司。

合作开发：Petoro 公司的职责是代表国家参与挪威大陆架油气资源的开发，但不代表政府行使任何权力。当政府批准某一油气勘探开发项目时，挪威国家石油管理局研究并推荐国家是否参与以及参与比例，然后由 Petoro 公司决定并执行。Petoro 公司不参与许可申请，不做作业者，仅作为合作方来影响项目，作为股东之一参与项目，分担成本与收益。公司按照政府要求，参与了几乎所有的开采许可区块。通常，政府会在最具前景的油田占较高的股份，而在其他油田则占相对较少的股份。2014 年，Petoro 公司是挪威大陆架上拥有油气储量最大的公司，一共参与了 137 个作业许可区块，包括 40 个在产油气田。

维护国家权益：当与挪威政府的勘查政策和财政利益不一致时，Petoro 公司可以代表国家否决有 SDFI 参股的项目的合作经营管理委员会所做出的决定。

资产运营：Petoro 公司作为独立公司可以出售或购买资产来对国家直接财政权益进行优化。

上缴税收：Petoro 公司向国家上缴的税包括对所有公司都适用的税率为 28%的一般公司所得税（Ordinary Tax），还有对石油行业征收的 50%的特别税。

4. 收益管理

挪威的石油资源收益主要来源于三个方面：油气公司的税收、国有油气公司的分红以及 Petoro 公司所掌管的 SDFI 的收益。

2010 年挪威国家石油公司的分红为国家财政提供了 12.818 万亿挪威克朗的

收益，约占总石油收益的 4.6%。

2011 年 SDFI 为国家财政提供了 104.053 万亿挪威克朗的收益，约占总石油收益的 37.7%。

挪威石油税制的特点是以普通公司所得税制度为基础，加上为石油开采等上游活动专设的特别税。企业所得税的税率为 28%（这和挪威其他商业活动中征收的所得税是一致的）。石油特别收入税是对来自油气生产和石油管道运输的所得征税，且不能在公司税前扣除，税基以公司所得税应税所得为基础，2014 年的税率为 50%，二者之和即为挪威油气资源公司的边际税率为 78%。举例来说，如果一个人在挪威拥有一个加油站和两个精炼厂，那么他仅需要缴纳 28% 的税率，尽管他也可能是某个海洋油气田的公司，他的这部分税收是分开结算的。

5. 资本运营

挪威与油气资源有关的所有收入都被纳入政府全球养老基金，基金独立运作进行投资，每年 2% 的利润返还给国家，列入财政预算。除 2009 年金融危机以外，该基金一直保持盈利。基金主要投资于公司股票，2014 年占到 61.1%，利息投资占到 37.7%，房地产投资占 1.2%。基金只投资海外市场，在不影响本国经济的基础上，实现了基金的保值增值，体现了油气资源的资本化管理方式。自 1996 年开始，政府每年一次将国家的石油净收益（来自 Petoro 公司的现金流、Statoil 公司的股息以及油气的利润税）划入该基金，2017 年该基金市值已达 7.811 万亿挪威克朗，首次突破万亿美元，成为全球最大的主权财富基金之一，而其中 Petoro 公司贡献最大。基金由挪威中央银行管理。当国家预算出现赤字的时候，政府会从该基金里划转一部分资金，用来平衡国家预算，原则上，平均每年划转的部分不超过长期计划净收益率的 4%。

6. 全民共享

挪威政府用政府全球养老基金完成普通的卫生保健、大学免费义务教育、建立一个慷慨的养老体系以及其他的任务。

7. 制度支撑

第一，所有权与管理权分离，独立公司运营。剥离国家石油公司所有的政府职能与可能的垄断地位（如天然气管道的运营管理），使它变成完全没有政府干预的商业化公司，将国家石油公司在纽约和奥斯陆同时上市，实现了从“管资产”转向“管资本”。而我国三大石油公司目前实行生产分成模式，由国家石油公司代表政府与外国公司开展合作。在勘探阶段，外国公司承担全部成本。如果发现石油或天然气，国家石油公司就会自动参与开发与生产，并获得 50% 或 51% 的权益（我国是 51%）。外国公司在勘探阶段的成本可以在生产阶段扣除，国家对生产阶段产生的利润征收很高的税收，剩下的才能作为石油公司的利润。如果没有油气发现，那么外国公司在勘探阶段的成本无法抵消。比较而言，挪威模式更显公平，因为所有参与的公司都共同承担成本，政府也承担风险，在没有油气发现时补偿78%的勘探成本。

第二，国家参股制度。2001年成立全资国有公司Petoro直接作为一个股东参与油气田开发。最初，挪威国油是100%的国有企业，当时规定，国有资本在每个油气开采项目中都要占50%的股份。1993年，政府对国家参与油气产业的体系进行了调整，由挪威国油公司对每个项目进行评估后再决定是否参与以及参股比例。1972~1984年底，挪威的国家利益完全依靠国油公司对油气项目的参与得到体现。1985年1月1日起，挪威政府将国家在挪威大陆架上油气项目的参与分成了两个部分：一是通过国家石油公司的持股间接参与；二是设立SDFI，即国家通过在油气田、管道和陆上设施持有的股份直接参与。

第三，鼓励油气勘探制度。挪威政府采取的措施主要有两项：一是承担勘探失败的成本。任何公司钻井后如果没有任何油气发现，挪威政府就会承担78%的勘探成本。二是勘探开发成本在6年期内线性折旧的政策。这样做的好处是鼓励中小公司进入挪威进行勘探开发。如果它们成功发现石油，但没有能力开采，那么可以将其出售给其他公司。如果没有发现石油，政府也会承担78%的成本。

（二）美国阿拉斯加州的石油资源收益共享模式——现金分红

概况：美国的阿拉斯加州拥有丰富的石油、天然气等矿产资源，州属土地的普拉德霍湾（Prudhoe Bay）发现了北美有史以来最大的油田。1969年9月10日，阿拉斯加州通过对普拉德霍海湾的石油进行租赁，获得了9亿多美元的收入，立法机构拨款来研究如何使用这笔资金。1970年，基德皮巴迪投资公司的罗伯特·格朗茨和时任阿拉斯加州州长基思·米勒（Keith Miller）均建议立法成立资源永久基金，并为其设立法定的储备金。1976年，阿拉斯加州举行全民投票通过宪法修正案，规定将州拥有的自然资源收入提取至少25%的矿产资源租金（Mineral Lease Rentals）、矿区使用费（Royalties）、矿区出让收益（Royalty Sales Proceeds）、联邦矿产收入分成（Federal Mineral Revenue-sharing Payments）以及州级红利（Bonuses Received by the State）设立为永久基金，即阿拉斯加州永久基金。1977年，该基金获得第一笔资金——734000美元的石油收入。至2007年，阿拉斯加州永久基金的资产已超过400亿美元，位列全球百大基金之列。2016年，该基金向66万名阿拉斯加居民发放了每人约2000美元的资金。2019年，该基金价值达658亿美元。

委托主体：阿拉斯加州政府

委托客体：州属土地上的矿产资源。

委托目的：保障公共利益。1980年公布的立法对永久基金的最终目标作了如下规定：①永久基金公司储蓄一部分州矿产资源收入并使用这些收入来为世世代代的阿拉斯加州公民谋福利。②公司目标是在保证永久基金本金安全基础上的总收益最大化。③永久基金公司是一个储蓄工具，它为法律规定的目标提供最大化的可支配收入。

委托途径：地方立法。阿拉斯加州永久基金的创设依据是阿拉斯加州的宪法修正案和单行立法。

代理人：独立公司。1980 年，阿拉斯加州议会通过法案成立阿拉斯加永久基金公司（Alaska Permanent Fund Corporation，APFC），该公司是归州政府所有的营利性机构，负责为本州公民管理和保护石油等资源的租金收入以及其他信托基金。公司经营独立于州财政收入，公司的管理机构是一个由 6 名受托人组成的受托人理事会（Board of Trustees）。6 名受托人均由州长任命，包括州政府的财政专员和州长选任的另一名内阁成员以及 4 名从社会人士中选任的受托人，理事会任期 4 年。

经营方式：投资。阿拉斯加州基金是一个将一部分石油收入转为可持续的金融资本的成功实践。基金分两部分：本金和投资收益。本金用于长期投资，未经公民投票不得支出。基金投资收益可按立法会和州长决定支出。永久基金公司每年都向居民发放年度报告，人们也可以通过网址和电子邮件查询所有相关的基金收益和分配问题。

收益共享：现金分红。从 1979 年 1 月 1 日起，设立了永久基金分红项目，每年拿出永久基金收入的一部分作为红利以现金方式支付给符合条件的阿拉斯加州居民。1982 年，在对 1980 年的永久基金法案作了修正之后，分红方案被立法机构予以批准。当年，所有符合条件的阿拉斯加州居民（必须在该州居住至少 6 个月）在提出申请后都得到了他们的第一笔永久基金分红——1000 美元，以后各年的分红支付都视永久基金收入而定。永久基金收入以 5 年收入的平均数为基准，将依此计算的 50%的永久基金收入分配给每位有资格的阿拉斯加州居民。阿拉斯加州的居民每年都能享受到基金收益，分配的标准取决于在阿拉斯加州以最长 25 年为限的居住年限，居住为期一年的居民将享有一份额（One Share）；居住为期两年的居民将获得两份额，以此类推。

二、公益性自然资源资产委托代理典型

（一）管理体系典型——美国保护地体系

1. 概况

保护地（Protected Area），指通过法律及其他有效方式，特别用以保护和维护生物多样性、自然及文化资源的陆地或海洋。根据世界保护地数据库官方网站

的有关数据，美国保护地包括被列入世界保护地数据库（WDPA）的8041个保护地。包括本土7899个、次要外岛（Minor Outlying Islands）7个、美属萨摩亚（Samoa）14个、关岛（Guam）16个、北马里亚纳群岛（Northern Mariana Islands）22个、波多黎各（Puerto Rico）65个、美属维尔京群岛（Virgin Islands）18个。美国陆地保护地占地约150万平方千米，相当于全美陆地面积的16%。美国的海洋保护区面积约90万平方千米。

2. 管理体系

美国以法律手段管理保护地，大多是在国会制定单个法案或一系列法律之下形成各类保护地，然后给予特定的行政机构保护地的管辖权。这些法案在所有有关保护地的法律范围内，授予各行政机构某些职能或者责任区。这些责任区被归为一个一个的系统，如国家公园系统，其内部还有许多不同的类别。

美国保护地按管理级别分为联邦、州、地方和私人四大层面。美国每个州都有自己的州立公园系统，范围从城市公园到大型公园（大小与国家公园相当）。地方和私人层面的保护地的大小不一、管理形式多样。

联邦层面保护地系统包括同一部门管辖的8个独立系统、5个交叉系统、4个属国际公约或计划的分系统。8个独立系统中，5个由内政部管辖：国家公园系统（国家公园管理局管理）、国家野生动植物庇护系统（鱼和野生动物管理局管理）、国家景观保护系统（土地管理局管理）、印第安保留区（印第安事务局管理）、国家自然地标系统（国家公园管理局管理）。其他3个包括国家森林系统（包括国家草原，农业部森林署管理）、国家海洋保护区系统（商业部国家海洋与气象局管理）、国防部属保护区（国防部工程部队管理）。5个跨部门联合管理的系统包括国家荒野保护系统（分别由国家公园管理局、土地管理局、国家森林署以及鱼和野生动物管理局管理）、国家原野与风景河流系统（土地管理局、国家公园管理局、鱼和野生动物管理局、森林署下辖的理事会、州政府管理）、国家步道系统（国家公园管理局、土地管理局、国家森林署管理）、国家纪念地系统（国家公园管理局、土地管理局、国家森林署、MPA管理）、国家自然研究区（森林署、印第安事务局、土地管理局、鱼和野生动物管理局、国家公园管理局、国防部、能源研究和发展署、特那希谷管理机构8个单位管理）。此外还包括4个国际性的保护地系统：世界遗产公约、重要湿地公约、人与生物圈计划、特别敏感海域。

3. 管理特征

划分层次，系统管理。美国保护地名目类别是世界各国保护地体系中最多的。据世界保护区数据库（WDPA）统计，美国保护地类别数达141个，这有赖于美国体系多层次、多系统的组织方式，以及对管理目标的强调，从而实现了管理有序。首先是分层，分为联邦、州级、地方和私人保护地四层，每一层由对应的机构进行管理。其次是分系统。其系统分类与世界自然保护联盟（IUCN）六大分类比较一致。系统与系统之间有交错关系，有些是并行系统，荒野保护系统、原野及风景河流系统和步道系统的系统单元是别的系统的一部分，如国家公园系统、景观保护系统。它们的管理模式是在统一的系统管理指导下，由具体的管理机构管理。管理机构既可以根据自己的情况对其实施不同的管理方案，同时又要遵循该种系统的管理首要原则。

立法执法，权责清晰。美国每一个保护地相关管理机构及其管辖的分系统的建立，都根据国会制定了基本法案（Organic Act），每一个保护地单元的建立都必须通过国会的授权法案（Enabling Legislation）。管理机构在法案的授权下，对保护地进行管理，制定分系统管理政策和保护地单元的管理规划。这个模式体现了三权分立的政治体制：国会立法，建立管理机构和保护地，管理机构对其职责范围的保护地系统进行管理，司法部门对其进行监督。此外，美国保护地土地权属清晰，联邦、州、县、市在土地的所有权、使用权和受益权上各自独立，不存在任意占用或平调，确实需要时要依法通过买卖、租赁等有偿方式取得。联邦所有的公共土地归内政部土地管理局管理。土地管理局在全国各地设立派出机构，共有包含联邦、州、县、市四级在内的13个区域性办公室、58个地区性办公室、143个资源区办公室，地方政府无专门土地管理机构，实行集中、垂直的土地管理体制。

从土地资源管理机构及其职能来看，美国联邦所有的土地资源管理是按照资源类型进行的，在联邦层次上是一种既集中又分散的管理模式。不同用途的土地又分属不同部门管理，如农地归农业部自然资源保护局管理，印第安人居住地的土地归内政部印第安事务管理局管理，联邦所有的林地归农业部森林署管理，城市用地归城市规划委员会管理，军事用地归国防部管理，内政部地质调查局负责全国土地利用的调查工作。

相应的保护地的管理职责落在哪个部门上是非常清楚的。美国土地的权属清晰，便于管理责任的落实，也避免了因权属不清而出现其他使用方式进入保护地的情况，更有效地实现了保护地的管理目标。

美国各州政府与联邦政府是平等关系，而非隶属关系，美国依据法律管理国土资源，国会可以通过立法、政策、财政拨款等手段影响州政府国土资源管理。

统一指导，具体规划。美国没有一个统管全国保护地体系的法律，也没有对整个保护地体系作整体规划。然而美国保护地的各管理机构的管理职责相当明确，机构“包管”的责任区，即分系统，都有比较好的战略部署、管理政策和规划管理的指导手册。几乎每一个保护地都在总体指导原则下制定了它们各自的管理规划。荒野保护系统、原野及风景河流系统、步道系统等与其他系统交织的特殊系统，也为其他系统的管理部门在规划、管理这些特殊类别的保护地时提供了统一的指导，如原野及风景河流系统有规划导则。

（二）直接管理典型——美国黄石公园

1. 公园概况

美国黄石公园位于美国怀俄明州、蒙大拿州以及爱达荷州，是世界上首个国家公园。1872 年美国国会通过《黄石国家公园法案》，并于 3 月 1 日签署总统令成立黄石公园，规定此公园是“人民的权益和享乐的公园或游乐场”，杜绝私人开发。黄石公园和周边国家公园、国家森林地、国家野生动物保护区、原住民保护区以及州立土地、城镇组成了大黄石生态系统，实行统一的规划与生态系统管理。

公园设立：根据美国国家公园管理法案，建立国家公园需要经过国家公园管理局申请，经美国国会批准。对于最终获批的国家公园，国会以法律的形式明确该公园的建立目的和涉及管理、发展规划、土地建设、经营等方面的一系列说明。

管理目标：《黄石公园法案》以及后续相关法案明确提出，黄石公园管理目标是使所有的自然景观保持现有自然状态，免被破坏，并且同时服务于公共用途、度假和游憩。

资金来源：黄石公园大部分资金由国会批准从税收中划拨而来，而门票收入、特殊项目酬金、私人捐赠等其他形式资金也是资金的重要来源。企业资助也有利于黄石公园管理工作的展开，如 Univer Home & Personal Care 公司与黄石公园有长期稳定的合作关系，该公司资助公园举办科学研讨会、建设步道和新的游客中心。

功能分区：黄石公园建立了一套完善的功能分区模式，以协调生态环境保护与资源开发利用的矛盾。功能分区管理主要分为原始自然保护区、特殊自然保护区、公园发展区和特别使用区 4 个区域。

2. 委托主体及职权

国家公园服务局（National Park Service，NPS）。美国国家公园服务局在官网上明确“美国国家公园服务局在联邦法律、法规和行政命令的授权下履行对公园以及项目的责任，并遵循国家公园服务局局长和内政部长制定的政策”，同时附有对法律、规范及政策范围的详细解释。1995 年，美国成立了总部设在华盛顿的国家公园服务局，统一领导和管理国家公园。

第一，垂直管理体制。国家公园服务局下设 10 个地区局（地区机构）分管所在地区的国家公园，每一个公园又设有基层公园管理局。中央、地区、基层三级机构垂直领导，不受各州、市政府的管控，每个公园领导者包括工作人员也由国家局亲自选择和调任。国家局直接拨付经费给每个公园，各公园的收入也一律上缴中央财政。

第二，国家公园的规划设计由国家公园服务局下设的丹佛设计中心独家垄断，全权统一负责。

第三，特许经营。任何准备在国家公园内提供旅游服务的企业（如商店、宾馆等）都必须向国家公园服务局提出申请，经过审核批准后才可以经营。国家公园服务局在120个公园单位中与600多个租赁经营者签署合同。这些租赁经营者的规模从小型家庭企业到大型企业都有。租赁经营者为游人提供住宿、交通、饮食、商店和其他服务，2014年拥有大约2.5万名员工，年总收入约8亿美元。经营的时间一般不超过10年，最多可以达到20年。如果企业在经营过程中违反了相关法律规定，则合同可由国家公园服务局单方面终止。

第四，国家公园服务局有专门的内部巡查机制，负责检查各个国家公园的行政执法情况。

代理主体：黄石公园管理局。每个国家公园的行政执法人员都是联邦政府的雇员，是国家公园服务局下属的公务员。国家公园和周边市镇分开，实行两套管理机构和管理办法。周边市镇主要负责大部分游客接待，实现园内游、园外住。

特许经营权：黄石公园管理遵循“完全保护，适度开发”的理念，经营权和管理权相互独立，始终将保护独特的地质地貌以及野生动植物资源作为工作重心。1965年美国国会通过的《特许经营法》对国家公园的特许经营作了明确而又详细的规定，国家公园管理机构不得从事商业性经营活动，公园内商业经营项目通过特许经营的办法委托企业经营，公园管理机构从特许经营项目收入中提取一定比例的费用用于改善公园管理。国家公园管理机构是纯联邦政府的非营利机构，专注于自然文化遗产的保护与管理，日常开支由联邦政府拨款解决。黄石公园内的餐饮、住宿等经营必须经过公开招标并得到批准，这使得黄石公园的经营权和管理权相互独立，使黄石公园管理处可以将精力更好地用于资源的保护和管理。黄石公园的门票收入全部上缴联邦财政，经联邦财政统一预算后再进行返还，返还的收入依然要用于黄石公园本身的基础设施建设和生态修复等。

（三）信托管理典型——英国国家名胜古迹信托

概况：国家信托（National Trust）是英国法律的一种制度，是指由国家作为委托人而设立的信托，是典型的国家名胜古迹信托（National Trust for Places of Historic Interest or Natural Beauty）。

设立目的：根据1907年国家信托法第4（1）条，英国国家名胜古迹信托的宗旨是“为了国家利益而促进对具有自然美与历史价值的土地及房屋（包含建筑物）的永久保护，以及促进对其自然风貌及动植物的保护（在可能的情况下）”。

法律依据：该信托是根据英国议会专门为其量身定做的，而不是像其他私法信托一样根据普通的信托法而创设。该信托的前身是几名有识之士于1894年根据公司法（1886~1890年）而成立的一个非营利协会。第一部“国家信托法”《为国家利益而加强保护名胜古迹法案》于1907年在议会通过。此后，一系列连续的法案被引入以便在必要时修订组织的章程，以确保国民托管组织继续得到良好的治理。议会于2005年通过了《慈善（国民托管）令》，详细规定了当时的治理安排。《慈善（国民托管）令》同时也是国家信托机构《治理手册》制定的依据。所以该机构也严格遵守法律来运行，并且机构内部的治理机构和规定也很详尽，并有严格的审查制度，从而保证其可持续地运行。

代理主体：国家名胜古迹信托是一个独立于政府的慈善机构。依据国家信托的章程，协会设立了相应的治理机构，由英国王室出任最高领导者——总会会长，其管理机构主要有评议会（Council）、理事会（Board of Trustees）、总干事（Director-General）及高级管理团队（Senior Management Team），此外还设有若干承担专门职责的委员会。有超过400万名会员和67000名志愿者，核心财产是超过350座历史建筑、花园、纪念碑、自然保护区及公园。

信托关系：董事会和理事会双方共同商定一些原则，用以支持信托公司治理的实际应用和基调。比如：受托人对信托负全面的责任，国家信托的治理应该建立在合作而不是对抗的基础上，国家信托是一个慈善机构，国家信托的治理过程应该与实际需要成比例，国家信托的治理应该是合乎目的的，国家信托的治理应该反映国家信任范围内的利益范围，国家信托承认历史的重要地位。

经营方式：国家信托的运作模式是公司化运作，国家信托公司认为这个地方值得保护，便以强有力的后盾购买，同时按其原状维护和维修，开放给会员参观。国家信托组织的景点将定期举办各种景区活动，促进家庭参与。国家信托为公益组织，是非营利性的第三方组织，无须政府资助，其主要的运作支持来自会员缴纳的会费以及其他的有关收入（如非会员门票、景点商店、景点酒店），使其能够做到自给自足。会员可以免费参观所有隶属于该会管理并开放的遗址，以及参加各种由该会组织的活动，超过500处景点的门票免费。

第三节 国外资源资产规划编制做法

一、国外规划体系

多数国家的规划以空间规划为主，少数国家如法国、日本、印度也编制了经济计划。

蔡玉梅等（2014）提出国外的空间规划体系以结构为导向，可以分为以德国为代表的“金字塔”型、以日本为代表的网络型和以美国为代表的自由型。林坚等（2011）将其分为以德国、英国和瑞士为代表的单一型空间规划体系和以日本为代表的并行空间规划体系。德国、英国的空间规划体系是以单一体系为主，即一个层级往往只存在一个综合性空间规划指导全区的空间发展策略。这类空间规划体系功能明确又联系紧密，各个层面的空间规划既能落实上位规划，又对下位规划起到指导性作用，兼顾了规划体系的完整以及不同层级规划重点突出的独特性。以日本为代表的并行空间规划体系，即一个层级存在多个并列的空间规划，同时存在国土形成计划和国土利用规划两个全国性的空间规划，相互协调又衔接一致，构成并行的规划体系。美国对空间规划不作统一管理，也不强调区域统筹，各种规划多由地方自主编制。联邦政府对各州的管理权限有限，且多将规划权力下放到州政府，州政府又将规划权力下放到地方。

经济计划是西方各国政府使用较为广泛的调控手段。各国政府基于充分的法律依据、严格的批准程序、有效的保障措施，制订了不同周期的经济计划，对国民经济的运行进行整体把握。如日本政策设立“通商产业省”制订经济产业结构调整计划，设立“经济企划厅”制订整体经济指导性计划，包括《新经济社会七年计划》（1979 年）、《经济运营五年计划》（1988 年）等。21 世纪以来，日本政府并没有制订新的综合性的经济计划，而是由内阁发布了一系列经济计划性质的文件，如《经济财政运营与改革基本方针》和《长期增长战略》来替代综合性经济计划发挥作用。这些文件虽非行政强制性经济计划，但有效地对经济参与者进行了方向性指引。

（一）德国空间规划体系

德国十分重视空间规划。早在 20 世纪初期，德国政府就已开始制定区域规划以解决城市化、工业布局、交通布局、国土空间开发与整治等问题。20 世纪 60 年代之后，德国的空间规划制度逐步完善。2006 年修订的《德意志联邦共和国基本法》奠定了德国现阶段的联邦、州、区域和地方的四级规划体系。首先，德国的空间规划具有完整清晰的体系架构，不同层面上的空间规划上下联动、彼此衔接。其次，各个层次的空间规划均有相应的完善的法律机制对其运行体系进行支持和保障，真正做到了规划与法律环环相扣。最后，德国空间规划的各个工作流程都十分重视公众的参与，保证规划的公开透明，维护公民利益。

全国层面的空间规划编制旨在将全国的地域空间都纳入整体的发展结构中，使全国性战略规划服务于地方的发展，强调建立平衡的生活环境，保护和发展赖以生存的自然环境，为经济发展创造良好的区位条件，强化空间多样性，同时为欧盟整体的空间发展战略创造条件。

州域规划的编制以全国性战略规划所提出的基本原则和政策要求为依据，也要受到各州制定的空间规划法的约束。州域规划的主要内容是：以人口的调查分析和预测、基础设施的建设、土地利用的基本概况以及经济发展为依据，提出本州空间发展的基本目标和根本原则、居民点和开敞空间以及基础设施建设的方案。以指导性原则为主，为平衡整个区域的利益，有少部分指令性内容。

区域规划是全国性战略规划和州域规划所提出的空间发展原则的具体化，其主要目的是保证上一层次规划能够被有效地执行和实施。主要是确定各功能分区的空间结构，为基础设施预留发展用地。

地方层面的规划分为两部分：一是涵盖整个街区的土地利用规划；二是针对部分街区的建设规划。前者是对地区发展空间和土地利用进行管控，主要是根据城市发展的战略目标和各种土地需求，通过调研工作，预测土地利用的类型、规模，并对市政公共设施进行规划，给土地资源的利用提供参考基础。后者与我国城市规划中的详细规划类似，采取文本与规划图则相结合的方法，通过用地性质、容积率、总建筑面积、配套建设等规划控制指标，规范地区空间的发展。

（二）日本空间规划体系

日本的国土空间规划分为国土形成计划和国土利用规划，全国层面的国土形成计划和国土利用规划并行设置，相互协调保持一致，作为各自下级规划的依据。

国土形成计划是综合性的规划，作为各专项规划的编制依据。国土利用规划通过制定土地利用的相关措施，保证国土综合且合理地使用，上下级的规划层层对接，在都道府县层面规划直接对接土地利用基本规划。2005 年修订后的《国土形成计划法》将国土形成计划变为两级，包括全国计划和 10 个广域地方计划，这是为了促进土地的利用、协调及保护而制订的综合且基本的计划，宏观指导性更强，给予地方较大的规划弹性空间。国土利用规划四级运行，除全国规划、都道府县规划、市町村规划三级外，在都道府县层面还包括土地利用基本规划，将规划范围内的国土分为城市地区、农业地区、森林地区、自然公园地区、自然保护地区，结合与每个区域相对应的相关法律，如《城市规划法》《农业法》《森林法》《自然公园法》《自然环境保护法》等，共同对土地进行合理规划。

全国的国土形成计划和国土利用规划都由国土规划局编制，其下级单位分别编制广域地方计划和国土利用规划，城市地区的规划由中央建设省的都市局及下级单位主管。中央层级主要负责协调全国和区域层面的土地资源配置，都道府县主要负责本级的空间规划、城市规划与建设，市町村主要负责本级的具体建设和管理事项。

（三）美国空间规划体系

美国采用联邦政府与各州分权而治的政体，地方政府依据州立法而非联邦宪法产生，这使得州政府对地方的影响比联邦政府更大。美国政府的行政设置包括联邦、州和地方。州以下通常分县政府、市镇村。县政府是州政府的代理机构，与州政府之间是上下级隶属关系。市镇村主要是那些因管辖过少而无资格列为市的地区，由州政府批准，定为市镇和乡村，建立相应的政府机关。

美国从未编制过国家空间规划，美国空间规划的运行体系包括州规划、区域规划、地方规划和社区规划 4 个层级。

美国没有州规划的立法授权，各州通过颁布法规确定是否编制空间规划，总体上 1/3 的州不编制空间规划，1/3 的州通过立法或政府文件的方式确定州目标或规划导则，另外 1/3 的州编制空间规划。州规划的主要任务是制定战略目标和措施，主要内容包括经济发展、土地利用、基础设施建设及环境等方面，旨在建立州域共同目标及开发优先开发地区的共识，控制“外延”模式、提倡紧凑开发，应对环境退化和损毁，或者为已经明确的开发同步提供相应的基础设施和公共服务。少数州（如新泽西州）的规划要求绘制规划图，标注增长区域边界或城市发展等级等，但也只是示意性，不具备法律效应。具体落实到空间上的规划内容由地方规划负责。同时，以州利益相关内容为主的州规划的实施费用主要纳入投资预算中，其实施主要依托投资建设计划而不是下级规划的落实来实现。

区域规划主要解决跨界和州际问题，以及具有区域重要性的重点区域、区域基础设施建设问题。对于涉及地方综合规划的相关内容采取审查和监督地方的方式予以协调，确保州规划、区域规划和地方规划各司其职、相互协调。区域规划包括管理增长、保护生态和保护农业遗产等多种类型。如加利福尼亚州旧金山湾区区域规划的主要内容是在职住分布预测的基础上提出交通网络和投资战略。

县级综合规划一般包括以下方面：健康、公共安全、交通、公共设施、财政健康、经济目标、环境保护及再分配目标。总体规划时限较长，一般在 20 年左右。地方总体规划通过《土地用途管制分区》和《土地细分》具体实施，这两部法令通常被编入地方政府法典，并随着规划的修编而修编。

二、美国的资源资产规划

（一）美国内政部战略规划

美国联邦政府 1993 年出台《政府业绩与成果法》，要求联邦政府各部门都需制定各自的规划，并加以评估，至少每 3 年修订一次。21 世纪以来，美国内政部制定了五轮战略规划（2003~2008 年、2007~2012 年、2011~2016 年、2014~2018 年，2018~2022 年）。美国内政部战略规划作为体现内政部管理理念、工作重点和计划安排的重要文件，是每任部长的施政纲领，是部门近期行动的路线图，包括机构责任框架、战略、任务、预期成果、绩效目标、具体措施，在国家公共土地和自然资源管理中具有非常重要的地位和作用。

美国内政部 2018~2022 年战略规划与前四轮相比，更加重视“为了国民利益和幸福生活”，且有助于方案整合、资源分配和统一以及为实现最终目标各利益相关方的合作与协调。这轮战略规划提出公共土地是美国最大的财富，首要任务是使公众公开进入公共土地，认识到狩猎和捕鱼是美国传统不可分割的一部分，并确保所有美国人都能享受这些运动。总体上看，该规划具有以下四个特点：

一是战略规划以结果为导向，按照“任务、目标、战略”层层分解的原则，规划框架包括 6 个任务领域（Mission Area）、21 个目标（Goal）、34 个战略（Strategy）和约 120 个关键绩效指标（Key Performance Indicator），将各项战略分解为可量化的具体任务。该战略自上而下推行，任务目标逐层分解，尤其突出规划的层次性和各部分内容的衔接。其中，6 个任务领域的主要内容包括保护土地和水、创收和利用自然资源、扩大户外娱乐和准入、履行信托和岛屿责任、保护人民和国境、在未来 100 年实现组织和基础设施现代化。

二是坚持跨领域综合管理，对自然资源门类统一规划。内政部管理事务繁杂，涉及土地、矿产、海岸带、水资源、林业、测绘、岛屿等多方面，几乎囊括了资源的主要门类。规划对各大领域的自然资源统筹管理，重视不同资源之间的衔接，综合考量不同资源的特点。

三是重视打造服务型政府，推动信息公开。该战略规划进一步体现了政府的服务功能，尤其是服务社区、增加公众娱乐等内容，充分体现了国家和政府较强的公益服务意识。其中，美国地质调查局通过监测和预警地震、火山、山体滑坡和环境健康危害等自然灾害，及时发布消息来保障公众的生命安全。

四是大力发展传统化石能源，降低制造业成本，促进经济增长。提出将确保美国能源和经济安全作为首要目标，希望能够促进能源开发，并通过减少对其他国家的依赖，创造就业机会和推动经济增长。规划提出了促进安全可靠的石油、天然气、煤炭和可再生能源的开发，重视水电能源、非能源矿产资源的利用。

2018~2022 年美国内政部战略规划任务与目标框架如图 6-1 和表 6-1 所示。

（二）美国国家公园规划

1970 年，美国国会通过的《国家公园管理局一般授权法案》中明确要求：“各国家公园应编制保护和使用总体管理规划并及时更新……各公园应编制 5 年战略规划和年度绩效/工作计划，并面向公众开放。”1978 年国会通过的《国家休闲区法案》及 2006 年美国国家公园服务局（NPS）制定的《美国国家公园管理政策》等相关法律法规均从不同层面对美国国家公园规划作了不同层次的规定。

保护我们的土地和水资源	创造财政收入并利用我们的自然资源	扩大户外娱乐和户外活动	履行我们的信任和岛屿责任	保护我们的人民和边境	为未来百年实现组织和基础设施的现代化
利用科学在土地、水、物种和栖息地管理支持的决定和活动	确保美国的能源和经济安全	在DOI土地和水域扩大狩猎、垂钓和其他娱乐活动	支持部落自决、自治和主权	确保应急准备和DOI执法人员处理公共安全风险	协调DOI组织架构和员工，以改善伙伴关系和任务交付
管理DOI水的储存和传递，以解决冲突并扩大产能	确保获得矿产资源	提高DOI网站的公众满意度	履行受托人的信任	支持保卫我们南部的美国大陆边界	减少行政和监管负担
培养合作伙伴关系，实现平衡的管理和公共土地使用	确保公众获得公平的市场价值，并在适当的时候收回成本，关注“健康森林”生命周期的木材项目		加强美国领土内的经济和卫生能力，并履行美国对自由相关国家的紧密义务	管理荒地火灾，降低风险，改善生态系统和社区恢复能力	优先考虑DOI基础设施需求并减少延期维护积压
通知土地使用规划过程，特别是公共使用和访问	管理放牧资源			为保护社区免受自然灾害提供科学依据	

图 6-1　2018~2022 年美国内政部战略规划任务与目标框架

1. 规划框架

美国国家公园的规划框架是一个贯穿国家公园管理局决策过程的、相互关联的框架。通常是从比较宽泛的管理总体规划逐步向更为详尽的实施计划发展，且不同层次的规划都有其独特的功能（见图 6-2、表 6-1）。

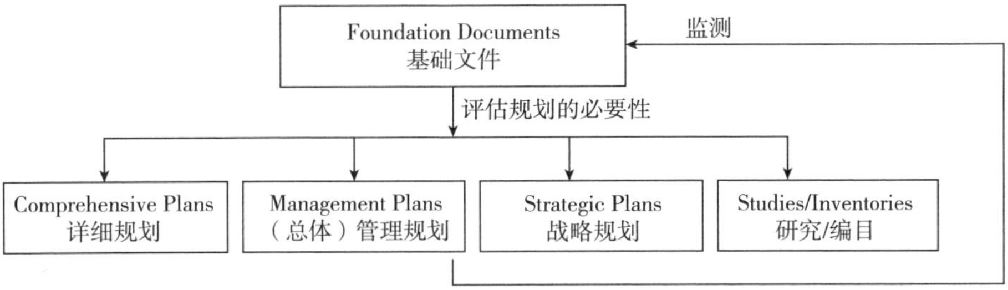

图 6-2　美国国家公园规划框架

资料来源：李云等. 美国国家公园规划体系的借鉴［J］. 林业建设，2019（5）.

表 6-1　美国国家公园规划要素区分

序号	名称	规划内容	规划期限	规划团队	批准主体
1	基础文件	记录了某个公园的目的、重要性、基础资源和价值，以及主要的讲解主题等内容的文件	至少 1 个管理总体规划的周期（20～30 年），其间可进行拓展或修订	国家公园与区域办公室，可由丹佛设计中心提供咨询服务	区域办公室主管
2	总体管理规划	园内资源保护措施、标明开发使用的类型和总体强度、游客承载力、潜在的边界调整等	20～30 年；通常每 10～15 年进行复审	丹佛设计中心	国会
3	战略规划	长远的绩效目标及实现策略、描述年度目标怎样与长远目标相关联、描述设定或修改目标时进行的分析过程、确定公民参与策略，在制订策略计划过程中鼓励相关利益者和社区参与进来、识别出能够对目标的实现产生显著影响的关键外部因素等	5 年	丹佛设计中心	区域办公室主管
4	详细规划/专项规划	专注于管理总体规划或战略规划中的个别项目或单个成分，并且可能会详细说明实现规划结果所必需的技术、学科、设备、基础设施、进度安排和资金	因项目而定	丹佛设计中心	区域办公室主管

资料来源：李云等. 美国国家公园规划体系的借鉴［J］. 林业建设，2019（5）.

基础文件是一份基于公园立法或总统公告为各个国家公园的管理和规划决策提供基本指导的文件。一般在规划早期制定，并将其作为管理总体规划前开展的公众与机构调研、数据采集工作的一部分。基础文件组成要素包括公园的描述、目的、重要性、资源、价值、主题、问题及规划需求。

总体管理规划是一种涉及面广泛的概括性规划文件，它在基础陈述的基础上设定了公园的长期目标。管理总体规划组成要素包括期望实现并保持的自然和文化资源状况、公园发挥功能必须具备的条件、管理活动与游客使用以及开发项目的类型和水平、各项指标和标准。总体管理规划的制定仅限于新建的国家公园单元，规划期较长，为20~30年。通常可能每10~15年需要对管理总体规划进行复审。

战略规划以总体管理规划为上位规划，规定了国家公园5年的指导方向，以及可观的、可预测的长期目标。一般包括在资金和人员有限的情况下，国家公园的发展定位是什么？实现发展定位，需要做些什么？设定发展目标时要基于一定的因素，包括公园的基础文件、对公园自然和文化资源的评估、公园游客的体验，以及根据现有的人员、资金和外部因素等而得出的公园绩效能力等。其规划内容更丰富具体、更具可操作性。一般作为国家公园服务局局长或分区局长用来评估每一个国家公园园长绩效的最好依据。

以总体管理规划和战略规划为指导，根据国家公园的管理需求，有针对性地编制专项规划和详细规划。一般情况下，专项规划/详细规划可能会专注于总体管理规划中的个别项目或单个成分，并且可能会详细说明实现规划结果所必需的技术、学科、设备、基础设施、进度安排和资金。详细规划提供了在公园某个区域内执行某项行动所需要的具体工程细节，并解释所采取的行动如何有助于实现长期目标。

2. 规划流程

当国家公园管理局考虑将某一区域纳入NPS系统时，需先根据该区域的资源重要性、代表性等准入条件进行初步调查分析，确定该区域是否满足条件。若满足则进行详细调查分析，明确该区域是否具备纳入NPS系统的适宜性和可行性。若都满足则将调查报告和提案提请国会授权后，进行深入调研。内部将最终调查结果提交国会，由国会综合评估后最终决定是否纳入NPS系统。当国会决定将该区域纳入NPS系统时，则开始制定基础文件，并以基础文件为基础，制定总体管理规划；以基础文件和总体管理规划为基础，制定战略规划；以总体管理规划和战略规划为指导，编写详细的规划和专项规划。在管理总体规划中所作的决定优于并指导其他更为详细的项目和活动的相关决定。规划程序如图6-3所示。

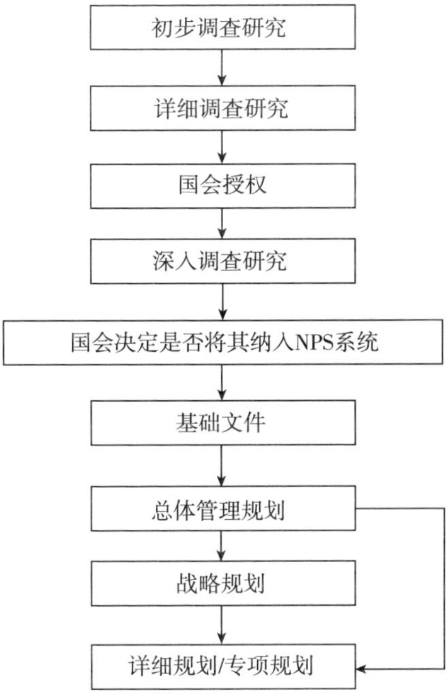

图 6-3　美国新建国家公园规划编制流程

资料来源：李云等．美国国家公园规划体系的借鉴［J］．林业建设，2019（5）．

除新建公园的总体管理规划由国会批准外，其他层级的规划由区域办公室批准即可。从便于管理的角度出发，美国国家公园的规划需要由 NPS 的专业规划团队来完成，NPS 内设的丹佛设计中心作为管理局专业的规划团队，是负责美国国家公园系统规划的中枢部门，提供规划全过程咨询服务。

3. 规划特点

一是完善而成熟的法律法规体系是美国国家公园规划体系的重要保障。美国的国家公园法律体系包括五个层次（国会通过的基本的国家公园系统法、国会通过的针对某一公园的法律、国会通过的适用于所有公共土地和所有美国机构的其他法律、国家公园管理局制定和通过的条例与政策、国家公园管理局为各公园制定的综合管理计划和协议），每一个国家公园都要受这五个层次法律法规的约束。五个层次的法律法规体系，从宏观到具体，从不同角度保证了国家公园规划体系的正常运行，且立法层级较高。二是科学研究是美国国家公园规划体系的基础。NPS 非常注重与大学等科研机构的合作，注重国家公园服务于科学，科学服务于国家公园。研究结果通过分析后直接运用于国家公园的运营和管理，并为国家公园编制各项规划提供基础数据，真正做到科学研究服务于规划，使美国国家公园的规划以事实为依据，更具可操作性。三是规划层次清晰、逻辑关系强且灵活性高。美国的国家公园规划体系以基础文件和总体管理规划为纲领，在管理总体规划中所作的决定优于并指导其他更为详细的项目和活动的相关决定。对于总体管理规划下相对具体的自然人文资源保护规划、游客体验规划等专项规划和详细规划等，则根据需要按需开展。一般情况下，只有当正在考虑中的活动或项目获得了足够的优先权，能够表明在接下来的 2~5 年将开展该项行动，并会将其纳入年度工作计划中时，才开始考虑实施计划中的相关具体细节。四是专业团队提供专业服务。NPS 丹佛设计中心根据 NPS 机构的设置特点，在各区域分设办公室，每个办公室有 4~7 名规划师，专门服务于该区域的规划咨询工作。整个丹佛设计中心有 40~50 人，由土地利用规划、景观规划、资源保护与管理等多种专业人才组成。五是公众参与决策。通过公众参与国家公园规划的编制、决策过程，让公众主动参与到国家公园的保护和管理工作中来，一方面可以通过与广大社区建立长期的合作关系让其了解规划的全过程及各项具体措施，提升市民的责任感和支持度；另一方面也有助于形成对国家资源管理的广泛投资。

基础篇

第七章　资产清查

第一节　自然资源资产调查与清查内涵

一、基本概念

（一）相关概念

1. 自然资源调查

开展自然资源调查和自然资源资产清查是自然资源部履行全民所有土地、矿产、森林、草原、湿地、水、海洋等自然资源资产所有者职责和所有国土空间用途管制职责的重要内容。

自然资源调查是对我国领土和管辖海域范围内的自然资源、地质环境与地质灾害等开展的基础性、公益性、战略性综合调查评价工作，是重大国情国力调查，目的是查清我国各类自然资源家底，为科学编制国土空间规划，逐步实现山水林田湖草的整体保护、系统修复和综合治理，保障国家生态安全提供基础支撑，为实现国家治理体系和治理能力现代化提供服务保障。根据《自然资源调查监测体系构建总体方案》，自然资源调查分为基础调查和专项调查。其中，基础调查是对自然资源共性特征开展的调查，专项调查指为自然资源的特性或特定需要开展的专业性调查。基础调查和专项调查相结合，共同描述自然资源总体情况。

其中，基础调查的主要任务是查清各类自然资源的分布和范围以及开发利用与保护等基本情况，掌握最基本的全国自然资源本底状况和共性特征。基础调查以各类自然资源的分布、范围、面积、权属性质等为核心内容，以地表覆盖为基础，按照自然资源管理基本需求，开展我国陆海全域的自然资源基础性调查工作。同时，为保证基础调查成果的现实性，开展自然资源成果年度更新，及时掌握全国每一块自然资源的类型、面积、范围等方面的变化情况。

专项调查是针对土地、矿产、森林、草原、水、湿地、海域海岛等自然资源的特性、专业管理和宏观决策需求，组织开展自然资源的专业性调查，查清各类自然资源的数量、质量、结构、生态功能以及相关人文地理等多维度信息。建立自然资源专项调查工作机制，根据专业管理的需要，定期组织全国性的专项调查，发布调查结果。此外，还组织海洋城乡建设用地和城镇设施用地、野生动物、生物多样性、水土流失、海岸带侵蚀以及荒漠化和沙化石漠化等方面的专项调查。

与自然资源调查相关的概念还包括自然资源监测、地理国情普查等。

根据《自然资源调查监测体系构建总体方案》，自然资源监测是在基础调查和专项调查形成的自然资源本底数据的基础上，掌握自然资源自身变化及人类活动引起的变化情况的一项工作，实现“早发现、早制止、严打击”的监管目标。根据监测的尺度范围和服务对象，分为常规监测、专题监测和应急监测。

根据《国务院关于开展第一次全国地理国情普查的通知》（国发〔2013〕9号），地理国情主要是指地表自然和人文地理要素的空间分布、特征及其相互关系，是基本国情的重要组成部分。地理国情普查是一项重大的国情国力调查，是全面获取地理国情信息的重要手段，是掌握地表自然、生态以及人类活动基本情况的基础性工作。普查的目的是查清我国自然和人文地理要素的现状和空间分布情况，为开展常态化地理国情监测奠定基础，满足经济社会发展和生态文明建设的需要，提高地理国情信息对政府、企业和公众的服务能力。

2. 自然资源资产清查

根据《辞海》，清产核资是“清理财产核定资金”的简称，是对国有企业的全部财产物资和债权债务进行清点、整理和估价，并核定其国有资金数额。新中国成立以来我国进行过五次大规模清产核资，分别为 1951 年、1962 年、1974 年、1979 年和 1992 年。

根据自然资源部权益司组织编制的《全民所有自然资源资产清查技术指南（试行）》，资产清查是围绕履行所有者职责，在已有成果基础上，摸清资产底数，形成资产底图，支撑全民所有自然资源资产管理的基础性工作。

（二）概念辨析

1. 清查与调查、普查

自然资源资产清查工作基于各类资源的专项调查（清查）结果，结合补充调查、建模推算和评估等方法，摸清自然资源资产的权属、数量、质量、用途、价格、分布、使用权、收益等家底情况，具有全面、可靠、准确的特点，但也存在周期长、成本高的不足。

从字面意思来看，清查指彻底检查，查清；调查指对客观情况进行考察了解，二者在获取信息的程度上有所不同。通常，清查与财产或资产相联系，如清查贴目、清产核资等。财产清查亦为“盘存”，指企业、机关、事业单位或其他经济组织对各项财产物资所进行的实物盘点，以及对其债权债务所进行的查询和核对。《中央行政事业单位固定资产清查盘点工作指南（试行）》（2020年）将清查盘点定义为“各单位对占有使用的固定资产进行日常清理、核对、查实，真实反映单位资产占有使用状况的工作”。《行政事业单位资产清查核实管理办法》（财资〔2016〕1号）对行政事业单位资产清查的定义是：“各级政府及其财政部门、主管部门和行政事业单位，根据专项工作要求或者特定经济行为需要，按照规定的政策、工作程序和方法，对行政事业单位进行账务清理、财产清查，依法认定各项资产损溢和资金挂账，真实反映行政事业单位国有资产占有使用状况的工作。”

有些资源也使用资源清查的概念，如森林资源清查、草原资源清查等，从其工作内容看与资源调查并无实质区别。2020年发布的《森林资源连续清查技术规程（GB/T 38590—2020）》对森林资源连续清查的定义是：以宏观掌握森林资源现状及其动态变化，客观反映森林的数量、质量、结构和功能为目的，以省（自治区、直辖市）或重点国有林管理局为单位，以设置固定样地为主进行定期复查的森林资源调查方法，简称一类调查。2017年原农业部印发的《全国草地资源清查总体工作方案》提出全国草地资源清查的目的是：了解掌握我国草地资源状况、生态状况和利用状况等方面的本底资料，提高草原精细化管理水平。

以地理国情普查与第三次全国国土调查为例，可以看出普查与调查的区别与联系：二者都是重大的国情国力调查，通过科学的手段获取真实可靠的国土基础数据，在作业过程中具有一定的相关性，但对象、内容、分类标准及组织等方面明显不同。如前者以我国陆地国土范围内的地表自然和人文地理要素为普查对象，以自然地理要素的基本情况（包括地形地貌、植被覆盖、水域、荒漠与裸露地等的类别、位置、范围、面积等，掌握其空间分布状况）和人文地理要素的基本情况（包括与人类活动密切相关的交通网络、居民地与设施、地理单元等的类别、位置、范围等，掌握其空间分布现状）为普查内容；后者以全国土地利用现状和土地资源变化情况为调查对象，以实地调查土地的地类、面积和权属为工作内容。

2. 核查与核算

资源调查的核查工作包括内业核查和外业核查。内业核查主要采用软件自动检查与人工排查相结合的方法，根据资产清查属性信息的生产流程以及资产清查价格体系建设的过程，将核查内容框架划分为基础核查、数据整合核查和报表信息核查三个阶段。外业核查主要针对核查过程中存在的质疑图斑、补调图斑，或对样本点数据的真实性和可靠性等进行外业实地抽查核查。

国民经济核算目前已经有了一整套相对较为成熟完善的体系（SNA 体系）。该体系以一定的经济理论为指导，综合运用统计学、会计学以及数学等方法，对一国（或一地区）在一定时期内各类经济主体的经济活动（流量）及其在特定时点的结果（存量）的各重要总量指标及其组成部分进行系统、综合、全面的测定。经过 1953 年、1968 年、1993 年的修订、补充、更新，发展至今，2008 版 SNA 体系已经相对完善，形成了一整套描述刻画国民经济运行的较为成熟的方法理论体系。

传统 GDP 的计算中，人们在经济活动中的作用和贡献是用货币来衡量的，仅仅计算了经济产品价值，忽略了自然资源产品损失和环境退化的价值以及在生产产品过程中对环境造成的污染损失。人类经济社会所生产产品的大部分原材料都来自自然环境系统，国际上对环境、资源、经济发展之间的关系一直进行着探索，意图在国民经济核算中有效反映经济、社会发展与环境之间的相互关系及其变化。

与环境有关的核算则是随着人类对环境在经济发展中重要性的不断认识而发展起来的。关于环境核算体系存在两种观点：一是重新建立起一种涵盖了环境与经济相互关系的更大的综合环境经济核算体系；二是在现有 SNA 核算体系的基础之上，将环境核算纳入现有的国民经济核算体系中，再对之进行重新调整合并。

自然环境核算是环境经济核算中非常重要的一个组成部分。在人类生产生活过程中，自然环境提供了客观条件与外在场所。自然资源核算统计资源实物量，并以合理的评估方法来测算价值量。所反映的自然资源存量状况的这一测算结果，在比较各阶段结果的基础上就能清晰地了解到自然资源流量的动态变化。

二、工作背景

党中央、国务院高度重视自然资源资产清查工作。2016 年国务院印发《国务院关于全民所有自然资源资产有偿使用制度改革的指导意见》（国发〔2016〕82 号），要求："协同开展资产清查核算。以各类自然资源调查评价和清查监测为基础，推进全民所有自然资源资产清查核算，研究完善相关指标体系、标准规范和技术规程。"2017 年中共中央印发《中共中央关于建立国务院向全国人大常委会报告国有资产管理情况制度的意见》，提出建立包括国有自然资源管理情况在内的国有资产报告制度，并要求组织开展国有资产清查核实和评估确认，统一方法、统一要求，建立全口径国有资产数据库。2018 年自然资源部成立，党中央赋予自然资源部“统一行使全民所有自然资源所有者职责”，开展全民所有自然资源资产清查工作，摸清资源资产家底是行使所有者职责的重要基础。2019年，十三届全国人大常委会关于建立国有资产管理情况报告制度的五年规划要求，2021年对国有自然资源管理情况专项报告进行口头报告；2022年实现完备的全口径、全覆盖国有资产管理情况报告制度，明确和规范报告范围、分类、标准等，基本建立报告与报表相辅相成的报告体系。

三、国外自然资源资产调查评价

（一）土地资源

1. 英国

英国1930年成立土地利用调查所，此后开展了数年的土地资源调查，对全国土地利用情况和沿革变化情况进行摸底清查，把全国土地划分为6类，主要是农业用地划分并绘制1：10万的地图。1960年开展第二次土地利用调查，土地利用划分为12个类型，绘制1：25万的地图。20世纪60年代后期，当时的土地管理局绘制1：65000英格兰与威尔士土地分类图，并对土地资源进行了综合评价。英国进行的土地资源调查和土地分类评价工作为合理利用土地起到了十分积极的作用。

2. 澳大利亚

澳大利亚全国性的土地调查研究始于1946年，成立了全国土地调查小组，对全国土地资源进行详尽勘查，划分并绘制了土地利用分类图。20世纪末期土地利用调查主要是在澳大利亚南部进行，特点是强调土地生态问题，更广泛地为土地利用规划服务。澳大利亚的土地利用调查根据采用的比例尺分为两种：一是国家土地利用调查，比例尺为1：2500000；二是小流域土地利用调查，比例尺为1：25000。两种调查方法都以澳大利亚土地利用管理分类体系（ALUM）为基础，该体系为全澳大利亚的土地利用信息使用者提供了收集和发布土地利用信息的全国统一方法。澳大利亚土地利用调查协助项目（ACLUMP）对土地利用调查进行支撑，以确保在国家和小流域规模上能够实现全覆盖并且数据统计口径一致。

3. 美国

20世纪20年代美国重点开展了本国及世界农业区划与密歇根州土地考察。为进行流域规划和水土保持工作，美国在1934年开展了以土壤侵蚀度为中心内容的土地利用调查，并在1937年开展了土地调查，制订了土地保护计划方案，把土地按适宜性分为8级。1972年在遥感技术支持下形成了地质测量局土地利用、土地覆盖分类方案，此后美国大量利用遥感信息资料和自动化技术编制

1∶10万和1∶25万的土地利用图和土地覆盖图。

4. 日本

日本于1951年颁布了《国土调查法及其实施令》，1957年颁布了《地籍调查作业规程准则》，1962年颁布了《国土调查促进特别措施法及其实施令》，目的是促进国土调查计划的实施，并以此制订了4个国土调查十年计划。日本1949年编制了1∶80万的土地利用图，同年又编制了1∶20万的土地利用图。1953~1973年进行了编制1∶5万的土地利用图调查。1974年国家设置国土厅，制定了国土利用计划法，国土地理院利用航空相片开始编制全国1∶2.5万的土地利用图，将土地划分为35种类型，城市土地利用根据城市机能进行分类，农业用地、林业用地根据植被分类。

（二）矿产资源

1. 美国

20世纪70年代以来，美国地质调查局（USGS）实施了包括美国本土金属、石油等4项大的矿产资源评价计划，第一次全面系统地评价了美国境内地下未发现资源的潜力。据此，USGS出版了《“820”项目报告》，它是自1952年Paley委员会报告以来第一次全面的全国矿产资源评价，其为美国制订资源战略计划提供了技术支持。自此以后，USGS将矿产资源评价定位为一项基本工作，每5年进行一次。

1993年起，美国地质调查局矿产资源办公室就提议对美国及其公有土地上非燃料矿产资源进行概率定量评价。这是首次为全国提供一致、可用、最低等级的现有矿产资源信息和未发现矿产资源总潜力的估算。这一次全国性的评价将会加强和促进矿产资源办公室对小规模地区未发现矿产资源进行评价，由两个阶段组成：要求先进行一个为期2年的全国矿产资源初步评价，紧跟其后的是5年一轮的全国矿产资源评价。国家初步评价计划完成以后，于1995年开始实施正式的国家矿产资源评价计划，工作重点是评价全国金、银、铜、铅和锌在循环使用的基础上是否可能保证未来足够的矿产供给，提高矿产资源的管理水平。在5年的国家矿产资源评价中，USGS使用统一的“三部式”评价方法、标准的评价模型，在全美19个成矿省开展了对金、银、铜、铅和锌的未发现矿产资源的评价工作，用了55个主要矿床类型共计93个矿床模型和亚模型，圈定出447个可行地段，对其中的305个地段进行了定量评价。

2007年，美国地质调查局启动了《直面明日挑战——美国地质调查局十年科学战略（2007—2017）》，以问题为导向的改革，明确了USGS的7项科学使命领域，并于2012年在原有战略规划的基础上，重新调整、制定并发布了新的USGS科学战略（2013~2023年）以及相应的战略计划。在USGS的这7项科学使命领域中，能源和矿产调查是重要的使命之一，重点关注新型能源和高技术型矿产，高度关注页岩油（气）、天然气水合物、地热、钍、镉、镓、锂等资源。

2008 年 5 月，美国地质调查局完成了对北极圈北部地区未发现的常规油气资源的评价。这次评价是利用新编的北极沉积盆地分布图划分地质区域，每个区域都划分了评价单元（AUs），以评价单元为单位进行石油勘探潜力的定量评价。由于北极大部分地区地震和钻井数据资料少，美国地质调查局在资源评价过程中常用的工具和技术通常不适用。因此，北极圈资源评价更多地运用地质分析和模型模拟的概率方法。这次北极圈资源评价估算了整个北极圈北部地区（北纬 66.56°）的石油潜力，定量评价的区域有 25 个；8 个区域被认为评价单元内至少拥有一个大量油气聚集区的概率低于 10%，因此未作评价。预测的各个地质区域平均资源量的总和显示：北极总平均常规未发现油气资源量近 900 亿桶石油、1669 万亿立方英尺天然气和 440 亿桶液态天然气，其中大约 84%赋存在近海地区。

2. 俄罗斯

俄罗斯国家的矿产资源潜力评价工作是与中比例尺（主要是 1∶20 万）的地质填图紧密连在一起、同时进行的。截至 2011 年，中比例尺地质填图已完成国土面积的 80%。填图区域零散分布，都是配合找矿进行的。另外还针对成矿远景区编制了 1∶20 万的地质矿图。余下的空白区基本上是一些很少开发、难以通行和地质上被覆盖的地区。所用的方法为预测普查组合法。小比例尺评价工作在苏联时期已进行过两轮，第三轮评价及第三代 1∶100 万的地质填图工作于 2015 年前完成，截至 2011 年 1 月，俄罗斯国土和大陆架的小比例尺地质研究程度为 37.9%，其中陆地为 44.1%，大陆架为 20.7%。另外还为具有成矿远景的区域编制了 1∶50 万的地质成矿图。

俄罗斯自然资源部围绕俄罗斯生态和自然资源专项规划（2002~2010 年）制订了能源与矿产资源评价的四大行动计划，资源评价工作进一步转向利用高精度、数字化、深层次的观察手段，与生态环境调查工作协同进行。计划之一“独联体国家和独联体外国家矿产潜力评价计划”的工作任务是分析各相关国家的战略性矿产资源的开发利用现状，研究构建俄罗斯战略性矿产资源的安全供应体系；建立一个自然资源和自然保护方面的地理信息系统，统一管理与俄罗斯资源利益有密切联系的地区和国家的资源信息。“世界大洋北极和南极矿产潜力评价计划”始于 1993 年，自然资源部 2004 年成立后得以延续，工作的重点领域是俄罗斯北部海洋远东地区海洋大陆架，研究的主要对象为大洋中的铁锰结核、深水硫化物，大陆架上的石油和天然气。已在巴伦支盆地、北冰洋大陆架、日本海大陆架、鄂霍次克海大陆架、亚速海—黑海、大西洋中脊、印度洋马斯克林群岛、南极洲的埃梅里冰川等地方取得了有价值的成果。

2010年6月俄联邦政府批准了《至2030年前地质部门发展战略》。根据这一发展战略，俄罗斯地质部门的优先发展方向之一就是继续持久地开展超前基础地质研究工作，包括：论证俄罗斯国土成矿区划、研发矿产资源预测评价和矿区深部构造模型建模的新方法、针对沉积盆地的资源潜力进行评价以及对大型和特大型油气田进行预测等。

3. 澳大利亚

20世纪90年代末，澳大利亚地质调查局开展了国家矿产资源定量评价工作。其目的是：①建立完善国家地质科学信息基础设施的有效工作程序；②从为战略规划服务的角度出发，开展资源潜力评价。在矿产资源潜力估计中使用了许多现代定量方法，包括USGS的三部式评价方法和计算机辅助决策模型。定量资源评价和计算机辅助勘查模型为ASGO客户的复杂需求提供了有效工具。通过室内分析、单个数据集的统计分析、数据集综合分析，能够提取出这些数据中的成矿信息。为了验证方法的有效性，对昆士兰岛YARREL省斑岩铜矿进行了潜力评价，其结果说明了通过提高和改善数据质量精度能够提高勘探效益。

2006年，澳大利亚矿产资源潜力计划完成了基于GIS（地理信息系统）的澳大利亚未发现矿产资源潜力评价。评价是在与各州和北部地区地质调查局的协商下进行的。评价使用三种比例尺：①具体地区的详细的评价（1：250000）；②区域地质省尺度评价（1：1000000）；③全国尺度评价（1：2500000）。澳大利亚地球科学局就17种具有重要意义的金、铀及贱金属（铜、铅、锌、镍、钴）矿床类型进行了全国尺度的1：2500000矿产资源潜力评价。评价中采用了大规模区域性地质标准。

为形成新的更好的集成数据，查明拥有资源潜力的地区，降低勘探投资风险，提高勘探计划效率，澳大利亚以《揭开覆盖层计划》为主线，以《为未来而勘探倡议（2016—2020）》和《矿产勘查合作研究中心新一代钻井技术倡议》作为补充，将关键矿产纳入相关勘探计划，查明拥有关键矿产资源潜力的地区。

4. 加拿大

加拿大地质调查局自1989年开始实施了勘探科学与技术计划（EXTECH），旨在通过开发综合的区域和矿床尺度的地质模型以及地球物理和地球化学方法与设备，来改进应用于勘探的概念和技术，从而促进矿产勘查新方法在加拿大的发展。迄今为止，加拿大地质调查局已进行了4期研究工作。该计划明确的目标是开发一个综合的矿床模型，将地质、地球物理和地球化学标志和矿床类型结合起来，这种综合模型有助于重新勘探和资源评价。涉及的学科和技术有地质学、矿床学、热水蚀变与热水沉积、第四纪地质、地球化学、冰川学、水地球化学及水文学、生物地球化学以及空中、地面、地下地球物理测量和 GIS 技术等。

20 世纪 90 年代，能源、矿山和石油资源部不列颠哥伦比亚省地质调查局完成了全省范围内 1 级矿产资源评价，该项工作对于大不列颠哥伦比亚省（BC 省）如何更好地利用地表资源具有重大指导意义。近年来，为了更新阿特琳—塔库地区金属资源与工业矿物资源潜力的信息，加拿大农业与土地资源部综合土地管理司委托 BC 省地质调查局负责该区域土地利用与规划的 2 级评价。BC 省地质调查局工作人员根据美国地质调查局的“三部式矿产资源评价系统”，开发了一套矿产开发评价程序。此管理程序使金属矿产和工业矿物形成各自的矿产资源潜力示意图。矿产资源评价可行地段的选择通过 3B 型资源模拟计算机系统来实现，经电脑分析后输出的结果是以每种矿床类型中金属预测资源量的可信度等级按 90%、50%、10%、5%和 1%排列。不同可信度等级下的预测资源量按当前矿产品价格计算其价值和各个矿区的价值，按可行地段价值评价结果对每一个可行地段从最低到最高进行排序，并从 1 到可行地段个数按顺序分配，得到最终排名。

加拿大自然资源部于 2008 年 8 月启动“能源与矿产资源地质填图计划”（Geo-mapping for Energy and Minerals，GEM），该项目总投资 1 亿加元，执行年限为 2008~2013 年，旨在为指导投资决策提供地学信息，以期发现和开发新能源和矿产资源。“能源与矿产资源地质填图计划”项目的重点是北极地区填图，利用现代地质方法和标准确定能源和矿产资源潜力。

5. 日本

日本实施矿产全球战略的主要措施包括：①促进海外矿产资源的利用，将保障矿产资源的安全供应列为国家矿业政策的首要目标，通过财政、金融、税收等多种手段全方位鼓励矿业跨国经营，从政治、外交等不同角度支持和促进在海外建立矿产资源供应基地；②组建专门机构，包括“石油公团”和“金属矿业事业团”，大力推行“技术援助/经济援助及合作计划”，建立全球矿产资源信息网络，为企业的矿业跨国经营提供全方位支持。

作为“政府援助计划”的一部分，日本金属矿业事业团在受援国实施矿产勘查的技术合作项目和矿产资源的区域调查，以便了解和掌握其他国家的资源情况，为本国公司参与海外矿产资源的开发工作提供帮助。据不完全统计，日本金属矿业事业团已在 40 多个国家开展了 140 个以上的矿产资源调查评价、勘查等方面的技术和经济援助项目。

日本在海外进行的基础地质调查有两种方式：一种方式被称为“海外地质调查”，完全由日本金属矿业事业团用日本政府的钱进行；另一种方式被称为“海外联合地质调查”，由日本金属矿业事业团与资源国联合进行，由日本政府提供资助，在找到了矿或圈定了远景区后，再由日本企业申请取得矿业权。仅 1997~

1998 年，日本政府就通过金属矿业事业团（也包括日本协力事业团）与 6 个国家签订了 7 个合同：与阿根廷签订勘查铜、金、锌及其他金属的为期 2 年的合同，主要承担地质调查、化探、卫星图像分析，工作区面积 77000 平方千米；与哈萨克斯坦签订勘查铜、金的政府合同，工作区面积 6900 平方千米；与乌兹别克斯坦和吉尔吉斯斯坦签订 3 项勘查铜、金的政府合同（卫星图像分析、地质调查、物探、现有地质资料的分析）；与泰国签订为期 3 年的找铅、锌的合同，面积 800 平方千米；与马里签订为期 3 年的找金政府合同，面积 7000 平方千米。

6. 欧洲

由于欧盟的一些战略金属完全依赖于进口，欧洲的矿物和金属的整个生产链的效率应通过投放高质量、高附加值产品的方式得到加强。因此 2009 年 5 月，由芬兰地质调查局牵头，组织 11 个欧盟成员国 27 个合作伙伴共同进行了一项为期 4 年的 ProMine 计划，其包括三项任务：矿产资源评价、矿产资源开发和可持续评价与开发。ProMine 计划中“矿产资源评价”的目标是确保欧洲范围内所有具有潜力的矿产资源（已知的和待查明的）全部建立档案。欧盟的采掘业能够根据储量进行矿产开发，为制造业提供原材料。这项工作对采掘业来说是不可或缺的一部分，已查明新储量和储量直接产生经济利益。“矿产资源评价”包括两个工作包：WP1 和 WP2。WP1（横跨欧洲的地质矿产资源潜力建模）的目的是总结开发出用于自然和人造矿产资源禀赋的泛欧 GIS 数据管理和可视化系统，实现泛欧矿产资源预测评价。为了达到这一目标，主要完成三项评价工作：欧洲矿产资源评价（包括新的战略和“绿色”产品，如镓、锗、铟、锂、铌、钛、钽、铂族元素和稀土元素）；次要（工业）矿产的评价；对有价值的采矿和冶金残渣进行评价。WP2（矿化带建模）的任务是开发 4D 综合地质可视化模型，采用欧洲标准的 GIS 系统用于资源量估算以及先进的矿产资源研究。

（三）森林资源

1. 美国

美国已分别于 1953 年、1963 年、1970 年、1977 年、1987 年、1992 年、1997 年、2002 年、2007 年公布过 9 次全国的森林资源数据。最初的调查于 1930 年从美国西部开始，各区域的调查多数以州为总体依次进行，并以州为单位提交调查分析报告。到 20 世纪 60 年代，美国大陆上的所有 48 个州都已经完成了森林资源清查，许多森林资源丰富的州还完成了至少一次复查。这一期间森林资源调查的重点是木材，多数州和区域的清查成果主要是提供森林面积和木材蓄积数据。20 世纪 60 年代和 70 年代，森林资源清查的对象发生了较大的变化。1974 年颁布的《森林与草地可更新资源规划条例》强调，FIA（Forest Inventory and Analysis）项目应该提供森林与草地上的各种资源信息，包括牧草、木材、水、野生动物栖息地、游憩等。1978 年颁布的《森林与草地可更新资源研究条例》要求开展更大范围的资源清查。美国林务局于 1990 年从新英格兰州开始试点，逐步建立了一个覆盖全国的 FHM 体系。它包括三个层次：①监测：由 FIA 通过年度调查，描述森林生态系统的变化情况。②评价：由州有与私有林管理司所属的森林昆虫管理项目组负责寻找变化原因。③研究：结合其他定位观测资料，对森林生态系统的过程和机理进行长期研究。同期，美国环保局也在实施一项“环境监测与评价项目”（Environmental Monitoring and Assessment Program，EMAP）。该项目对以下 6 个系统进行监测：森林、湿地、水体、沿海生态系统、农业生态系统、干旱生态系统。由于存在明显的重叠，林务局与环保局建立了密切的合作关系，尤其是在对森林的监测上。

1998 年美国通过了《农业研究推广与教育改革条例》，要求设计一个综合 FIA 与 FHM 的 FIM 体系，全国采用统一的核心调查因子、标准、定义，每 5 年提交一次清查报告，实施年度森林资源清查。按实施方案要求，经过 5 年时间的调整和过渡，从 2003 年开始，美国的森林资源清查要全面采用新的设计，共同完成对森林资源与森林健康的清查与监测。

森林清查周期各州并不一致，至 20 世纪 90 年代初，绝大多数地区已完成了 3 次清查，而有些地方的清查次数达 6 次之多，全国每年清查的森林面积约为 6000 万英亩。20 世纪 90 年代以后，全国的清查周期基本上确定为 10 年。从调查因子来看，20 世纪 70 年代以前以森林面积和蓄积为主，在每个样地中仅调查涉及木材蓄积的 60 多个变量。20 世纪 70 年代中期以后，由单一的木材资源调查向多资源调查发展，增加了植物、野生动物生境、游憩、土壤、水文等方面的调查因子。20 世纪 90 年代以后，每个样地中的调查因子达到 150 多项，其中半数以上是反映土地利用、植被结构及其他有关立地描述的因子。

美国是最早将 3S 技术应用于森林资源清查的国家之一。3S 技术在 FIA 中的应用主要体现在以下几个方面：①抽样调查时，通过航空照片或卫星影像进行第 1 阶分层抽样，通过影像判读区分有林地和无林地，并初步设置地面样地。②结合 GPS 设备、地图和遥感影像对地面样地进行精准定位，根据影像上的信息设置样地初始点，利用 GPS 导航定位样地中心点并记录路线。这些信息都将用于以后的样地复查工作。③GIS 主要应用在森林资源清查结果的处理中，如建设数据库、数据分析、资源清查结果制图等。

2. 日本

20 世纪 50 年代，日本开始全国森林资源调查试点工作，以判断当时的森林经营和利用是否会造成森林资源枯竭，宏观上把握全国森林资源现状和预测动态为调查目的，采用积累全国小班调查成果的方法进行资源调查。1976 年开始实施全国森林计划基础资料调查，达到统计和把握全国森林资源的目的，每 5 年调查一次。1984 年根据修改后的森林法，把全国森林计划改名为全国资源基本计划，到目前已进行了 6 次全国森林计划基础资料调查。1991~1993 年，通过“将来森林资源调查体系开发研究”报告，报告书中提出采用森林簿累积全国和地区资源数据，利用遥感监测资源环境，布设固定观测网进行多目的资源调查。1999 年，全国范围内以可持续森林经营为指导，按统一的调查方法进行森林资源监测调查并作出评价，调查因子丰富化。

3. 德国

德国的国家森林资源监测始于“二战”后。民主德国从 1961 年开始用 14 年的时间采用大范围数据统计抽样调查方法进行森林资源清查。联邦德国于 1971 年开始全巴伐利亚州森林资源清查，到 1984 年才明确规定全联邦按统一方法、标准、程序，采用抽样调查方法进行清查，必要时定期复查。德国森林资源监测体系包括三方面内容：一是周期为 10 年的全国森林清查；二是每年进行的森林健康调查；三是周期为 15 年的森林土壤和林木营养调查。3 种调查周期、内容都不相同，综合起来共同构成了德国森林资源监测的技术体系。

德国的森林资源调查主要包括三个方面：一是森林健康调查，从 1984 年开始每年进行一次；二是全国森林资源清查，周期为 10 年，1986~1988 年原西德开展过一次，2001~2002 年开展了东、西德合并后的第一次真正全国范围的清查；三是森林土壤和树木营养调查，周期为 15 年，1987~1993 年开展第一次，2006~2008 年开展第二次。德国的森林资源调查与我国的森林资源调查在组织形式、经费来源、成果、汇总和发布等方面均很相似，但德国的森林资源调查更注重森林生态和健康状况的调查，并使其在相同的抽样体系框架下开展，达到了数据综合比较分析和节约经费的目的。德国的森林资源调查抽样体系分为 3 个层次：第 1 层次称为大规模森林状态监测调查体系，是以高斯—大地坐标系为基准建立的系统性网状抽样调查样地体系；第 2 层次称为森林生态系统强化监测调查体系，在森林地区建立固定观测样地进行监测；第 3 层次是由一些集中的研究场地构成的研究森林生态系统过程一般问题的调查体系。

4. 加拿大

加拿大各省林业管理部门具体负责森林资源的经营管理和监测。林务局负责建立国家森林资源数据库，根据各省（区）及各经营管理单位提交的调查、统计数据，每 5 年开展一次全国森林资源汇总，每年向联邦政府作一个森林资源现状报告。加拿大联邦政府于 1995 年成立了加拿大森林资源清查委员会（Canadian Forest Inventory Committee，CFIC），1999 年完成了加拿大 NFI 的设计。加拿大 NFI 新设计的主要特点是：①全国采用统一的抽样格网，基本抽样间距为 4km×

4km 格网，全国采用 20km×20km 格网进行抽样，各省或层可以根据需要进行加密。根据测算，全国除极地和水体外，共布设 20551 个地面调查样地。②根据生态区进行分层，每层采用不同的抽样强度，在无植被或植被稀少的生态区，降低抽样强度。对重要的生态区或动态变化较大的生态区，可加大抽样强度。对极地地区不进行抽样，只进行面积估计。分层还可以与省级行政区划结合进行。③利用了遥感数据资料、森林经营档案和其他辅助信息源。在有林和有植被的地区，使用航空像片，比例尺为 1：20000 或更大。在极地和少植被、无植被地区使用卫星遥感数据资料，一般采用 LANDSAT 图像，遥感样地的大小为 2km×2km，抽样间隔仍为 20km×20km（抽样面积为 1%）。

5. 瑞典

瑞典的全国森林资源清查始于 1923 年，1923~1929 年建立了覆盖全国的森林资源清查体系（NFI），第七次国家森林资源清查（1993~2002 年）时，根据 1993 年修订的《森林法》，增加了环境和生物多样性保护的内容。目前，瑞典已将建于 1962 年的森林土壤调查系统（MI）与原国家森林资源清查系统（NFI）合并组成新的国家森林资源清查系统（RIS）。RIS 是一个全国性的森林资源和土壤清查系统，覆盖全国所有地类，重点在林地。清查成果数据用于国家统计年报。除传统的森林资源变化项目调查外，RIS 增加了与森林功能变化有关的项目调查，主要内容包括土地利用现状、立地（海拔、经纬度、植被和气候类型、土壤水文、土壤类型、鸟兽危害等）、林分因子（断面积、采伐级、作业方法等）、材积、生长与枯损、更新和采伐、林龄及其结构、植被情况、生物多样性及其环境条件等调查因子。

（四）水资源

2002 年美国 USGS 发布《关于水资源可用性与用途全国性评估的意见》（1223 号文件），概述了全国性评估工作的大致框架，提出采用 21 个水资源区域作为研究单位开展调查。2005 年，USGS 在五大湖流域启动了水资源可用量的试点研究，主要了解流域水资源的动态信息，包括地下及地表水的流量和产量，并说明水资源使用数据对于确定水资源可用量的重要性。

一是摸清美国淡水资源的现状以及变化情况；二是更为准确地判断未来人类、环境及野生动植物的用水需求；三是识别可用淡水资源与水的自然存蓄与运动、水利工程、水的使用以及调配之间的联系；四是鉴别通常不认为是资源的水资源，但又存在为人类和环境提供所需淡水资源的可能；五是预测由于土地使用、土地覆盖、天然和人工建造的基础设施、用水和气候等方面的变化而可能对可用水资源量、水质、水域生态系统健康造成的后果。USGS 的目标是为各利益相关方提供技术信息和工具，让他们能够针对所面临的问题，对水资源的可用性加以评估。管理水资源供应的职责应由州及地方政府承担，但是各州都需要了解水利系统方面的知识。因此，需要提供跨越管辖界限、无缝接合的全国水利资源可用性数据库。

美国水资源普查的重点内容包括：存在于地表水、地下水、雪水、冰水以及水资源基础设施中淡水资源的量与质；满足人类和环境用途的淡水资源的量与质；由于气候、土地利用及覆被变化、人类和环境对水资源需求的变化而引起的淡水资源的量、质变化。

水资源利用将通过以下三种方式进行评估：一是整合全国、各州及个人的关于人口、住房、气候、农业及经济信息的数据库；二是为地区间用户关于数据的设定、获取方法以及数据传输等建立统计联系；三是利用这些建立好的联系，评估某一地区的用水（或需水）状况。USGS 将与来自各级政府、工业、农业、水资源供应商以及在此领域有丰富经验可供分享的利益集团等，共同谋划整合此类信息。同时，为了解水资源利用情况，还设计了主要的水文指标。水文指标展示了水循环中的基本组成模块，获得这些指标的相关信息及其内在趋势，将有助于了解可用水资源的状况。这些指标包括：降雨量、土壤水分蒸发蒸腾损失总量、积雪地带、冰川、大湖及水库中的水资源储量、地下水水位指数、地下水补给比率、地下水储量变化、溪水河水径流参数、溪水河水底流参数、水源的总回收水量、流域间的引调水量、消耗性使用量、回流量、生态水流特征、用于现有需求的受损地表及地下水供应量等。

（五）草原资源

1. 美国

美国将草原视为重要生产资料的同时，高度关注草原的自然生态属性，将草原作为重要的自然资源和环境影响因子来保护和管理，并颁布了《多用途和持续生产法》《联邦土地政策与管理法》等多部相关法律。《国家环境政策法》首次提出环境影响评价制度，将人与环境和谐共处的关系法制化，为加强草原保护建设提供了法律支撑，也为草原生态评价和预警技术的发展与应用打下了坚实基础，通过在土壤上保持永久性营养覆盖物来管理良好的放牧式牧场，增加土壤有机质，改善田间养分分布，保护土壤、水、空气、植物和动物资源。草地健康评价由专业的草地评价师完成，评价师由政府统一认证，根据通过草地评价得到的健康程度确定草地的利用方式和程度。现今，美国的草原已经大量转化为其他用途，这威胁和削减了北美独有的植物和动物群落。

2. 澳大利亚

澳大利亚在 20 世纪 90 年代之前的草原监测工作主要由各个州独立开展，每个州都由相应的主管部门根据本地区的情况制订监测计划，在方法上都是以地面调查为主，重点评价放牧对草地的影响。由于每个州采用的规范有所不同，还没有形成统一的全国性草原监测体系，监测信息不能完全满足政府决策的需要。

1998年澳大利亚国家土地和水资源稽查局提出了全国草原监测工作计划和一系列草原监测项目，并通过各种形式向潜在用户征求草原监测的产品使监测能反映草原生产力、生物多样性、水资源条件、气候和社会经济等因素的多项指标。2000年国家土地和水资源稽查局提议在澳大利亚建立全国性的跨地区、跨部门的综合草原监测系统并得到了联邦政府的支持，建立了澳大利亚合作牧地信息系统（ACRIS），实现了对全国草原监测数据和相关牧业信息的整合。目前，草原监测已经是澳大利亚全国陆地生态系统监测的一个重要组成部分，并成为《政府环境报告》的重要内容之一定期发布。

澳大利亚合作牧地信息系统是由澳大利亚联邦政府相关组织与新南威尔士州、昆士兰州、南澳大利亚州、西澳大利亚州和北方地区的机构共同组成，主要负责资源管理和生物多样性保护的数据库网络系统。各州（区）机构的主要职责是收集草原数据并不断提高数据的有效性。ACRIS管理委员会（ACRIS-MC）负责检查各相关单位工作情况并召集不同工作组协助完成各自领域（如生物多样性、社会经济）的报告。设立在沙漠知识协作研究中心（DK-CRC）的ACRIS管理单位（ACRIS-MU）负责协调工作的具体执行。ACRIS在积极推动数据采集、整理的同时，本身也利用联邦政府的资源（如澳大利亚统计局）开展数据收集工作，并以报告的形式分析国家和不同地区草原的变化。

在澳大利亚为满足草原监测工作的需要，建立了大约2500个长期固定监测点和20000多个取样点。在固定监测点的建设中制定相关标准保证了监测点的统一性和规范性。以西澳大利亚州为例，固定监测点对于样地的选择、样地的大小、围栏的设计以及标识牌的统一等都有详细的规定。另外，在全国范围内建立了图片记录系统（PS），该系统在重点草原区建立了1万多个相片记录点，每1~4年对草地景观进行拍照，同时记录草地的生物量。该系统允许用户免费浏览和下载相关资料，目前有的记录点积累历史相片的时间跨度达80年，为草原景观变化评估提供了第一手资料。

在澳大利亚草原监测的地面数据采集工作中，十分重视对生物多样性和地表土壤状况变化的监测。其中，澳大利亚的草原生物多样性监测是目前世界上最成熟的，2000年专门制定了《草原生物多样性监测指南》，内容涉及乡土植物、外来物种的种类和盖度、易受火烧和放牧干扰的植物种类与群落以及易受影响的哺乳动物和鸟类的调查等。在每个固定监测点，地表土壤状况都是监测的重点内容。以西澳大利亚草原监测为例，监测点的《野外操作指导手册》中含有专门的表格，要求详细记录土壤状况，内容包括土壤质地、pH值、侵蚀形式和斑块属性等。还设计专门的表格，通过简便易操作的打分制度对地表土壤的侵蚀程度进行评估。此外，生物多样性监测和土壤状况调查（含土壤养分、侵蚀、酸化及污染等）已经成为政府环境报告中的重要内容。

（六）海洋资源

1. 美国

美国早在20世纪80年代就建立了世界上首个集数据监测、收集、传输、分析、存储及共享于一体的较为完善和系统化的全国永久性海洋观测系统，如美国综合海洋观测系统（IOOS）、美国和加拿大共同建设的海王星海底观测网（NEPYUNE）等。海洋观测系统综合运用卫星、飞机、船舶、水下滑翔器、浮（潜）标等先进技术手段，对海洋生态和动力进行全方位、连续和持久的监测。

美国非常重视海洋发展的顶层规划，第一部海洋科技发展规划颁布于1959年，是由美国科学院海洋学委员会制定的《海洋学十年规划（1960—1970）》。同年颁布了《海军海洋学十年规划》，首次将军事纳入海洋发展规划中。此后，美国政府又相继制定了《全国海洋科技发展规划》《国家海洋政策执行计划》《21世纪海洋发展战略规划》等一系列海洋发展政策、规划以及区域海洋规划，涵盖了海洋管理政策及体制建设、军事、科技、资源等内容，对美国海洋资源开发利用、海洋事务管理、组织机构建设以及未来的发展方向作出了明确、全面、系统的规定。

2. 加拿大

在20世纪八九十年代，加拿大制定了《多年海洋计划》和综合性规划《绿色规划》，并于1997年颁布了相关法律《海洋法》，该法律是世界上第一部综合性海洋律法。随后，加拿大制定实施了海洋发展战略《加拿大海洋战略》，着重提出要坚持基于生态系统方法的海洋综合管理，将现代科学知识和传统知识相结合，以可持续发展为主要目标和原则，促进海洋生态环境、社会和经济统一协调发展。随后，加拿大针对国内的3个沿海地区分别制订了区域性海洋管理计划，分别为北冰洋波弗特海综合管理规范计划、大西洋东斯科舍陆架综合管理和太平洋不列颠哥伦比亚省中部海岸计划。2005年实施的《海洋行动计划》更进一步确立了海洋生态系统保护的主要任务和目标。除了制定本国海洋发展规划，加拿大积极采取国际海洋战略，主动争取和维护本国在北极地区的主导地位，约束各国和平开发利用北极资源，以确保自身最大的利益，为本国在北极的海洋发展拓展了更宽松的国际空间。

加拿大是全球率先建立海洋观测系统的国家之一，除NEPYUNE以外，还拥有与维多利亚海底试验网络（VENUS）一起组建成的加拿大海底观测网（ONC）。ONC由维多利亚大学主导、企业与社会各界组织机构共同参与，并采取多样化的资助渠道，除了政府支持，多个社会和民间组织、基金会对海洋科技项目进行资助，是能够确保项目顺利进行的强大后盾。加拿大国内拥有大批海洋类高校和研究机构，如英属哥伦比亚大学海洋渔业研究所、维多利亚大学地球和海洋科学学院等学校院所，以及贝德福海洋研究所、魁北克海洋研究所、加拿大海洋生物研究所、海洋前沿中心等科研机构。目前加拿大海洋科技研究主要集中在海洋生物种群与生态系统、海洋环境与物种保护、海洋大数据、海洋技术、气候变化与北极研究等领域。

3. 澳大利亚

1998 年澳大利亚出台了第一部国家海洋政策——《澳大利亚海洋政策：关心、理解、明智使用》。此后，澳大利亚科学与技术部组织成立了海洋科技计划工作组，负责制订第一部国家级海洋科技计划。该计划一方面是为海洋政策中确定的三大目标提供科技支持；另一方面是为与 2004 年 11 月联合国要求的确定大陆架边界的时间相一致，在技术上完成澳大利亚海洋地图测绘，完成确定海洋主权区的数据解释和所要求的程序。在科学与技术部的大力推动下，来自澳大利亚海洋科学界的专家通力配合，于 1999 年制订出台了第一部海洋科技计划——《澳大利亚海洋科学与技术计划》。

最新海洋科技计划是在澳大利亚海洋政策科学顾问组 2013 年提出的意见书《海洋国家 2025：海洋科学支持澳大利亚蓝色经济》的基础上发展而来的。之后，国家海洋科学委员会承担起了制订新计划的任务。新计划于 2014 年提交给了国家海洋科学年会，并在年会上进行了广泛讨论，收到了来自全国海洋利益相关团体的 73 份反馈意见。2015 年 8 月，国家海洋科学委员会颁布了最新海洋科技计划——《国家海洋科学计划 2015—2025：驱动澳大利亚蓝色经济发展》。

第二节 我国自然资源调查现状

一、自然资源综合调查

新中国成立以来，由中国科学院综合考察委员会等单位组织的自然资源综合科学考察经历了两次大规模活动：第一次是 20 世纪 50~60 年代，包括新中国早期的自然资源综合考察（1951~1955 年）和第一次科技规划后的自然资源综合考察（1956~1965 年），这一时期的自然资源综合考察处于摸索阶段，主要围绕边疆地区、重要流域、资源区域和国民经济需要开展工作，特点是着重摸清考察地区的自然条件与自然资源，结合社会经济情况，研究提出资源开发意见、方案与建议，“摸清资源，提出方案”是当时的口号。① 第二次是 20 世纪 70～80 年代，包括 1973 年起历时 7 年的青藏高原考察和第三次科技规划后的自然资源综合科学考察（1978～1990 年），这一时期的自然资源综合考察以“立足资源，加强综合，为国土整治服务”为方针，考察范围几乎覆盖了大半个中国，考察经验趋于成熟，考察手段逐步现代化，考察成果多数能直接为当地资源开发、经济建设和社会的可持续发展服务。②

自然资源部成立以后，探索构建自然资源调查监测体系，完善国土调查标准，统一陆海分界、明晰林草分类，将湿地列为一级地类。建立耕地资源质量分类技术体系。构建以立体空间位置为基本纽带的自然资源分层分类模型，划分地表基质层、地表覆盖层、管理层，在地表基质层下设置地下资源层，制定并实施自然资源统一调查监测制度，完善自然资源以及生态环境管理统计调查制度。

2018 年 9 月，国务院统一部署开展第三次全国国土调查（以下简称三调）。“三调”历时 3 年，全国有 21.9 万名调查人员参与，经过“国家内业预判、地方实地调查、国家内业核查、地方实地举证、国家‘互联网+’在线核查和实地核查”等多轮次上下互动，汇集了 2.95 亿个调查图斑，以 2019 年 12 月 31 日为标准时点，全面查清了我国陆地国土利用现状等情况，建立了覆盖国家、省、地、县四级的国土调查数据库。

二、我国自然资源专项调查

我国先后开展了两次全国土地调查、一次全国水利普查、两次水资源调查、一次全国地理国情普查、一次全国海洋经济调查和全国海域海岛地名普查、九次全国森林资源清查、两次全国草地资源清查和两次湿地资源调查等工作，目前正在实施矿产资源国情调查试点和第三次全国水资源调查评价。通过多轮自然资源调查（清查），已初步掌握自然资源的权属、数量、质量、用途和分布情况，为摸清全民所有自然资源资产家底奠定了基础。

（一）土地资源

农业部于 1958 年组织了以耕地土壤为中心的全国土壤普查。1979 年以后，在全国农业区划委员会的组织与推动下，各省（区、市）先后开展了以土地资源为重点的农业资源调查，在资料分析、面积测算和典型调查相结合的基础上，对各地区的耕地、园地、草地和林地等作了一次全面的清查和评价。

1. 第一次全国土地调查

全国土地资源调查 1980 年起试点，1984 年全面开展调查，1998 年基本完成

---

①② 中国自然资源学会．中国资源科学学科史［M］．北京：中国科学技术出版社，2017.

全国省级调查成果的国家验收，1999 年基本完成全国调查成果的汇总工作。出版了专著《中国土地资源》《中国土地资源调查技术》，编写了《中国土地资源调查数据》《中华人民共和国土地利用图》等调查成果。此外，还开展了土地利用变更和动态监测的技术工作，编制了从国家到乡（镇）的 5 级土地利用总体规划；城镇地籍调查、城镇土地登记、基准地价评估等基础性工作也上了一个新台阶。

在第一次全国土地资源详查基础上，制定了《国土资源标准化体系》土地标准体系。为配合新一轮的土地资源大调查，中国土地勘测规划院具体组织编写了十多个技术标准或技术规程、技术规定。主要有《土地利用动态遥感监测技术规程》《耕地后备资源调查评价技术规程》《西部大开发土地资源调查评价技术规定》《农村集体所有权调查方法》《城镇土地分等定级规程》《城镇地价动态监测体系技术规范》《县（市）级土地利用现状数据库标准（试行稿）》等。

2. 第二次全国土地调查

根据《中华人民共和国土地管理法》和《国务院关于深化改革严格土地管理的决定》（国发〔2004〕28 号）的有关规定，国务院决定自 2007 年 7 月 1 日起开展第二次全国土地调查。第二次全国土地调查（以下简称二调）查清了以 2009 年 12 月 31 日为标准时点的全国土地利用状况，并于 2013 年 12 月 23 日正式对外发布。“二调”首次采用统一的土地利用分类国家标准，首次采用政府统一组织、地方实地调查、国家掌控质量的组织模式，首次采用覆盖全国遥感影像的调查底图，实现了图、数、实地的一致。全面查清了全国土地利用状况，掌握了各类土地资源家底。第二次全国土地调查成果数据包括耕地 13538. 5 万公顷、园地 1481. 2 万公顷、林地 25395. 0 万公顷、草地 28731. 4 万公顷、城镇村及工矿用地 2873. 9 万公顷、交通运输用地 794. 2 万公顷、水域及水利设施用地 4269. 0 万公顷。

3. 第三次全国国土调查

“三调”以 2019 年 12 月 31 日为标准时点，全面清查了全国国土利用状况，建立了覆盖国家、省、地、县四级的国土调查数据库。

（二）矿产资源

1. 全国矿产资源利用现状调查

2007 年底，国土资源部印发了《关于开展全国矿产资源储量利用调查工作的通知》（国土资发〔2007〕192 号），启动了全国矿产资源储量利用调查。全国矿产资源储量利用数据是国土资源规划、管理、保护和合理利用的基础性资料，也是制定产业发展规划和区域发展规划的基本依据。

全国矿产资源利用现状调查任务包括：①以矿区为核查单元，以块段为核查基础，全面核查我国石油、天然气、煤炭、煤层气、铀、铁、锰、铬、铜、铅、锌、铝土矿、镍、钨、锡、锑、钼、锂、稀土、金、银、磷、钾盐、硫铁矿、硼、重晶石、萤石、菱镁矿 28 个矿种（类）5000 多个矿区，累计查明、消耗、保有、占用、未占用资源储量，摸清矿产资源储量的数量、结构、品质、分布及开发利用现状，为国家经济建设和宏观决策提供基础支撑。②建成集 25000 多个核查矿区、省级汇总成果数据库和全国汇总成果数据库群于一体，包含储量增减、矿产品产量和“三率”等，适合当今需求的资源储量动态监督管理支持系统，探索并建立一套与国际接轨、适合我国社会主义市场经济体制的矿产资源储量管理的长效机制，为国土资源部门高效履行矿政管理职能提供技术支撑。③通过综合研究，为我国能源矿产与非能源矿产资源规划制定，经济结构、产业结构和能源结构调整，资源储备，区域经济布局，资源、产业政策的制定，“两种资源”和“两个市场”战略的实施以及矿产资源参与国民经济宏观调控、国家资源安全和经济安全等方面的决策提出高水平意见和建议。

全国矿产资源利用现状调查的主要成果包括：①编制多套技术规范，夯实了资源储量核查与管理的基础。②全面摸清了 28 种矿产资源储量，维护了国家储量数据的准确性。③发掘大量新增资源储量，提升了我国矿产资源的可供量。④首次系统查明 14 种煤类资源储量及其分布，为煤炭资源精细化管理奠定基础。⑤查明 28 种矿产资源储量配置情况，为资源开发规划提供了依据。⑥矿产资源空间数据库和储量动态管理支持系统为实施“一张图管矿”搭建了平台。⑦提出并测算我国“可回收资源储量”。成果主要应用于资源储量管理、动态监管及矿政管理、经济社会发展规划、矿山生产设计、资源税费管理、资源战略研究与判断、地质科学研究与管理。

2. 全国矿业权实地核查

原国土资源部于 2007 年启动了全国矿业权实地核查工作，主要任务是核实全国范围内的有效矿业权（不含油气）登记数据与实际情况的一致性，重点核准矿业权实际位置是否在法定许可范围内，获得全面、真实、可靠的矿业权基本数据，摸清我国矿业权“家底”，夯实矿政管理的矿业权数据基础。

通过矿业权实地核查，系统核实了全国 147248 个矿业权（其中探矿权 36755 个）登记数据项，首次实现了所有矿业权的拐点坐标和图形数据在 1980 西安坐标系、1985 国家高程基准内的统一，为加强矿业权的权属管理提供了支撑。同时，本次核查实测编制了 18108 张探矿权勘查工程实际材料图、110493 张采矿权开拓采掘工程分布图，编制了全国 31 个省（区、市）矿业权分布图，首次完整地获得了全国有效矿业权勘查工程或采掘工程平面图的空间数据，为矿业权的精细化管理提供了支撑。本次核查共发现问题 10.8 万个，其中存在矿界位移、超层越界、矿界交叉重叠等“实际活动范围与法定许可范围不一致”问题的矿业权数 6.6 万个，占矿业权总数的 44.8%。以矿业权实地核查为契机，各地国土资源管理部门分类分批集中解决矿业权实地核查发现的问题。矿业权“实际活动范围与法定许可范围不一致”问题的解决，从实践层面准确界定了矿业权的空间边界，确保了每个探矿权或采矿权在空间上的唯一性，矿业权实地核查的成果已经在矿产资源勘查开发监督管理和目前正在开展的矿产资源开发整合、稀土整治专项行动、找矿突破特别行动等方面得到应用。

3. 全国矿产资源潜力评价

2006~2013 年，在原国土资源部和财政部领导下，在省级国土资源主管部门的支持和配合下，中国地质调查局组织中国地质科学院矿产资源研究所等 165 家单位 3700 余人，全面开展“全国矿产资源潜力评价”项目。旨在通过系统总结地质调查和矿产勘查工作成果，全面掌握矿产资源现状，科学评价未查明矿产资源潜力，建立真实准确的矿产资源数据库，满足矿产资源规划、管理、保护和合理利用的需要。

全国矿产资源潜力评价首次实现全国陆域 25 种重要矿产资源潜力的定量评价。按照全国统一技术要求，科学评价了 25 种重要矿产资源的潜力，实现对新中国成立以来地质矿产资料最系统的搜集、集成，建立了涵盖成矿背景、成矿规律、重力、磁法、化探、遥感、自然重砂和矿产预测等领域的 103 种潜力评价数据模型，提出了大地构造相研究方法分析成矿环境，创新了物探、化探、遥感多元信息用于矿产预测的方法，创立了矿床模型综合地质信息预测理论方法，建立了新的矿产资源潜力评价技术方法体系，为矿产资源潜力动态评价奠定了重要基础。

4. 矿产资源国情调查

2020 年 7 月，自然资源部组织开展矿产资源国情调查，目的是全面、及时、准确地掌握矿产资源的家底现状，把握矿产资源国情国力状况，进一步夯实国家资源能源的安全基础。具体任务包括：摸清矿产资源家底，掌握真实准确的矿产资源基础数据，统筹资源开发与生态保护关系，建立规范的调查评价制度。其中，矿产资源家底主要包含两个内容：查明矿产资源、潜在矿产资源。矿产资源国情调查以 2020 年 12 月 31 日为调查基准日，以矿产资源储量新分类为标准，围绕国家紧缺战略性矿产，重点做好石油、天然气、铀、铁、铬、铜、铝、金、镍、钴、锂、锆、钾盐 13 个矿产资源的国情调查工作，夯实矿产资源家底。

（三）森林资源

森林资源清查是从森林资源自身生长、分布规律和特点出发，结合中国国情、林情和中国森林资源管理特点，采用抽样调查技术和以 3S 技术为核心的现代信息技术，以省（区、市）为控制总体，通过固定样地设置和定期实测的方法，按照国家林业和草原局最新颁布的《国家森林资源连续清查技术规定》技术要求，以及国家林业和草原局对不同省份的具体时间安排，定期对森林资源调查所涉及的地类变化、森林面积、蓄积及其变化等一系列调查因子，采取相应的调查手段和工具，准确、及时查清相关调查因子，通过计算机进行统计和动态分析，对森林资源现状及其消长变化作出综合评价，并提供相应的技术图件的过程。

森林资源连续清查的成果可以反映全国和各省森林资源与生态状况，是制定和调整林业方针政策、规划、计划、监督检查各地森林资源的消长任期目标责任制的重要依据，它的任务是定期、准确地查清全国和各省森林资源的数量、质量及其消长动态，掌握森林生态系统的现状和变化趋势，对森林资源与生态状况进行综合评价。

第九次全国森林资源清查于 2014 年开始，到 2018 年结束，采用国际上公认的“森林资源连续清查方法”，以省（区、市）为调查总体，全面采用了遥感等现代技术手段，调查、测量并记载了反映森林资源数量、质量、结构和分布，以及森林生态状况和功能效益等方面的调查因子，结果显示全国国土森林面积 22 044. 62$\times10^4$ 公顷，森林覆盖率为 22. 96%，全国活立木总蓄积 190. 07×108 立方米，森林蓄积 175. 60×108 立方米。与第八次全国森林资源清查相比，全国森林面积增加 1275. 89$\times10^4$ 公顷，增加了 6%；森林覆盖率增加了 1. 33%；森林蓄积增加 24. 23$\times10^8$ 立方米，增加了 16%。

（四）草原资源

我国草原调查监测工作开始于 20 世纪 50 年代，分为草原资源清查和草原年度监测。

草原资源清查方面：新中国成立以来，我国累计开展了 2 次区域性和 2 次全国性草原资源调查工作。20 世纪 50 年代，北方部分省份首次组织开展了北方局部区域的草原资源调查工作，开创了我国草原调查工作的先河。20 世纪 50～70 年代，中国科学院通过一系列区域性自然资源考察，初步查清了北方和青藏高原的草原资源情况。1979 年，国家科委和国家农委下达全国统一草地资源调查的任务，这是我国第一次开展全国性的草原资源调查工作。调查工作自 1980 年开始，历经 10 余年，覆盖全国 2000 多个县 95%以上的国土（仅东部极少数平原农区和城镇、工矿区未做调查），首次掌握了我国草原资源本底情况，但由于受资金和调查手段限制，调查数据存在一定误差。① 本次调查由各省、市、自治区畜牧（农牧）厅（局）组织技术力量完成各自的草地资源调查任务，然后进行全国汇总。成果包括编绘了县（旗）级 1/10 万［农业县 1/5 万，一般纯牧业县（旗）1/20 万］、地区（盟）级 1/20 万、省（区）级 1/50 万草地类型图、等级图和草地利用现状图；编制了以县（旗）为单位的含有草地类型面积、生产力、载畜量的草地资源数据统计册；编写了阐述草地数量、质量、区域分布、利用现状、草地畜牧业发展潜力与方向的文字报告或草地资源专著。2017 年 3 月，农业部决定开展第二次全国草地资源清查工作，并下发了《全国草地资源清查总体工作方案》。目前，部分省份外业清查工作基本完成，只有少数省份清查工作还未完成。我国还没有一套完整的草原资源基础数据。

草原年度监测方面：我国于 20 世纪 90 年代开始了草原监测研究工作，2003 年成立农业部草原监理中心，各省（区、市）也陆续成立了草原监理总站（站），草原监测工作进入了新的发展阶段。2005 年，我国第一个全国草原监测报告发布。在全国草原监测工作的带动下，四川、新疆、西藏、内蒙古、辽宁、云南等主要草原省及部分牧区县也每年向社会公开发布省域、县域草原监测报告。经过多年的探索，草原监测工作已具备了一定的基础，形成了一年一次的监测机制。

（五）湿地

我国是全球首个完成三次全国湿地资源调查的国家，第三次全国国土调查正式将湿地列为一级地类。各地建立了湿地调查监测野外台站、实时监控和信息管理平台，并逐步纳入国家林草感知系统，通过高新技术实现监测监管一体化。

1992 年，中国正式加入《湿地公约》，并在随后的 1995~2003 年进行了第一次全国湿地资源调查。2009~2013 年，第二次湿地资源调查展开。第二次全国湿地资源调查结果显示：截至 2013 年底，全国单块面积为 8 公顷以上湿地的总面积为 5342.06 万公顷，占国土面积的 5.58%（另有水稻田面积 3×10^7 公顷未计入调查范围内）。两次湿地资源调查之间的十年内，湿地面积减少了 339.63 万公顷，其中自然湿地面积减少了 337.62 万公顷。

（六）水资源调查

我国已开展一次全国水利普查、三次水资源调查，2021 年 6 月又启动了水资源调查监测评价工作。全国第一次水利普查 2012 年完成，包括河流湖泊基本情况、水利工程基本情况、经济社会用水情况、河湖开发治理保护情况、水土保持情况、水利行业能力建设情况。第三次全国水资源调查评价于 2017 年启动，工

① 赵磊磊等．我国草原调查监测现状、存在问题及对策分析［J］．林业建设，2020（6）．

作内容包括水资源数量评价、水资源质量评价、水资源开发利用状况调查评价、污染物入河量调查评价、水生态状况调查评价和水资源综合分析评价。正在开展的水资源调查监测评价工作要利用5年时间基本建成组织协同、技术融合、标准统一、成果有效的水资源统一调查监测评价制度，形成水资源状况周期调查评价与年度更新调查监测制度，全面掌握全国水资源数量、质量、空间分布、开发利用、生态状况及动态变化。

（七）海洋

1956年，周恩来总理亲自组织制定《1956—1967年科学技术发展远景规划纲要》，提出开展海洋资源综合调查研究。此后，约2000名海洋调查人员用3年多时间踏遍我国绝大部分近海区域，完成了第一次全国海洋综合调查，获取了中国海洋科学史上的第一批近海系统资料。1976年3月，新中国首次远洋科学调查启航，历时50多天，完成了南太平洋科学调查。1980年起，我国组织开展了全国海岸带和海涂资源综合调查、全国海岛资源综合调查。2004年启动新中国成立以来最大规模的近海海洋综合调查，对近海环境资源进行全面体检，其成果被广泛应用于海洋事业的各个领域。2014年完成了全国海洋经济调查，通过单位清查、产业调查和专题调查，对海域面积、海域使用金征收额、海域使用权招标拍卖宗数、无居民海岛数量与面积、无居民海岛森林覆盖率、海岛使用金征收额、海域使用权确权登记发证等进行了调查。2014年完成了全国海域海岛地名的普查，对海岛标准名称、行政区划、面积、分类等进行了调查。

第三节　自然资源资产清查技术方法

一、实物清查技术方法

（一）数据来源

1. 底图数据

主要包括“国土调查”成果，矿产资源储量库，生态保护红线与自然保护地边界范围矢量成果，清查基准时点的森林、草原、湿地的卫星遥感影像数据等。

2. 专项数据

（1）农用地。政府制定的农用地基准地价成果；耕地质量等别年度更新评价成果；用于农用地经济价值核算的相关数据资料和其他用于清查工作的相关数据资料等。

（2）建设用地。不动产登记信息管理基础平台宗地数据；土地市场动态监测与监管系统土地供应数据；相关地籍调查成果；其他可确定土地供应信息的资料；政府最新公布的公示地价体系及地价监测成果；用于建设用地经济价值核算的其他相关数据资料。

（3）储备土地。土地储备监测监管系统数据、土地储备管理台账数据、土地储备规划和年度计划成果、土地市场动态监测与监管系统数据、政府最新制定的城镇基准地价成果、原始资料等。

（4）矿产。更新到清查基准时点的矿业权统一配号系统和矿山开发利用统计数据库。

（5）森林。更新到清查基准时点的森林资源管理"一张图"成果；公益林区划界定成果以及森林资源规划设计调查成果等。

（6）草原。更新到清查基准时点的草原调查监测成果数据。

（7）湿地。更新到清查基准时点的湿地调查监测成果数据，湿地受威胁、保护及利用情况等资料。

（8）海洋。海域海岛动态监管系统中的海域确权现状数据、注销围填海数据、公共设施登记数据；省政府批复海岸线；领海外部界线数据；围填海现状调查成果数据；海洋功能区划成果数据；不动产登记数据；海域勘界成果数据和现行海域行政界线（习惯分界线）；海岛地名普查成果数据；无居民海岛开发利用现状调查及补充调查数据；海域和无居民海岛审批登记台账、公共设施登记台账等行政记录；海域使用金征收标准和无居民海岛使用金征收标准；地方海域定级、海域使用金征收标准资料。

（二）数据处理

1. 准备工作阶段

准备工作阶段包括制定实施（技术）方案；组建团队，并对工作人员进行业务培训；完善软、硬件工作环境；组织专门人员开展数据收集与整理工作；等等。

2. 原始数据预处理

对收集、整理完备的原始数据，按照本技术规程要求，分别开展数据格式、数学基础转换及数据的补录上图等工作。

3. 信息提取与清洗

开展各门类自然资源资产清查空间信息数据整合工作范围要素层（图斑）提取与制作，确定数据整合空间范围；提取各门类自然资源专题数据空间信息要素层，并对属性表中属性字段、属性值进行清洗。

4. 数据套合与处理

在工作范围要素层和各专题数据实物要素层之间分别进行空间数据裁切、掩膜处理等，提取清查工作范围内专题数据的图斑要素或缺失图斑（空洞图斑）的空间范围，将提取的两类图斑要素合并形成空间信息套合数据。

5. 识别与处理

识别空间信息套合数据各要素层中的破碎图斑、内部空洞和属性字段等问题，根据不同情况问题的处理规则，对数据进行规范化处理。

6. 数据整合

对规范化处理完成的空间信息套合数据集各要素层开展拓扑检查、面积量算等，并按照本规程对各要素层重新命名、组织等，形成空间信息标准数据集。

二、经济价值核算技术方法

（一）经济价值核算基础

各类自然资源资产价值评估的工作基础差异较大。土地、矿产和森林资源的工作基础较好，海洋资源处于起步阶段，草原、湿地、水资源仅开展了相关研究工作。具体如下：

1. 土地资源

土地资源评估的标准化、规范化工作相对完善，形成了国家标准，现有的估价规程分别就城镇建设用地和农用土地价格的评估进行了明确规定。同时，城镇土地有相对完备的政府公示价格体系和市场价格监测体系。《城镇土地估价规程》（GB/T 18508—2014）规定了市场比较法、收益还原法、剩余法、成本逼近法、公示地价系数修正法五种估价方法。《农用地估价规程》（GB/T 28406—2012）规定了收益还原法、市场比较法、成本逼近法、剩余法、评分估价法、基准地价修正法等。《全民所有土地资源资产核算技术规程》（TD/T 1059—2020）土地资产核算方法可分为宏观、中观、微观三种不同尺度，结合主要参照的地价指标，构成由多种具体核算方法组成的核算方法体系。

2. 矿产资源

《国务院关于印发矿产资源权益金制度改革方案的通知》（国发〔2017〕29号）明确提出将反映国家投资收益的探矿权采矿权价款，调整为适用于所有国家出让矿业权、体现国家所有者权益的矿业权出让收益。由行业协会制定了矿业权出让收益评估指南，矿政管理要求建立矿业权出让收益基准价公示体系、区域性标准，但基准价制定标准不统一、评估没有国家标准。矿业权出让收益评估方法包括基准价因素调整法、交易案例比较调整法、单位面积倍数法、资源价值比例法、收入权益法、折现现金流量法和勘查成本效用法。目前各省根据矿政管理需求，也都建立了矿业权出让收益基准价公示体系。

3. 森林资源

发布了《森林资源资产评估技术规范（试行）》等关于资产价值评估的国

家行业标准，林草局和统计局联合开展了森林资源核算的长期研究，在价值核算方面积累了比较成熟的技术方法，主要包括市场法（市场价倒算法、比较法）、收益法（收益现值法、收获现值法、年金资本化法、周期收益资本化法）和成本法三类评估方法。一些地方根据这些评估方法，选取样点并制定了林地和林木的基准价。

4. 海洋资源

海洋资源处于起步阶段，我国出台了海域和无居民海岛使用金征收标准、《海域评估技术指引》，正在研究制定海域资源资产和无居民海岛价值评估技术规程。

5. 草原、湿地和水资源

在草原、湿地、水资源方面，仅开展了相关研究工作，尚未形成相关技术标准或规程。

（二）经济价值核算面临的主要问题

1. 价格或价值内涵不统一

由于各门类资源资产价值评估工作进展不平衡，评估目的、方法等不同，资产价格内涵不统一，难以从国家层面或宏观尺度上对全民所有自然资源资产进行价值核算。

（1）权利类型不统一。权利类型是全民所有自然资源资产价值核算的主要内容。土地类资产，包括农用地、建设用地的价格评估工作基础较好，明确是对土地使用权价格进行评估；海洋资源方面，针对出让海域和无居民海岛使用权制定了海域和无居民海岛的使用金征收标准；森林资源方面，资产在使用收益法时，主要是将未来一段时期收益的贴现值作为资产价值；草原、湿地、水资源等方面，尚缺少对评估内容的明确界定。

矿产资源较为复杂，矿业权出让收益是国家基于矿产资源所有权，将探矿权、采矿权出让给探矿权人、采矿权人而依法收取的国有资源有偿使用收入，但不同评估方法得到的矿业权出让收益内涵存在差异。交易案例调整法主要参照以往的交易案例，矿业权出让收益征收管理暂行办法于 2017 年执行，但 2017 年以前市场交易价为探矿权采矿权价款，价款主要反映国家投资收益。单位面积倍数法、资源价值比例法主要参照矿产品销售价格或收入，内涵不清晰。基准价因素调整法主要参照基准价，根据地方实践，基准价主要依据销售收入的比例，辅以本地区或类似地区历史成交探矿权、采矿权价款进行调整制定。依据销售收入比例制定的基准价缺少理论支撑；依据探矿权采矿权价款制定的基准价反映国家投资收益内涵，而且各省建立的基准价体系属于区域性标准，制定标准也不统一。

（2）权利期限不统一。在农用地和建设用地的估价规程中，收益还原法分别给出无限年期和有限年期的评估方法，市场比较法将各比较实例的不同使用年期修正到待估宗地的使用年期，以消除因土地使用年期不同而对价格带来的影响。森林评估技术规范中，对林地的价值也分别给出无限年期和有限年期的评估方法。海域无居民海岛使用金的征收标准根据用海方式、海域等别、用岛方式、用岛类型明确了一次性征收和年度征收的标准。

权利期限的多少直接影响资产价值核算结果。无论是哪类资源资产的评估规范，评估对象都为宗地、宗海等，但是在全国范围内开展全民所有自然资源资产经济价值核算，需要对权利期限进行统一界定，实现核算结果的纵向与横向可比。

（3）估价期日不统一。资产价格随着市场行情而波动，统一估价期日是全国范围内开展资产经济价值核算的必要条件。各类资源资产价格或价值评估的期日都是根据评估目的来确定的，在全国范围内开展全民所有自然资源资产经济价值核算，则需要对估价期日进行统一界定，消除因为期日不同而带来的价值差异。

2. 现有价格信号不能全面覆盖

国有建设用地工作基础较好，具有相对完备的政府公示价格体系和市场价格监测体系，建设用地基准地价体系覆盖面相对来说最广，但主要集中在中心城区，未覆盖全部县域，存在调整不及时等问题。农用地基准地价体系也不完善，大部分地区没有建立农用地基准价，主要集中在经济较发达地区。征地区片综合地价虽然覆盖面广，但是在综合考虑人均耕地数量、城镇居民最低生活保障水平等因素的情况下，划分区片并测算征地综合补偿标准，所得到的价格包括土地增值、社会保障等内容，不能用来进行资源资产价值核算。森林资源存在市场交易价格，未形成价格体系，不能达到资产经济价值核算的要求。海域、无居民海岛具有使用金征收标准等可供参考的价格信号，适用于部分海洋资源资产。未利用地、草原、湿地等价格基础薄弱甚至缺乏有效的价格信号。

3. 资产价值属性信息缺失

资产经济价值核算是在明确全民所有自然资源资产数量、质量、用途、分布、用途的基础上，根据使用权、收益、价格、成本的差异开展具体核算。实践中，仍缺失部分影响经济价值核算的重要属性信息。矿产资源资产数据中，部分矿区规模、勘查阶段、埋深、矿石品位、开采技术条件、矿区范围等信息不完整。大部分地区没有按要求及时开展草原资源调查，草原资源数据更新不均衡。

（三）构建自然资源资产价格体系

1. 统一资产价格内涵

《2012 年环境经济核算体系中心框架》（以下简称 SEEA2012）使用未来回报

的贴现值作为环境资产的价值，引入经济租金这一概念，即一项资产的开采者或使用者在扣除了全部费用和正常汇报后的应计剩余价值。对于全民所有自然资源资产经济价值的核算，可以从以下几个方面对资产价格内涵进行统一：

（1）权利类型：各类自然资源资产的使用权。

（2）估价期日：考虑到土地类的全民所有自然资源资产的实物量需要以“国土调查”的范围和面积为依据，资产价格体系建设的基准时点也应与“国土调查”保持一致。评估资产价格时，需要根据情况对已有的公示价格或采集到的市场交易价格进行期日修正。

（3）权利期限：建设用地根据不同用途确定最高使用年限。结合《民法典》《物权法》《土地管理法》《农村土地承包法》中关于“土地承包经营权”承包期限有关规定，将耕地、园地、草地、湿地的权利期限统一界定为 30 年。《土地管理法》规定林地的承包期为 30~70 年，林地承包期满后依法相应延长。考虑到林木生长期较长，在法律框架内，林地的权利期限可以采用 70 年。

2. 构建资产价格体系的基本原则

（1）分类确定技术路径。各类资源资产的特点和价格基础不同，例如，国有建设用地基准地价、土地市场动态监测与监管系统数据、不动产登记系统数据及相关地籍调查数据等，是国有建设用地价格、使用权等价值属性信息的重要来源，而其他类型资源资产没有或者缺少可靠的价值属性信息来源。需要根据已有工作基础，按资源类型选择合适的技术路径与方法，建立科学合理的资产价格体系。

（2）兼顾精度与效率。精度表示价格观测值与实际值的接近程度，精度越高，建立的价格体系也越客观，但需要投入的资金、人力、时间也越多。效率表示确定资产价格的产投比，一般来说，提高效率最直接的方法是减少投入，但这样容易牺牲一定的精度。资产价格体系是用来开展经济价值核算的，必须同时兼顾精度与效率。

（3）明确任务分工。根据资产价格体系建设的流程与环节，明确国家、省、市、县各级任务分工与责任，建立工作协调机制，确保数据真实可靠。

（4）市场价格信号优先。资产价格体系建设应该广泛收集各类资源资产的价格信号，优先将市场成交信息作为确定资产价格的参照标准并选取适当的评估方法。

3. 资产价格体系构建方法

根据各类资源资产的价格基础，可通过两种方式建立地域全覆盖、资源种类全覆盖的全民所有自然资源资产价格体系。

（1）自上而下，逐级确定。主要包括基准价体系不健全、缺少价格信号的农用地、矿产、森林、草原、水以及部分海洋等全民所有自然资源资产。

1）农用地。①国家级价格。划分国家级均质区域。基于农用地自然、社会、经济条件的相对一致性原则，根据农用地所处的光温、水分、地形地貌、土壤等自然条件，综合标准耕作制度区、地区经济生产总值、农用地分等成果、省级和县级行政边界等，划分国家级均质区域。确定样点采集县。在国家级均质区域内，抽取30%的具有代表性的县（市、区）作为样点采集县。样点县代表均质区域国有农用地地价的平均水平。样点县的农用地类型、耕地等别尽量包含均质区域的不同情况。采集样点价格信息数据。以县为单位进行样点调查，按照用地类型分别调查搜集农用地地价资料。样点资料应调查承包、转包、出租、拍卖、抵押、联营入股等交易案例资料（优先选择近三年的交易案例），交易样点不足的也可以通过样点投入产出资料（数据应为近三年的平均值）进行补充。确定样点地价。按照租赁（承包、转包、出租等）、买卖（拍卖、抵押、联营入股等）等样点地价类型，选取合适的地价评估方法。计算国家级均质区域价格水平。根据国家级均质区域内各样点地价，按照不同农用地类型计算各均质区域的平均地价。②省级价格。在国家级价格体系控制下，根据本省情况对国家级均质区域进行细化，形成省级均质区域。在30%国家级样点基础上，补充调查与采集各省级均质区域的农用地样点价格信息，评估确定各省级均质区域的价格，作为测算各县（市、区）级平均价格的指导标准。③县级价格。在省级均质区域与价格水平的基础上，选取影响农用地价格的因素，修正测算得出县级各类农用地平均价格。农用地交易比较活跃的地区，也可以在国家和省级样点基础上，进一步补偿调查与采集县级农用地样点价格信息，分地类计算样点地价，进行统计检验，各地类样点地价的平均值为各地类县级平均价格。

2）矿产资源。①划分国家级矿产资源生产集中区。按照生产矿山的矿床类型、矿物成分、产品用途等划分不同类型的矿产资源生产集中区。②测算国家级标准矿山价值。在生产集中区内，根据矿山生产规模，测算各类型矿山近5年相关参数的平均值（算术平均）并剔除高度异常值（与平均值的偏差超过三倍标准差的值）。将生产集中区内各参数的平均值作为标准矿山的参数，计算标准矿山的资源租金，假设标准矿山剩余可采储量可供服务年限内每年资源租金恒定，将未来资源的资源租金折现到基准时点，得到标准矿山的矿产资源资产价值。③测算国家级矿种价格。生产集中区内所选矿山剩余可采储量的平均值为标准矿山的剩余可采储量。标准矿山的矿产资源资产价值除以标准矿山剩余可采储量，得到各类型各集中区标准矿山价格，再通过算术平均得出该矿种各类型矿产资源价格。④细化国家级矿种价格。综合考虑资源禀赋（品位品级、海拔）、外部建设条件（交通运输条件、经济发展）等因素确定地区调整系数，对国家级矿种价格进行修正后得到省级矿种价格。省级可以根据情况将价格进一步细化。

3）森林资源。①国家级价格。划分国家级均质区域。参考《中国林业发展区划》的分区成果，在保证县级行政区划完整性的前提下，划分森林国家级均质区域。采集样点县数据。在国家级均质区域内，未公布森林资源基准价或政府指导价的县（市、区），抽取30%的样点采集县（市、区），采集技术参数、经济指标、林地流转价格及林木交易价格等。确定国家级均质区域森林价格。森林资源基准价或政府指导价可以直接作为均质区域的价格；或者对采集的技术参数和经济指标进行筛选，剔除异常值数据后以优势树种样本数据为主，参考其他树种样本数据，分别对林木和林地选取相应的价格评估方法，测算均质区域的林木与林地平均价格。②省级价格。在国家级均质区域内，选取影响林地和林木价格主要因素并建立价格调整系数，将均质区域林地平均价修正得到省级林地平均价；将均质区域优势树种林木平均价扩展到均质区域内主要树种林木平均价，得到省级林木平均价。③县级价格。根据省级森林价格与调整系数，将省级林地和林木的价格进一步修正得到县级、图斑的林木与林地价格。

4）草原资源。①国家级价格。划分国家级均质区域。在保证县级行政区划完整性的前提下，参考《全国草原保护建设利用“十三五”规划》及草原综合分类一级分类标准划分国家级草原均质区域。采集样点数据。在国家级均质区域内，抽取30%的样点采集县（市、区），采集近5年草地出租及流转价格、干草平均交易价格等经济指标数据等。测算国家级均质区域价格。收集近5年草地流转交易价格，剔除异常数据值，通过期日和年期修正后，确定国家级均质区域草地平均价。或者对采集的技术参数和经济指标进行筛选，剔除异常数据值，通过评估方法得到均质区域草原平均价格。②省级价格。在国家级均质区域内，选取影响草原价格的主要因素并建立省级价格调整系数，包括草地面积调整系数、草原植被覆盖度调整系数和干草产量系数等。将国家级均质区域的草原价格按照调整系数修正得到省级草原的平均价。考虑到县域范围内草原的差异性较小，可不再对省级草原价格进行细化。

5）部分海洋资源。主要指海洋资源中的“尚未取得海域使用权的未填成陆海域”。海洋功能区分为近岸、近海功能区，体现了离岸远近等用海差异因素。可直接将一级类或二级类海洋功能区作为国家级均质区域。以功能区内已取得海域使用权的主要用海类型涉及的各用海方式（其中，渔业用海不含填海）相应的面积、图斑清查价格为基础，采用加权法，计算国家级均质区域价格。考虑到海洋资源的特殊性，可不再对国家级均质区域价格进行细化。

（2）自下而上，逐级汇总。主要包括全民所有建设用地和部分海洋资源资产。

1）建设用地。在县级国有建设用地经济价格体系建设的基础上，逐级开展市（地）级、省级和国家级汇总与平衡。具体为：县级进行基础数据采集、价格信号的处理、补充和完善、区域内统筹平衡，形成本辖区全域覆盖的价格体系；市（地）级、省级分别对县级价格体系在市域、省域内对明显错误或不协调的价格信号进行必要的调整、修正；国家对各省形成的价格体系对明显错误或不协调的价格信号进行必要的调整、修正。

对于已具备较为完善的基准地价体系的县，对现行基准地价体系按照价格内涵进行调整完善；对于城镇基准地价覆盖外的区域，城镇基准地价覆盖空间内、无地价信号的地类（多为公共管理与公共服务用地、特殊用地等非经营性用地），未建立城镇基准地价体系的行政单元，需要视情况进行必要的价格推算，最终得到图斑尺度的价格。

2）部分海洋资源。根据情况可分为已取得海域使用权海域、尚未取得海域使用权的已填成陆区域，以及已取得无居民海岛使用权海岛、尚未确权的可开发利用的无居民海岛。前两项在国家海域使用金征收标准（财综〔2018〕15 号）、地方海域使用金征收标准基础上，进行必要的修正得到对应的海域价格；后两项在国家无居民海岛使用金征收标准（财综〔2018〕15 号）基础上，进行必要的修正得到对应的海岛价格。

第四节　矿产资源资产清查价值核算方法

一、基本概念

（一）矿产资源资产

矿产资源资产是我国特有的创造性概念。从国际上看，SNA2008 确认矿产资源为资产的条件有两个：一是所有权明确；二是在现有开采利用条件下能产生经济利益。SEEA2012 对于确认矿产资源资产也增加了“属于环境资产和具备企业经济资产的一般属性”的约束性条件，主要核算能够进入经济活动的资产，但 SEEA2012 核算矿产资源资产实物量和价值量的范围不一致，实物量统计“已知”所有矿产，包含 A、B、C 三级，而价值量仅核算“具有商业开采价值的资源”A 级，其他的不予考虑。从国内情况看，矿产资源国家所有，但实行矿业权有偿取得和矿产资源有偿开采即“所有权与使用权”相分离制度，要勘查、开采矿产资源必须依法取得矿业权，同时规定矿业权是一种用益物权（财产权利），也是储量的载体。矿产资源资产成为“权利+实物”的财产。

我们认为，矿产资源资产是指国家拥有或者控制的具有稀缺性、有用性（经济效益和社会效益）及能以货币计量的矿产资源，包含矿业权和储量资产。稀缺具有经济价值、国家所有和可货币计量是矿产资源资产三大核心要素。

（二）矿产资源资产价格

矿产资源资产价格是基于同一基准时点，具有相同实物量计量对象，按矿种分品级，在一定区域范围内，依据矿产资源出让收益，根据规定程序和规范方法测算的专门服务于矿资源资产经济价值核算的单位价值均值。

（三）矿产资源资产经济价值

矿产资源资产经济价值是国家摸清能从产品（资源储量利用）和服务（矿业权出让）中获得的直接经济收益，体现国家作为矿产资源所有者应获得的权益。以保有资源储量实物量为基础，应用价格体系中的对应价格标准，采用统一规范的核算方法计算，再经地区调整系数修正形成矿产资源资产经济价值。

二、国内外矿产资源资产核算概述

（一）国外矿产资源资产核算

1. 联合国 SEEA2012 核算方法

SEEA2012 对矿产资源资产核算进行了规定，主要内容包括以下内容：

（1）矿产和能源资源核算范围确定。SEEA2012 提出环境资产概念，将其分为矿产和能源资源、土地资源、土壤资源、木材资源、水生资源、其他生物资源、水资源 7 个大类，其中矿产资源又分为石油资源、天然气资源、煤和泥炭资源、非金属矿产资源（不包括煤和泥炭资源）、金属矿产资源 5 个类型（见表 7-1）。SEEA2012 中，只对查明的矿产资源资产量进行核算，并分成 A、B、C 三个类型：A. 商业性项目包含的矿产资源量；B. 潜在商业性项目包含的矿产资源量；C. 非商业项目包含的矿产资源量。这三类矿产储量与资源量属于经济资产，因为它们直接与生产资产挂钩，即将成为生产资产的能源或原料。

表 7-1 环境核算体系中心框架中的环境资产分类

序号	资源类型
1	矿产和能源资源
1.1	石油资源
1.2	天然气资源
1.3	煤和泥炭资源

续表

序号	资源类型
1.4	非金属矿产资源（不包括煤和泥炭资源）
1.5	金属矿产资源
2	土地资源
3	土壤资源
4	木材资源
4.1	培育木材资源
4.2	天然木材资源
5	水生资源
5.1	培育水生资源
5.2	天然水生资源
6	其他生物资源（不包括木材资源和水生资源）
7	水资源
7.1	地表水
7.2	地下水
7.3	土壤水

（2）矿产和能源资源价值估价。虽然矿产和能源资源实物量核算的边界扩展到A、B、C三类矿，但由于预期开采情况的收入存在不同程度的不确定性，仍然不能对三类矿床都进行价值估价。并对“A级矿产：具有商业开采价值的资源”进行估价。估价的目的是便于在生产过程中实现矿产资源资产与其他生产要素的市场交易。如果这些矿产资源资产不可能进入生产过程，也就没有了市场交易活动，对其进行估价是没有意义的。

在SEEA2012中，环境资产的价值是用“资源租金”来表示的。资源租金被定义为：“可被视为资产本身获得的回报……指一项资产的开采者或使用者在扣除了所有费用和正常回报后的应计剩余价值。”换句话说，就是一宗国家所有的矿产资源资产，其开发后获得的收入在扣除所有的成本、税收和投资者的回报后，剩余的部分被认为是原始自然状态的矿产资源所具有的价值。矿产资源资产租金性质上属于自然状态下的资产价值，是资源所有者应得的回报，公式如下：

矿产资源资产租金=矿产品销售收入-矿产品总成本-矿业投资正常回报

其中，矿产资源资产租金，即自然状态下未经任何投资的矿产资源资产价值。矿产品销售收入，即将矿产资源经人工投资转化为矿产品后的市场销售所得。矿产品总成本，包括将矿产资源转化为矿产品（包括勘查）的投资成本、经营成本、各项政府税费（不包括资源性收费，如权益金）等。矿业投资正常回报，指矿业权人投资开发应获得的回报，其勘查回报在开发前已作价列入成本中。

在这个核算体系中，虽然用矿产储量或资源量来代表矿产资源实物量资产，但却是用矿产品的形态来核算矿产资源价值量资产的，因为不到矿产品阶段，矿产资源资产的价值是无法进行计算的。

2. 世界银行核算方法

（1）国民财富概况。2018 年，世界银行发布了《2018 年国民财富的变化——建设可持续的未来》（*The Changing Wealth of Nations* 2018：*Building a Sustainable Future*），这个报告公布了全球 141 个国家 1995~2014 年的国民财富。此报告提出，一个国家的国民财富主要包括自然资本、生成资本、人力资本和外国净资产四部分，总财富由四部分加总来计算（“自下而上的方法”）：总财富=自然资本+生产资本+人力资本+国外净资产，其中自然资本包括能源（石油、天然气和煤炭）、矿产、农业用地（农田和牧场）、保护区和森林（木材和一些非木材林产品）等。

（2）能源和矿产资源价值估算。在世界银行财富账户中，化石燃料能源和矿产资源属于不可再生资源，其存量的价值被衡量为可以从资源中提取的预期租金流的现值，直到它被用尽为止。

能源和矿产资源的租金现值是在限制性假设下估算的，即租金在未来几年保持不变，其中化石能源资源主要是石油、天然气和煤炭，金属和矿物包括铝土矿、铜、金、铁矿石、铅、镍、磷酸盐岩、银、锡和锌。

从数据来源上来看，如上所述，一个国家的能源储备的价值计算为可以在资源的整个生命周期内获得的预期租金的现值。计算未来租金的现值需要年度生产、价格、生产成本和探明储量的数据。根据现有储备和当前的生产率，假定资源耗尽的时间。

3. 启示与不足

SEEA2012 和世界银行提出的矿产和能源资源价值估算方法，为我国开展矿产资源资产价值核算提供了理论和方法参考，能源矿产资源资产国民账户的建立在理论上和方法上都已明晰，特别是 SEEA2012，首次明确了矿产资源所有者的权益是未经任何投资的自然状态下的矿产资源价值，其名称为“租金”，并提出仅对A类矿产资源进行估算，为界定我国矿产资源资产范围提供了重要借鉴。

但是，以上两种方法在具体操作中仍存在许多困难。一是核算过程中涉及企业生产、价格、生产成本等众多数据，准确获取这些数据的难度很大。二是两种核算方法涉及折现率、投资者正常回报等参数，目前这些参数并无统一规定，如何确定各方认可的数值难度也很大。三是我国储量标准与国际储量标准难以一一对应，核算过程中如何进行衔接也需要进一步研究。

（二）国内矿产资源资产核算

国内于20世纪80年代开始研究矿产资源资产的价值问题。目前，已形成了收益法、成本法等多种核算方法，对开展矿产资源资产经济价值核算具有重要借鉴意义。比较有代表性的方法主要包括以下几种：

1. 净价法

早在20世纪80年代末，原地质矿产部地质技术经济研究中心何贤杰就采用逆算净价法或顺算法理论，计算出某种矿产资源的净价。逆算净价法是以已知的国际市场价格作为影子价格，扣除矿床勘查和开发的全部费用，得到该矿床的核算价格。其表达式为：

$$P_1=P_F-C_R(1+P_n)-P_2/d_R$$

式中，P_1 为矿产资源价格；P_F 为该矿产品国际市场价格；C_R 为矿山采选（冶）总成本；P_n 为采矿部门平均利润率；d_R 为定额资源总利用率（采选冶总回收率）；P_2 为地质勘探储量价格。

计算出某种矿产资源的净价后，得出矿产资源的价值变化公式：

矿产资源净价×期末存量=(资源净价×期初存量)+(资源净价×总增加量)-(资源净价×总减少量)

根据以上公式可知，1980~1987年我国煤炭资源总贮备价值量在7万亿~19万亿元波动，铜矿资源总价值贮存量为275.3亿~361亿元。1987年我国铁矿资源总价值达3689.56亿元。

2. 收益法

2005年，原国土资源部信息中心曹新元采用当前租金（收益）法，对我国2003年度45种主要矿产资源存量、变化量和开采耗竭量的价值进行了核算。核算基本公式为：

矿产资源价值=单位矿产品价格×销售利润率×[(矿产品销售利润-资本收益价值)/矿产品销售利润]×矿产资源总量×资源利用系数

由于从资源到矿产品（及相关能源与原材料）存在一个较长生产过程，要经过采矿、选矿和冶炼环节，每个流程中都会有一定程度的矿产资源损失。因此，资源转换成矿产品要乘以资源利用系数。资源和矿产品计算对象的不同，资源利用系数的含义也不一样。资源计算对象是储量时就不使用回采率，或回采率为1；资源计算对象是查明资源储量时就要使用回采率。因此，矿产储量和查明矿产资源储量价值核算的计算模型分别为：

矿产储量价值=单位矿产品价格×销售利润率×[（矿产品销售利润-资本收益价值）/矿产品销售利润]×储量总量×选矿或选冶综合回收率

查明资源储量价值=单位矿产品价格×销售利润率×[（矿产品销售利润-资本收益价值）/矿产品销售利润]×查明资源储量×回采率×选矿或选冶综合回收率

按照以上公式，核算出2003年度我国45种主要矿产储量价值为：矿产储量价值69118亿元，查明资源储量价值173877亿元。

3. 市场法

2010年，中国地质大学黎敏采用市场法测算矿产资源价值，认为矿产资源自身价值占销售利润的比例可大致确定为68.97%，并测算了2010年黑色金属资源价值。矿产资源自身价值的核算公式为：

矿产资源价值=单位矿产品价格×销售利润率×68.97%×矿产资源总量×资源利用系数

矿产资源耗竭量价值=单位矿产品价格×销售利润率×68.97%×耗竭量×资源利用系数

经核算，2010年我国铁矿、铬矿、锰矿和钛矿查明资源储量价值为42746.04亿元，耗竭量价值为1628.74亿元（见表7-2）。

表7-2 2010年主要黑色金属价值核算汇总

矿种	查明资源储量价值（亿元）	耗竭量价值（亿元）
铁矿	41070.68	1572.88
铬矿	38.24	3.93
锰矿	936.63	31.96
钛矿	700.49	19.97

此外，2018年福建省连江县在编制自然资源资产负债表时，也采用了市场法核算矿产资源资产价值，公式如下：

$V_n = Q_n \times P$

式中，V_n 为某矿产实物价值（元），Q_n 为该矿产资源储量，P为该矿种的矿产品市场单价。

4. 矿业权评估法

这种方法是用矿业权评估方法确定每个探矿权和采矿权价值，加总后得出每个矿种全国或某地区的价值总量。按照《中国矿业权评估准则》，我国的矿业权评估共有三种途径，可选用十种方法。具体如下：

从收益途径看，主要有五种评估方法，都是对折现现金流量法的深化，包括一般折现现金流量法、折现剩余现金流量法、剩余利润法、收入权益法和折现现金流量风险系数调整法五种。这五种收益评估法具有相同的理论基础，只是对评估年限内的各年收益选取不同，包括净现金流量、剩余净现金流量、剩余净利润和销售收入等。这些不同的收益选取看似不一样，由于不同的收益选取需对应不同的折现率，因而这些不同收益法多是按照评估师的喜好来选取相应的收益途径法。按照《中国矿业权评估准则》的要求，收益法适用于采矿权评估，对于详查及以上的勘查阶段的探矿权或赋存稳定的沉积型大中型矿床在普查阶段的探矿权评估，也可选用此方法。

从成本途径看，主要包括勘查成本效用法和地质要素评序法，用于预查和普查阶段的探矿权评估。由于不同矿种的探矿风险不同，《中国矿业权评估准则》中明确规定这一评估方法不适用于赋存稳定的沉积型大中型矿床中勘查程度较低的普查阶段的探矿权评估。但我国的一些地方政府在出让矿权时，采用储量单价的形式简单评估整体矿业权。

从市场途径看，主要包括可比销售法、单位面积探矿权价值评判法和资源品级探矿权价值估算法三种方法。后两种评估方法是粗估法，单位面积探矿权价值评判法是在收集国内地质勘查相关的信息资料，包括矿产储量信息、矿业权市场交易信息等，综合分析评估对象，确定其单位面积探矿权价值，从而估算评估对象价值的一种方法。资源品级探矿权价值估算法是了解勘查区金属矿产资源的品位和质级数据或有关信息，与已知矿产地的品位质级价值进行比较，分析确定单位资源品级价值，从而估算矿业权价值的一种评估方法。这两种评估方法都要求评估的勘查区做过相关的研究工作，并以其成果为基础。这两种方法实际上都是可比销售法的简化应用。市场途径的评估方法在我国的应用相对不足，一方面反映了我国的矿业权市场的开放程度不足，另一方面对这一方法的研究相对不够。

5. 启示与不足

综上所述，目前，国内对矿产资源资产价值核算内涵和方法还未形成统一认识，基于不同的目的有不同的核算方法和参数。总体上可以分为两大类：一类是基于市场价格的核算方法，即结合矿产品国内外价格，通过设定不同参数，折算出矿产资源资产价值，包括净价法、收益法、市场法等，这些方法有一定理论依据，且和国际上的主流观点相似，但其相关参数设置和取值缺乏统一性和公认的标准（见表7-3），具有一定主观性，如成本、利润、折现率选择等，加上所需资料和数据量大、计算复杂，在实际操作时困难较大。

表7-3　矿产资源资产价值核算方法及相关参数

核算方法	参数所需数据
净价法	储量、矿产品价格、生成成本、平均利润、回收率、地勘价格等
收益法	储量、矿产品价格、销售利润、综合回收率等
市场法	储量、矿产品价格、销售利润、折算系数、资源利用系数等

另一类是基于矿业权评估值来确定矿产资源资产价值。这种方法主要用于矿业权市场交易，其价值内涵与矿产资源资产价值存在较大差别，理论依据不足。此外，这种方法在实施过程中，只能通过“一矿一评”来实现，工作量十分巨大，将耗费大量的人力、物力和财力。

三、矿产资源资产经济价值核算思路

（一）矿产资源资产价值核算的范围

对资产范围的确认，在实物量上，SEEA2012 比 SNA2008 宽泛，SNA2008 仅限于具有经济价值的资产，SEEA2012 包括所有自然资源、为经济活动提供所用资源和空间的经济领土的土地，并建议明确区分那些没有经济价值的环境资产。SEEA2012 矿产资源资产实物量范围为已知探明矿床（包括 A、B、C 三级），潜在矿床不在核算体系之内。已知探明矿床 A、B、C 三级，分别对应商业可采资源、潜在商业可采资源、非商业的和其他已知矿床。二者在价值量方面是相同的，即“只有那些根据 SNA 估价原则具有经济价值的资产，包括自然资源和土地，才能被纳入 SEEA 中心框架”。

借鉴 SNA2008 和 SEEA2012 确认矿产资源资产的标准，我们认为我国矿产资源资产范围应同时满足以下两个条件：第一，国家或地区拥有其所有权或完全控制权；第二，已探明规模和数量，利用现代科学技术能够开发利用，预期未来能够带来经济利益。根据我国矿产资源储量标准，应以“查明矿产资源”为基础，油气矿产资源资产为油气资源剩余经济可采储量，固体矿产资源资产为保有储量，水气矿产资源资产为生产规模（允许开采量）和出让年限为基数。统计路径一般是每年度发布的《矿产资源储量表》中的探明资源储量，主要依据是探明资源储量具备资产所有属性，是人类劳动投入的产物，可通过交换获取经济收益，能确权登记。

价值量核算也相应包括两部分：未出让矿业权的矿产资源的储量价值和已出

让矿业权的矿产资源的所有者权益。储量级别与 SEEA2012 相对应，只核算“查明矿产资源”中“经济的、探明的或控制的”的证实和可信储量级。对于压覆矿产资源、处于自然保护区矿产资源及其他因各种原因近期难以开采利用资源等，应核算价值，但要标注未能开发情形。

（二）经济价值核算方法

矿产资源资产价值核算是基于同一基准时点，以实物量（矿产资源保有储量）计量为基础，按照油气、固体、水气三类矿产，分别建立矿产资源资产价格标准，再进行核算，合计形成矿产资源资产经济价值。

油气资源资产价值核算公式：

$$V_1 = Q_1 \times P_1$$

式中，V_1 为资产价值；Q_1 为剩余经济可采储量；P_1 为价格标准。

固体矿产资源资产价值核算公式：

$$V_2 = Q_2 \times P_2$$

式中，V_2 为资产价值；Q_2 为保有资源储量；P_2 为价格标准。

水气矿资源资产价值核算公式：

$$V_3 = Q_3 \times P_3 \times T$$

式中，V_3 为资产价值；Q_3 为生产规模（允许开采量）；P_3 为价格标准；T 为出让年限。

合计：

$$V_{all} = \sum_{i=1}^{n} V_n$$

式中，V_{all} 为所有矿产资源资产价值；n 为从矿种 1 至所有矿种计数；V_{1-i} 为从矿种 1 至所有矿种 i 经济价值。

四、建立矿种价格标准的方案

运用净现值法（NPV），根据“标准矿”建立矿种标准价格。采用 SEEA2012 推荐的净现值法，分各矿种选择“标准矿”，建立各矿种的标准价格，再将不同矿种的估值结果加总，得到矿产资源资产的总价值。

SEEA2012 提出：“与 SNA 一致，中心框架中的估价范围仅限于经济所有者获得的利益。经济所有者是在经济活动过程中使用资产，承担相关风险并因此有权要求获得相关收益的机构单位。”对于没有相关的市场交易或购置价格的环境资产的估价，SEEA2012 推荐采用净现值法（NPV），即未来回报的贴现值法。SEEA 使用资源租金来定义回报，资源租金是指环境资产的开采者或使用者在扣除了全部费用和正常回报后的应计剩余价值。净现值法的逻辑是，首先估计在未来预计可获得的资源租金流，然后将这些资源租金折现回当前核算期，由此提供在这一时点上资产价值的估计值。具体是：资源产品的销售收入减去所有的生产成本（包括税费），再减去企业的平均利润，其剩余部分经折现后即资源租金。

净现值法对矿产资源资产经济价值进行测算标准流程如下：

（一）界定和收集标准矿的范围和基础数据

范围：区域典型矿山企业从矿产资源收获并销售矿产品。

基础数据：企业在开采过程中所使用生产资产以及劳动力和中间投入、企业获得矿产品收入，计算支付劳动力、生产资产和中间投入的投入成本。

（二）资源租金核算方法

对于法定所有者，在理论上，政府能够收缴他们拥有的资源因开采而产生的全部资源租金。

资源租金(RR)=矿产品销售收入-矿产品总成本-采矿业投资正常回报

其中：

矿产品销售收入：将矿产资源经人工投资转化为矿产品后的市场销售所得。

矿产品总成本：包括将矿产资源转化为矿产品（包括勘查）的投资成本、经营成本、各项政府税费（不包括权益金）等。

矿业投资正常回报：指矿业权人投资开发应获得的回报，其勘查回报在开发前已作价列入成本中。

（三）估价标准矿价

从基本资产市场均衡条件或净现值出发，时期 t 的期末资产价值 V_t 等于 N_t 时期未来资源租金折现流量 $RR_{t+\tau}$（$\tau=1, 2, \cdots, Nt$）。剩余开采期的数目估值可能随时间发生变化，因此 N_t 取决于 t。在最简单的情况下，就一个固定开采期而言，N_t 随着 t 的进展减少一个时期，如果开采是可持续的，那么 N 是可持续的，N_t 将是无限的值。假定资源租金是核算期末的应计租金。

标准净现值公式：

$$V_t = \sum_{\tau=1}^{N_t} \frac{RR_{t+\tau}}{(1+r_t)^{\tau}}$$

式中，Vt 为 t 时资产价值；N 为是资产寿命；RR 为资源租金；r 为名义折现率。

五、需要明确的几个问题

一是明确纳入价值量的保有储量级别。我们建议，与 SEEA2012 相衔接，实物量以“查明矿产资源”为基础，油气矿产资源资产为油气资源剩余经济可采储量，固体矿产资源资产为保有储量。

二是建议同时采用净现值建立标准矿法测算模型。优先采用 SEEA2012 推荐的净现值法，建立“标准矿”模型。但该方案工作量大，需要投入较多的人力和财力；矿山成本等核算参数的获取和分析难度大；较为准确但可能费时费力，关键是能否满足实际工作的时间要求。同时辅以修正的矿业权出让收益市场基准价法进行测算。该方案工作量较小，省份工作基础较好，可操作性较强，大部分试点省份都赞成该方案，因此可用该方案对净现值法的最终结果进行验证。

三是明确近期难以利用的矿产资源经济价值是采用名义价值还是实际价值。对于压覆矿产资源、处于自然保护区的矿产资源及其他因各种原因近期难以开采利用的资源等，在已探明矿产资源储量的前提下，建议核算实际价值，但要标注未能开发的情形。其中，对于自然保护区内的矿产资源资产，还涉及是否区分核心区内资产、缓冲区内资产等问题。

第八章　资产统计

第一节　基础知识

一、统计学基本概念

统计是人们认识客观世界总体数量变动关系和变动规律的活动。一般来说，统计包括三个含义：统计工作、统计资料和统计学，其中工作是指利用科学的方法搜集、整理、分析和提供关于经济社会现象数量资料的工作的总称。《中华人民共和国统计法》第一章第二条规定："统计的基本任务是对经济社会发展情况进行统计调查、统计分析，提供统计资料和统计咨询意见，实行统计监督。"简单地说，统计的基本任务就是统计服务和统计监督。

统计具有数量性、总体性、变异性三大特点。数量性是统计的基本特点，收集、整理相关数据，研究事物数量表现和数量规律，从而定量认识和反映客观世界，揭示客观规律。总体性是指统计的数量研究不在于了解个体现象，而是对现象总体中各单位普遍存在的事实进行大量观察和综合分析，得出反映现象总体的数量特征。变异性是统计研究同类现象总体数量特征的前提，指总体各单位的特征表现存在差异，而这些差异并不是事先可以预知的，所以需要对其进行统计，要从各单位的变异中概括出共同特征，揭示出现象的普遍性和必然性①。

统计学是在资料分析的基础上，研究搜集（测定）、整理、分析、解释和反映数据资料，以便给出正确信息、为决策提供依据的科学。统计学其实研究了围绕数据资料展开的四个活动：一是搜集（测定）数据，即运用统计调查方法，搜集研究所需的各种定性或定量的数据。二是整理数据，即根据研究目的，将原始数据进行系统的加工和整理，使之符合研究需要。三是分析数据，即根据研究

---

① 《领导干部统计知识问答》编写组．领导干部统计知识问答［M］．北京：中国统计出版社，2021.

需要，运用合适的统计方法，对数据进行科学分析，并得出分析结论。四是解释和反映数据，即结合相关研究领域的专业背景知识，对统计分析结论进行必要的解释和说明，最终得出专业性的信息结论。统计学的研究方法包括大量观察法、统计分组法、统计指标法、统计模型法和统计推断法等。统计调查的组织形式包括统计报表、普查、抽样调查、重点调查和典型调查。

统计学的基础概念有很多，在实际应用中比较常见的包括：①总体、样本、个体。总体是根据研究目的定义范围的所有个体。个体是构成总体的基础单位。样本是总体的一部分，一般通过抽样方法从总体中抽取。②参数和统计量。参数是由总体计算出来的总体表征量。这里表征量的意思是表示总体数据基本特征的量，例如平均值、方差、标准差等。统计量是由样本计算出来的样本表征量。③变量，是说明现象某种特质的概念，变量的取值称为变量值。变量按取值特质不同，可分为离散变量与连续变量；按计量尺度不同，可分为分类变量、顺序变量和数值型变量。统计数据的类型包括：分类数据、顺序数据、数值型数据；观测数据和实验数据；截面数据和时间序列数据。

二、政府统计及其职能

政府统计具有信息、咨询、监督三大职能，是经济社会发展的重要基础性工作。新中国成立后，于 1952 年设立国家统计局，新中国的统计发展历程可分为六个时期：1949~1952 年的“酝酿期”、1952~1958 年的“初创期”、1958~1978 年的“曲折期”、1978~1992 年的“转变期”、1992~2012 年的“创新发展期”、2012 年至今的“改革奋进期”。

党的十八大以来，以习近平同志为核心的党中央高度重视统计工作。习近平总书记多次对统计工作作出重要讲话指示批示，指出善于获取数据、分析数据、运用数据，是领导干部做好工作的基本功[①]。党的十八届三中全会提出加快建立国家统一的经济核算制度。党的十九大作出“完善统计体制”重大部署。党的十九届四中全会要求发挥“统计监督职能作用”。党的十九届五中全会要求“推进统计现代化改革”。党中央先后印发《关于深化统计管理体制改革提高统计数据真实性的意见》《统计违纪违法责任人处分处理建议办法》《防范和惩治统计造假、弄虚作假督察工作规定》《关于更加有效发挥统计监督职能作用的意见》等重要文件，提出了统计工作的顶层设计和制度安排，实施了一系列重要改革举措，构建中国特色社会主义现代统计调查体系的目标、方略、路径、举措渐次展开。

① 2017 年 12 月 8 日，习近平在中共中央政治局第二次集体学习时强调。

三、自然资源统计

（一）自然资源统计的定位及范围

自然资源统计属于部门统计，是指自然资源部门的专业性调查统计。自然资源统计工作是自然资源部门的一项长期性、基础性工作，其目标是为自然资源部履行好“两统一”职责提供统计数据支撑，为社会公众提供自然资源管理统计信息服务。①

根据2018年自然资源部“三定方案”要求和部门职责，自然资源统计工作涉及土地、矿产、森林、草原、湿地、水、海洋七大资源，以及自然资源调查评价、资产权益确权管理、国土空间规划和管制、资源的合理开发利用、生态环境修复、测绘地理信息和自然资源管理等，统计指标涵盖土地资源、矿产资源、海洋资源、地理测绘以及其他自然资源管理等内容。统计对象为各级自然资源行政主管部门及相关企事业单位。

（二）自然资源统计指标体系设计的理论依据

从国际上看，自然资源统计指标系统设计研究多注重于资源环境评价指标体系的构建。如经济合作与发展组织（OECD）提出的“压力—状态—响应”模型（Pressure-State-Response，PSR），阐释人类活动给自然界施加压力，改变了资源和环境的状态，进而通过决策、行为等发生响应，促进生态系统良性循环的过程。20世纪80年代，联合国主持开发的“压力—影响—反应—存量与背景”环境统计框架，也试图为各国进行环境统计提供一个可供参考的样式。此外，还有欧盟的“驱动力—压力—状态—冲击—反应”模式，联合国针对可持续发展开发的“驱动力—状态—反应”模式等。② 当前世界各国构造的资源环境统计指标体系，基本上都体现了此类模式的思想和方法。

四、全民所有自然资源资产统计

全民所有自然资源资产统计是在全民所有自然资源资产清查成果的基础上，运用科学方法，有计划、有组织地搜集数据信息资料，定期反映资产家底变化的常态化工作，是统一履行全民所有自然资源资产所有者职责不可或缺的基础性工作。其统计的对象是全民所有的土地、矿产、海洋、森林、草原、湿地、水、国家公园8类自然资源资产（含自然生态空间）。

全民所有自然资源资产统计主要是从所有者角度出发，旨在在摸清全民所有自然资源资产家底的同时建立全民所有自然资源资产动态监管平台，通过构建相

---

① 陈从喜，葛振华，项家铀．中国自然资源统计体系建设研究［J］．国土资源情报，2021（1）．

② 王依军．中国资源环境统计指标体系框架设计［J］．统计与决策，2011（21）．

关统计指标体系及时掌握资产的占有、使用、收益、处分等情况，在统计实物量和经济价值量的同时也关注资产的使用情况和所有者权益维护情况，以期为后续全民所有自然资源资产管理奠定基础。

全民所有自然资源资产清查和统计是解决自然资源资产所有者不到位、权责不清晰、权益不落实等问题的基础，同时，二者互为基础，互相促进。全民所有自然资源资产清查工作在已有自然资源调查（普查）工作的基础上，查清某一时点的全民所有自然资源资产的所有权履职主体、成本、收益、价格、使用权等属性信息，摸清资产底数。资产统计在清查数据成果的基础上通过统计台账搜集、整理资产各年度变化情况，核算出全民所有自然资源资产“期末数”，动态掌握每年的资产家底情况，并开展分析研究，反映情况和问题，探寻趋势。随着相关改革的推进，对于资产管理业务有需求，但统计台账缺失的数据又可以通过资产清查补充完善。

第二节　国外自然资源资产统计现状概述

一、自然资源资产统计的国际经验做法

自然资源资产管理的目的是为公众、政府提供最佳利益，自然资源资产管理是自然资源管理的重要内容，自然资源资产的统计核算显得尤为重要。但从世界范围来看，各国管理实践并没有明确区分自然资源与自然资源资产，根据查阅现有的国外自然资源资产统计相关研究和做法，还没有发现哪个国家对自然资源资产进行过单独统计，而是从可持续发展角度，将环境与资源共同考虑，西方发达国家很早就在国民经济核算中考虑了自然环境因素，从学科分类角度就可以看出端倪，目前的学科分类也没有单独的资源经济学，只有资源环境经济学。

西方大多数国家在资源环境核算统计方面已有相当长的研究历史。例如，芬兰在 20 世纪 80 年代发布了自然资源核算框架体系，对森林资源、环境保护支出等进行了核算统计；英国在自然环境白皮书中完成了对林地、湿地等土地资源的价值评估；墨西哥分别用实物量和价值量对土地、空气、森林等自然资源进行核算，形成了基本的核算统计模型；美国环保总局在 1990 年发布了《环境与资源核算：美国环境保护局的工作现状》，构建了水资源、森林资源等核算统计账户，形成了初步的环境资源统计数据。在众多国家的研究推动下，联合国在 1993 年正式发布了《环境与经济综合核算体系》（SEEA1993），并于 2000 年发布了与之配套的《环境经济综合核算操作手册》（SEEA2000），在这之后，联合国在

SEEA1993 的基础上加以完善，于 2003 年公布了 SEEA2003，展示了自然资源环境估价的不同方法和实际案例，目前影响最大的是联合国在 2012 年颁布的《环境经济综合核算体系》（SEEA2012），它设置了九组自然资源资产和环境账户，对自然资源的储量、流量以及对自然资源的保护、收入和支出情况进行了系统的核算和反映，是较为权威的国际统计标准。除 SEEA2012 以外，目前国际上认可的环境核算体系如表 8-1 所示。

表 8-1 部分国际资源环境核算统计体系

体系	创建者	账户	编制范围
NAMEA	The Dutch Bureau（1991）	大气排放物账户	与环境有关部分仅计算实物量，未货币化
SERIEE	EU（European Union）Bureau（1994）	环境保护支出账户；自然资源使用和管理账户	仅计算环境保护支出，不计算各种污染损害成本
IEESA	BEA（美国经济分析署）（1994）	资产账户；生产账户	对石油、天然气以及铜等矿产资源进行价值估算与统计
ENRAP	The Philippines	包含所有具有经济意义的环境和非环境的投入产出，因此它又是一个广义经济政策工具，追求自然资源和人造资产的最佳配置；还没有设计出完整的存量账户	反映经济和自然环境的交互影响。ENRAP 明确把自然环境作为一个生产性经济部门，采用大量虚拟技术测算环境服务的价值

IMF（2017）的研究显示，全球 35 个公布有非金融资产存量的国家中，仅澳大利亚、韩国、法国、荷兰等 6 个国家核算了地下资产，仅 5 个国家核算了林木等非培育生物资源。加拿大创立了自然资源统计账户体系（Canadian System of Environmental and Resource Accounts，CSERA），包含 3 个账户，分别是 NRSA、MEFA、EPEA，即各类自然资源实物量和货币量（Natural Resource Stock Accounts）、物资量和能源流量（Material and Energy Flow Accounts）、环保经常项目支出（Environmental Protection Expenditure Accounts）。NRSA 细分三类账户：Subsoil Asset Accounts（SAA）、地下资产账户、Timber Asset Accounts（TAA）——林木资产账户和 Land Account（LA）——土地账户。在自然资源资产核算统计方法上，针对地下资产主要是采用净现金流量法；针对土地主要采用市场比较法；针对林木资源主要采用折现法。其中，将地下资源的核算统计分为两种：实物量统计和资产量统计。对于实物量统计尤其是储量统计，从资产价值角度来看，统计口径与我国有些不同：分为 Established Reserves、Recoverable Reserves、Proven and Probable Reserves 三种，从而使预估资源租金（Resource Rent）的保守程度

不同。

澳大利亚将自然资源列入国家资产负债表（National Balance Sheet），并每年公布年度报告书（Year Book Australia），在年度报告书中，将矿产资源与石油勘探（Mineral and Petroleum Exploration）列入固定资产栏目中，但报告中的固定资产属于非金融资产（Non-financial Assets），而自然资源资产（Natural Resources）则被列入非生产性资产（Non-produced Assets）中，自然资源资产分别为土地、地下资产、本地建筑用材、经许可使用的自然资源。由此可见，澳大利亚政府是将经授权开发的自然和自然赋存状态资源分开统计。

二、典型国家自然资源资产统计概况

随着全球经济的不断发展，自然资源也面临着不断短缺、勘查与采矿成本不断提高的挑战。同时，超负荷处理废弃物和污染物的污水池对健康造成的影响、"防御性"缓解成本以及不计后果的非市场活动都驱使着核算范围不断扩大以满足人们不断增长的福利要求（Merriam，1968；Nordhaus & Tobin，1973；Eisner，1988；Daly & Cobb，1989；Liepert，1989）。在这种情况下，环境经济综合核算体系（SEEA）应运而生。作为综合核算体系中的一个分支，自然资源资产的统计与分析被纳入财务管理体系成为必然。在日本、韩国、加拿大、澳大利亚、俄罗斯等国家和我国台湾地区，都将自然资源纳入了财务管理中，并由财政部门负责。澳大利亚联邦政府把自然遗产和土地资源统一纳入国有财产的框架体系之中，并成立财政与行政管理部，负责这些资源资产的处置管理。在日本，国有财产是国家履行其职责的财力基础。相应地，一些国家成立了相对独立的公有自然资源资产管理机构。在这方面，美国、加拿大是典型代表。

美国的自然资源管理模型侧重于集中管理，这为美国合理开发本国自然资源，统筹规划、维护资源利用和生态环境创造了条件，既保护了本国人民的利益，又促进自然资源的高效利用和可持续发展。美国内政部对其矿产资源实行集中统一管理，2010 年后，美国将矿产资源管理局中的资产管理职能分离出来，单独设立自然资源收益办公室，直接负责矿产与原油开采的权利金征收和征税统计，并发布相应的统计公报。2018 年之后，该部门又改组成"自然资源的评估和办公的估值"（Office of Natural Resources Assessment and Office of Valuation）。该部门的另一项职责是实施自然资源动态监测制度。如每 5 年在全国范围内选择不同类型的 80 万个点，选定自然资源和环境方面的多种评价指标，进行抽样评估和综合分析，得出动态的自然资源和环境状况报告，并据此提出对经济满足程度的协调发展方案，适时通过国会调整立法来具体实施自然资源和环境保护措施。

加拿大自然资源部负责征收联邦管辖的能源和矿产资源的权利金并将其使用情况也纳入管理范围，构建了全面的能源和资源监管体制框架。加拿大公共服务和采购部设立联邦土地国有公司，实现对其管理的公有土地的经营，是一种管理权和经营权分离的模式，并为公众提供最佳资源价值，为社区提供和谐环境，为政府提供最佳利益。

澳大利亚自然资源实行联邦和州分权管理，其自然资源开发利用的管理体系相对较为完善，而且澳大利亚对资源的利用更加注重资源的多次、循环利用。在资源开发的过程中，通过立法限制开采人的开采行为，实现自然资源的高效、可持续利用。虽然澳大利亚将矿产资源和土地资源的开发利用进行结合，但与美国相似的是，其自然资源的利用针对的主要还是单一的自然资源，将水、森林、土地、矿产、海洋等多种资源进行高效开发利用的管理体系构建还在进一步探索中。澳大利亚按照可持续发展要求，协调资源的开采与环境的保护，注重经济与环境的双赢。在开采矿石的过程中，会同时对环境进行检测，对开采过程中产生的有害物质进行处理，采矿业主从勘探到施工、从开采到关闭，对矿山的环境都有严格的要求，实施全程的监管与评估，对不符合规定的企业进行严惩。美国在地质调查方面，在 1995 年就提出实施生态计划。在矿产开发中，不仅重视经济效益，同时对环境、土地、水资源及大气质量一并进行评估，改善了原有的管理模式，提高了综合效益。在可持续原则的指引下，推动了矿产资源开发利用与环境保护的协调发展，有利于人们生活环境的改善，有利于地区的永续发展，有利于生态建设的实施。

北欧国家为使决策者和公众了解环境的状况，满足为国际社会提供数据的义务和需要。在统计内容上，自然资源部分包括森林资源、渔业资源、土壤资源，以及与环境主题有关的休闲地区等。其统计结构按照 DPCIR 结构分类 D——Drive，即社会驱动力；P——Pressure，即使用资源对环境的压力；C——Change，即改变；I——Influence，即影响；R——Reactivity，即反映。其统计由统计机构和环境监测机构共同完成，侧重点不同。通过这些指标来制定政策，减轻这种环境压力和影响，并对经济的发展和排放产生影响。

三、总结与借鉴

通过对以上自然资源资产统计核算及管理制度的梳理研究，可以发现，大部分国家的自然资源分别属于国有、私有，因此各个国家的资源管理体制也不尽相同，不同的资源其管理部门也不统一。对于自然资源资产的统计往往体现于生产或国民经济统计中，并不单独作为一项工作进行。在统计管理及使用中，大部分西方国家，尤其是美国及北欧国家，都将自然资源资产融入资源环境经济范畴，在此基础上编制资产负债表，并没有将自然资源资产作为独立门类去统计，而是从自然资源开发利用与环境保护协调发展的角度制定政策，在发展经济的前提下，考虑减轻资源利用对环境产生的压力和影响。

自然资源资产具有特殊的价值，不同于一般的资源。除了国际通行的 SNA 和 SEEA 体系，挪威较早开始进行自然资源资产的统计，德国、加拿大、美国等发达国家的自然资源资产核算也具有较大的借鉴意义。各个国家根据本国的国情、国家的重视程度不同，其统计也具有不同的特点：美国的自然资源统计分为不同阶段的核算，同时采用了部门与行业核算，通过部门与行业核算，相互调整、互为补充；挪威与德国侧重实物量核算；加拿大对各类的资源核算采用不同的方法，对各类资源的划分较细，核算方法具有针对性；加拿大的自然资源核算在国际上较为完整，值得我国借鉴。

目前，我国的自然资源资产统计处于探索阶段，统计方法还未达成共识，对自然资源资产的清查统计主要是按照资源大类划分，如土地、森林、矿产等，经济价值核算也相对粗略。我国可以借鉴国外发达国家自然资源资产核算的经验，根据本国国情，制定符合我国实际的自然资源资产账户。

（一）完善自然资源资产统计需要各部门通力合作

自然资源资产统计是自然资源资产管理的基础，我国的自然资源资产管理起步较晚，虽然大部分整合到了自然资源部进行管理，由自然资源部负责全民所有的自然资源资产管理，但是目前资产统计的范围主要聚焦土地、矿产、海洋、森林、草原、湿地、水等几大类。部分资源资产的业务工作还由其他部委负责，自然资源资产范畴内还有其他当下无法量化的资产尚未在统计范围内。

对此，我们不妨借鉴美国、日本的自然资源资产管理经验，如日本的海洋管理没有设立专门的部门，各个部门之间仍需要进行综合协调管理。依据各类资源的特性及人们的需求，加强部门之间的协作。

现代制度经济学和产权理论表明，产权的明晰界定是充分发挥产权功能、实现市场有效运行的前提。而我国自然资源资产的产权管理相较于国外比较模糊：一是所有权主体界定模糊（尤其是农村集体所有权主体界定问题），二是国家所有权与地方使用权的冲突难以避免。这些都给自然资源资产统计增加了困难。

（二）自然资源资产统计应分阶段、有侧重

我国自然资源资产统计起步较晚，还没有形成统一的技术、方法、体系。因此，我国不妨借鉴欧洲国家如德国的方法，优先开展实物量统计，逐步完善价值量的核算。我国资源丰富，短时间内统计每一类资源都有难度，可以先统计对经济、环境等影响较大且与人类生活紧密关联的资源，如土地、矿产、水资源。此外，对我国的各类自然资源应进行进一步划分，特别是对于林木、矿产、土地资

源要进一步细分。我国关于自然资源资产账户的探讨更多的是对各类资源进行核算，缺乏各类资源子账户的编制，相较于西方国家的成熟方法显得有些粗糙。

（三）建立健全自然资源账户与评价体系

目前，我国缺乏完善的自然资源资产管理评价体系。评价体系的实施有助于后续对自然资源统计工作的跟踪与指导，我国不妨借鉴美国、德国建立各类自然资源资产的增值以及可持续评价，有利于对自然资源核算的持续监控。此外，美国、加拿大等国的自然资源资产统计都参照联合国环境与经济核算体系，编制了同时反映资源与环境关联的账户。完善自然资源与环境相关联的账户，可使自然资源变化反映在经济发展过程中，体现资源与环境的变化关系，从而制订适应经济发展的计划方案，更好地促进我国的生态文明建设。

第三节 自然资源资产统计工作

一、自然资源统计工作发展历程

自然资源统计工作管理有比较好的基础。1985 年，原国家海洋局印发《国家海洋局综合统计暂行规定》。1998 年国土资源部成立以后，就着手进行全国国土资源综合统计系统建设。1999 年开始实施《国土资源综合统计报表制度》，建立了国家、省、市、县四级统计体系。2000 年完成开发“国土资源综合统计信息”系统软件（单机版）并投入使用，为国土资源综合统计任务的完成提供了保证。2008 年原国土资源部制定《国土资源统计工作管理办法》。2010 年原国家测绘局印发《测绘统计管理办法》。2017 年原国家海洋局和原国家测绘局制定了《海洋统计报表制度》。

2020 年 7 月，自然资源部印发《自然资源统计工作管理办法》（以下简称《办法》），全面规范了自然资源统计管理工作，旨在建立健全统计数据质量控制体系，提高自然资源统计数据的真实性，发挥统计在自然资源管理中的重要基础性作用。《办法》明确了自然资源统计的主要任务是对土地、矿产、森林、草原、湿地、水、海域海岛等自然资源，以及海洋经济、地质勘查、地质灾害、测绘地理信息、自然资源督察、行政管理等开展统计调查和统计分析，提供统计数据，实施统计监督。

二、自然资源统计工作现状

2018 年自然资源部成立后，为适应新职能的要求，在统一调查监测的总体思路下，对各类自然资源统计制度和指标体系进行了整合调整，在系统梳理、整合原国土资源、海洋、测绘地理信息、城乡规划等有关统计调查制度基础上，形成了由《自然资源综合统计调查制度》和《土地统计调查制度》《矿产统计调查制度》《海洋统计调查制度》《海洋经济统计调查制度》《地质勘查及地质灾害统计调查制度》《测绘地理信息统计调查制度》《国家自然资源督察统计调查制度》《自然资源管理统计调查制度》8 项专业统计调查制度组成的“综合+专业”自然资源统计调查制度体系。

（一）自然资源综合统计调查制度

调查对象为各级自然资源行政主管部门及系统内科研单位。统计范围为全国（未含港澳台地区）。调查内容主要包括自然资源状况、自然资源调查与开发利用状况、自然资源保护与修复、国土空间规划和用途管制、自然资源行政管理、自然资源成果管理、自然资源灾情及防治等。

（二）土地统计调查制度

调查对象为各级自然资源行政主管部门，统计范围为全国（未含港澳台地区）。调查内容主要包括土地资源状况、土地资源调查与土地资源开发利用状况、土地资源行政管理情况。

（三）矿产统计调查制度

调查对象为矿业权人、各级自然资源行政主管部门。统计范围为全国（不包括港澳台地区）。调查内容主要包括矿产资源状况、矿业权管理、矿产资源开发利用状况、矿山环境恢复治理和古生物化石保护等。

（四）地质勘查及地质灾害统计调查制度

统计对象为地勘单位系统内从事地质调查或勘查活动的单位及各级自然资源行政主管部门，统计范围是全国（不包括港澳台地区）。统计内容主要包括地质勘查单位的基本情况、地质勘查投入的经费和工作量以及取得的成果、地质调查投入和取得的成果、地质灾害的监测和防治、地下水监测等。

（五）海洋统计调查制度

调查对象为系统内各级自然资源主管部门及系统内相关科研单位。统计范围为全国海域（不包括香港特别行政区和台湾省）、全国海岛（不包括港澳台地区和海南岛本岛，包括有居民海岛和无居民海岛）。调查内容涉及岸线资源、海岛生态保护、海域海岛开发利用与行政管理、海岛经济社会状况和海洋灾害等方面。

（六）海洋经济统计调查制度

调查对象为各级自然资源（海洋）主管部门、国务院有关涉海部门、涉海院校及重点涉海企业；填报范围根据不同报表，分为全国、沿海省（区、市）、计划单列市和沿海城市四种情况；行业范围是国家标准《海洋及相关产业分类》

（调查用）中确定的海洋及相关产业。主要内容包括涉海企业经营情况、各海洋产业发展情况等。

（七）国家自然资源督察统计调查制度

调查对象为各派驻地方的国家自然资源督察局，统计范围为全国（不含港澳台地区）。统计的主要内容包括全国自然资源督察工作情况、督察发现违法问题情况、督察督促整改情况、政务公开情况等。

（八）自然资源管理统计调查制度

调查对象为各级自然资源行政主管部门。统计范围为全国（不包括港澳台地区）。统计的主要内容包括信访情况，用地用海审批收件情况，自然资源行政复议案件及诉讼情况，行政公益诉讼案件情况，不动产登记发证情况，自然资源权属争议调处情况，全民所有自然资源资产情况，国土空间规划编制实施情况，城乡规划许可情况，国土空间规划行业管理情况，自然资源违法案件查处及处罚情况，科技人才、研发及成果情况，自然资源标准化和计量监督管理情况，信息化建设情况，涉外海洋科研项目情况，自然资源管理机构、人员及干部培训学历教育情况，自然资源部直属机关党员和党组织情况等。

三、全民所有自然资源资产统计工作初探

（一）相关背景

党的十八大以来，以习近平生态文明思想为指导，围绕统筹推进“五位一体”总体布局和协调推进“四个全面”战略布局，自然资源领域改革不断深入推进，健全完善了自然资源资产管理体制机制，有效地促进了自然资源保护和节约集约利用，但也存在自然资源资产底数不清、所有权边界模糊、所有权人不到位、所有权权益不落实、所有者履职监管缺乏等问题。

2017 年，中共中央印发的《关于建立国务院向全国人大常委会报告国有资产管理情况制度的意见》明确，国务院每年向全国人大常委会报告包括国有自然资源在内的国有资产管理情况，并要求制定完善相关统计制度，确保各级政府、各部门、各单位的国有资产报告结果完整、真实、可靠、可核查。2019 年，中共中央办公厅、国务院办公厅印发的《关于统筹推进自然资源资产产权制度改革的指导意见》提出，研究建立自然资源资产核算评价制度，开展实物量统计，探索价值量核算，编制自然资源资产负债表。

2021 年，中共中央办公厅、国务院办公厅印发《全民所有自然资源资产所有权委托代理机制试点方案》，首次以中央文件的形式明确界定所有者职责的内涵为“主张所有、行使权利、履行义务、承担责任、落实权益”五个方面。这是生态文明建设以及自然资源资产管理领域的重大理论创新、制度创新，对现有

的全民所有自然资源资产的数据基础提出了更高要求。其中，“主张所有”需要摸清家底，掌握全民所有自然资源资产数量、质量、分布、用途、价值等情况；“行使权利、履行义务”需要掌握资产的规划管护、保护利用和处置配置等情况；“承担责任、落实权益”需要掌握资产的使用、权益变动、成本、收益和支出等情况。在现有的自然资源统计中缺少资产属性相关信息的情况下，权益管理的相关数据需要通过全民所有自然资源资产统计来获取，同时也对统计工作提出了更高的数据需求。

（二）工作内容

全民所有自然资源资产统计内容主要包括全民所有自然资源资产所有权数量、质量、经济价值、使用权主体、让渡方式、权益变动以及成本、收益和支出等年度变化情况。由各级自然资源主管部门在资产清查底数的基础上，根据每年行政管理记录，统计指标的年度变化情况，形成统计台账。

（三）总体思路

1. 确定统计需求

全民所有自然资源资产统计首先应确定统计需求，即根据全民所有自然资源资产管理工作需要和资产统计的目标，确定统计任务、统计对象、统计的范围和内容。确定需求是统计工作的起点，也是做好顶层设计的前提和基础，全民所有自然资源资产统计工作应根据履行所有者职责工作需要，从科学保护与合理利用自然资源资产的角度，结合各类资源当前数据资料和管理模式以及资产管理的业务流程，从全民所有的土地、矿产、森林、草原、湿地、水、海洋及国家公园等各类自然资源资产（含自然生态空间）的基本情况、利用情况、权益维护情况、管理情况四个方面明确“统计什么”“怎么统计”①。具体如图 8-1 所示。

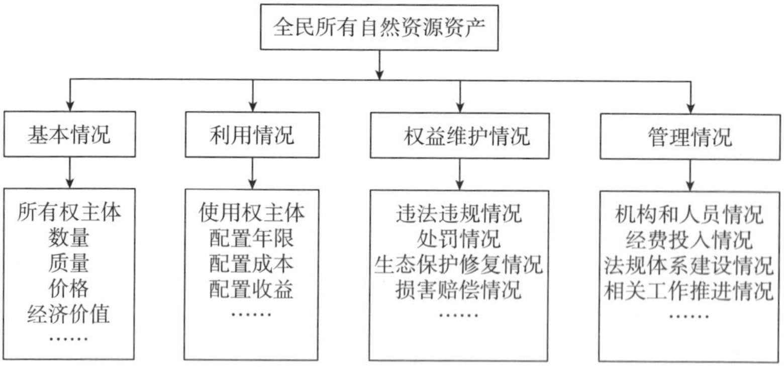

图 8-1　全民所有自然资源资产统计需求示意

① 郭晋洲，李娜．全民所有自然资源资产统计工作的思考与建议［J］．中国土地，2022（10）．

一是基本情况。即在区分权属的基础上，统计全民所有各类自然资源资产的所有权履职主体、数量、质量、价格、经济价值等相关内容。二是利用情况。即针对经过配置已进入开发利用环节的全民所有自然资源资产统计其使用权主体、配置年限、配置成本、配置收益等相关内容。三是权益维护情况。即在核实所有者权益的基础上，针对划入保护范围和已开发利用的全民所有自然资源资产，统计各类自然资源资产违法违规情况、处罚情况、生态保护修复情况、损害赔偿情况等。四是管理情况。即统计机构人员情况、经费投入情况、法规体系建设情况以及相关工作推进情况。随着全民所有自然资源资产清查工作的开展和权益管理其他相关工作的推进，统计需求和统计内容逐步丰富完善。

2. 统计方法及指标设计

根据全民所有自然资源资产统计的需求，结合自然资源资产的自然属性、经济属性、社会属性等特征，从数据获取的可行性方面进行考虑，各类全民所有自然资源资产暂时按照行政区划分别划定统计单元，按照“逐级填报，汇总上报”的方式开展统计工作。全民所有自然资源资产统计指标体系的设计，考虑全民所有自然资源资产的多样化、综合性、针对性以及指标的有效性问题。结合实际工作需要，充分利用目前已有数据，避免重复统计，减少基层工作量。同时兼顾指标设计的科学性与可行性、国家尺度统一性和地区差异性。

3. 统计周期及数据的公布

统计周期以年度数据为主，报告期为每年 1 月 1 日~12 月 31 日，逐步推行季度、月度统计，以提高数据的及时性。全民所有自然资源资产统计资料将于次年以公报、年鉴等方式公布，此外也会利用报纸、网络等媒体进行公布。

四、自然资源资产统计工作展望

综上可见，自然资源统计侧重自然资源的实物量和行政管理情况统计，而全民所有自然资源资产统计重点反映资产属性特征，不仅统计资产实物量情况，还统计资产的经济价值量情况和利用情况、所有者权益维护情况、管理情况等。具体包括全民所有自然资源资产数量、质量、价值、使用权主体、让渡方式、权益变动，以及成本、收益等属性信息。

随着全民所有自然资源资产领域各项改革工作的不断推进，自然资源统一调查监测体系逐步建立，所有权委托代理机制试点全面开展，全民所有自然资源资产清查试点有序推进，现阶段开展全民所有自然资源资产统计工作，建立相应的全民所有自然资源资产统计制度、提高统计数据质量、完善自然资源资产统计信息化建设是新时代自然资源资产管理的迫切需要。

（一）构建统计制度，规范统计工作

目前全民所有自然资源资产统计的主体、范围和内容、统计口径、统计指标体系、统计质量控制、统计频率、统计分析报告等要素还没有明确规定，也没有规范自然资源资产统计活动和统计资料的一整套法律、法规、办法、措施和管理模式等。通过全民所有自然资源资产统计制度，不仅可以明确各级主体的任务分工，还能落实各级主体的责任和义务，保证自然资源资产统计工作秩序和数据质量的全过程控制。

（二）推进统计标准化，提高统计数据质量

统计标准化包括指标体系的标准化、分类标准化、基本术语标准化、编码标准化等内容。全民所有自然资源资产统计工作在执行国家统计局发布的基础性统计分类标准体系、国民经济行业分类标准，自然资源部发布的自然资源分类标准、资源调查和评价标准的基础上，要制定全民所有自然资源资产统计的标准体系，对全民所有自然资源资产统计术语、统计指标、统计流程、统计分工、统计信息化、统计成果等进行标准化、规范化管理，提高统计数据的质量。

（三）建立数据共享机制，构建数据平台

建立与相关部门间的自然资源资产信息协调机制，统一部门间数据标准，明确信息共享的内容、方式、时限、渠道以及应承担的责任等，实现全民所有自然资源资产统计资源种类的全覆盖。做好与自然资源综合统计以及自然资源部内各司局工作的衔接和数据共享，按国家统计工作的相关法律法规，在数据共享的基础上做到全民所有自然资源资产统计指标的不重、不漏。完善自然资源资产统计信息化建设，适时建立自然资源资产数据信息平台，推动统计成果与系统外共享发展，为自然资源资产管理宏观决策提供支撑。

第九章　资产价值核算

第一节　国内外研究进展与实践

一、国外研究与实践

（一）SNA 与 SEEA 核算体系

自然资源核算探索始于 20 世纪 40 年代。1992 年世界环发会议上，资源和环境核算从理论走向实践。此后，联合国推出了 SEEA1993、SEEA2000、SEEA2003、SEEA2012，逐步形成了较为系统的资源与环境经济核算框架。《2012 年环境经济核算体系中心框架》（以下简称 SEEA2012）是一个由一整套综合表格和账户组成的统计框架，以商定概念、定义、分类和核算规则为基础。

从现有的 SNA、SEEA 核算体系来看，其都有特定的核算主体、核算目的和核算内容。就核算主体而言，SNA 是指一个国家经济领土内的常驻单位组成的国民经济核算主体，SEEA 继承了 SNA 的定义。从核算目的来看，SNA 反映核算主体所持有的全部资产价值或国民财富。SEEA 的核算目的，从微观来看，是描述经济与环境之间的相互作用以及环境资产存量和存量变化；从宏观来看，SEEA 环境核算体系是一种多用途制度，在若干方面对于政策制定、评估和决策有意义。

从实物层面来看，SEEA 实物核算的范围不限于拥有经济价值的资产；从价值层面来看，SEEA 与 SNA 相同，只有根据国民账户体系的估价原则拥有经济价值的那些资产，才被纳入环境核算体系中心框架。从核算内容来看，SNA 可以概括为经济资产存量及经济流量（其他）活动的核算。SEEA 的核算内容是在 SNA 基础上对资源环境要素及相关经济活动流的扩展，资源环境要素主要是经济资产，分为生产资产和非生产资产；扩展的经济资产范围为环境资产，指那些产权不明确、不能为所有者带来直接经济收益的环境要素（见表 9-1）。

表 9-1　SNA 和 SEEA 核算内容对比

<table>
<tr><td>核算标准</td><td colspan="2">经济资产核算范围的扩展</td><td colspan="2">经济活动核算范围</td></tr>
<tr><td>SNA</td><td colspan="2">经济资产存量</td><td colspan="2">经济活动和其他活动流量</td></tr>
<tr><td rowspan="2">SEEA</td><td>现有经济资产中的资源环境要素（经济资产）</td><td>要扩展经济资产范围（环境资产）</td><td rowspan="2">进入经济体系的资源</td><td rowspan="2">由经济体系内排放出的废弃物</td></tr>
<tr><td>生产资产（培育资产）、非生产资产</td><td>原来没有在经济资产范围内的资源环境要素</td></tr>
</table>

我国的自然资源资产核算的范围在 SEEA 和 SNA 之间，对应 SEEA 现有经济资产中的资源环境要素，我国自然资源资产核算内容为已开发利用的自然资源资产部分，如已出让建设用地、农用地、人工林、人工草地等；对应 SEEA 要扩展经济资产范围（环境资产），就是那些无法为所有者带来直接经济收益的自然资源资产，如非经营性建设用地、未利用地、湿地、自然保护地、原始森林等。资源资产经济活动核算范围，主要包括自然资源资产流量部分和负债部分（见表 9-2）。

表 9-2　我国自然资源负债表资产价值核算范围

核算体系	自然资源资产核算范围的扩展		自然资源资产经济活动核算范围	
全民所有自然资源资产核算体系	已开发利用的自然资源资产部分，如已出让建设用地、农用地、人工林、人工草地等	无法为所有者带来直接经济收益的自然资源资产，如非经营性建设用地、未利用地、湿地、自然保护地、原始森林等	自然资源资产流量部分（依据资产存量而定）	排放的气体以及污水等（负债）

该框架将自然资源作为环境资产纳入核算，通过核算实物量流量表、可商品化的资源价值量表及环境污染成本、环境治理成本，显示特定时空内的资源存量水平和识别导致资源增减变动的经济原因。

（二）各国实践

早在 20 世纪 80 年代，挪威统计局率先进行自然资源核算和环境核算的相关研究工作，公布了项目研究初步成果《挪威自然资源核算》，初步建立了自然资源实物核算框架。随后法国自然资源核算委员会提出了自然财产账户，建立森林资源、动植物资源和内陆资源的实验性实物核算账户，随后又将实物核算与货币核算结合，以期得到一个能与国民经济核算体系相联系的自然资源核算体系。芬兰统计局建立了芬兰自然资源核算框架体系（环境核算体系），涵盖了森林资源分类核算、环境保护支出费用的核算和空气排放核算，并将环境核算的成果融入国民经济核算系统，最终编制了包含环境核算在内的国民经济核算矩阵 NAMEA。

澳大利亚统计局开始了编制环境账户，并于 2012 年发布《环境会计实践》，统计表格体系基本上是按照 SEEA2012 框架的思路设置的，它全面提供了澳大利亚各种自然资源的流量、存量及存量变动情况的数据资料。具体如表 9-3 所示。

表 9-3 环境经济核算体系下自然资源资产核算的国际经验

机构名称	核算体系	核算范围	计量单位	价值计量属性
联合国	SEEA	矿产和能源、土地、土壤、木材、水生资源、其他生物资源、水资源	实物存量和流量；价值存量和流量	市场价值
		生态系统		非市场价值
欧盟统计局	SERIEE MFA IEEAF	水资源、土地、野生动物和地下资产	实物存量和流量；价值存量和流量（森林）	市场价值
荷兰统计局	NAMEA	天然气和原油、自然资源耗减	实物存量和流量	无价值计量
德国统计局	GEEA	能源、原材料、水和土地	实物存量和流量	无价值计量
		森林生态系统	实物存量	
挪威统计局	NOREEA	能源、矿产、森林、渔业和土地	实物存量和流量，价值存量和流量（森林）	无价值计量
加拿大统计局	CSERA	地下资产、木材、水、土地资源	实物存量、价值存量	市场价值
		能源、水资源和木材	实物存量	
美国经济分析局	IEESA	地下资源、生物资源、水	实物存量和流量；价值存量和流量	市场价值和非市场价值
澳大利亚统计局	AEEA	矿物和能源、水	实物存量、价值存量	市场价值
		土地和木材资源	价值存量	

自然资源资产价值核算的国际经验对我国的借鉴与启发：一是自然资源资产的计量范围从以自然资源计量为主向以生态系统计量为主过渡。二是并非所有的自然资源都纳入自然资源资产核算体系，纳入核算的自然资源通常需要满足三个条件，即必须能被特定主体所拥有或控制、能够给经济主体带来预期收益、能以货币计量。三是自然资源资产价值量核算以自然资源的市场价值为主。

二、国内研究与实践

（一）自然资源资产核算内容研究

李金昌（1987）翻译了 Repetto 的《关于自然资源与折旧问题》《挪威的自然资源核算与分析》及 L. Lorentz 的《自然资源核算与分析》等著作，其后，李金昌（1991）与胡昌暖（1993）分别出版了《资源核算论》和《资源价格研究》对资源核算的相关问题进行了系统分析，引发了国内相关人士对资源核算的关注，这标志着我国对自然资源核算系统研究的开端。吴优、曹克瑜（1998）是我国较早以 SEEA（1993）为基础，提出我国自然资源与环境核算思路的研究者，其总结资源环境实物量和价值量的核算方法，并提出了我国自然资源和环境核算的初步设想，对自然资源和环境核算的内容、单位、资源分类、资产负债表编制等问题进行了阐述，为我国自然资源核算跟国际标准的对接奠定了基础。封志明（2014）梳理了国内外自然资源核算研究历程和方法进展，指出了自然资源核算研究的重点和难点，并进一步探讨了自然资源核算与自然资源资产负债表之间的关系。黄溶冰等（2015）对自然资源核算账户、环境经济综合核算以及自然资源资产负债表的关系进行了辨析。谷树忠（2015）提出了自然资源资产核算的概念、目的、重点等内容。向书坚（2015）从编制目的、核算理论、经济所有权与法律所有权等方面出发，确定了自然资源核算的资产范畴。

（二）自然资源资产价值理论与分类研究

李金昌（1992）认为，自然资源估价的理论基础是功效论、财富论和地租论。胡昌暖（1992）认为，在研究资源价格实质的时候，必须把马克思关于地租、土地价格理论的一般原理与中国现实情况相结合，来探讨我国资源价格的形成。蒲志仲（1993）主张坚持马克思的劳动价值论和科学认识论，建立科学的自然资源价值理论，探讨了自然资源价值中的劳动和社会必要劳动的构成，概括了自然资源的价值特性。黄贤金（1994）二元价值论认为自然资源的价值一部分来源于人类劳动，另一部分来源于自然资源本身。葛金凤（2004）认为，自然资源的价值是由凝结人类劳动创造的“现实社会价值”和自然资源本身蕴藏的“潜在社会价值”两部分构成的。林向阳等（2007）认为，根据马克思劳动价值论的观点，自然资源是没有价值的，并赞同采用效用价值论的观点，即根据自然资源满足人类欲望的能力来确定自然资源的价值。由于自然资源具有稀缺性，可以用以马歇尔为代表的供求论来解释自然资源价值。现代自然经济学家提出边际效用论，梅林海等（2012）认为，自然资源产品的价格包括资源开发利用的边际成本和边际机会成本（又称稀缺性地租）。目前，学者们仍对自然资源资产价值内涵分类存在争议，但也达成了一些共识。对其价值内涵的不同看法，大致可分为二分法（李金昌，1999；杨艳琳，2002；安晓明，2004）、三分法（马承租，2007；杨文选和李杰，2009）和四分法（张光文，2001；高兴佑和郭昀，2010；王天义和刘清江，2016）。其中，二分法是由内在和外在价值、直接和间接价值等构成的。三分法和四分法将价值分为劳动价值、补偿价值（代际补偿价值）、机会成本价值、生态价值、效用价值、产权价值（天然价值）、环境价值等。其共同的看法为：自然资源既有生态价值又有经济价值，对社会而言还兼有社会价值。

（三）自然资源资产价值核算实践探索

我国也早已关注了自然资本核算的问题，2003 年由国家统计局发布的《中国国民经济核算体系（2002）》，设置了自然资源卫星账户，以此来核算自然资源的实物量，分别编制了全国的土地资源、森林资源、矿产资源和水资源等的实物量表，并在此基础上进行了价值核算。此外，环境保护部还有对环境污染和生态破坏方面的损失核算（王燕祥，2002；周龙，2010）。国家统计局组织翻译了联合国的《综合环境经济核算 SEEA2003》（综合环境经济核算体系（2003），联合国（著），2007），并与国家林业局联合开展了森林资源核算。朱启贵①②在对国际上关于综合环境经济核算体系研究的基础上，结合中国国情，提出了一套中国综合环境经济核算体系框架。这些举措和研究都为中国的自然资本核算提供了政策支持及技术支撑。我国自 2004 年开始也正式开展绿色 GDP 核算的研究工作。2015 年 3 月，环保部重启绿色 GDP 核算工作，并将 2016 年选择部分地区进行绿色 GDP2.0 的试点，率先发布了《中国绿色国民经济核算研究报告（2004）》，绿色 GDP 理论及其实践对自然资源资产核算理论体系提出了现实要求。

综上，学术界、实务界对自然资源资产核算难以取得共识，主要表现在以下几个方面：①自然资源与自然资源资产核算的区别尚未厘清。②自然资源资产价值核算包括的内容不明确，是否包括社会价值和生态价值。③对于没有市场交易的生态用地，如湿地、公园等的资产价值，如何精确核算其价值。④核算方法未统一。

第二节 自然资源资产核算总体思路设计

一、指导思想

以习近平新时代中国特色社会主义思想为指导，牢固树立“绿水青山就是金山银山”的理念，按照党中央、国务院关于加快推进生态文明建设的决策部署和统筹推进自然资源资产产权制度改革的总体要求，以“示家底、明权责、显履职、助决策”为主要目标，以综合计量和全面反映为重点，明确编制原则和思路，规范编制框架和内容，统一编制方法和程序，夯实数据采集基础，构建考核

① 朱启贵．可持续发展评估［M］．上海：上海财经大学出版社，1999.

② 朱启贵．绿色国民经济核算论［M］．上海：上海交通大学出版社，2005.

评价体系，为健全自然资源资产管理制度体系、推进生态文明建设、促进高质量发展提供有力支撑。

二、相关概念

（一）价值评估与资源（资产）核算

价值评估是指评估机构及其评估专业人员根据委托对不动产、动产、无形资产、企业价值、资产损失或者其他经济权益进行评定、估算，并出具评估报告的专业服务行为。实质上是对资产在某一时点上的价值的表现进行评定和估算的行为。

自然资源资产核算，是对一定时间和空间自然资源资产，在其真实调查统计和合理估价的基础上，从实物、价值和质量等方面，统计、核实和测算其总量和结构变化并反映其平衡状况，以及将资源（资产）纳入国民经济核算体系的活动。

（二）实物量核算（统计）与价值量核算

实物量核算（调查统计）是资源资产核算的基础，是按实物数量单位来计算特定时间某一自然资源资产储量，能直接表明自然资源可用的数量、质量、分布、变化。实物量核算（调查统计）是建立在自然资源调查工作基础上的，是对客观实物的调查、统计、监测、评价。

价值量核算是在实物量核算（调查统计）的基础上，叠加价值内涵，通过实物量的价值评估，进行汇总的综合性核算。通过价值核算，能获得反映自然资源资产本底情况的总量指标，从而对自然资源资产变化过程及所有者权益行使结果作出综合性评价。

三、核算目的

借鉴 SEEA 核算目的，可以把我国自然资源资产核算看成是一项重要的多用途政策工具，其目的具有多样性。依据不同的核算目的，制定不同尺度的核算体系内容。对应核算主体类型，可以划分为宏观目的和中观目的。宏观目的主要为全国层面的核算，从所有者角度出发，掌握国有自然资源资产家底；中观层面，可考虑地区间的差异，核算使用权权益价值类型，为自然资源资产的保值增值、区域政策制定、评价考核制度等服务。随着数据获取技术手段的提高和管理职能的完善，在不久的将来可进一步探索微观尺度的核算。

一是通过摸清“家底”编制自然资源资产报告。通过全面调查评价各类自然资源资产的总量、类型、分布、结构、价值等基本情况，为建立全面所有自然资源资产报告制度创新技术路径、奠定方法基础。同时，通过开展核算成果监测，全面掌握自然资源资产开发、利用现状及存在问题，探索保障自然资源资产的保值和增值的管理途径，为自然资源资产管理提供决策支持。

二是为全民所有自然资源资产负债表编制提供基础。自然资源资产核算作为推进社会经济可持续发展的重要举措，是编制全民所有自然资源资产负债表的理论基础。在此基础上，为将来调整自然资源开发空间布局、资源资产收益处置和宏观调控决策服务。

三是为统一考核监管服务，建立行之有效的考核指标和动态调整机制，考核受托人自然资源资产管理履行责任、义务和资产保值增值等情况，实现权利、义务和责任相统一。

四、核算原则

自然资源资产价值核算要坚持目标导向和问题导向，循序渐进、分类实施。

（1）统一规范，分类统筹。根据不同自然资源资产的各自的属性特征，分别确定其核算范围和核算方法。不同门类的资源资产分类、禀赋条件、属性、用途等存在较大差异，核算须按照统一规范的管理目标定位、核算时点，区别各类自然资源资产价值评估的范围和方法，分别进行，并进行综合统筹。

（2）以经济价值为主。核算结果要反映自然资源资产真实、具体和相对稳定的经济价值。对于具有成熟交易市场的自然资源资产，可核算其出让价值（出让收益）；对于无交易市场的自然资源资产，核算其基准价；对于既无基准价又无市场交易的资源资产，一般不建议进行经济价值核算。

（3）以自然资源资产正常合理价值为主导。核算应以正常利用条件下的价值为依据，核算的主导思路应以基准价为基础，对于具有基准价格的自然资源资产，宜采用基准价进行价值评估，不具有基准价的自然资源资产，可参照基准价格进行估算。

（4）兼顾核算精度与工程效率。核算中充分利用已有的技术方法体系，对各类自然资源进行评估的方法体系要具有统一规范、适用性和推广性，无数据基础地区须明确补充评估的技术路线，便于统计、汇总、管理和操作。在符合核算技术原则的前提下，核算工作应统筹考虑应用需求、成果精度、工作实施效率的平衡。

五、核算主体

我国《宪法》第九条规定：矿藏、水流、森林、山岭、草原、荒地、滩涂等自然资源，都属于国家所有，即全民所有；由法律规定属于集体所有的森林和山岭、草原、荒地、滩涂除外。国家保障自然资源的合理利用，保护珍贵的动物和植物，禁止任何组织或个人用任何手段侵占或破坏自然资源。自然资源的所有权属于国家（政府）或集体所有，并由其对自然资源资产占有、使用、消耗、恢复和增值等活动负责。根据权责对等原则，核算主体是负有自然资源资产管理职能的政府部门或特定机构。

自然资源资产的核算主体包括拥有自然资源资产所有权以及使用权的各类主体。结合自然资源部委托代理清单制度，可考虑将我国自然资源资产核算主体分为两大类：第一类核算主体为自然资源部，自然资源部代表国务院统一行使自然资源所有权，体现全民所有自然资源资产所有者权益的实现，所有权收益实现方式主要有出让、租赁、作价出资入股等，其对应的核算收益价值内容为体现所有者权益的资源收益，其类型主要有土地出让收入、新增建设用地有偿使用费、矿业权出让收益、海域使用金、无居民海岛使用金五项内容。第二类核算主体为地方自然资源主管部门，地方自然资源资产管理部门作为自然资源管理工作的具体执行部门，更多地体现自然资源资产的使用权功能，如自然资源保值增值、开发利用收益等，其对应的核算价值内容为使用权价值内涵的收益类型。同时，有些国有自然资源资产已经出让或划拨给了其他经济主体，其他经济主体享有部分自然资源资产使用、收益和处分的权利，所以核算时需考虑一些占有和使用自然资源资产的其他经济主体。但这些经济核算主体不在我们的研究范围内。

六、核算对象范围

在联合国综合环境经济核算体系（SEEA）中，自然资源主要分为七个类别，分别为：矿产和能源资源、土地资源、土壤资源、木材资源、水生资源、其他生物资源以及水资源，而所有的培育生物资源和土地都不包含在上述自然资源的范畴中。在国民账户体系（SNA）中，自然资源的分类基本与上述相同，唯一不同的是将土地资源与土壤资源视为同一类资产。SEEA 将土壤资源与土地资源视为自然资源中的两个分类，主要强调土地资源在提供空间方面的作用。在《环境保护法》中，“自然资源包括土地、草原、森林、矿藏、湿地、水、海洋七大类”。综合考虑上述自然资源的分类及我国自然资源的实际情况，本书将自然资源分为土地资源、矿产资源、森林资源、草地资源、水资源、海洋资源、湿地资源和自然保护地。

从自然资源资产管理的视角出发，列入政府管理范围的各类自然资源资产都应作为核算对象。全民所有土地、矿产、草原、水、森林、海洋自然资源资产可以用于市场出让，理论上均能实现经济价值核算。各资源门类中，哪些能在现阶段核算其经济价值、哪些在未来实现其经济价值的核算，由各自然资源资产价值核算分则去详细规定。不能用于市场出让的湿地和自然保护地等特殊生态空间资源资产，以核算其生态价值为主，暂时不计入经济价值核算的范围。

自然资源资产分类依据与原则：①以已有分类体系为基础，结合现有政策规定以及国外实践经验，建立我国自然资源资产分类体系。可参考土地覆被分类以及土地利用分类标准，要在现有三调分类基础上细化，例如林地和草地重合地区是否应该新增一种地类。②资源类型重合，按优先原则分类，自然保护地>水资源>海洋资源>湿地资源>森林资源>草地资源>土地资源>矿产资源。具体如表9-4所示。

表 9-4 自然资源资产价值核算范围

自然资源资产类型	类型划分	经济价值	生态价值
土地资源	商服用地、工业用地、仓储用地、城镇住宅用地	可核算	—
	公共管理与公共服务用地、交通运输用地、水工建筑用地	拓展核算	—
	耕地、园地	可核算	生态系统服务价值
	未利用地	—	生态系统服务价值
草地资源	天然牧草地	可核算	生态系统服务价值
	人工牧草地		
森林资源	可进一步开发	可核算	生态系统服务价值
	禁止开发	拓展核算	
矿产资源	未出让查明资源储量	拓展核算	—
	已出让查明资源储量	可核算	
水资源	地表水	可核算	生态系统服务价值
	地下水	可核算	
海洋资源	已开发海域资源	可核算	生态系统服务价值
	未开发海域资源	拓展核算	
	未获得固定收益的海岛或公益性用岛	拓展核算	生态系统服务价值
湿地资源	红树林地、森林沼泽、灌丛沼泽、沼泽草地、盐田、沿海滩涂、内陆滩涂、沼泽地	—	生态系统服务价值
自然保护地	国家公园、自然保护区、自然公园	拓展核算	生态系统服务价值

从自然资源到自然资源资产价值核算的重点有数量、价值、质量三个方面。一是要开展以调查统计为基础的自然资源实物量统计。二是开展以分等定级为基础的自然资源资产质量核算，对不同等别、不同级别的自然资源资产进行分类核

算，监测变化，实现等别、级别统筹平衡。三是开展以自然资源价值评估为基础的自然资源资产价值量核算。

（一）实物量统计

土地资源数据：来源于自然资源主管部门，主要包含国土三调、土地变更调查、农用地分等定级、国有建设用地基准价等。依据《土地利用现状分类》（GB/T 21010—2017），统计土地资源存量及其变动量。耕地资源所需基础数据包括耕地质量等别年度更新评价和地理国情普查结果。依据《农用地质量分等规程》（GB/T 28407—2012）、《耕地质量划分规范》（NY/T 2872—2015）、《耕地地力调查与质量评价技术规程》（NY/T 1634—2008）和《天然草原等级评定技术规范》（NY/T 1579—2007）统计耕地质量等别及其变动量、耕地质量等级及其变动量和草地质量等级。其中，耕地质量等别年度更新评价数据包括耕地质量等别数据库、耕地质量等别年度更新数据包、年度更新评价分析报告及表格数据等，数据主管司局为耕地保护监督司。

矿产资源数据：来源于自然资源主管部门，主要包含矿产资源的储量情况、矿业权出让收益市场价。其中，石油、天然气数据资料主要在部内石油、天然气储量备案系统中直接提取，目前主管部门为矿保司。固体矿产资源资产储量数据可以直接在部内固体矿产储量直报系统中提取，目前主管部门为矿保司。依据《中华人民共和国矿产资源法实施细则》所附的《矿产资源分类细目》和原国土资源部《全国矿产资源储量通报》规定的矿产资源分类标准，统计能源资源、金属和非金属固体矿产资源的存量及其变动量。依据《矿产资源综合勘查评价规范标准》（GB/T 25283—2010）统计能源资源、金属和非金属固体矿产资源的质量及其变动量。

林草资源数据：林木资源和草原资源（不含草地）数据来源于林草部门，主要包含林木蓄积量、干草产量以及林草、干草价格。依据《林地分类》（LY/T 1812—2009）和《森林资源规划设计调查技术规程》（GB/T 26424—2010），统计林木资源存量及其变动量。草地资源等级数据来源于草原资源调查资料，目前主管部门为林草局，主要标准有《天然草原等级评定技术规范》（NY/T 1579—2007）。

海洋资源数据：来源于自然资源主管部门，主要包含海域、无居民海岛使用管理情况。海域资源主要涉及海域资源分等定级数据，其来源于现有海洋统计调查制度，将通过海域动态监视监测系统获取，主管单位为海域海岛司。参考《关于调整海域无居民海岛使用金征收标准》（财综〔2018〕15 号）。无居民海岛资源分等定级数据，主要数据来源于现有海洋统计调查制度，将通过海域动态监视监测系统获取，主管单位为海域海岛司。参考《关于调整海域无居民海岛使用金征收标准》（财综〔2018〕15 号）。依据《全国海岛保护规划》《海水水质标准》（GB3097—1997），统计海域资源存量及其变动量（包括无居民海岛保有面积和海洋功能区划总面积）和海岸线变动量（包括天然岸线和人工岸线）。

水资源数据：来源于水利部门，主要包含地表水、地下水及水资源总量。依据《地表水环境质量标准》（GB3838—2002）、《地下水质量标准》（GB/T 14848—2017）和《地表水环境质量评价方法（试行）》（环办〔2011〕22 号），统计水资源质量及其变动量。

（二）价值量核算

自然资源价值核算是自然资源从实物量向价值量转变的重要途径，但实物量转换为价值量的难点在于估价方法的选择，自然资源价值的衡量一直以来都是学术界颇受争议的话题。在传统的经济学理论中，自然资源是没有价值的。随着人类对价值内涵认识的不断深入，先后出现了三种揭示价值源泉的理论，并逐步改善了传统的自然资源无价观念。但如何能够将自然资源的价值更好地以货币的形式表现出来，仍然是当前学术界面临的一大难题。一方面，大部分自然资源不能在市场上自由交易，也不存在可观察的交易市场；另一方面，资源环境具有外部性和公共物品的属性，若强行按照市场估价原则为这些自然资源估价会出现市场失灵。因此，除了市场价值之外，为了衡量自然资源的全部经济价值，学者们还探索出了许多非市场价值的评估方法，分类归纳如下：

1. 基于价值理论的核算方法

影子价格法，其理论基础是效用价值论，效用价值论以物品满足人的欲望的能力或人对物品效用的主观心理评价来解释价值及其形成过程，并以主观的使用价值来说明财富的价值。① 该方法基于资源的有限性，以线性规划为方法，以资源的合理分配为前提，以资源的有效利用为核心，以获得最大的经济效益为目的。② 影子价格最初是由荷兰经济学家詹恩·丁伯根于 20 世纪 30 年代末提出的，他认为影子价格是对“劳动、资本和为获得稀缺资源而进口商品的合理评价”。1954 年，他将影子价格定义为“在均衡价格的意义上表示生产要素或产品内在的或真正的价格”，即资源得到最佳配置时的价格。一般认为，影子价格能够较好地反映资源的经济价值。但是，用影子价格法计算资源价值也存在一些局限。最大的局限在于影子价格法的实践应用较为困难。该方法以线性规划模型为计算方法，此模型需要大量的数据，实际中这些数据较难获得，且计算量较大。

边际机会成本法，机会成本的概念最初是由新古典经济学派提出的，旨在阐明为了得到某种东西而所要放弃的另一些东西的最大价值。该方法既能够用于估

① 于新．劳动价值论与效用价值论发展历程的比较研究［J］．经济纵横，2010（3）．

② 何承耕，林忠，陈传明，李晓．自然资源定价主要理论模型探析［J］．福建地理，2002（3）．

算相同条件下，将一定量自然资源用于某项用途时所需要放弃的用于另一项用途所产生的效益；也可用于推测相同条件下，利用一定量自然资源获得某种收入时所需要放弃的获取另一种收入的机会。[①] 自然资源具有稀缺性，如果使用了某项自然资源，就意味着失去了今后利用同一资源获取收益的机会。因此，使用机会成本为自然资源定价意味着：①该价格中包含相应的利润；②该价格中包含自然资源在利用过程中给社会和他人造成的损失；③该价格中包含所放弃的使用机会可能带来的最大收益。[②] Pearce 和 Markandy（1987）最早将机会成本的概念应用于自然资源的定价模型中，并从理论上对边际机会成本（Marginal Opportunity Cost，MOC）进行了探讨，认为 MOC 应由三个部分构成，分别是：边际直接成本（Marginal Direct Cost，MDC）、边际外部成本（Marginal External Cost，MEC）和边际使用者成本（Marginal User Cost，MUC）。在 Pearce 和 Markandy 之后，虽然大多数学者都将边际直接成本表述为边际生产成本（Marginal Production Cost，MPC），但并没有改变其内在含义。上述关系可以用公式来表示：

$$MOC=MPC+MUC+MEC$$

其中，MPC 是指为获得某一单位资源环境增量所必须投入的各项直接费用增量，包括原材料、劳动力、生产设备等各项生产成本的增量；MUC 是指现在利用某单位资源环境所需放弃在未来利用同一单位资源环境所能获得的最大收益，或指在某种用途上利用某单位资源环境所需放弃的在另一用途上利用同一单位资源环境所能获得的最大收益；MEC 是指在对某一单位资源环境的利用过程中，可能给社会或他人带来的未得到补偿的收益或者未进行赔偿的损失。从理论上讲，自然资源的价格（P）应等于其边际机会成本（MOC）。$P>MOC$，则正常的自然资源消耗会得到抑制；$P<MOC$，则又会刺激消费从而导致自然资源的过度消耗；只有当 $P=MOC$ 时，才会有助于自然资源的可持续利用。

边际机会成本法，从边际生产成本、边际使用者成本以及边际外部成本三个方面衡量资源环境的价值，克服了其他定价理论容易忽视资源环境外部性以及自然资源稀缺性的缺陷。但其自身也不可避免地存在一些缺点：一是实际应用较为困难。边际机会成本由三个部分组成，这三个部分当中，除 MPC 的数据获取较为简单以外，MUC 和 MEC 的数据获取均较为困难，估算难度较大。二是计算结果缺乏可比性。MUC 和 MEC 的计算受主观因素影响较大，且不同的计算方法所得的结果往往相去甚远，从而导致计算得到的 MOC 缺乏可比性。[③]

---

① 王舒曼，王玉栋．自然资源定价方法研究［J］．生态经济，2000（4）．

② 章铮．边际机会成本定价——自然资源定价的理论框架［J］．自然资源学报，1996（2）．

③ 石薇．自然资源资产负债表编制方法研究［D］．杭州：浙江工商大学，2018．

2. 基于市场价值的核算方法

马歇尔从市场供需均衡的角度，将商品的交换价值视为价值，从而创立了均衡价格论。马歇尔认为，价值是指交换价值或价格。价格不能仅由市场中的一方确定，而应取决于供给和需求共同作用下的均衡价格。其中，需求价格是指为购买一定量商品，消费者所愿意支付的价格。需求价格的高低由该定量商品对消费者的边际效用所决定。供给价格是指为提供一定量的商品，生产者所愿意接受的价格。需求价格的高低由生产该定量商品所需付出的边际成本决定。价值正是供求双方均达到均衡时的价格，也即购买者的需求量刚好等于生产者的售卖量时的价格。在此价格下，市场处于供需均衡状态，因此该价格也被称为“均衡价格”，也就是商品的价值。

净现值法，将存量与流量联系起来，通过流量价值来对存量价值进行估算，是资源价值评估中普遍使用的方法，受到 SEEA 和世界银行的推荐。其基本思想是：通过选择适当的折现率，将被评估资产的未来预期净收益流折现到估价时点并累加，该累加值就是该资产在该时点的价值。净现值的计算公式可以表示为：

$$VP=R_1/(1+i_1)+R_2/(1+i_1)(1+i_2)+\cdots+R_n/(1+i_1)(1+i_2)+(1+i_n)$$

式中，VP 为被评估资产的净现值；R_n（n=1，2，…，n）为该资产在第 n 期的预期净收益，对自然资源而言就是资源租金；i_n（n=1，2，…，n）为每期的折现率。

根据以上公式，自然资源的价值主要取决于三个方面：一是预期收益，也就是资源租金；二是折现率；三是预期资产寿命。资源租金是资产的使用者减去所有成本及正常回报后的剩余价值，即归于自然资源资产的那部分收益。目前，主要有三种方法用于估算资源租金，分别是剩余价值法（the residual value method）、占有法（the appropriation method）和访问定价法（the access price method），其中最常用的是剩余价值法。

直接市场法是以市场价格为基础，对资源环境价值进行评价的方法。主要有生产率变动法、恢复费用法、人力资本法、防护支出法、生产函数法和机会成本法等。恢复费用法则通过估算资源环境被破坏后，将其恢复到原状所需要支付的费用来评估资源环境价值。人力资本法（Human Capital Approach）的研究假设是，环境质量的变化会对人的健康产生影响，因而可以通过估算环境污染对人体健康造成的损害价值来估计环境污染的价值。防护支出法的思路是，获取个人或企业为减少或消除环境的有害影响而愿意承担的费用数据资料，并以该值作为环境价值的最低估计。生产函数法将自然资源作为生产的一种投入，并根据自然资源对生产过程的贡献程度，以及产成品在市场上的交易价格来估计自然资源的价格。机会成本法认为，资源环境有多种用途，倘若我们选择了其中的一种用途，便放弃了对资源环境的其他使用机会，故而该方法把失去的使用机会中所能够获得的最大收益称为该资源的机会使用成本。

3. 基于替代市场的核算方法

显示性偏好法（Revealed Preference Approach）又称替代市场法。该方法依赖于这样一个前提：某些非市场价值可能间接反映在消费者支出、销售商品和服务的价格以及某些市场活动的生产力上。因此，该方法主要通过观察到的行为和市场现有的信息，来估计人们对资源环境表现出的偏好，并对其进行价值估算。

陈述性偏好法（Stated Preference Methods）又称假想市场法。该方法主要通过问卷调查的形式，在人们并没有进行实际支付或交易的情况下，通过询问受访者一系列问题，以得到有关其偏好的信息。问卷调查可以采用信件、电话以及面对面访问等形式进行。陈述性偏好法大都基于效用最大化理论，主要有条件价值法和选择实验法两种方法。

七、核算单元、时点及参数

（一）核算单元

以行政辖区作为基本核算单元，行政辖区的具体范围由各资源类型按具体情况灵活设定。建议土地、草原、湿地、海域资源资产以县级行政辖区为核算单元；油气以油气田为核算单元；固体矿产资源以查明矿产资源矿区为核算单元，待确认矿产资源以矿产地为核算单位；森林（草原）资源以林场（草场）为核算单元。核算成果由下而上进行汇总，跨行政区域的资源区域（如油气田、矿产资源区、林场、草场等）由上一级行政区域统筹。例如，跨多个县域单元的资源区域，核算工作应由地市级行政单元统筹。

（二）核算时点

一般而言，由于不同时点对应的价格具有可修正性，而不同时点的自然资源资产的实物量相对刚性，故宜取接近资源资产实物量对应的时点为宜。各资源资产均按估价时点的现状用途进行评估。可将核算时点统一至某年初，如2021年1月1日。

（三）评估核算参数要求

（1）易得性。数据均来源于自然资源管理部门、相关统计年鉴和监测系统，保证数据的易得、真实、可靠和权威性。

（2）方法得当、全面、规范、正确，与评估目的及评估方法相协调。

（3）符合社会生产力的需要。参数调整要符合社会生产力和经济发展水平的变化需要，符合政策变化和市场发展形势的需要。

（4）符合全民所有自然资源资产管理需求。

第三节　讨论与展望

一、自然资源资产不同价格形式

按自然资源资产权利分类，所有权和占有、使用和收益权逐步分离，根据自然资源用途，逐步建立多种形态的自然资源产权。例如，土地有土地所有权价格、使用权价格、租赁价格、抵押价格等；森林资源有林地使用权、森林承包权和经营权；矿产资源有矿业权出让收益和矿业权占用费；水资源有取水权和水域使用权；海洋资源有海域使用权等。不同的自然资源有不同的权益价值。因此，需要进一步明确自然资源资产价值的权益价值内涵。需要明确价值内涵的价格形式，明确是否以评估价格为主，交易价格为辅。

二、关于同一空间叠加自然资源（或自然保护地）价值核算问题

自然资源依附于国土空间而存在，同一国土空间可存在多种自然资源。地上森林与地下矿产共同组成完整的生态系统。国土空间与自然资源并不完全等同，计量单位不一。

（1）同一空间的资源和功能具有复合性，要抓主要矛盾。同一空间的自然资源价值是一个有机整体，区分经营性和公益性资源价值，并分别构建核算方式反映和测度整体价值，同时评估不同资源利用的主要价值构成和变化状况。另外，同一空间的地表和地下（如果有矿）资源价值应同时核算。

（2）汇总分析各类自然资源及特殊空间资源价值。以生态文明和用途管制等政策为导向，探讨应用方案及政策建议，并注重不同资源开发的时序和影响程度，不一致时着重强调时点上的主要价值（矛盾）。

三、生态价值核算体系尚处于探索阶段

生态价值核算是自然资源核算的一个重点与难点。目前关于风景名胜区生态价值核算体系尚未有明确的国家标准，对于核算对象、核算范围、核算方法等都没有明确的国家、省级标准，需要在试点实践过程中进行探索。并且涉及涵养水源、固碳释氧、净化水质等功能价值的影响因素难以用价格或者数量进行测量等，给核算实践带来一定的难度。

第十章　资产生态价值核算

第一节　研究进展

一、综合研究

（一）概念

生态系统服务（Ecosystem Services）一词含义丰富，不同学者对生态系统服务的定义不同，且还在不断完善和发展中（见表 10-1）。具有影响力的包括以下内容：Daily（1997）提出生态系统服务是自然生态系统及其物种所提供的能够满足和维持人类生活需要的条件和过程。Costanza 等（1997）指出，生态系统服务是人类直接或间接从生态系统服务功能中获取的惠益，并将生态系统服务分为 17 种类型。De Groot（1992）把生态系统功能、产品和服务看作是一个整体，认为生态系统功能是生态系统为人类直接或间接提供服务的能力，基本与 Costanza 等的观点保持一致。

2005 年联合国主导的千年生态系统评估（The Millennium Ecosystem Assessment，MA）提出的定义及核算框架得到了科学界的广泛认可，MA 对生态系统服务的概念基本采用了 Costanza 等的观点，认为生态系统服务是人类从自然系统获取的收益。

表 10-1　不同学者对生态系统服务的定义

研究者	年份	定义
De Groot	1992	通过自然过程及其组成成分的能力直接或间接地提供满足人类需求的产品和服务
Daily	1997	生态系统服务通过自然生态系统和构成系统物种的过程和条件供养和满足人类生活需求
Costanza 等	1997	生态系统服务是人类总体直接或间接地从生态系统功能中获得利益

续表

研究者	年份	定义
Boyd	2007	生态系统可利用的各部分（主动或被动）产生人类的福利
Fisher	2009	大自然给家庭、社区和经济带来的利益
CILES	2012	生态系统对人类福祉的贡献，来源于生物和非生物部分的相互作用

（二）分类

考虑到生态系统过程的动态性与复杂性及生态系统服务所固有的特点，发展统一的分类方法几乎不可能实现，因此要求研究者发展不同的生态系统服务分类体系以便于适应不同的研究目的。其中比较有代表性的包括 Costanza、Daily、MA 和 De Groot 的工作（见表 10-2）。Costanza（1997）为了估算全球 16 个生物区系的经济价值，从生态系统功能的角度将全球生态系统服务分成 17 类，包括气候调节、气体调节、扰动调节、水调节、废物处理、水供给、食物生产、原材料、基因资源、侵蚀控制和沉积物保持、土壤形成、养分循环、传粉、生物控制、避难所、休闲、文化，这一分类体系为后续生态系统服务分类奠定了坚实的基础。1997 年，Daily 发表了关于评价生态系统服务及其权衡效应的概念框架并在两年后对其进行了修订，将生态系统服务分为产品生产、再生产过程、稳定性维持过程、生态实现功能及多样性保护功能五大类。联合国 MA 项目将生态系统服务分为供给服务、调节服务、文化服务及支持服务。De Groot 等（2002）将生态系统服务分为供给服务、调节服务、支持服务、文化与美学服务四大类。该分类体系与 MA 分类体系的主要区别是将支持服务限制为提供栖息地与基因库保护，而生物多样性不再作为独立的服务，因此有利于将生态系统服务和价值的概念整合到景观尺度的规划和管理中。生物多样性与生态系统经济学（TEEB）对国际上已有的分类体系进行综合与分析，将生态系统服务分为供给服务、调节服务、栖息地服务和文化服务四大类。

我国对生态系统服务的研究起步较晚，其中以欧阳志云（1999）、谢高地（2006）的研究最为突出，他们分别基于 Costanza（17 类）的分类体系并结合我国生态系统服务研究的实际情况，对我国生态系统服务做出分类。其中，欧阳志云将生态系统服务分为 8 类，而谢高地将生态系统服务分为 9 类。

表 10-2 国内外生态系统服务分类比较

研究者	年份	分类数	分类的具体内容
Costanza	1997	17	气候调节、气体调节、扰动调节、水调节、废物处理、水供给、食物生产、原材料、基因资源、侵蚀控制和沉积物保持、土壤形成、养分循环、传粉、生物控制、避难所、休闲、文化

续表

研究者	年份	分类数	分类的具体内容
Daily	1997	17	气体调节、气候调节、干扰调节、水文调节、水量、侵蚀控制、土壤形成、营养循环、废物处理、花粉传递、生物控制、生境、食物、原材料、基因资源、娱乐、文化
欧阳志云	1999	8	调节气候、土壤的生态系统服务、生物多样性产生和维持、有机质生产与生态系统产品、授粉、降低自然灾害、净化环境、控制生物物种平衡
De Groot 等	2002	4 大类 23 项	供给服务、调节服务、支持服务、文化与美学服务
MA	2005	4 大类	调节服务、供给服务、支持服务、文化服务
谢高地	2006	9	调节大气、调节气候、维护生物多样性、水源涵养、土壤保持、处理废弃物、生产食品、生产原料、娱乐消遣和文化
Wallace	2007	4 大类	足够资源、保护功能、良好的化学和物理环境、社会文化
Boyd 和 Banzhaf	2007	6 大类	维持收获量、维持美感度、维持景观、维持废物处理、维持饮用水、维持娱乐
TEEB	2010	4 大类 22 项	供给服务、调节服务、文化服务、栖息地服务
Burkhand	2012	4 大类 29 项	生态完整性、调节生态系统服务、提供生态系统服务、文化生态系统服务
傅伯杰等	2017	3 大类 18 项	供给服务、调节服务、文化服务

（三）指标体系

我国在充分借鉴国际核算经验的基础上，对生态系统服务评估指标体系进行了积极的探索，先后发布了《森林生态系统服务功能评估规范》《海洋生态资本评估技术导则》《荒漠生态系统服务评估规范》《自然资源（森林）资产评价技术规范》等规范导则，推动了森林、海洋和荒漠等生态系统服务的评估进程。国内相关作者如欧阳志云、谢高地、刘纪远、傅伯杰等先后构建了中国生态系统服务评估指标体系。

二、典型国家研究进展

（一）美国资源环境核算体系（IEESA）

作为当前世界上最发达的国家，美国地域辽阔，其先发优势利用充分，美国的经济在发展过程中也伴随着资源与环境问题。美国从 1974 年开始掀起了资源环境核算研究的高潮，人们都在思考如何在国民经济核算体系中纳入资源环境成本。在资源环境危机的驱动下，美国充分发挥其创新精神和能力，在 20 世纪 80 年代以美国为代表的工业发达国家相继提出了资源环境绿色核算的崭新理念，并在全球较早开展了国民经济核算修订工作。1992 年，美国商务部经济分析局推出了一个名为“经济环境一体化卫星账户”（IEESA）的核算账户，由此奠定了美国资源环境会计核算的基础。1993 年，克林顿总统指出美国需要将环境价值纳入政治和经济决策中，呼吁商务部将自然资源核算加入美国国家经济核算中。在国内需求推动和联合国的倡议下，美国于 1994 年 4 月公布了卫星账户的体系架构，这一框架设计非常重视从市场交易的商品经济理念考核经济与资源环境的相互作用。美国结合 SEEA1993 中环境经济综合核算的操作依据，对煤、铁、石油等不可再生资源开始先行核算，于 1999 年成功验收并得到业界认可。

需要说明的是，IEESA 从研发到实施大致分为三个阶段：第一阶段是基于现有的国民核算账户设计 IEESAs 总体框架，并根据欧盟 SNA 系统中关于辅助系统和 SEEA 的指南规则，集中于矿产资源，包括石油、天然气、煤、金属和其他具有稀缺价值的矿产做详细的核算；第二阶段是将可更新的自然资源吸纳进来进行核算，如森林、鱼类存量、水资源等；第三阶段是转向更广泛的环境资产进行评估核算，如清洁的空气和水的退化的经济价值等。

美国资源环境会计核算主要由两种账户组成，即资产账户和生产账户，并均以传统经济账户为基础。资产账户记录的是期初库存、库存变化和期末库存，生产资产核算细分为固定资产和存货。对于生产账户，美国主要是把资产账户和生产账户中相对应的流量结合起来进行核算。

IEESA 有两个主要的结构特征：一是将自然和环境资源当作具有生产能力的资产对待，并且只考虑资源经济方面的生产能力；二是标准的经济核算项目被分解，账户提供了关于支出和资产的细节，这些细节有助于理解和分析经济与环境的相互作用，如支出明细显示了家庭、政府和企业为了保持和恢复环境的支出。①

（二）英国资源环境核算体系（SERIEE）

英国的自然资源核算体系是在欧盟的环境经济综合核算系统（SERIEE）的基础上建立起来的。SERIEE 体系主要是依托经济统计及环境统计理论用以组建五组卫星账户，包括使用和管理账户、支出账户、产业记录账户、特征活动投入产出分析账户以及物质流账户。环境保护是 SERIEE 建立的基础，因此，环境保护与支出部分是 SERIEE 体系的重要组成部分，主要是以污染者付费为原则，SERIEE 系统不单单表明并显示自然资源之间的相关性，还需要核实用来环境保护所需花费的成本，重点突出对“实物量”的核算。

2011 年，英国国家统计局受命独立编制自然环境白皮书（NEWP）。同时，英国政府尝试构建自身的自然环境核算框架，将这个框架内收录的各项自然资源合理地量化和价值化后引入国家资产负债表。具体的进度安排为：2013～2015

① 曹茂莲，张莉莉，查浩．国内外实施绿色 GDP 核算的经验及启示［J］．环境保护，2014（4）．

年，建立起林地资源、湿地资源、农田资源和海洋资源的账户核算统计工作，到2020年，完成城市、水资源和草原资源的账户核算工作。

（三）澳大利亚国民经济核算体系（AWASI）

澳大利亚水资源总量较少，具有地域分布不均衡、年降水严重失调的特点，随着经济的持续发展，澳大利亚本土水资源短缺的问题在局部区域逐渐暴露出来，包括农业灌溉、主要河流水质、水权划分及地下水开采等一系列问题越来越引起人们的关注。

鉴于水资源不断变化的特点，开展核算、定价和分配工作就需要一个完善的体系提供支撑，澳大利亚借用传统财务会计准则的经验建立了水资源会计概念模型和水资源会计准则，以提供高质量的、一致的、具有可比性的水资源信息。统一的水会计标准也是澳大利亚国家水资源促进计划（NWI）的重要内容。世界上首个得到公认的综合性水资源核算标准被称作AWASI。

（四）德国资源环境核算体系（SEEA）

德国是世界工业强国，其能源的大量消耗带来了较为严重的环境污染问题。德国统计局于20世纪80年代开始进行环境经济核算工作，主要是建立环境保护支出核算和能源核算。在构建环境经济核算体系的同时还构造了核算数据中的可持续指标体系，以此为信息基础来对相关的环境与经济政策进行评估，从而制定出可持续发展的经济政策。经过多年探索，其核算内容不断扩展，目前德国环境经济核算体系采用了SEEA的基本理论和原则，主要由环境压力、环境状态和环境反应三部分组成①，各部分均包含了相应的细致核算项目。

德国环境经济核算基本框架同SEEA中的环境资产核算相比，其环境资产核算实际上具体体现在环境状态部分的自然资源存量核算当中，而且两者的环境资产核算的内容和范围有较大区别，德国仅针对建筑用地与交通用地、农业占地使用强度、森林资源、生态研究这些具体项目进行核算。环境压力部分则为流量核算，具体核算内容为经济范围内的原材料核算、能源核算、大气污染排放核算、废水核算、投入产出核算等。环境反应部分核算的是环境保护支出和环境税费。此外，还包括部分分析报告：交通与环境分析报告，农业与环境分析报告，私人、住户与环境分析报告。

① 张宁．德国生态账户制度对我国生态文明建设的启示［J］．国土资源，2016（10）；吴优．德国的环境经济核算［J］．中国统计，2005（6）．

第二节　我国生态价值核算技术方法

生态价值核算是对生态系统服务和自然资本用经济法则所做的货币化估算，不同尺度的研究具有差异化的生态系统服务核算方法，但核心理论是生态经济学原理和市场价值论。研究初期侧重社会环境变化对生态系统服务的影响及其相关性分析，之后引入遥感等空间信息数据以及空间化方法对多种生态系统服务开展核算，逐步形成不同生态系统类型、不同生态系统服务功能全生命周期的“核算—定价—交易”三位一体的梯度延伸动态价值核算方法。

目前国内外生态价值核算包括两大部分：实物量核算和价值量核算。具体如图 10-1 所示。

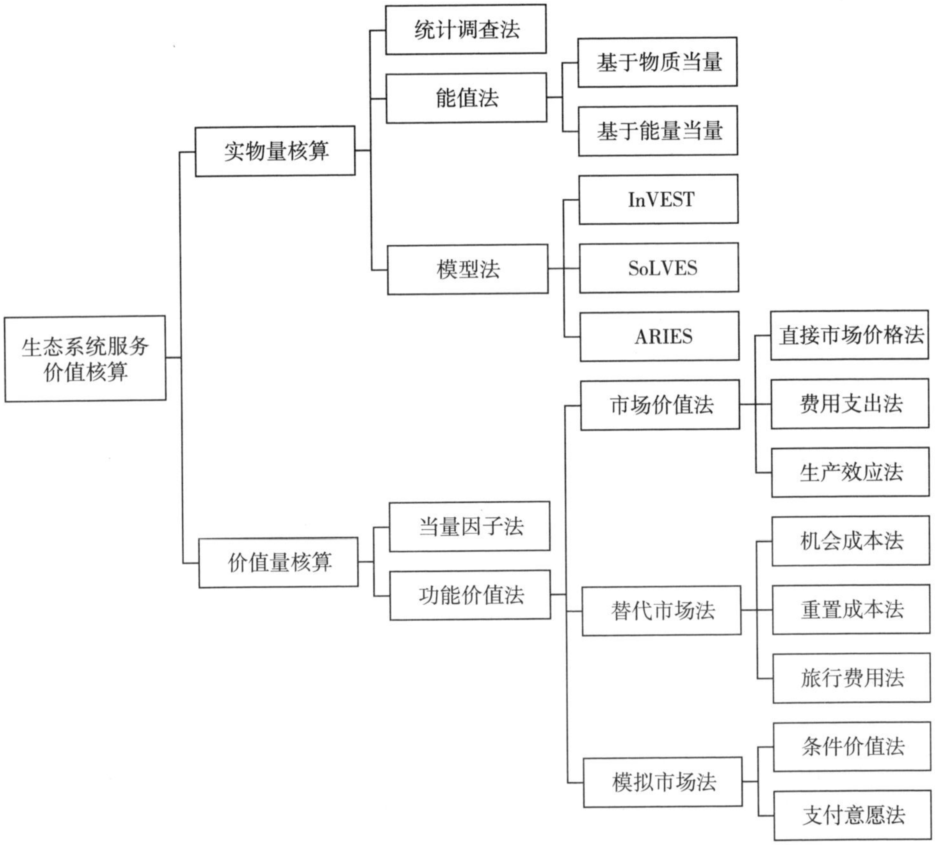

图 10-1　生态价值核算方法框架

一、生态系统服务实物量核算

实物量核算方法大致分为三大类：统计调查法、生态元法（基于能值法）、模型法。

统计调查法是通过统计或者调查数据可获得生态系统服务实物量，主要应用于供给服务和文化服务的核算过程中，如农林牧副渔等产量、休闲旅游人数、草地产量、环境最大年可容纳游客数量、林木产品产量等。该方法操作简单，数据相对容易获取，但对生态系统调节服务的大部分指标无法进行有效核算。

生态元法主要从地球生物圈能量流动角度出发，以太阳能值来表达某种生态产品与服务在形成或生产过程中所消耗的能量成本，并建立一般系统的可持续性能值核算指标体系。生态元法的关键是生态服务存量的准确性和能值转换率（UEV）的可靠性，其以能量作为共同的评价标准，将直接或间接投入生态系统中的有效能总量与能量转换率相乘，计算出生态系统的最终总值，从而评价生态系统服务实物量。该方法从输入生态系统的各种能量出发，定量分析生态系统与人类社会价值之间的相关关系，能较好地阐述生态系统服务功能的能量流动及利用效率，在生态系统经济价值、生态系统结构功能及相互作用、可持续发展政策制定等方面均有应用，但不能体现部分调节服务以及全部文化服务价值，同时能值计算过程中常用投入货币量乘以当地的能值货币比来获得数据，而不是真正从能量成本角度出发进行计算，且能量定价转化为货币定价缺乏统一标准。

模型法是基于生态系统服务的形成机理，通过综合模型计算生态系统真正产生的物质量。目前，InVEST、SoLVES、ARIES、MIMES 等生态学评估模型应用较多。其中，InVEST 内涵评估模块较多，发展最为完善；SoLVES、ARIES、MIMES 等模型针对特定的区域有较好的评估结果，虽还未发展完善，但应用前景较好；MIMES 模型购买费用昂贵，使用效率不高。

二、生态系统服务价值量核算

价值量核算方法大致分为两类：一类是当量因子法，基于单位面积价值当量因子核算法；另一类是功能价值法，基于单位服务功能量价格核算法。

当量因子法是根据样本进行功能分析，利用数理统计抽取不同种类自然资源的相同特征，以不同因子系数换算成统一标准的“当量”和应用。该方法所需数据较少、操作简单，可以快速加总与比较不同的服务，且非专业人员和公众也能直观地理解其核算价值。该方法的核心在于确定各种生态系统服务的单位面积价值，但生态系统服务的时空异质性决定了特定的生态价值指标体系不能用于衡量每个地区生态系统服务的实际价值，核算结果可能存在较大差异。

功能价值法是先具体分析不同生态系统服务的实际功用，再定价加总，通常运用直接市场价值法、替代市场法和模拟市场法进行核算，具体如表 10-3 所示。

表 10-3 主要生态价值核算方法及优缺点比较

核算方法		优点	缺点
直接市场价值法	市场价值法	评价较为客观，可以反映人民的支付意愿。多用于核算产品价值（如农林牧副渔产品），价格数据相对容易获得	市场缺陷或政策失灵可能会扭曲市场价格，不能整体反映商品或服务的经济价值。需数据全面、受市场波动影响，在衡量非物质性资产时争议较大①
	费用支出法	可较好地量化生态环境价值	不能全面、真实地反映生态系统价值
替代市场法	旅行费用法	可核算生态系统休憩的使用价值，可评价无市场价格的生态环境价值	对数据量要求较大；对消费者行为限制假设（多功能旅途）；对用于确定需求关系的统计方法高度敏感
	替代成本法	适用于核算间接使用价值，以及无法使用市场价值法核算损坏功能、生态数据不好获得的情况	很难保证代替的净收益不会超过它原本功能下的收益；只要表面获得收益，就有可能夸大支付意愿
	享乐价格法	评价生态商品或服务的隐形效用，根据隐形效用对资产价值的影响来核算确定环境功能价值	主观性强，受市场扭曲、决策收入、环境条件信息稀缺等影响较大。数据匮乏、可信度低于直接市场法
	机会成本法	运用其他利用方案中的最大利益作为该选择的机会成本，客观全面，可信度较高	无法衡量资源稀缺价值
	影子工程法	可将难以直接估价的生态价值用替代工程表示，可以反映生态系统服务的实际经济价值或机会成本	替代工程非唯一性，替代工程时间、空间差异较大，且影子价格确定很复杂并需要大量数据
	恢复和防护费用法	可通过生态恢复费用或防护费用量化生态环境价值	难以还原恢复或修复之前的生态系统状态，且评估价值偏低、环境生态服务价值无法衡量
模拟市场法	条件价值法/支付意愿法	适用于缺乏实际市场和替代市场的商品价值评估，是衡量选择和存在价值的唯一方法，为总经济价值的测量提供了正确方向	实际评价结果常出现较大偏差，调查结果的准确性依赖于调查方案的设计和被调查对象等诸多因素，可信度低于市场法

直接市场价值法一般包括市场价值法和费用支出法，该法需要足够的数量、成本及市场交易数据，但生态系统服务缺乏市场交易数据，限制了在多种生态价

① 资源来自 https://www.eea.europa.eu/soer/2015/europe/natural-capital-and-ecosystem-services。

值核算上的应用，如涵养水源、水土保持等。

替代市场法包括旅行费用法（TCM）、替代成本法、享乐价格法（HPM）、机会成本法、影子工程法、恢复和防护费用法。其优点是没有实际市场也能核算，对核算指标的核算具有普适性，但估算价格存在偏差，可信度较低。

模拟市场法主要包括条件价值/支付意愿法（CVM），即通过支付意愿调查获得生态价值。该方法能够核算上述两种方法所不能核算的生态系统服务，但受样本量、被调查者知识水平、专家专业水平等因素的影响较大，主观性较强。

第三节　生态价值核算应用性和可操作性

一、基于生态等级的生态服务价值核算

（一）主要思路

从实践情况来看，直接核算生态价值存在核算指标难统一、核算方法不确定、核算结果不可比等问题。因此可采用基于标准样地的生态价值核算方法，先开展实物量核算与质量等级指数评价，这两个结果是准确反映具有区域横向及地区纵向可比的生态价值基础，同时围绕生态服务功能质量评价体系进行年度监测、生态产品应用设计（产权、指标等）。

（二）核算程序

1. 建立不同生态服务功能的质量评价体系

基于实物量核算的成果，建立不同类型生态服务功能质量评价体系，得到不同生态服务功能的生态价值指数，进而实现不同地区之间生态服务功能可比，为实现生态产品的流通提供相互认可的基础，并通过规范的评价流程、方法、指标，减少不同地区在生态服务价值评价时进行过多的自主裁量，避免生态服务价值差异过大。

2. 核算不同生态服务功能之间的转换系数

为使指数具备区域间等级可比性，需要研究设定不同生态服务功能之间的换算系数。如设定调节水量功能生态价值指数与固土保肥功能生态价值指数、固碳释氧功能生态价值之间的转换系数，解决不同地区之间的生态价值指数计算问题，转换系数设置精度可粗可细，关键在于能实现地区之间生态服务功能价值考核指标的统一性。

3. 利用生态等级测算生态服务价值的标准当量

为实现生态服务价值的流通，需要构建标准化的生态服务价值当量。通过标

准化的生态服务价值当量，建立生态价值指数与生态服务价值的对应关系，为不同地区之间计算具有可比性的生态服务价值提供方法参考。标准当量价值是指地区不同生态服务功能的平均价值。其测算方式是：选择不同的评价单元，测算不同生态服务价值，通过设定评价单元中不同生态服务功能的生态价值指数，建立生态价值指数与生态服务价值模型，再根据模型推导得到生态服务功能平均价值——标准当量价值。

标准化的生态服务价值当量与年度更新的生态价值指数、实物量年度变化情况可共同构成地区生态价值核算规则制度，核算结果可为地区自然资源资产负债表提供年度上报数据。同时可在生态服务价值流通过程中，为生态产品的指标交易提供基准起始价格参考，作为市场化要素配置的基础。

4. 建立基于生态价值的考核制度

通过不同功能生态价值指数或者不同功能生态价值指数换算后的生态价值总指数，建立人类与生态价值指数需求的关系，设置人均生态责任指数作为考核指标。通过人均生态责任指数与地区人口数，建立不同地区需要承担的生态服务价值责任。当地区生态服务价值不达标时，必须通过自我改善或者跨区域调节进行平衡，从而创设生态服务价值需求市场。

5. 搭建生态产品价值交易平台

搭建生态产品价值交易平台，为生态产品提供方和需求方提供交易路径，构建生态产品价值交易认可机制。其中，指标交易形成的价格应由自由市场的供需关系决定，此生态交易指标的起始价格可以生态服务价值的标准当量作为参考，并考虑不同地区的差异化发展阶段，制定政策性调整系数进行宏观调控。

二、生态系统服务质量价格体系构建

（一）质量评价因子选取原则

1. 代表性原则

在进行自然资源资产和生态系统服务质量评价时，选取的评价指标需尽量与自然资源资产核算指标相符，选取的质量评价因子对指标价值核算结果有关键性影响，即质量评价因子可以是自然资源资产各指标价值核算的重要参数（变量），并且能够全面或从某角度反映各类自然资源的质量特征。

2. 可操作性原则

选取的质量评价因子数据应易于获得和更新，便于应用，即各质量评价因子数据能够通过一定的技术手段获取，数据来源比较客观，操作性强。

3. 独立性原则

选取的质量评价因子应相对独立，避免概念或含义重叠。每项指标的质量评价因子应控制在一定数量内，繁杂的质量评价因子会给数据收集和价格核定工作带来较大的困难。同时过多的核算因子也会导致数据被重复计算，造成定价失准的现象。在设计和确定质量评价因子时应简明扼要，确保每个因子都达到内涵清楚、相互独立，能够被明确地核算。

（二）质量评价因子等级划分说明

1. 质量因子类型

质量因子类型分为约束型和参考型，约束型指标为必达指标；参考型指标是指在无约束型指标数据资料的情况下，可将该类指标作为等级划分的参考。

参考型指标不作为实际价值核算参数，只作为质量等级判定的参考。若存在多个参考型指标的情况，可根据指标综合得分法进行判断，也可根据专家意见对研究地区的实际情况进行判断。

2. 多因子质量等级判定

参考林业调查操作指南中的森林生态功能评价因子及类型划分标准，若一个指标同时存在 2 个或 2 个以上的约束型质量因子，在判定该指标质量等级时，以指标的综合得分为最终判定依据。然后根据综合得分标准（见表 10-4）评定该指标等级。

$$Y = \sum W_i \times X_i$$

式中，W_i 为第 i 项评价因子的类型得分值（一级、二级、三级分别对应 1 分、2 分、3 分），X_i 为各质量因子的权重。为了评价的简便性，质量因子的权重均取相同值计算，即该指标存在 2 个质量因子，则每个质量因子的权重均为 0.5。

表 10-4　指标等级评定标准

指标等级	综合得分值
一级	<1.5
二级	1.5~2.4
三级	≥2.5

例如，森林资源净化大气指标中有 2 个约束型质量评价因子，分别为空气负氧离子含量和林分平均高度，若某地区森林资源状况中的空气负氧离子含量满足一级，而林分平均高度只满足二级，则净化大气指标的综合得分 = 1×0.5+2×0.5 = 1.5，因此，在该情况下，森林净化大气指标质量判定为二级水平。

三、福建连江县森林资源资产质量价格试算

（一）森林资源资产质量评价等级初定

参考森林质量评价、土壤质量分级等标准化文件，根据森林资源资产价值核

表 10-5 森林资源资产质量评价等级（初拟）

指标	质量因子	类型	一级	二级	三级	依据
林木资源	林分蓄积量	约束	≥100（$m^3 \cdot hm^{-2}$）	30~99（$m^3 \cdot hm^{-2}$）	<30（$m^3 \cdot hm^{-2}$）	《东部城市森林质量评价规范》（DB63/T 1496—2016）
	森林覆盖率	参考	85%≤森林覆盖率	70%≤森林覆盖率<85%	森林覆盖率<70%	《森林公园质量等级划分与评定》（DB44/T 1228—2013）
	森林群落	参考	天然林或阔叶混交林面积占有林地面积 60% 以上，植物群落类型多样	天然林或阔叶混交林面积占有林地面积 40%~60%，植物群落类型较多样；或有景观美誉度高，气势恢宏的大面积纯林	人工林为主，植物群落类型单一	《森林公园质量等级划分与评定》（DB44/T 1228—2013）
古树名木	古树名木	约束	有 20 株以上的古树名木，并具有很高的历史、文化价值	有 5 株以上的古树名木，并具有较高的历史、文化价值	古树名木少，不足 4 株，具有一定的历史、文化价值	《森林公园质量等级划分与评定》（DB44/T 1228—2013）
净化大气	空气负氧离子含量	约束	空气负氧离子含量≥3000 个/cm^3	1500 个/cm^3≤空气负氧离子含量<3000 个/cm^3	空气负氧离子含量<1500 个/cm^3	《森林公园质量等级划分与评定》（DB44/T 1228—2013）
	林分平均高度	约束	≥10m	4~9.9m	<4m	《东部城市森林质量评价规范》（DB63/T 1496—2016）
	树种结构类型	约束	阔叶树种总蓄积≥65%	阔叶树种总蓄积≥30%	阔叶树种总蓄积<30%	《东部城市森林质量评价规范》（DB63/T 1496—2016）
生物多样性保护	Shannon-Wiener 指数	约束	≥4	2~4	<2	《森林生态系统服务功能评估规范》（LY/T 1721—2008）
	植物物种丰富度	参考	≥4	2~3	<2	《东部城市森林质量评价规范》（DB63/T 1496—2016）

续表

指标	质量因子	类型	一级	二级	三级	依据
生物多样性保护	植物物种多样性①	参考	≥1	0.5~0.99	<0.5	《东部城市森林质量评价规范》（DB63/T 1496—2016）
	植物多样性	参考	维管植物种类500种以上，并有列入省级（含）以上重点保护名录的自然分布的保护植物10种以上	维管植物种类300种以上，并有列入省级（含）以上重点保护名录的自然分布的保护植物3种以上	维管植物种类300种以下，无自然分布的列入省级（含）以上重点保护名录的保护植物	《森林公园质量等级划分与评定》（DB44/T 1228—2013）
	动物多样性	参考	陆生野生脊椎动物100~150种，并有列入省级（含）以上重点保护名录的保护物种5种以上，有较高的科学和观赏价值	陆生野生脊椎动物50~100种，并有列入省级（含）以上重点保护名录的保护物种，有一定的科学和观赏价值	陆生野生脊椎动物50种以下，多为常见野生动物	《森林公园质量等级划分与评定》（DB44/T 1228—2013）
	树种结构类型	参考	针阔混交林（针叶树种或阔叶树种总蓄积占35%~65%）；阔叶混交林（阔叶树种总蓄积≥65%）	针叶相对纯林（单个针叶树种蓄积占65%~90%）；阔叶相对纯林（单个阔叶树种蓄积占65%~90%）；针叶混交林（针叶树种总蓄积≥65%）	针叶纯林（单个针叶树种蓄积≥90%）；阔叶纯林（单个阔叶树种蓄积≥90%）	《东部城市森林质量评价规范》（DB63/T 1496—2016）
固碳释氧	初级生产力（NPP）	约束	>1900g·m^{-2}·yr^{-1}	1355~1900g·m^{-2}·yr^{-1}	<1355g·m^{-2}·yr^{-1}	《海南岛生态系统生态调节功能及其生态经济价值研究》（2004）

① E. F. Schumacher. Small is Beautiful：A Study of Economics as if People Mattered［M］. London：Vintage Publishing，1993.

续表

指标	质量因子	类型	一级	二级	三级	依据
气候调节	森林覆盖率	约束	85%≤森林覆盖率	70%≤森林覆盖率<85%	森林覆盖率<70%	《森林公园质量等级划分与评定》(DB44/T 1228—2013)
	郁闭度	参考	≥0.7	0.40~0.69	0.20~0.39	《东部城市森林质量评价规范》(DB63/T 1496—2016)
文化科教	年接待人次	约束	60万人次/年≤免票类，12万人次/年≤售票类（以近三年算术平均数）	20万人次/年≤免票类<60万人次/年，5万人次/年≤售票类<12万人次/年（以近三年算术平均数）	免票类<20万人次/年，售票类<5万人次/年（以近三年算术平均数）	《森林公园质量等级划分与评定》(DB44/T 1228—2013)
	森林文化	参考	森林文化主题突出，相关设施完善，活动项目多，影响大	森林文化主题较突出，相关设施较完善，活动项目较多，影响较大	有一定的森林文化影响，但相关设施规模小、且分散	《森林公园质量等级划分与评定》(DB44/T 1228—2013)
休闲游憩	年接待人次	约束	60万人次/年≤免票类，12万人次/年≤售票类（以近三年算术平均数）	20万人次/年≤免票类<60万人次/年，5万人次/年≤售票类<12万人次/年（以近三年算术平均数）	免票类<20万人次/年，售票类<5万人次/年（以近三年算术平均数）	《森林公园质量等级划分与评定》(DB44/T 1228—2013)
	景观特征	参考	景观特征奇特，景观突出，类型丰富，具有很高的观赏游憩价值，省内外闻名	景观特征较为奇特，类型一般，具有较高的观赏游憩价值，在当地有一定知名度	景观特征一般，景观不突出，缺乏美感，具有一定的观赏游憩价值	《森林公园质量等级划分与评定》(DB44/T 1228—2013)

续表

指标	质量因子		类型	一级	二级	三级	依据
固土保肥	土壤保持量		约束	>14.00t · hm^{-2} · yr^{-1}	8.00~14.00t · hm^{-2} · yr^{-1}	<8.00t · hm^{-2} · yr^{-1}	《海南岛生态系统生态调节功能及其生态经济价值研究》(2004)
	土壤肥力	有机质	约束	>15g/kg	6~15g/kg	<6g/kg	《复垦农田土壤肥力评价及提升技术规程》(DB14/T 1113—2015)
		全氮	约束	>1g/kg	0.5~1g/kg	<0.5g/kg	
		有效磷	约束	>10mg/kg	3~10mg/kg	<3mg/kg	
		速效钾	约束	>120mg/kg	50~120mg/kg	<50mg/kg	
		容重	参考	0.9~1.2g/cm^3	1.2~1.5g/cm^3	>1.5g/cm^3 或<0.9g/cm^3	
	植被覆盖度		参考	70%以上	30%~70%	30%以下	《森林土壤调查技术规程》(DB11/T 927—2012)
	沟蚀		参考	侵蚀沟占总面积比例 10%以下	侵蚀沟占总面积比例 10%~25%	侵蚀沟占总面积比例 25%以上	
	崩塌		参考	崩塌面积占山丘面积比例 10%以下	崩塌面积占山丘面积比例 10%~20%	崩塌面积占山丘面积比例 20%以上	
	土壤质地沙化情况及厚度		参考	有所沙化，厚度无明显变化	强烈沙化，厚度减少	全部被吹蚀	
涵养水源	涵养水源量		约束	>2500m^3 · hm^{-2} · a^{-1}	2150~2500m^3 · hm^{-2} · a^{-1}	<2150m^3 · hm^{-2} · a^{-1}	《海河流域森林生态系统服务功能评估》(2011)

注：部分指标数据来源说明：

（1）固碳释氧指标中的质量因子“净初级生产力”（NPP），根据《海南岛生态系统生态调节功能及其生态经济价值研究》（2004），一级水平参考山地常绿阔叶林的标准，初定为>1900g · m^{-2} · yr^{-1}；二级水平以热带针叶林和热带季雨林的净初级生产力的平均值作为区间值的下限，该等级评定标准为1355~1900g · m^{-2} · yr^{-1}；三级水平的判定标准为<1355g · m^{-2} · yr^{-1}。

（2）固土保肥指标中的质量因子“土壤保持量”，根据《海南岛生态系统生态调节功能及其生态经济价值研究》（2004），一级水平参考山地常绿阔叶林和沟谷雨林的土壤保持量的平均值来确定，初定为>14.00t · hm^{-2} · yr^{-1}；二级水平以热带季雨林和热带针叶林的平均值作为区间值的下限，该等级评定标准为 8.00~14.00t · hm^{-2} · yr^{-1}；三级水平的判定标准为<8.00t · hm^{-2} · yr^{-1}。

（3）涵养水源指标中的质量因子“涵养水源量”，根据《海河流域森林生态系统服务功能评估》（2011），一级水平参考桦木林和针阔混交林的涵养水源量的平均值来确定，初定为>2500m^3 · hm^{-2} · a^{-1}；二级水平以针阔混交林、松柏林、灌丛的平均值作为区间值的下限，该等级评定标准为 2150~2500m^3 · hm^{-2} · a^{-1}；三级水平的判定标准为<2150m^3 · hm^{-2} · a^{-1}。

算指标，设置各指标所包含的质量评价因子，选取的质量评价因子尽可能与核算指标相关联，将森林资源质量划分为 3 个等级，按照优劣水平排序分别为一级、二级和三级，拟定每个等级所对应的参数划分标准，并列明参数依据。

森林资源资产质量评价包括 10 个指标，分别为林木资源、古树名木、净化大气、生物多样性保护、固碳释氧、气候调节、文化科教、休闲游憩、固土保肥和涵养水源。详细内容如表 10-5 所示。

（二）森林资源资产定价研究

根据初拟的森林资源资产质量评价体系，开展不同等级的森林资源资产定价研究，计算每个等级所对应的指标价格，据此可反映出不同等级、不同质量水平下各指标的价值，作为对应质量级别的定价结果。详细定价过程如下：

1. 林木资源

根据市场价值法可知，林木资源的直接价值核算采用以下公式：

$$E_{木材}=V\times T\times P$$

式中，$E_{木材}$为单位面积林木资源价值（元/hm^2），V 为单位面积林木蓄积量（m^3/hm^2），T 为出材率（%），P 为林木的平均市场价格（元/m^3）。

连江县林地面积 72727. 69hm^2，占土地总面积的 65. 36%。林木年龄以中龄林为主，占乔木林面积的 38. 62%。全县林木总蓄积量 236. 86 万（m^3/hm^2）。森林类型主要以针叶林和阔叶林为主，另外有小面积针阔混交林和竹林，主要树种包括马尾松、杉木、相思树（台湾相思）、木麻黄、桉树、枫香、木荷、樟树等。根据市场报价（见表 10-6），树木的价格在 380~37800 元/m^3。以连江县主要树种为例，取平均市场价格进行计算，为 2545 元/m^3。出材率（用材林蓄积量与林木总蓄积量之比）参考连江县林地资源现状，为 56%。

表 10-6　不同树木/木材品种对应的市场参考价格

序号	树木/木材品种	参考市场报价（元/m^3）	价格来源/供应商	报价时间
1	马尾松	800~1100	武汉木材市场	2015 年 2 月
2	杉木	1000~1300	武汉木材市场	2015 年 2 月
3	桉树（原木）	520~720	广西木材市场	2015 年 5 月
4	木荷	600~800	福建邵武地区木材市场	2007 年 5 月
5	樟木	3500~7700	广东潮州地区木材市场	2015 年 3 月
6	枫香	1800	江西省上饶市原木市场	2015 年 4 月
7	台湾相思	7000	浙江木又来木业有限公司	2012 年 1 月

计算所采用的参数和各等级定价结果如表 10-7 所示。

表 10-7 林木资源指标各质量等级对应的价格

质量等级	一级	二级	三级
林分蓄积量（m^3/hm^2）	100	65	30
单位面积林木资源价值（元/hm^2）	142520	92638	42756

2. 古树名木

古树是指树龄在 100 年以上（含 100 年）的树木，名木是指珍贵、稀有的树木或具有重要历史价值、纪念意义及重要科研价值的树木。考虑到古树名木质量分级原则，古树名木资源定价方式与古树名木价值核算有所不同，为了运算的简便，不再对不同树种、不同树龄、不同规模的古树名木进行计算，而是采用古树名木平均价格和某区域古树名木数量的方式来进行定价。

据统计，连江县现存古树名木 379 株，其中有榕树 261 株、小叶榕 33 株、枫香 20 株、朴树 13 株和樟树 13 株，其他树种 39 株。可见，榕树、小叶榕、枫香、朴树和樟树等树种类型占比达到 90%。

参考国家发展改革委价格认证中心制定的《林木价格认定规则》（发改价证办〔2013〕202 号），古树名木价格认定一般采用专家咨询法或按下列公式计算：古树名木价值=古树名木树种价值×生长势价值系数×树木级别价值系数×树木场所价值系数+养护管理的客观投入。其中，树种价值=树种价值系数×地方园林绿化苗木每厘米胸径价格×树胸径。

古树名木树种价值根据古树名木的树种、胸径，参照地方园林绿化苗木价格标准确定（见表 10-8）。生长势价值系数根据古树名木的树冠、树干饱满程度，是否有病虫害等树木生长因子情况确定。树木级别价值系数根据古树名木树龄的长短确定。树木场所价值系数根据树木生长区域所处的位置确定。由于福建省暂未出台古树名木价格认定系数标准，本书参考广东省发展改革委价格认证中心印发的《广东省古树名木价格认定相关系数》（粤价认综〔2016〕24 号）（见表 10-9）来明确相关系数。

表 10-8 福州园林绿化苗木每厘米胸径价格

树种	参考胸径（cm）	参考价格（元/株）	每厘米胸径价格（元/cm）	来源
榕树（参考大叶榕）	20	1200	230. 0	福州市花友园艺苗木场
	25	2000		
	30	3500		

续表

树种	参考胸径（cm）	参考价格（元/株）	每厘米胸径价格（元/cm）	来源
小叶榕	15	650	142.5	福州市花友园艺苗木场
	25	1500		
	35	3500		
枫香/枫树（参考秋枫）	18	1300	100.0	福州鑫泰富园林有限公司
	20	1500		
朴树	30	4200	160.0	福州市花友园艺苗木场
	35	5000		
樟树/香樟	20	2000	300.0	福州市花友园艺苗木场
	30	5000		
	40	8000		

表 10-9　广东省古树名木价值认定系数

指标	参数
树种价值系数	• 软阔叶类 12 • 硬阔叶类 16 • 针叶类 18 • 名木 18
生长势价值系数	• 生长正常。树冠丰满，树干饱满，无病虫害，叶色浓绿，生长旺盛的定为 1 • 生长衰弱。生长势中等，新梢数量少，有部分枯枝枯梢，主干、主枝有病虫害的定为 0.8 • 生长濒危。树冠过稀过窄，树木腐烂 1/2 以上，病虫害严重，长势差，无正常结果枝条的定为 0.5 • 死亡。主干主枝全部枯死，叶片枯黄或脱落的定为 0.1
树木级别价值系数	• 一级古树级别价值系数为 2.5（500 年及以上） • 二级古树级别价值系数为 1.5（300~499 年） • 三级古树级别价值系数为 1（300 年以下） • 名木（指外国政要，有影响的团体，著名人士种植或赠送的具有重大历史影响意义的树木或稀有珍贵名木）系数为 3
树木场所价值系数	• 郊区系数为 1.5 • 县城乡镇街道系数为 2 • 农村祠堂庙宇及聚会议事场所为 2.5 • 市区系数为 3 • 风景区、名胜古迹、自然保护区、历史文化街道、历史名园、森林公园系数为 4

为了简便计算，只计算连江县榕树、小叶榕、枫香、朴树和樟树等树种类型的古树名木（共计 340 株）。经核算，连江县古树名木的平均价值约为 75.86 万元/株（含养护费）（见表 10-10）。

表 10-10　古树名木指标各质量等级对应的价格

质量等级	一级	二级	三级
古树名木数量（株）	20	5	0
古树名木价值（万元）	1517	379	0

3. 净化大气

森林资源净化大气的功能主要包括两方面：一是生产负离子等有益因子，二是吸收净化主要污染物。①

（1）生产负离子。

$$E_{负离子}=5.256\times10^{15}\times\frac{HK_{负}Q_{负}}{L}$$

式中，$E_{负离子}$为森林资源负离子生产价值（元/a）；H 为林分高度（m）；L 为负离子寿命（min）；$K_{负}$ 为人工负离子生产费用（元/个）；$Q_{负}$ 为林分负离子浓度（个/cm^3）。参考《森林生态系统服务功能评估规范》（GB/T 38582—2020），结合研究当年与基准年的价格指数，对价格进行调整，负离子生产费用取 11.64 元/10^{18} 个，负离子寿命取 10min。生产负离子指标各质量等级对应的价格具体如表 10-11 所示。

表 10-11　生产负离子指标各质量等级对应的价格

质量等级	一级	二级	三级
空气负氧离子含量（个/cm^3）	3000.00	2250.00	1500.00
林分平均高度（m）	10.00	7.00	4.00
单位面积森林生产负离子价值（元/hm^2）	183.54	96.36	36.71

（2）吸收污染物。

$$E_{吸收污染物}=\sum_{i}K_{ij}Q_{ij}\alpha$$

式中，$E_{吸收污染物}$为森林资源吸收污染物价值（元/a）；K_{ij} 为污染物 j 的治理费用（元/kg）；Q_{ij} 为单位面积林分年污染物吸收量（kg/hm^2）；α 为阔叶树种蓄积比例；i 为二氧化硫、氮氧化物、扬尘等污染物。

参考《福建国有林场森林资源生态服务价值与碳汇功能分析》（2014），单位面积阔叶林对 SO_2 的年吸收能力为 88.65kg/（hm^2·a），对 NO_x 的年吸收能力为 380.00 kg/（hm^2·a），滞尘能力为 10.1 t/（hm^2·a）。工业治理 SO_2 费用为

① Daly H. E. Ecological Economics: Principles and Applications [M]. Washington: Island Press, 2010.

3000 元/t，汽车尾气脱氮治理费用为 16000 元/t，工业削减粉尘的费用为 170 元/t。吸收污染物指标各质量等级对应的价格具体如表 10-12 所示。

表 10-12　吸收污染物指标各质量等级对应的价格

质量等级	一级	二级	三级
阔叶树种蓄积比例（%）	65.0	47.5	30.0
单位面积森林吸收污染物价值（元/hm^2）	5241	3830	2419

4. 生物多样性保护

根据机会成本法原理[①]，生物多样性保护的价值构成为：

$$E_{生物}=SA$$

式中，$E_{生物}$为林地生物多样性保护价值（元/a）；S 为单位面积年物种损失的成本（元/ hm^2）；A 为林分面积（hm^2）。可见，生物多样性保护价值与单位面积年物种损失成本相关。

参考《森林生态系统服务功能评估规范》（GB/T 38582—2020），根据 Shannon-Wiener 指数（见表 10-13），即可确定单位面积的生物多样性保护单价。森林生物多样性保护指标各质量等级对应的价格如表 10-14 所示。

表 10-13　Shannon-Wiener 指数等级划分及其单价

Shannon-Wiener 指数	单位面积损失机会成本 S（元/hm^2）
$H<1$	3000
$1\leq H<2$	5000
$2\leq H<3$	10000
$3\leq H<4$	20000
$4\leq H<5$	30000
$5\leq H<6$	40000
$H\geq 6$	50000

表 10-14　森林生物多样性保护指标各质量等级对应的价格

质量等级	一级	二级	三级
Shannon-Wiener 指数	5	3	1
单位面积生物多样性保护价值（元/hm^2）	40000	20000	5000

5. 固碳释氧

森林资源固碳释氧的价值构成分为两部分：

① Costanza R.，et al. The Value of the World's Ecosystem Services and Natural Capital［J］. Nature，1997（6630）.

（1）固碳。

$E_{固碳}=1.63N_p \cdot R_C \cdot P_C$

式中，$E_{固碳}$为森林资源固碳价值（元/a）；N_p 为生态系统净初级生产力（$g \cdot m^{-2} \cdot a^{-1}$）；$R_C$ 为 CO_2 中碳含量（%），为 27.27%；P_C 为固碳价格（元/t）。固碳价格参考《森林生态系统服务功能评估规范》（GB/T 38582—2020）为 1200 元/t。森林固碳指标各质量等级对应的价格如表 10-15 所示。

表 10-15　森林固碳指标各质量等级对应的价格

质量等级	一级	二级	三级
森林净初级生产力（$g \cdot m^{-2} \cdot a^{-1}$）	1900	1627	1355
单位面积森林资源固碳价值（元/hm^2）	10072	8625	7183

（2）释氧。

$E_O=1.19N_p \cdot P_O$

式中，$E_{释氧}$为森林资源释氧价值（元/ a）；N_p 为生态系统净初级生产力（$g \cdot m^{-2} \cdot a^{-1}$）；$P_O$ 为工业制氧价格（元/t）。参照《城市生态系统服务功能价值评估初探——以深圳市为例》（2004），工业制氧价格为 3000 元/t。森林释氧指标各质量等级对应的价格如表 10-16 所示。

表 10-16　森林释氧指标各质量等级对应的价格

质量等级	一级	二级	三级
森林净初级生产力（$g \cdot m^{-2} \cdot a^{-1}$）	1900	1627	1355
单位面积森林资源释氧价值（元/hm^2）	68400	58572	48780

6. 气候调节

$E_{降温}=\rho H_a C_{电}\ \beta$

式中，$E_{降温}$为森林资源降温价值（元/a）；ρ 为常数，1/3600（kWh/kJ）；H_a 为单位林分面积吸收的热量（kJ/hm^2）；$C_{电}$ 为用电价（元/度）；β 为森林覆盖率。参考《生态系统生产总值核算：概念、核算方法与案例研究》（2013），单位面积绿地吸收热量为 $81.1 \times 10^3 kJ \cdot hm^{-2} \cdot a^{-1}$。电价参考福州市电价价目表取居民用电电价平均值 0.61 元/kWh。森林气候调节指标各质量等级对应的价格如表 10-17 所示。

表 10-17　森林气候调节指标各质量等级对应的价格

质量等级	一级	二级	三级
森林覆盖率（%）	85.0	77.5	70.0
单位面积森林气候调节价值（元/hm^2）	11.78	10.74	9.70

7. 文化科教

森林资源的文化科教价值主要依据研究区域人均环境保护宣传支出来估算：

$E_{文宣}=PM$

式中，$E_{文宣}$为森林资源文化宣教价值（元/a）；P 为人均环境保护宣传费用支出（元/a）；M 为年旅游人数（人次/a）。

根据福建省环境保护厅发布的《2016 年度福建省环境保护厅决算说明》中 2016 年部门预算支出明细表（按功能科目），福建省环境保护宣传费用为 521.56 万元；根据福建省统计局发布的《2016 年福建省国民经济和社会发展统计公报》，福建省年末常住人口为 3874 万，因此福建省人均环境保护宣传支出为 0.13 元/人。森林文化科教指标各质量等级对应的价格如表 10-18 所示。

表 10-18 森林文化科教指标各质量等级对应的价格

质量等级	一级	二级	三级
年接待游客人次（万）	60	40	20
森林文化科教价值（元）	78000	52000	26000

注：考虑到景区门票定价属于市场行为，而门票费用也会对前来参观游玩的游客数量造成直接影响，为了减小市场定价对于森林文化科教价值的影响，在定价时，均以免票类的游客人数计算。

8. 休闲游憩

休闲游憩价值是当自然景观所承载的自然资源被人们消费时，满足游览者观赏游玩需求的那部分功能和价值，也就是目前的自然资源通过商品和服务的形式为人们提供的福利，为消费者支出与消费者剩余之和。本书选择旅行费用法来评估生态系统的休闲游憩价值，是因为该方法操作起来相对简易、可行性高，被广泛地运用于自然景观使用价值的评估中。

$E_{游憩}=(C_1+C_2)\times M$

式中，$E_{游憩}$为森林资源休闲游憩价值（元/a）；C_1 为消费者支出（元/a），指消费者为观赏游憩景观而付出的实际费用，包括景观的门票费用、往返景观的交通费用及游玩时的其他消费；C_2 为消费者剩余（元/a），指对于景观提供的商品和服务，消费者愿意支付的最高费用与实际支付费用之间的差额；M 为年旅游人数（人次/a）。

本书通过参考具有一定代表性的森林景观的生态服务功能研究①，例如张家界武陵源风景区、陕西华山风景区、湖北凤凰山风景区、四川九寨沟国家风景名胜区、舟山普陀风景名胜区、浙江天目山风景区等的情况，来确定森林资源景观

① Costanza R., et al. Changes in the Global Value of Ecosystem Services [J]. Global Environmental Change, 2014 (26).

休闲游憩价值中的消费者剩余，具体如表 10-19 所示。

表 10-19　森林风景区休闲游憩功能的支付意愿调查情况

森林景区	景区概况	年接待游客人数（万人次）	调查时间/记录时间（年份）	消费者支出（元/人）	消费者剩余（元/人）
武陵源风景区	位于湖南省张家界市，景区内森林覆盖率达 85%，有高等植物 3000 余种	3206.92	2013	1235	279
华山风景区	位于陕西省渭南市，自然景观独特，动植物资源丰富	191.00	2012	1144	353
九寨沟风景区	—	252.18	2009	1652	287
凤凰山景区	位于湖北省宜昌市，距三峡大坝直线距离不到 1km	353.22	2010	228	89
舟山普陀旅游金三角区	包括普陀山、朱家尖、桃花岛和沈家门等景区	345.32	2011	1468	347
天目山风景区	位于浙江省临安区，是中国中亚热带常绿阔叶林保存较好的地区	22.00	2009	2529	391

根据表 10-19 所示的森林景区的消费者支付和消费者剩余，计算得到每个景区的休闲游憩价值，价值范围在 317~2920 元/人，平均价值为 1667 元/人。考虑到参考案例所选研究区域大部分为国家著名景区或 4A 级及以上风景名胜区，知名度较高，年接待游客数较多，因此游客对景区的支付意愿也相对较高。然而，连江县森林旅游尚未形成体系，接待的游客多数为本地游客或相邻省市的游客，与国家级森林公园尚有一定差距。为兼顾评价的科学性和景区间的差距，参考张家界武陵源风景区、陕西华山风景区等上述森林景区的平均休闲游憩价值，森林休闲游憩价值对应的一级水平初定为 1500 元/人，二级为 1000 元/人，三级为 500 元/人。具体如表 10-20 所示。

表 10-20　森林休闲游憩指标各质量等级对应的价格

质量等级	一级	二级	三级
年接待游客人次（万）	60	40	20
游客支付意愿（元/人）	1500	1000	500
森林休闲游憩价值（万元）	90000	40000	10000

注：考虑到景区门票定价属于市场行为，而门票费用也会对前来参观游玩的游客数量造成直接影响，为了减小市场定价对于森林休闲游憩价值的影响，在定价时，均以免票类的游客人数计算。

9. 固土保肥

（1）固土。

$$E_{固土}=\frac{(X_2-X_1)}{\rho}C$$

式中，$E_{固土}$为森林资源固土价值（元/a）；X_2、X_1 分别为无林地、林地土壤侵蚀模数（t/hm^2）；ρ 为林地土壤容重（t/m^3）；C 为土方挖运费用（元/ m^3）。

参考《厦门市城市森林生态价值变化研究》（2011），林地土壤容重取 1.185t/m^3；土方挖运费用参考《森林生态系统服务功能评估规范》（LY/T 1721—2008），结合研究当年与基准年的价格指数，将价格进行调整为 52.6 元/m^3。

根据《海南岛生态系统生态调节功能及其生态经济价值研究》（2004），以"潜在土壤侵蚀量"和"现实土壤侵蚀量"来分别表示"无林地土壤侵蚀模数"和"林地土壤侵蚀模数"，"潜在土壤侵蚀量"和"现实土壤侵蚀量"之差即为"土壤保持量"。森林固土指标各质量等级对应的价格如表 10-21 所示。

表 10-21 森林固土指标各质量等级对应的价格

质量等级	一级	二级	三级
土壤保持量（t/hm^2）	14.00	11.00	8.00
单位面积森林固土价值（元/hm^2）	621	488	355

（2）保肥。

$$E_{保肥}=\sum_i(X_2-X_1)\frac{m_iC_i}{R_i}$$

式中，$E_{保肥}$为森林资源保肥价值（元/a）；X_2、X_1 分别为无林地、林地土壤侵蚀模数（t/hm^2）；m_i 为林分土壤第 i 种肥力的含肥量（%）；C_i 为所参考第 i 种肥力的市场价（元/t）；R_i 为所参考第 i 种肥力的含肥量（%）；i 包括氮肥、磷肥、钾肥、有机质。

目前，市场上常用的无机肥（即化肥）有：磷酸=铵、尿素、硫酸钾、氯化钾等。根据市场调查结果，2016 年第一季度的磷酸二铵的市场交易价维持在 2600~2900 元/t；尿素价格在 2050~2590 元/t；氯化钾市场受盐湖报价将下调传闻的影响，目前国内有近七成的氯化钾报价在 1800~1900 元/t。市场上有机肥中有机质的含量多在 40%~70%。根据其有机质的含量，有机肥售价不一。根据对部分地区有机质报价信息搜集，2015 年有机质的单价约在 150~320 元/t，平均单价为 219 元/t。

为了计算的简便，氮肥（尿素）价格取 2320 元/t，总氮含量取 46.4%；磷肥（磷酸二铵）价格取 2750 元/t，总磷含量取 64%；钾肥（氯化钾）价格取 1850 元/t，钾含量取 60%；有机肥价格取 220 元/t，有机质含量取 45%。森林保肥指标各质量等级对应的价格具体如表 10-22 所示。

表 10-22　森林保肥指标各质量等级对应的价格

质量等级	一级	二级	三级
土壤保持量（t/hm^2）	14.00	11.00	8.00
林分土壤有机质含量（g/kg）	15	10	6
林分土壤氮含量（g/kg）	1.00	0.75	0.50
林分土壤磷含量（mg/kg）	10	6	3
林分土壤钾含量（mg/kg）	120	85	50
单位面积森林保肥价值（元/hm^2）	178	98	45

10. 涵养水源

森林资源涵养水源的价值构成分两部分：

（1）调节水量。

$E_{调水} = 10 \times W \times \alpha \times C_{库容}$

式中，$E_{调水}$ 为森林资源的调节水量价值（元/a）；W 为森林涵养水源量（$m^3 \cdot hm^{-2} \cdot a^{-1}$）；α 为调蓄率；$C_{库容}$为单位库容造价（元/ m^3）。

（2）净化水质。

$E_{净水} = 10 \times W \times \alpha \times C_{净水}$

式中，$E_{净水}$ 为森林资源的净化水质价值（元/a）；W 为森林涵养水源量（$m^3 \cdot hm^{-2} \cdot a^{-1}$）；α 为调蓄率；$C_{净水}$为人工净水价格（元/ t）。

通过对各省近年水库工程相关信息的调查统计（见表 10-23），可以得到各地的单位库容造价水平，平均造价约为 14.1 元/立方米。

表 10-23　各地的单位库容造价水平

水库	省份	工程投资（万元）	总库容（万 m^3）	单位库容价（元/m^3）
盘州市出水洞水库	贵州	140000.00	7273.00	19.2
阿尔塔什水利枢纽	新疆	85000.00	20000.00	4.3
大寨水库	四川	12098.74	1163.00	10.4
关刀桥水库	四川	68800.00	5995.00	11.5

续表

水库	省份	工程投资（万元）	总库容（万 m^3）	单位库容价（元/m^3）
清江水库	湖南	6930.00	467.10	14.8
随县丁家垭水库	湖北	2860.00	257.36	11.1
张峰水库	山西	180000.00	30000.00	6.0
河口村水库	河南	277467.00	31700.00	8.8
艾坝水库	江西	8607.36	961.00	9.0
青草沙水库	上海	1700000.00	50000.00	34.0
铜锣径水库	深圳	42663.00	1660.00	25.7
平均				14.1

按照国家发改委《关于制定和调整污水处理收费标准等有关问题的通知》（发改价格〔2015〕119 号），对于污水处理收费标准，设市城市污水处理收费标准原则上每吨应调整至居民不低于 0.95 元、非居民不低于 1.4 元。本书中人工净水价格取 1.4 元/m^3 进行计算，调蓄率取 28.35%。森林涵养水源指标各质量等级对应的价格具体如表 10-24 所示。

表 10-24　森林涵养水源指标各质量等级对应的价格

质量等级	一级	二级	三级
森林涵养水源量（$m^3 \cdot hm^{-2} \cdot a^{-1}$）	2500	2325	2150
单位面积森林调节水量价值（元/hm^2）	99934	92938	85943
单位面积森林净化水质价值（元/hm^2）	9922	9228	8533

（三）建立森林资源资产质量价格体系

在单位面积森林资源定价研究的基础上，选取对森林资源价格有关键性影响、数据较易采集的质量评价指标，建立森林资源资产质量评价等级，明确各级别对应的参考区间值，形成森林资源资产质量评价体系，根据不同质量分级对应的单位面积森林资源定价结果，明确森林资源质量与价格的关系。

根据初定的森林资源资产质量评价等级和森林资源资产定价研究，选择对森林资源价值具有关键性影响、数据较易采集的质量评价因子，形成森林资源资产质量价格体系（见表 10-25）。对于一个指标中含有两部分或以上价值的指标价格判断，参考质量评价因子等级划分说明中的多因子质量等级判定方法，采用综合得分的形式来判断指标质量水平。

表 10-25　森林资源资产质量价格体系

指标	质量因子	一级		二级		三级	
		质量	价格	质量	价格	质量	价格
林木资源	林分蓄积量	≥100($m^3 \cdot hm^{-2}$)	142520 元/hm^2	30~99($m^3 \cdot hm^{-2}$)	92638 元/hm^2	<30($m^3 \cdot hm^{-2}$)	42756 元/hm^2
古树名木	古树名木	有 20 株以上的古树名木，并具有很高的历史、文化价值	1517 元	有 5 株以上的古树名木，并具有较高的历史、文化价值	379 元	古树名木少，不足 4 株，具有一定的历史、文化价值	0 元
净化大气	空气负氧离子含量	空气负氧离子含量≥3000 个/cm^3	5425 元/hm^2	1500 个/cm^3≤空气负氧离子含量<3000 个/cm^3	3926 元/hm^2	空气负氧离子含量<1500 个/cm^3	2456 元/hm^2
	林分平均高度	≥10m		4~9. 9m		<4m	
	树种结构类型	阔叶树种总蓄积≥65%		阔叶树种总蓄积≥30%		阔叶树种总蓄积<30%	
生物多样性保护	Shannon-Wiener 指数	≥4	40000 元/hm^2	2~4	20000 元/hm^2	<2	5000 元/hm^2
固碳释氧	初级生产力（NPP）	>1900$g \cdot m^{-2} \cdot yr^{-1}$	78472 元/hm^2	1355~1900$g \cdot m^{-2} \cdot yr^{-1}$	67197 元/hm^2	<1355$g \cdot m^{-2} \cdot yr^{-1}$	55963 元/hm^2
气候调节	森林覆盖率	85%≤森林覆盖率	11. 78 元/hm^2	70%≤森林覆盖率<85%	10. 74 元/hm^2	森林覆盖率<70%	9. 70 元/hm^2
文化科教	年接待人次	60 万人次/年≤免票类，12 万人次/年≤售票类（以近三年算术平均数）	78000 元	20 万人次/年≤免票类<60 万人次/年，5 万人次/年≤售票类<12 万人次/年（以近三年算术平均数）	52000 元	免票类<20 万人次/年，售票类<5 万人次/年（以近三年算术平均数）	26000 元

续表

指标	质量因子		一级		二级		三级	
			质量	价格	质量	价格	质量	价格
休闲游憩	年接待人次		60 万人次/年≤免票类，12 万人次/年≤售票类（以近三年算术平均数）	90000 万元	20 万人次/年≤免票类<60 万人次/年，5 万人次/年≤售票类<12 万人次/年（以近三年算术平均数）	40000 万元	免票类<20 万人次/年，售票类<5 万人次/年（以近三年算术平均数）	10000 万元
固土保肥	土壤保持量		$>14.00t \cdot hm^{-2} \cdot yr^{-1}$	799 元/hm^2	$8.00 \sim 14.00t \cdot hm^{-2} \cdot yr^{-1}$	586 元/hm^2	$<8.00t \cdot hm^{-2} \cdot yr^{-1}$	400 元/hm^2
	土壤肥力	有机质	>15g/kg		6~15g/kg		<6g/kg	
		全氮	>1g/kg		0.5~1g/kg		<0.5g/kg	
		有效磷	>10mg/kg		3~10mg/kg		<3mg/kg	
		速效钾	>120mg/kg		50~120mg/kg		<50mg/kg	
涵养水源	涵养水源量		$>2500m^3 \cdot hm^{-2} \cdot a^{-1}$	109856 元/hm^2	$2150 \sim 2500m^3 \cdot hm^{-2} \cdot a^{-1}$	102166 元/hm^2	$<2150m^3 \cdot hm^{-2} \cdot a^{-1}$	94476 元/hm^2

产权篇

第十一章　产权登记

第一节　自然资源资产产权登记管理历史沿革

一、社会主义改造及建设时期（中华人民共和国成立至20世纪70年代末期）

（一）社会主义改造时期（新中国成立至20世纪50年代中期）

1950年《土地改革法》颁布，将没收和征收的土地无偿分配给农民，“废除地主阶级封建剥削的土地所有制，实行农民的土地所有制”。土地改革完成后，由人民政府发给土地所有证，“并承认一切土地所有者自由经营、买卖及出租其土地的权利。土地制度改革以前的土地契约，一律作废”。

1951~1956年底，我国在全国范围内开展了农业合作化运动，通过各种互助合作的形式，完成了农业的社会主义改造，土地所有权实现了由农民个体所有制到社会主义集体所有制的转变，土改时期所发的土地所有证自然取消，此后，长期未进行土地登记发证工作。

（二）社会主义建设时期（20世纪50年代中期至70年代）

1954年《宪法》规定：“矿藏、水流，由法律规定为国有的森林、荒地和其他资源，都属于全民所有。”（1978年修改为“矿藏，水流，国有的森林、荒地和其他海陆资源，都属于全民所有”）

1962年9月，《农村人民公社工作条例》（即“农业六十条”），明确了生产队是人民公社中的基本核算单位，将土地、牲畜、农具、劳动力等生产资料固定给生产队，即“四固定”，包括生产队范围内的土地，都归生产队所有；生产队范围内的劳动力，都由生产队支配；生产队集体所有的大牲畜、农具，公社和大队都不能抽调；集体所有的山林、水面和草原，凡是归生产队所有比较有利的，都归生产队所有。这些土地、牲畜、农具、山林、水面、草原的所有权和经营权，经过社员大会或者社员代表大会讨论同意，定下来以后，长期不变。

二、计划经济和商品经济体制并存时期（20 世纪 70 年代末期至 20 世纪 90 年代初期）

1982 年《宪法》对于自然资源的所有权进一步细化为“矿藏、水流、森林、山岭、草原、荒地、滩涂等自然资源，都属于国家所有，即全民所有；由法律规定属于集体所有的森林和山岭、草原、荒地、滩涂除外”，同时规定“城市的土地属于国家所有”。1988 年《宪法》修正，明确了“土地的使用权可以依照法律的规定转让”，建立了新的土地使用制度。

这一时期，《森林法》《草原法》《渔业法》《土地管理法》《矿产资源法》等各类自然资源管理法律相继颁发实施，自然资源的管理步入法治化轨道，土地登记、林权登记、草原登记、矿业权登记等制度逐步建立起来。在此背景下，1986 年 8 月国家土地管理局成立，土地、矿产、森林、水、草原等自然资源由不同部门分别管理的体制基本形成。这一时期的产权登记行政管理色彩浓重，以满足行政管理需要为主要目标。

三、建立和完善社会主义市场经济体制时期（20 世纪 90 年代初期至今）

（一）党的十四大确立了建立社会主义市场经济体制，登记价值功能向物权公示公信原则迈进

这一时期，各类资源管理法律法规相继进行了修订。1998 年修订了《土地管理法》，并颁布了《土地管理法实施条例》，首次以法律形式提出当事人可以查询土地登记资料即不动产登记簿，这是真正意义上的物权公示。

2002 年《海域使用管理法》实施，海域使用权登记制度建立。

2003 年《农村土地承包法》实施，农民集体所有和国家所有依法由农民集体使用的耕地、林地、草地以及其他依法用于农业的土地，以土地承包经营的方式，赋予农民长期而有保障的土地使用权，“县级以上地方人民政府应当向承包方颁发土地承包经营权证或者林权证等证书，并登记造册，确认土地承包经营权”。土地承包经营权允许采取互换、转让等方式进行流转，当事人要求登记的，应当向县级以上地方人民政府申请登记，未经登记，不得对抗善意第三人。这与其他的不动产物权“登记生效”的原则有所不同。

（二）2007 年《物权法》实施，适应现代市场需求的不动产统一登记制度开始建立

《物权法》提出我国实行不动产统一登记制度，“不动产物权的设立、变更、转让和消灭，经依法登记，发生效力；未经登记，不发生效力，但法律另有规定的除外”。明确了不动产登记的法律效力，并对所有权、用益物权、担保物权等

各种权利类型进行了明晰，同时规定："依法属于国家所有的自然资源，所有权可以不登记。"

2013 年，国务院要求整合不动产登记职责，做到登记机构、登记簿册、登记依据和信息平台"四统一"，2014 年，中央编办下发《中央编办关于整合不动产登记职责的通知》，明确由国土资源部负责全国不动产统一登记工作。依据《物权法》的规定，2015 年 3 月 1 日，《不动产登记暂行条例》正式实施，当天，全国第一本不动产权证书在徐州颁发。《不动产登记暂行条例实施细则》《不动产登记操作规范（试行）》《不动产登记资料查询暂行办法》等配套文件陆续发布，不动产统一登记制度在全国全面落地。实行不动产统一登记制度之前各类不动产登记情况如表 11-1 所示。

表 11-1　实行不动产统一登记制度之前各类不动产登记情况

类型	权利类型	登记机构
土地	国有土地使用权（包括国有建设用地使用权和国有农用地使用权）、集体土地所有权、集体建设用地使用权、宅基地使用权、土地承包经营权	县级以上地方人民政府
	土地抵押权、地役权	县级以上人民政府国土资源部门
森林林木	森林、林木或林地的所有权、使用权	县级以上人民政府
	林木抵押权	县级以上人民政府林业主管部门
水	取水许可	县级以上人民政府水行政主管部门
矿产	探矿权、采矿权	依据勘查开采的矿产资源的不同，分别由国务院地质矿产主管部门，省、自治区、直辖市人民政府地质矿产主管部门和市、县地方人民政府地质矿产管理工作的部门负责登记
海域	海域使用权	国务院批准的项目用海，由国家海洋行政主管部门登记造册，县级以上地方人民政府批准的项目用海，由批准用海的地方人民政府登记造册，同级海洋行政主管部门负责具体登记工作
无居民海岛	无居民海岛使用权	分别由国务院、省级人民政府批准

类型	登记簿	权属证书	依据
土地	土地登记簿	国有土地使用证、集体土地所有证、集体土地使用证、土地他项权利证明	《土地管理法》《土地登记办法》

续表

类型	登记簿	权属证书	依据
森林林木	林权登记簿	林权证	《森林法》《林木和林地权属登记管理办法》
取水权	无登记簿	取水许可证	《水法》《取水许可和水资源费征收管理条例》《取水许可管理办法》
农村土地承包经营权	农村土地承包经营权证登记簿	农村土地承包经营权证	《农村土地承包法》《农村土地承包经营权证管理办法》
探矿权 采矿权	无登记簿	勘查许可证 采矿许可证	《矿产资源法》《矿产资源勘查区块登记管理办法》《矿产资源开采登记管理办法》《探矿权采矿权转让管理办法》
海域使用权	海域使用登记表	海域使用权证	《海域使用权登记办法》
无居民海岛	无登记簿	无居民海岛使用权证	《无居民海岛使用申请审批试行办法》

实行不动产统一登记制度后，统一由不动产登记机构负责登记工作，设置了十种不动产权利类型、八种不动产登记类型，将各类权属证书统一为不动产权证书和证明，并建立全国统一的不动产登记信息平台，具体如表 11-2 所示。

表 11-2　全国统一不动产登记信息平台

项目	内容
登记机构	属地登记，县级以上地方人民政府应当确定一个部门为本行政区域的不动产登记机构
权利类型	集体土地所有权，房屋等建筑物、构筑物所有权，森林、林木所有权，耕地、林地、草地等土地承包经营权，建设用地使用权，宅基地使用权，海域使用权，地役权，抵押权，法律规定需要登记的其他不动产权利
登记类型	首次登记、变更登记、转移登记、注销登记、更正登记、异议登记、预告登记、查封登记
登记程序	申请—受理—审核—登簿
登记簿	不动产登记簿，以宗地或宗海为单位编成，一宗地或一宗海范围内的全部不动产编入一个不动产登记簿，一宗地一个登记簿，一个不动产单元一本，一类不动产权利或事项登记信息一页
登记方式	一体登记。房屋等建筑物、构筑物和森林、林木等定着物应当以土地、海域为基础一体登记
权属证书	不动产权证书、不动产登记证明
信息管理	统一的不动产登记信息管理基础平台，不动产登记簿采用电子介质，暂不具备条件的，可以采用纸质介质
登记依据	《物权法》《不动产登记暂行条例》

（三）党的十八大提出“五位一体”发展战略，构建自然资源资产产权制度

2012 年，党的十八大提出了大力推进生态文明建设，把“四位一体”的总布局拓展为“全面落实经济建设、政治建设、文化建设、社会建设、生态文明建设五位一体总体布局”。2015 年《中共中央　国务院关于加快推进生态文明建设的意见》提出：“健全自然资源资产产权制度和用途管制制度。对水流、森林、山岭、草原、荒地、滩涂等自然生态空间进行统一确权登记，明确国土空间的自然资源资产所有者、监管者及其责任。”《生态文明体制改革总体方案》进一步提出要建立统一的自然资源确权登记系统，坚持资源公有、物权法定，清晰界定全部国土空间各类自然资源资产的产权主体。对水流、森林、山岭、草原、荒地、滩涂等所有自然生态空间统一进行确权登记，逐步划清全民所有和集体所有之间的边界，划清全民所有、不同层级政府行使所有权的边界，划清不同集体所有者的边界，推进确权登记的法治化。并要求按照所有者和监管者分开和一件事情由一个部门负责的原则，整合分散的全民所有自然资源资产所有者职责，组建对全民所有的矿藏、水流、森林、山岭、草原、荒地、海域、滩涂等各类自然资源统一行使所有权的机构，负责全民所有自然资源的出让等。

在此背景下，2016 年 12 月，《国土资源部　中央编办　财政部　环境保护部　水利部　农业部　国家林业局关于印发〈自然资源统一确权登记办法（试行）〉的通知》印发，在全国 12 个省份开展自然资源统一确权登记试点。2018 年 2 月，党的十九届三中全会通过了《国务院机构改革方案》，决定组建自然资源部，负责自然资源确权登记工作，指导监督全国自然资源和不动产登记工作。2019 年 7 月，在总结全国试点经验的基础上，自然资源部、财政部、生态环境部、水利部、国家林业局联合印发了《自然资源统一确权登记暂行办法》，在全国全面实施自然资源确权登记制度。

2020 年，党的十三届全国人大三次会议表决通过《民法典》，自 2021 年起实施，自然资源资产产权管理制度得到进一步完善。

（四）主要资源类型的产权登记演变

1. 土地的产权登记

（1）社会主义改造及建设时期。1950 年《中华人民共和国土地改革法》规定：“土地改革完成后，由人民政府发给土地所有证。”内务部颁发的《关于填发土地房产所有证的指示》规定：“为切实保障土地改革后各阶层人民的土地房产所有权，巩固与提高农民生产情绪，不论农民新分的土地及原有土地，均应一律颁发土地房产所有证（以下简称‘土地证’），同样，对土地改革后分给地主的土地房屋，也发给所有证，发新证时，应根据土地改革法第三十条之规定，土地制度改革以前的土地契约，一律作废，并予缴销。”1953 年开始社会主义建设

和进行社会主义改造。1956 年社会主义改造基本完成，“土改”时期所发的土地所有证自然取消，此后，长期未进行土地登记发证工作。

（2）计划经济和商品经济体制并存时期。1986 年《土地管理法》颁布实施，对土地登记发证进行了具体规定：“集体所有的土地，由县级人民政府登记造册，核以证书，确认所有权。全民所有制单位、集体所有制单位和个人依法使用的国有土地，由县级以上地方人民政府登记造册，核发证书，确认使用权……依法改变土地的所有权或者使用权的，必须办理土地权属变更登记手续，更换证书。”其中，涉及林地、草原的所有权、使用权确权的，分别依照《森林法》《草原法》的规定办理。

1988 年，第七届全国人民代表大会第一次会议通过《宪法修正案》，规定“土地使用权可以依照法律的规定转让”，建立了新的土地使用制度。根据宪法修正案对《土地管理法》进行了相应的修改，明确了“国有土地和集体所有土地使用权可以依法转让”，并提出国家依法实行国有土地有偿使用制度。

1989 年国家土地管理局依据《土地管理法》的规定建立土地登记制度，发布了《土地登记规则》，明确了土地登记的概念和法律效力、登记的类型、登记程序、登记资料等内容：

1）土地登记的概念和法律效力。土地登记是依法对国有土地使用权、集体土地所有权、集体土地建设用地使用权和他项权利的登记。依法登记的土地所有权、使用权、他项权利，受国家法律保护，任何单位和个人不得侵犯。凡不按规定申请土地初始登记或变更登记的，按照非法占地或非法转让处理，不具备法律效力。

2）土地登记的类型。土地登记分初始土地登记和变更土地登记。其中，初始土地登记又称土地总登记，是在一定时间内，对辖区全部土地、全部农村土地或全部城镇土地进行的普遍登记。变更登记是针对土地权利或土地主要用途变更而开展的登记。

3）登记程序。土地登记以县级行政区为单位进行，具体工作由土地管理部门负责。初始土地登记以宗地为基本单元进行登记，程序为“申报—地籍调查—权属审核—注册登记—颁发土地证书”，登记开始前、登记的审核结果都需要发布公告。

4）登记资料。一是规定了土地登记形成的文件资料，主要包括十种：土地登记申请书、土地登记收件单、土地权属证明文件资料、土地登记审批表、地籍图、土地登记簿、土地证书签收簿、土地归户册、土地登记复查申请表、土地登记复查结果审核表。其中，土地登记申请书、审批表、土地登记簿、土地归户册、土地证书式样，由国家土地管理局统一制定。二是明确了土地登记簿的法律地位，即土地登记簿是土地权利登记的簿册，是最基本的土地权属文件和法律依据，土地证书是土地使用权或者土地所有权的法律凭证。三是规定由市、县人民政府颁发《国有土地使用证》《集体土地所有证》《集体土地建设用地使用证》等土地登记证书。

（3）建立和完善社会主义市场经济体制时期。1994 年《城市房地产管理法》颁布，为适应新的发展形势，国家土地管理局从 1996 年起实施修改后的《土地登记规则》，主要在以下方面进行了补充完善：

1）进一步明确了“他项权利”的内容。土地他项权利是指土地使用权和土地所有权以外的土地权利，包括抵押权、承租权以及法律、行政法规规定需要登记的其他土地权利。

2）对登记类型的概念进行了修正和细化。初始土地登记又称总登记，是指在一定时间内，对辖区全部土地或者特定区域的土地进行的普遍登记。变更土地登记，是指初始土地登记以外的土地登记，包括对土地使用权、所有权和土地他项权利设定登记，土地使用权、所有权和土地他项权利变更的登记，名称、地址和土地用途变更登记，注销土地登记等。

3）对登记程序进行了细化。尤其是对土地使用权、所有权和他项权利的设定、变更，以及名称、地址、土地用途的变更，分别列举了各种情形下的登记要求，并要求在申请土地所有权和使用权的变更登记时申报地价，未申报地价的，按宗地标定地价进行登记。

4）提出了办理时限的要求，对各类土地权利的登记申请规定了不同的办理时限。

5）对登记资料的管理进行了细化。一是对各类资料的样式进行了统一要求：土地证和他项权利证明书由国家土地管理局统一组织印制，土地登记卡和土地归户卡的样式由国家土地管理局统一制定，由各级土地管理部门印制，其他的表、卡、簿由国家土地管理局制定基本格式，各省级土地管理部门可进行适当补充。二是明确了登记卡和登记证书的关系，即土地登记卡是土地登记的主件，是土地权利的法律依据；土地证书是土地登记卡部分内容的副本，是土地使用者、所有者和土地他项权利者持有的法律凭证。三是明确土地他项权利证明书由县级以上地方人民政府土地管理部门向土地他项权利者颁发。

6）增加了对登记从业人员的要求。土地管理部门具体负责土地登记的人员及土地登记申请代理人员须经考核合格、领取资格证书后持证上岗。

7）提出了房地一体登记的概念。“经省级人民政府确定，县级以上地方人民政府由一个部门统一负责房产管理和土地管理工作的，可以制作颁发统一的房地产权证书，证书中有关土地权利的记载格式和内容应当符合国家土地管理局的有关规定并报经批准。”

1998 年，为适应市场经济体制的需要，对《土地管理法》和《土地管理法实施条例》进行了全面修订，首次提出了国家依法实行国有土地有偿使用制度和用途管制制度，“全民所有，即国家所有土地的所有权由国务院代表国家行使”，对土地登记提出了更具体的要求，而随着我国土地法律体系的完善和土地使用制度改革的深入，社会经济发展对保护土地物权的要求越来越高，《土地登记规则》的部分条款已不能适应形势发展的需要，且法律层级较低，难以充分发挥土地产权保护的效力。2007 年《物权法》实施，确定了包括土地登记在内的不动产登记的基本制度，对土地登记程序、方法等提出了新的要求，而不动产登记法规短期内还难以出台。在此背景下，2008 年新的《土地登记办法》正式实施，相较于旧的《土地登记规则》，新规在以下方面进行了修改、补充、完善：

对土地登记、宗地等有关概念进行了明确：土地登记是指将国有土地使用权、集体土地所有权、集体土地使用权和土地抵押权、地役权以及依照法律法规规定需要登记的其他土地权利记载于土地登记簿公示的行为，明确了土地登记的物权公示原则。宗地是指土地权属界线封闭的地块或者空间，土地登记以宗地为单位开展。

对土地登记的类型进行了扩充和细化：土地登记分为“土地总登记”“初始登记”“变更登记”“注销登记”“其他登记”，其中，“其他登记”又包括“更正登记”“异议登记”“预告登记”“查封登记”等。

按照《物权法》的规定对土地登记的权利类型进行了具体化，包括：国有土地使用权、集体土地所有权、集体土地使用权和土地抵押权、地役权，以及依照法律法规规定需要登记的其他土地权利。其中，国有土地使用权包括国有建设用地使用权和国有农用地使用权；集体土地使用权包括集体建设用地使用权、宅基地使用权和集体农用地使用权（不含土地承包经营权）。

首次提出了土地登记实行“属地登记”的原则，即向土地所在地的县级以上国土资源行政主管部门提出土地登记申请，报县级以上人民政府登记造册、核发证书，但土地抵押权、地役权由县级以上国土资源行政主管部门登记、核发证明书。例外情形是：在京中央国家机关使用的土地，按照《在京中央国家机关用地土地登记办法》的规定执行。

进一步细化了登记申请的方式和申请资料。除《土地登记办法》列明的十种情形可以单方申请外，土地登记由当事人共同申请，进一步规范了土地登记资料的利用：一是提出了加强信息化建设，实现国家和地方土地登记结果的信息共享和异地查询；二是明确提出了国家实行土地登记资料公开查询制度，土地权利人、利害关系人可以申请查询土地登记资料。2003 年《土地登记资料公开查询办法》提出土地登记资料包括两类：一是登记结果资料，包括土地登记卡和宗地图，任何单位和个人都可以查询；二是登记原始资料，包括土地权属来源文件、土地登记申请书、地籍调查表和地籍图，特定的单位和个人可以查询。

2015 年《不动产登记暂行条例》实施，集体土地所有权、建设用地使用权、宅基地使用权、耕地的承包经营权纳入不动产统一登记。

2. 林权的登记

（1）社会主义改造及建设时期。1950 年《土地改革法》规定，没收的山林、茶山、桐山、竹林等，“应按适当比例，折合普通土地统一分配之”，分配给农民所有，大森林、大荒山等“均归国家所有，由人民政府管理经营之”，“土地改革完成后，由人民政府发给土地所有证”。1951～1956 年的农业合作化运动，完成了由农民个体所有制到社会主义集体所有制的转变。1962 年 9 月，《农村人民公社工作条例》明确了土地、牲畜、农具、劳动力等生产资料“四固定”，将集体所有的山林、水面和草原，都归生产队所有，长期不变，这一时期各地发放了各类山林权执照、会议决议等权属凭证。

（2）计划经济和商品经济体制并存时期。1981 年《中共中央　国务院关于保护森林、发展林业若干问题的决定》提出了林业“三定”的发展方针，即稳定山权林权、划定自留山、确定林业生产责任制。对于国家所有、集体所有的山林树木，或个人所有的林木和使用的林地，以及其他部门、单位的林木，凡是权属清楚的，都予以承认，由县或者县以上人民政府颁发林权证，保障所有权不变。1985 年实施的《森林法》规定全民所有和集体所有的森林、林木和林地，个人所有的林木和使用的林地，由县级以上地方人民政府登记造册，核发证书，确认所有权或者使用权。这一时期各地开始发放样式不一的“林木所有证”“自留山证”“山林权证”等相关证书。

（3）建立和完善社会主义市场经济体制时期。1998 年修正后的《森林法》颁布实施，2000 年《森林法实施条例》发布，明确了国家依法实行森林、林木和林地登记发证制度。《国家林业局关于实行全国统一林权证式样的通知》《林木和林地权属登记管理办法》等相继发布，对林权登记做出了具体规定：

1）权利主体：森林、林木和林地的所有权或者使用权的拥有者。

2）登记类型：包括初始登记、变更登记、注销登记三种类型。

3）登记管辖：一是国家所有的森林、林木和林地，国务院确定的重点林区由国务院林业主管部门受理申请并登记发证；跨行政区域的由共同的上一级人民政府林业主管部门受理登记申请，由该人民政府登记发证；其他森林、林木和林地由所在地县级以上地方人民政府林业主管部门受理登记申请，由同级地方人民政府登记发证；未确定使用权的国家所有的森林、林木和林地，由所在地县级以上人民政府登记造册，负责保护管理。二是集体所有的、单位和个人所有的森林、林木和林地，由所在地的县级人民政府林业主管部门受理登记申请，由该县级人民政府登记发证。

4）林权证：由国务院林业主管部门统一规定林权证式样，并指定厂家印制。林权证登记四类权利人：林地所有权人、林地使用权人、森林或林木所有权人、森林或林木使用权人。

5）登记资料：包括申请材料、登记台账、调查审查材料以及有关的图表、数据资料。要求登记机关公开登记档案，并接受公众查询。

2008 年 6 月，《中共中央　国务院关于全面推进集体林权制度改革的意见》印发，该文件明确集体林权制度改革的五项主要内容，其中之一是勘界发证：要对承包关系依法进行实地勘界、登记，核发全国统一式样的林权证，做到林权登记内容齐全规范，数据准确无误，图、表、册一致，人、地、证相符。要求各级林业主管部门明确专门的林权管理机构，承办同级人民政府交办的林权登记造册、核发证书、档案管理、流转管理、林地承包争议仲裁、林权纠纷调处等工作。

2016 年，《国务院办公厅关于完善集体林权制度的意见》发布，要求进一步明晰产权，继续做好集体林地承包确权登记颁证工作，对于承包到户的集体林地，要将权属证书发放到户，由农户持有，对新造林地要依法确权登记颁证。要逐步建立集体林地所有权、承包权、经营权分置运行机制，形成集体林地集体所有、家庭承包、多元经营的格局。鼓励集体林权有序流转，支持公开市场交易。鼓励和引导农户采取转包、出租、入股等方式流转林地经营权和林木所有权，发展林业适度规模经营。

2015 年《不动产登记暂行条例》实施，集体土地所有权，森林、林木所有权、林地的承包经营权、抵押权纳入不动产统一登记。

2019 年在实施不动产统一登记制度和全民所有自然资源权益管理体制改革的大背景下，《森林法》做了相应的修改："国家所有的森林资源的所有权由国务院代表国家行使。国务院可以授权国务院自然资源主管部门统一履行国有森林资源所有者职责""林地和林地上的森林、林木的所有权、使用权，由不动产登记机构统一登记造册，核发证书。国务院确定的国家重点林区（以下简称重点林区）的森林、林木和林地，由国务院自然资源主管部门负责登记"。

2019 年，森林资源的所有权纳入自然资源统一确权登记范畴，并与不动产登记进行了衔接。

3. 矿产资源的产权登记

我国长期未对矿产资源的所有权进行登记，直到 1986 年《矿产资源法》颁布实施，才开始对探矿权和采矿权进行登记。目前，探矿权和采矿权尚未被列入不动产登记范畴。

（1）计划经济和商品经济体制并存时期。我国最早在1954年的《宪法》中规定了矿藏属于国家所有，但长期未开展登记工作。1986年《矿产资源法》颁布，首次提出了“探矿权”和“采矿权”的概念，对矿产资源的勘察实行登记制度，开采矿产资源必须依法取得采矿权，并缴纳资源税和资源补偿费。并对矿产资源的勘查登记进行了分工：“矿产资源勘查登记工作，由国务院地质矿产主管部门负责；特定矿种的矿产资源勘查登记工作可以由国务院授权有关主管部门负责。”在采矿权审批方面，按企业的所有制形式分别由不同机构进行审批、发证：国务院或国务院有关主管部门批准开办的国营矿山企业由国务院地矿主管部门颁发采矿许可证；省级人民政府批准开办的国营矿山企业，由省级人民政府地矿主管部门颁发采矿许可证；特定矿种的采矿许可证可以由国务院授权的有关主管部门颁发；个体采矿、乡镇集体矿山企业的审批和颁证的管理办法由各省级人大常务委员会制定。

1987年，依据该法的规定，《矿产资源勘查登记管理暂行办法》《石油及天然气勘查、开采登记管理暂行办法》《放射性矿产资源勘查登记管理暂行办法》实施，矿产资源的勘查登记分别由地矿部门、石油工业部、核工业部分工负责。

《矿产资源勘查登记管理暂行办法》要求在我国领域及管辖海域内从事勘查工作，必须申请登记，取得探矿权。探矿权登记实行两级管理，由国务院地矿主管部门和各省级地矿主管部门分工负责矿产资源勘查登记工作，全国采用统一的勘查许可证样式，许可证有效期最长不超过五年，需要延期的，应当在有效期满前三个月内办理延续登记手续。并规定石油、天然气、放射性矿产等特定矿产资源由国务院石油工业、核工业主管部门分别负责勘查登记和发证工作，同时向地质矿产主管部门备案。

《石油及天然气勘查、开采登记管理暂行办法》规定石油、天然气的勘查、开采登记分为勘查登记、滚动勘探开发登记、采矿登记三种类型。登记工作实行一级管理，由国务院石油工业主管部门负责全国石油、天然气资源的勘查、开采登记管理工作。

《放射性矿产资源勘查登记管理暂行办法》规定放射性矿产资源勘查登记实行两级管理，根据不同的勘查项目类型，分别由核工业部地质局和核工业部授权的东北、西北、华东、华南、中南、西南地质勘探局负责。

1987年国务院发布《全民所有制矿山企业采矿登记管理暂行办法》，1990年进行了部分修订，该办法规定全民所有制矿产企业的采矿登记由国务院和各省级人民政府地矿主管部门负责办理，全国采用统一的采矿许可证样式，采矿许可证有效期以国家批准的矿山设计服务年限为准，需要延期的，应当在有效期满前三个月内办理延续登记手续。

1994 年《矿产资源法实施细则》实施，提出国家对矿产资源的勘查、开采实行许可证制度。勘查矿产资源，必须依法申请登记，领取勘查许可证，取得探矿权；开采矿产资源，必须依法申请登记，领取采矿许可证，取得采矿权。并对“探矿权”和“采矿权”进行了定义：

1）探矿权：是指在依法取得的勘查许可证规定的范围内，勘查矿产资源的权利。取得勘查许可证的单位或者个人称为探矿权人。

2）采矿权：是指在依法取得的采矿许可证规定的范围内，开采矿产资源和获得所开采的矿产品的权利。取得采矿许可证的单位或者个人称为采矿权人。

该细则规定矿产资源勘查工作区范围和开采矿区范围，以经纬度划分的区块为基本单位。并对矿产资源勘查登记和开采审批的程序，探矿权人和采矿权人的权利和义务，允许集体所有制矿山企业、私营矿山企业和个体采矿者的开采范围等内容作了详细的规定。

（2）建立和完善社会主义市场经济体制时期。为适应建立市场经济体系的要求，1996 年《矿产资源法》修正，明确提出我国实行探矿权、采矿权有偿取得制度，探矿权和采矿权在规定情形下允许转让。国家对矿产资源勘查实行统一的区块登记管理制度，由国务院行使国家对矿产资源的所有权。

1998 年，依据修订后的《矿产资源法》《矿产资源开采登记管理办法》《矿产资源勘查区块登记管理办法》实施，2014 年对《矿产资源开采登记管理办法》中的采矿权价款、中外合作采矿等内容进行了少量修订。

相较于原开采管理规定，《矿产资源开采登记管理办法》对采矿权登记做了以下补充完善：

登记主体：实行分级和属地登记相结合的方式，规定分别由国家、省、市县三级地矿主管部门依据各自的登记范围进行采矿权登记。取消了原来实行的针对石油、天然气等特定矿产由相关主管部门登记的做法，全部由地矿主管部门负责，对于特定矿产的登记，实行的是“国务院指定的机关审查同意后，由国务院地质矿产主管部门登记，颁发采矿许可证”。

采矿许可证：在采矿许可证的有效期方面，取消了原来以国家批准的矿山设计服务年限为准的做法，按照矿山建设规模确定：大型以上的采矿许可证有效期最长为 30 年；中型的采矿许可证有效期最长为 20 年；小型的采矿许可证有效期最长为 10 年。采矿许可证有效期满需继续采矿的，在采矿许可证有效期届满的 30 日前办理延续登记手续。

采矿权可以通过招标投标的方式有偿取得。

相较于原勘查管理规定，《矿产资源勘查区块登记管理办法》主要做了以下修改完善：

勘查的组织方式：对矿产资源勘查实行区块登记管理制度。矿产资源勘查工作区范围以经纬度1′×1′划分的区块为基本单位区块，不同矿产资源种类的勘查项目允许登记的最大范围不同。

明确了探矿权主体：勘查出资人为探矿权人；国家出资勘查的，国家委托勘查的单位为探矿权人。

登记主体：实行分级登记的方式，分别由国家、省级地矿主管部门依据登记范围进行登记发证。取消了原来实行的针对石油、天然气等特定矿产由相关主管部门登记的做法，实行的是“经国务院指定的机关审查同意后，由国务院地质矿产主管部门登记，颁发勘查许可证”。

勘查许可证：勘查许可证有效期最长为3年。但是，石油、天然气勘查许可证有效期最长为7年。需要延长勘查工作时间的，探矿权人应当在勘查许可证有效期届满的30日前，到登记管理机关办理延续登记手续，每次延续时间不得超过2年。石油、天然气滚动勘探开发的采矿许可证有效期最长为15年；但是，探明储量的区块，应当申请办理采矿许可证。国家实行探矿权有偿取得的制度。探矿权使用费以勘查年度计算，逐年缴纳。

探矿权可以通过招标投标的方式有偿取得。

1998年《探矿权采矿权转让管理办法》规定：“转让国家出资勘查所形成的探矿权、采矿权的，必须进行评估。”

2019年，探明储量的矿产资源的所有权纳入自然资源统一确权登记范畴。

4. 水资源的产权登记

我国《宪法》规定水流属于国家所有，但水资源长期未进行产权登记。

1988年7月《水法》实施，开始建立取水许可制度，“国家对直接从地下或者江河、湖泊取水的，实行取水许可制度”。

1993年，《取水许可制度实施办法》实施，规定凡是利用水工程或者机械提水设施直接从江河、湖泊或者地下取水的，都应当申请取水许可证，但取用自来水厂等供水工程的水，不适用该办法。同时规定了三种情形不需要申请取水许可证：①为家庭生活、畜禽饮用取水的；②为农业灌溉少量取水的；③用人力、畜力或者其他方法少量取水的。另有三种情形免予申请取水许可证：①为农业抗旱应急必须取水的；②为保障矿井等地下工程施工安全和生产安全必须取水的；③为防御和消除对公共安全或者公共利益的危害必须取水的。

2002年《水法》修订，明确了水资源既包括地表水，也包括地下水。水资源的所有权由国务院代表国家行使，并提出了国家对水资源依法实行取水许可制度和有偿使用制度，但“农村集体经济组织及其成员使用本集体经济组织的水塘、水库中的水的除外”。

2006 年 4 月，《取水许可和水资源费征收管理条例》实施，取水许可制度和水资源有偿使用制度正式落地。依据该条例的规定，取水许可实行分级审批，由县级以上人民政府水行政主管部门按照分级管理的形式组织实施，规定了取水许可审批的主体和程序：

（1）主体：国务院水行政主管部门设立的流域管理机构、县级以上地方人民政府水行政主管部门。

（2）取水许可证：取水许可证全国采用统一的样式，有效期一般为 5 年，最长不超过 10 年。有效期满需要延续的，应当在有效期届满 45 日前提出申请。

（3）五种情形无须获得取水许可：①农村集体经济组织及其成员使用本集体经济组织的水塘、水库中的水的；②家庭生活和零星散养、圈养畜禽饮用等少量取水的；③为保障矿井等地下工程施工安全和生产安全必须进行临时应急取（排）水的；④为消除对公共安全或者公共利益的危害临时应急取水的；⑤为农业抗旱和维护生态与环境必须临时应急取水的。

2016 年 11 月《水利部国土资源部关于印发〈水流产权确权试点方案〉的通知》实施，部署开展水域、岸线等水生态空间和水资源的确权登记工作。主要任务：一是水域、岸线等水生态空间确权。划定水域、岸线等水生态空间范围。确定水域、岸线等水生态空间权属，按照自然资源统一确权登记的有关规定实施统一登记。二是水资源确权。充分考虑水资源作为自然资源资产的特殊性和属性，研究水资源使用权物权登记途径和方式。

目前，取水权尚未被纳入不动产登记体系中。2019 年，水资源的所有权纳入自然资源统一确权登记范畴。

5. 草原的产权登记

我国长期没有开展全国统一的草原登记工作，由相关各省制定实施细则或条例，按照《草原法》的规定开展草原登记。

1985 年《草原法》颁布，该法规定：“草原属于国家所有，即全民所有，由法律规定属于集体所有的草原除外。”全民所有制单位使用的草原，由县级以上地方人民政府登记造册，核发证书，确认使用权。集体所有的草原和集体长期固定使用的全民所有的草原，由县级人民政府登记造册，核发证书，确认所有权或者使用权。

2002 年《草原法》修订，明确了国家所有的草原由国务院代表国家行使所有权。“依法确定给全民所有制单位、集体经济组织等使用的国家所有的草原，由县级以上人民政府登记，核发使用权证，确认草原使用权。未确定使用权的国家所有的草原，由县级以上人民政府登记造册，并负责保护管理。集体所有的草原，由县级人民政府登记，核发所有权证，确认草原所有权。依法改变草原权属的，应当办理草原权属变更登记手续。”

2015 年，《农业部关于开展草原确权承包登记试点的通知》要求：“制定核发统一的草原所有权、草原使用权和草原承包经营权证书。涉及换发证件的，原权属证书要收回销毁、宣布作废。未确定给农牧民集体使用的国有草原，由县级人民政府登记造册。”同年，《不动产登记暂行条例》实施，草地的承包经营权纳入不动产统一登记。

2019 年，草原所有权纳入自然资源统一确权登记范畴。

6. 海域和无居民海岛的产权登记

我国海域和无居民海岛长期未进行产权登记。

2002 年《海域使用管理法》实施，明确了海域属于国家所有，由国务院代表国家行使海域所有权，并提出了国家建立海域使用权登记制度，单位和个人使用海域，必须依法取得海域使用权。

2002 年，国家海洋局印发《海域使用权登记办法》，2006 年，新的《海域使用权登记办法》实施，主要包括以下内容：

（1）登记定义：海域使用权登记以宗海为基本单位，依法对海域的权属、面积、用途、位置、使用期限等情况以及海域使用权派生的他项权利所作的登记。

（2）登记类型：包括海域使用权初始登记、变更登记、注销登记，他项权利登记（抵押权、承租权）。

（3）登记主体：按照审批权限实行分级登记。国务院批准的项目用海，由国家海洋行政主管部门登记造册；县级以上地方人民政府批准的项目用海，由批准用海的地方人民政府登记造册，同级海洋行政主管部门为登记机关。

（4）登记资料：海域使用权登记册是海域使用权及他项权利的法律依据，登记资料实行属地管理。

（5）海域使用权：海域使用权最高期限，按照下列用途确定：①养殖用海十五年；②拆船用海二十年；③旅游、娱乐用海二十五年；④盐业、矿业用海三十年；⑤公益事业用海四十年；⑥港口、修造船厂等建设工程用海五十年。

2010 年《海岛保护法》实施，规定“无居民海岛属于国家所有，国务院代表国家行使无居民海岛所有权”。2011 年、2016 年，国家海洋局先后发布《无居民海岛使用申请审批试行办法》《无居民海岛开发利用审批办法》，对无居民海岛使用权进行登记，颁发使用权证书。

2015 年，海域使用权、无居民海岛使用权纳入不动产登记体系。

2019 年，海域和无居民海岛的所有权纳入自然资源统一确权登记范畴。

第二节 自然资源资产产权登记现状与问题

目前我国自然资源资产产权登记由两部分组成：不动产统一登记和自然资源统一确权登记，二者既有联系又有区别，互为补充。不动产登记涉及自然资源的所有权、用益物权、担保物权等权利类型，自然资源确权登记以不动产登记为基础，只涉及自然资源的所有权。

一、不动产登记

（一）不动产登记的依据和原则

2007 年颁布实施的《物权法》确立了不动产统一登记制度，2014 年国务院发布《不动产登记暂行条例》，自 2015 年 3 月 1 日起正式实施，2016 年《不动产登记暂行条例实施细则》《不动产登记操作规范（试行）》发布，为不动产统一登记的全面实施提供了依据。相较于分散登记，不动产统一登记实现了登记机构、登记依据、登记簿册、信息平台的“四统一”，并对登记程序、登记类型、登记的权利类型、权属证书样式等进行了统一规范。统一登记的基本原则是：

（1）依申请登记原则。不动产登记一般依照当事人的申请进行，部分特殊情形可以依嘱托（如查封登记）和依职权启动（如依职权更正登记）。

（2）一体登记原则。土地、海域与符合登记条件的定着物要一并登记，保持权利主体的一致性。

（3）连续登记原则。除部分特殊情形外，未办理首次登记的，不得办理其他类型登记。

（4）属地登记原则。不动产登记由不动产所在地的县级人民政府不动产登记机构办理，直辖市、设区的市人民政府可以确定本级登记机构统一办理所属各区的不动产登记。但国务院确定的重点国有林区的森林、林木和林地的登记，国务院批准的项目用海、用岛的登记，由自然资源部受理，中央国家机关使用的国有土地等不动产登记，依照国土资源部的规定办理。

（5）“不变不换”原则。不动产统一登记实施前，原来已发放的土地证、林权证等各类登记证书继续有效，无须刻意更换为不动产权证书，待这些不动产办理不动产登记业务时，再换发不动产权证书。

（二）不动产登记中“自然资源”的权利体系和登记类型

不动产登记的对象是土地、海域以及房屋、林木等定着物。其中，土地、海域、森林林木等通常意义上的“自然资源”，其登记的权利类型如表 11-3 所示。

表 11-3　自然资源登记的权利类型

不动产类型	所有权	用益物权	担保物权
土地	集体土地所有权	土地承包经营权（土地、草地），建设用地使用权，宅基地使用权，地役权	抵押权
森林、林木	森林、林木所有权	土地承包经营权（林地）	抵押权
海域		海域使用权	抵押权

对分散登记时土地、海域、森林林木的登记类型进行了规范，共设置八种登记类型，分别是：首次登记、变更登记、转移登记、注销登记、更正登记、异议登记、预告登记、查封登记。其中，转移登记是指不动产的权利主体发生变化而进行的登记。

（三）不动产登记程序

不动产登记以“不动产单元”为基本单位，对于土地、海域、森林林木而言，不动产单元界线即为封闭的使用权或所有权的权属界线。

依申请启动的登记程序为“申请—受理—审核—登簿”，申请登记时，申请人需提供反映不动产的自然状况和权属状况信息的权籍调查成果，换言之，权籍调查不属于不动产登记程序中的工作环节，应由申请人委托有资质的调查单位完成。

依嘱托和依职权启动的登记程序相对简单，依嘱托登记程序为“嘱托—接受嘱托—审核—登簿”，依职权登记程序为“启动—审核—登簿”。

登记机构完成登簿后，登记信息即具有法律效力，登记机构向申请人发放全国统一样式的不动产权证书或证明，权属证书发放时间的早晚并不影响登记的法律效力。

（四）登记信息的管理

不动产登记簿是物权归属和内容的根据，以宗地或宗海为单位编成，一宗地或一宗海范围内的全部不动产编入一个不动产登记簿，一宗地一个登记簿，一个不动产单元一本，一类不动产权利或事项登记信息一页。登记簿采用电子介质，暂不具备条件的地方也可采用纸质介质，登记簿由登记机构管理。

依据不动产登记“四统一”的要求，全国采用统一的不动产登记数据库标准，建立了统一的不动产登记信息管理基础平台，实现不动产登记信息在国家、省、市、县四级的互联互通，在有关部门之间共享交换，权利人利害关系人可依法查询。

为了规范不动产登记资料查询活动、保护不动产权利人的合法权益，国土资源部于 2018 年发布了《不动产登记资料查询暂行办法》，对不动产登记资料查询的程序、方式、内容等作了具体规定，按照规定，只有不动产权利人、利害关系人以及有关国家机关可以依程序查询登记资料。

二、自然资源确权登记

（一）自然资源确权登记的由来

党中央、国务院高度重视推进生态文明建设和自然资源资产管理体制完善工作，《中共中央关于全面深化改革若干重大问题的决定》明确提出，对水流、森林、山岭、草原、荒地、滩涂等自然生态空间实行统一确权登记，形成归属清晰、权责明确、监管有效的自然资源资产产权制度。党中央、国务院印发的《生态文明体制改革总体方案》，明确我国以不动产登记为基础，建立自然资源统一确权登记制度，推进确权法治化。2016 年 12 月，《国土资源部　中央编办　财政部　环境保护部　水利部　农业部　国家林业局关于印发〈自然资源统一确权登记办法（试行）〉的通知》印发，在全国 12 个省份开展自然资源统一确权登记试点，试点工作从 2016 年底开始，2018 年结束。

2019 年 4 月，中共中央办公厅、国务院办公厅印发《关于统筹推进自然资源资产产权制度改革的指导意见》，要求加快自然资源统一确权登记，在总结自然资源统一确权登记试点经验、完善确权登记办法和规则的基础上，推动确权登记法治化，重点推进国家公园等各类自然保护地、重点国有林区、湿地、大江大河重要生态空间的确权登记工作，将全民所有自然资源资产所有权代表行使主体登记为国务院自然资源主管部门，逐步实现自然资源确权登记全覆盖，清晰界定全部国土空间各类自然资源资产的产权主体，划清各类自然资源资产所有权、使用权的边界。建立健全登记信息管理基础平台，提升公共服务能力和水平。

在总结提炼自然资源统一确权登记试点成果的基础上，2019 年 7 月由自然资源部、财政部、生态环境部、水利部、国家林业和草原局联合发布《自然资源统一确权登记暂行办法》，自然资源统一确权登记在全国全面实施。2020 年 2 月，自然资源部印发《自然资源确权登记操作指南（试行）》，为全国自然资源确权登记工作提供了实务操作指引。

（二）自然资源确权登记制度体系

1. 登记目的和原则

自然资源确权登记的目的是清晰界定各类自然资源资产的所有权主体，在此基础上划清“四条边界”，即全民所有和集体所有之间的边界，全民所有、不同层级政府行使所有权的边界，不同集体所有者的边界，不同类型自然资源之间的边界。

主要原则：一是资源公有原则，坚持自然资源的全民所有和集体所有的性质。二是物权法定原则，自然资源的物权种类、权利内容、产权主体等依法依规确定。三是以不动产登记为基础的原则，不动产登记工作中已经登记的权利，如集体土地所有权、已登记发证的森林林木所有权等，不再重复登记，实现自然资源统一确权登记与不动产登记的有机融合。

2. 登记对象

登记对象是水流、森林、山岭、草原、荒地、滩涂、海域、无居民海岛以及探明储量的矿产资源等自然资源的所有权和所有自然生态空间。由于集体土地所有权已经纳入不动产登记范畴，因此在自然资源确权登记中，集体所有的自然资源不再重复登记。

3. 登记机构

各级自然资源部门是自然资源确权登记机构，按照分级和属地相结合的方式分工开展登记工作。国家登记机构（自然资源部）负责由中央政府直接行使所有权的自然资源和生态空间的确权登记工作，省级和市县登记机构负责本行政区域内由中央委托地方政府代理行使所有权的自然资源和生态空间的确权登记工作。

目前全民所有自然资源资产中央政府直接行使所有权和委托地方政府代理行使所有权的资源清单尚未出台，各级登记机构的登记范围还难以清晰确定。

4. 登记单元

“自然资源登记单元”是自然资源确权登记工作的基本单位，共有十类登记单元，分别是：海域登记单元、无居民海岛登记单元、自然保护地登记单元（包括国家公园、自然保护区、自然公园登记单元等）、水流登记单元、国务院确定的重点国有林区登记单元（登记单元内可能包括多种类型的自然资源，或包含自然保护区、自然公园等自然保护地的，全部森林资源均为中央政府直接行使所有权）、湿地登记单元、森林登记单元、草原登记单元、荒地登记单元、探明储量的矿产资源登记单元。

5. 登记类型及程序

自然资源确权登记共有四种登记类型：首次登记（登记机构依职权启动）、变更登记（登记机构依职权或依嘱托启动）、更正登记（登记机构依职权或依嘱托启动）、注销登记（登记机构依嘱托启动）。

首次登记程序为“通告—权籍调查—审核—公告—登簿”，在实务工作中，将该程序细化为若干工作步骤，需要注意的是：

（1）如何确定登记范围。开展登记工作的前提是需要明确哪些自然资源需要被纳入确权登记范围。可通过多种方式予以确定：以自然保护地审批成果确定自然保护地的空间分布；以国土调查确定的河流、湖泊、水库等土地利用现状确定水流资源的空间分布；以国土调查确定的湿地范围确定湿地资源的空间分布；通过对国土调查、集体土地所有权、国有土地使用权等成果图层叠加的方式，获取国有土地所有权范围，以此为基础确定森林、草原、荒地等自然资源的空间分布；以矿产资源储量数据库的矿区范围、矿产资源储量估算范围等确定矿产资源的空间分布。

（2）如何开展权籍调查。对登记单元内的自然资源以“内业为主，外业为辅”的方式开展调查，调查分为三个内容：自然资源的自然状况、权属状况、管制信息。

自然状况信息直接采用国土调查、各类资源专项调查成果进行内业数据处理后获取，无需进行野外调查。

权属状况信息以集体土地所有权确权登记、各类国有土地使用权登记等已有权属资料为基础，主要通过内业的方式进行核对，确有需要进行实地调查的，开展补充调查。

管制信息主要是国土空间规划明确的用途、划定的生态保护红线等管制要求及其他特殊保护规定等信息，管制信息直接采用已有成果，无须开展调查。

6. 登记信息管理

全国采用统一的自然资源确权登记数据库标准和确权登记信息系统，登记结果资料通过网站公开发布等形式依法向社会公开。

7. 工作部署

《自然资源统一确权登记暂行办法》就全面铺开、分阶段推进全国自然资源统一确权登记工作作出了安排：从 2019 年起，利用 5 年时间基本完成全国重点区域自然资源统一确权登记的首次登记工作，2023 年以后，通过补充完善的方式逐步实现全国自然资源首次登记全覆盖的工作目标。

（三）全国自然资源确权登记工作部署

《自然资源统一确权登记暂行办法》所附的《自然资源统一确权登记工作方案》，就分阶段推进全国自然资源统一确权登记工作作出了总体部署。

工作内容。针对国家公园、自然保护区、自然公园等各类自然保护地，江河湖泊等水流、湿地、草原、森林、海域、无居民海岛，探明储量的矿产资源等开展确权登记，并开展自然资源确权登记信息化工作。

时间安排。从 2019 年起，利用 5 年时间基本完成全国重点区域自然资源的统一确权登记，2023 年以后，通过补充完善的方式逐步实现全国全覆盖的工作目标，制定总体工作方案和年度实施方案，分阶段推进自然资源确权登记工作。

（四）自然资源确权登记的几个重要问题

1. 自然资源确权登记的权利类型和权利主体

自然资源确权登记是登记自然资源的所有权，包括集体所有和国家所有，但集体土地所有权、集体所有的森林林木等已经纳入不动产登记的范畴，不再重复登记，因此，自然资源确权登记实际上只登记自然资源的国家所有权。

国家所有的自然资源具有三类权利主体：一是所有权人，我国国土空间上全部国家所有的自然资源，其“所有权人”均为“全民”；二是所有权代表行使主体，均为“自然资源部”；三是所有权代理行使主体，由“全民所有自然资源资产中央政府直接行使所有权和委托地方政府代理行使所有权的资源清单”确定。

2. 登记单元内自然资源的所有权形式是多样的

自然资源登记的内容包括自然资源的所有权和自然生态空间。依据自然资源登记单元的划分方法，在自然保护地、水流、湿地等登记单元内，既存在国家所有的自然资源，又存在集体所有的自然资源。登记簿中只登记国家所有权，对于集体所有的自然资源，与登记单元内的国有自然资源一起作为一个完整的自然生态空间予以记载。

3. 自然资源和自然资源登记单元的关系

“水流、森林、山岭、草原、荒地、滩涂”是援引相关法律关于“自然资源”的表述，是一种描述性的表达，在确权登记的实务工作中，是难以完全按照这种描述性的表述来开展工作的，例如，“山岭”仅是一种地表形态，而非一种具体的自然资源类型，森林、草原等都能以“山岭”的形式存在；在第三次国土调查中，“滩涂”被划归至一级土地利用类型“湿地”下面的二级类型中。因此，实务操作中将这些用描述性语言表达的自然资源具体细分为若干种“自然资源登记单元”类型，以自然资源登记单元作为确权登记的基本单位，这些登记单元中已经涵盖了前述的全部“自然资源类型”。

4. 自然资源类型和土地利用现状的关系

在自然资源统一确权登记工作开展之前，各类自然资源的调查确权工作分散在国土、林业、水利、农业等各资源管理部门，各部门对于各类自然资源的分类标准不一致，从而导致将各类资源调查成果在空间上叠加后，同一空间位置出现不同资源类型的情况。

为避免出现这些矛盾，在统一的自然资源分类标准和调查方案出台前，考虑到自然资源在地表的空间分布上必然会以某一种土地利用形式予以呈现，因此在自然资源确权登记工作中，将自然资源与国土调查中的土地利用现状进行了关联，各类自然资源在地表的空间分布和面积以此为准，但由于土地利用现状并没有记载自然资源的数量和质量（如森林林木的蓄积量、河流的径流量、水库的库容量、湿地的植被类型等），因此，自然资源的数量和质量仍以各类资源的专项调查结果为准。将国土调查和资源专项调查成果数据进行叠加处理后，即可获取登记单元范围内各类自然资源的空间分布和面积、数量和质量信息。

三、不动产登记和自然资源确权登记的联系和区别

1. 登记对象

不动产登记的对象既有自然资源，也有非自然资源，其中通常意义上的“自然资源”包括土地（耕地、林地、草地、建设用地、湿地等）、森林林木，基本上以“土地”为基础。而自然资源确权登记的对象包括森林、草原、湿地、荒地、水流、矿产等，其中森林、草原、湿地、荒地也包括了土地。因此，二者的登记对象大部分是相互关联的。

2. 权利类型和权利主体

自然资源确权登记以不动产登记为基础，二者均属于产权登记，在登记的权利类型方面，基本属于“互补”的性质。不动产登记的权利类型包括了所有权（集体土地、森林林木）、用益物权、抵押权等，但不包括其他自然资源的国家所有权，相对应地，也具有多样化的权利主体，如自然人、法人、集体经济组织等。而自然资源登记只登记自然资源的所有权，其中，不动产登记中已经登记的所有权不再重复登记，因此实际上只登记自然资源的国家所有权，相对应地，其权利主体也较单一：所有权人为全民，代表行使主体为自然资源部，代理行使主体为中央授权的地方人民政府或有关部门。

3. 登记单元

不动产登记以“不动产单元”为登记的基本单位，自然资源确权登记以“自然资源登记单元”为登记的基本单位，但二者的含义完全不同：①二者的基础不同。不动产单元是以土地为基础，以“宗地”为范围，“吸收”土地上的定着物，共同组成一个不动产单元，且定着物只包括非自然资源的建构筑物、自然资源中的森林林木，其他的定着物一概忽略；而自然资源登记单元是以土地上的林、草等“定着物”为基础，“吸收”其所依附的土地组成登记单元，水、矿等资源不“吸收”其所依附的土地，单独作为登记单元。②二者的权利主体不同。不动产登记单元中的宗地或林木，其所有权主体是单一的，而自然资源登记单元中的土地或林木，其所有权主体是多样的，既有国有，又有集体所有。③二者的划分方法不同。不动产单元以所有权宗地或使用权宗地为基础进行划分，宗地界线即为权属界线，而在自然资源登记单元中，不同类型的登记单元，其划分方法不一样，一般不依据权属界线划分单元，即便森林、草原、荒地等单一自然资源类型在单元划分时以所有权界线为基础，但若同时有相邻的集体所有部分时，为了保持生态功能的完整性，也需将集体所有部分纳入登记单元中。

4. 登记类型

不动产登记涉及用益物权和抵押权，因此，其登记类型多样，共有首次、转

移、预告、异议、变更、更正、查封、注销八种登记类型，一般依申请启动，依嘱托和依职权为例外。而自然资源确权登记只涉及所有权，因此其登记类型相对简单，只有首次、变更、更正、注销四种登记类型，一般依职权或依嘱托启动。

5. 登记程序

不动产登记程序为“申请—受理—审核—登簿”，向登记机构申请登记时，申请人需提交不动产自然状况和权属状况的申请材料，登记机构对申请材料的审查侧重于“形式审查”；而自然资源确权登记的首次登记程序为“通告—权籍调查—审核—公告—登簿”，对自然资源的权籍调查属于登记程序中的环节，由登记机构对其自然状况和权属状况进行调查，因此，登记机构的审查侧重于“实质性审查”。

6. 登记信息系统

在登记信息系统方面，二者是一个有机的整体。自然资源登记信息系统是在国家不动产登记信息管理基础平台的基础上拓展开发的，自然资源确权登记信息要纳入不动产登记信息管理基础平台，实现自然资源确权登记信息与不动产登记信息的有效衔接和融合。全国采用统一的自然资源确权登记信息系统，实现自然资源确权登记信息的统一管理。

7. 森林资源确权登记的工作衔接

《不动产登记暂行条例》规定，森林林木所有权属于不动产登记范畴。《自然资源统一确权登记暂行办法》规定，森林资源属于自然资源确权登记范畴，因此，二者在森林林木所有权的登记上存在一定的重叠。为做好森林资源在不动产登记和自然资源确权登记工作中的衔接，《自然资源统一确权登记暂行办法》中对于开展森林自然资源确权登记作了衔接要求：对于在不动产登记中已登记发证的森林林木，要进一步核实相关权属界线，在明确所有权代表行使主体和代理行使主体的基础上，对森林资源的代表行使主体和代理行使主体探索进行补充登记，对尚未颁发林权权属证书的森林资源，以所有权权属为界线单独划分登记单元，进行自然资源确权登记。

自然资源确权登记将纳入确权登记范围的自然资源细分为若干种登记单元类型，其中，自然保护地登记单元、森林资源登记单元两种类型中包含有森林资源，依据自然资源登记单元的划分规则，自然保护地登记单元具有最高优先级，划入自然保护地登记单元内的森林资源，不能再单独划分森林资源登记单元。前述对于尚未颁发林权权属证书的森林资源，要求以所有权权属为界线单独划分登记单元，进行所有权确权登记，因此，同时符合以下条件的森林资源可以纳入此范畴：①未被纳入自然保护地登记单元的；②尚未颁发林权权属证书的；③国有的森林资源。

综上，不动产登记和自然资源确权登记在登记对象、登记单元划分、权利类型和权利主体、登记类型、登记管辖、登记程序等各方面既有联系又有区别，其主要异同点如表 11-4 所示。

表 11-4　不动产登记与自然资源确权登记异同

	不动产登记	自然资源确权登记	区别
登记对象	土地、海域及房屋、林木等定着物 其中，房屋等建筑物、构筑物不属于自然资源，除林木外，地上其他附着物视为无定着物	①水流、森林、山岭、草原、荒地、滩涂、海域、无居民海岛以及探明储量的矿产资源。登记实务中，将这些自然资源细化为若干种自然资源登记单元 ②自然保护地等自然生态空间	不动产登记以土地作为主要对象，忽略林木以外的其他附着物，房屋等建构筑物为非自然资源 自然资源确权登记以“资源”为主要对象，其中，水流和矿产资源忽略其依附的土地，其他资源所依附的土地作为资源的组成部分
权籍调查	不属于登记程序中的内容。由申请登记人自行开展（政府统一组织的农村集体土地所有权、宅基地使用权登记除外）	属首次登记程序中的内容，由登记机构组织开展	二者的调查主体不同
登记单元	不动产登记单元 以使用权宗地、宗海为基础，与其定着物组成一个登记单元	自然资源登记单元。依据资源类型和生态空间划分为若干种登记单元。其中，自然保护地以其审批界线、水流结合水域岸线、湿地以其资源边界作为登记单元界线；森林、草原、荒地以全民所有的权属界线作为登记单元界线	不动产登记单元相对“微观”，单元范围内所有权形式单一，单元界线即为权属界线 自然资源登记单元相对“宏观”，单元范围内所有权形式多样，单元界线非权属界线
登记的权利类型	①集体土地所有权；②房屋等建筑物、构筑物所有权；③森林、林木所有权；④耕地、林地、草地等土地承包经营权；⑤建设用地使用权；⑥宅基地使用权；⑦海域使用权；⑧地役权；⑨抵押权；⑩法律规定需要登记的其他不动产权利	自然资源的所有权，其中，集体所有权不重复登记	二者在登记的权利类型上是互补关系 自然资源确权登记完全不涉及用益物权、抵押权

续表

	不动产登记	自然资源确权登记	区别
权利主体	自然人、法人、农民集体经济组织等	国家所有的自然资源同时具有三类权利主体： ①所有权人：全民 ②所有权代表行使主体：自然资源部 ③所有权代理行使主体：中央政府委托代理行使所有权的相关部门或地方人民政府	二者的权利主体完全不同
登记类型	①首次登记；②变更登记；③注销登记；④更正登记；⑤转移登记；⑥异议登记；⑦预告登记；⑧查封登记	①首次登记；②变更登记；③注销登记；④更正登记	不动产登记的登记类型更多，权能更丰富。自然资源的国家所有权不能被转移、被查封
登记启动	依申请登记为主	依职权登记为主	—
登记管辖	属地登记为主。由不动产所在地县级自然资源主管部门负责登记	分级登记和属地登记相结合。由自然资源部、省级及省级以下自然资源部门负责。各级的登记范围由“全民所有自然资源资产中央直接行使所有权和委托地方政府代理行使所有权的资源清单”确定	—
登记程序	申请—受理—审核—登簿	首次登记程序：通告—权籍调查—审核—公告—登簿	二者的登记程序完全不同
登记信息系统	各地自行开发信息系统	在国家不动产登记信息管理基础平台上，拓展开发全国统一的自然资源登记信息系统，由自然资源部统一开发信息系统，各地直接部署使用	二者的登记信息系统是一个有机整体

四、自然资源资产产权登记存在的主要问题

（一）自然资源的定义不明确，缺乏统一的分类标准

1. 调查监测和确权登记关于“自然资源”的定义不统一

2018年成立自然资源部，负责履行全民所有自然资源资产所有者职责、自然资源调查监测评价、自然资源统一确权登记等工作，但在各项工作开展过程中，关于“自然资源”的定义无统一表述。

在自然资源调查监测工作中，2020年1月自然资源部印发的《自然资源调

查监测体系构建总体方案》对于自然资源的定义是："自然资源，是指天然存在、有使用价值、可提高人类当前和未来福利的自然环境因素的总和。自然资源部职责涉及土地、矿产、森林、草原、水、湿地、海域海岛等自然资源，涵盖陆地和海洋、地上和地下。本方案围绕上述七类资源的调查监测进行规划和设计。"该定义中的"自然资源"来源于自然资源部的"三定"职责，包括七大类：土地、矿产、森林、草原、水、湿地、海域海岛。

2019 年自然资源部开展全民所有自然资源资产清查试点工作，该工作中的"自然资源"也是七大类，包括土地、矿产、森林、草原、水、湿地、海洋，仍然延续了自然资源部"三定"职责中的表述。

《自然资源统一确权登记暂行办法》指出："水流、森林、山岭、草原、荒地、滩涂、海域、无居民海岛以及探明储量的矿产资源等自然资源的所有权和所有自然生态空间统一进行确权登记，适用本办法。"与此对应，登记簿中明确的自然资源类型包括：水流、湿地、森林、草原、荒地、其他，明确将耕地、建设用地等作为"非自然资源"。这里关于"自然资源"的表述来源于《宪法》、相关法律以及中央关于开展自然资源确权登记的相关文件表述。

自然资源的调查监测、确权登记、所有者权益管理，是同一个工作链条上的不同环节，调查监测的成果要为确权登记所用，全民所有自然资源资产所有者权益管理的前提就是通过确权登记，明确全民所有的范围。因此，这三个工作环节关于"自然资源"的定义和分类若无统一的表述，就很难达成工作的协同性。

2. 缺乏统一的自然资源分类标准

自然资源分散登记时，森林、水流、湿地、土地等各类资源有各自的分类体系，在开展各类资源的专项调查时，其技术方法基本一致，都是以卫星遥感影像为基础，按照各自的分类标准在影像上进行判读，再辅以实地验证。由于标准不一，对于同一张遥感影像，不同的资源管理部门的判读结果不一致，造成各类资源边界不清、权属混乱等问题。2018 年国务院机构改革后，自然资源的调查监测和确权登记统一到自然资源部，而自然资源部印发的《自然资源调查监测体系构建总体方案》，暂时也未提出统一的自然资源分类标准，仅仅是在调查监测工作的组织中进行了统筹安排，其结果必然导致各专项调查结果中资源边界继续模糊不清。

3. 土地和其附着资源的关系不明确

按照通常的理解，土地是最大的"自然资源"，其他的自然资源绝大部分都依附于土地而存在，现行的各类标准规范并未对土地和附着其上的其他自然资源的关系予以明确，尤其以水流和土地之间的关系最为明显。在集体土地所有权确权登记工作中，许多集体土地所有权的范围包括了河流、湖泊，在自然确权登记工作中，由于水资源属国家所有，要求将集体土地所有权界线调整至水流范围以外，由此导致的问题是：水资源属国家所有，是否必然导致水资源所依附的土地也属于国家所有？

（二）自然资源登记单元边界的功能定位不明确

自然资源登记单元是自然资源确权登记的基本单位，依据自然资源登记单元的划分方法可知，登记单元界线既不是权属界，也不是管理界，更不是行政界，其功能定位不明确，从而导致登记单元的法律地位不明确，并导致实务工作中的随意性。例如，在确权登记实务工作中，要求在开展登记单元的权籍调查时，对登记单元界线开展界址调查，而根据《地籍调查规程》的规定，界址调查属于权属调查的工作内容，界址线是权属线，界址点是土地权属界址线的转折点，对非权属界的自然资源登记单元界线开展界址调查，其合理性有待研判。

另外，由于登记单元界线的功能定位不明确，直接导致登记单元范围内自然生态空间的登记功能不明确。例如，为保护自然生态，设置了各种类型的自然保护地，自然资源确权登记把自然保护地设置成登记单元类型之一，问题是，既然登记单元界线的功能定位不明确，那么，将自然保护地设置为登记单元后，登记单元范围内的自然生态空间，其保护力度、所有权归属、管理体系并未发生任何的改变，那么划分自然保护地登记单元的意义何在呢？

（三）所有权登记未覆盖全部土地类型

不动产登记和自然资源确权登记同属于产权登记，二者各自分工负责自然资源所有权的登记，但对于土地资源的所有权而言，二者并未覆盖全部的土地类型，不动产登记负责集体土地所有权的登记，全民所有土地的所有权登记不属于不动产登记范畴，而在自然资源确权登记中，登记的全民所有权仅涵盖自然资源所关联的土地，如森林资源所依附的林地、草地以及湿地、荒地等资源，自然资源确权登记只负责与自然资源相关联的全民所有土地的登记。

无论将来以何种标准对自然资源进行分类，各类自然资源在地表的空间分布上，必然会以某一种土地利用形式予以呈现。因此，自然资源的空间分布和土地利用类型之间确实存在内在的必然联系。在第三次国土调查中，按照土地的利用现状将地表土地划分为 13 个一级类，55 个二级类。在自然资源确权登记实务工作中，水流、湿地、森林、草原、荒地等自然资源分别对应其中的 22 个二级类，除此以外的 33 种土地利用二级类型被视为“非自然资源”，具体如表 11-5 所示。

表 11-5 与“自然资源”相关联的土地利用类型

资源类型	对应的土地利用类型	说明
水流	“1101 河流水面”“1102 湖泊水面”“1103 水库水面”“1110 冰川及永久积雪”	属于一级类“水域及水利设施”下的二级类。除此之外还有 3 个二级类被视为“非自然资源”

续表

资源类型	对应的土地利用类型	说明
湿地	“00 湿地”	一级类“湿地”，其下的 8 个二级类全部对应为湿地资源
森林	“03 林地”	一级类“林地”，其下的 4 个二级类全部对应为森林资源
草原	“04 草地”	一级类“草地”，其下的 3 个二级类全部对应为草原
荒地	“1205 沙地”“1206 裸土地”“1207 裸岩石砾地”	属于一级类“其他土地”。其下仍有 4 个二级类被视为“非自然资源”
探明储量的矿产资源	—	—

自然资源确权登记中登记的全民所有自然资源，它们所对应的 22 种土地利用类型仅占全部土地利用类型的 40%，因此，仍有 33 种全民所有的土地利用类型游离于不动产登记和自然资源确权登记体系之外，其所有权未能予以登记。从土地利用类型来看，包括以下内容：

（1）一级类“水域及水利设施”中的全民所有的“1107 沟渠”。

（2）一级类“其他土地”中的全民所有的“1201 空闲地”“1202 设施农用地”“1203 田坎”“1204 盐碱地”。

（3）表 11-6 所列的全部全民所有的一级土地类型，包括“01 耕地”“02 种植园用地”“05 商业服务业用地”“06 工矿用地”“07 住宅用地”“08 公共管理与公共服务用地”“09 特殊用地”“10 交通运输用地”。

表 11-6　全部被视为“非自然资源”的土地利用一级类型

代码	01	02	05	06	07	08	09	10
地类名称	耕地	种植园用地	商业服务业用地	工矿用地	住宅用地	公共管理与公共服务用地	特殊用地	交通运输用地

（四）分级代理机制尚未出台，导致确权登记工作进展缓慢和权利主体缺位

由于全民所有自然资源资产所有权委托代理机制尚未出台，导致在自然资源确权登记中，“所有权代理行使主体”缺位，意味着自然资源确权登记要划清的“四条边界”之一：全民所有、不同层级政府行使所有权的边界无法确定。另

外，自然资源确权登记工作通过分级和属地相结合的方式开展，国家级、省级、市县级登记机构的登记管辖范围划分依据“全民所有自然资源资产中央政府直接行使所有权和委托地方政府代理行使所有权的资源清单”确定，且自然资源部要求在2022年基本完成重点区域的自然资源确权登记工作，由于该资源清单未出台，导致各级登记机构不清楚本级的具体工作内容，不敢贸然大规模开展工作，导致整体工作进展缓慢。

第三节　自然资源资产产权登记国外借鉴

国外对自然资源进行资产管理的历史由来已久，其管理方式也因经济体制和历史传统的迥异而各不相同，但重要资源的所有权归属国家基本上是国际通行的原则。基于国有自然资源的特殊性质，国家在自然资源管理中需要同时扮演行政管理者、公共服务提供者和产权所有人等多个角色。

一、国外关于自然资源及所有权的概念

（一）德国

在德国宪法（《基本法》）中，“自然资源”是与土地和地产并列的。根据德国宪法学者Sachs（2011）[①]的解释，自然资源包括的是矿产和有经济价值的自然能源，如水力、风能。德国《基本法》中第15条明确规定，为了使土地、地产、天然资源和生产工具达到社会化的目标，必须由法律规定将其转移为公有财产，或成为某种公营经济，并规定相应的赔偿性质和范围。而且在德国法中讨论自然资源权利配置问题首先必须排除野生“动物”，德国2002年修订宪法，将“动物”置于与人平等的地位（德国《基本法》第20a条），享有宪法权利。德国《基本法》第21a条规定：国家为将来人类和动物之世世代代，负有责任以立法，及根据法律与法之规定经由行政与司法，于合宪秩序范围内保障自然之生活环境。

德国法中所有权包括公法意义上的所有权和私法意义上的所有权。Otto Mayer（1895）[②]将公法所有权理论引入德国行政法，并在物权的框架内提出公法物权的观点。基于公法物权的观念，公法中自然资源的权利分为公法所有权和公法役权两种，后者既可以存在于公法所有权上，也可以被设定在私法所有权上。

基于此理论，Papier认为自然资源上存在公法与私法双重结构：①基本形式

① 楼建波．域外不动产登记制度比较研究［M］．北京：北京大学出版社，2009.

② 周进生．国外自然资源管理模式及选择动因分析［J］．国土资源情报，2005（2）.

是民法上规定的所有权；②在私法所有权上，可以通过“供公用”行为设立公法役权，基于公法役权可以产生不同的用益权限以及公法上的特别维护义务。

（二）法国

法国法中并未对自然资源权利的概念作出精准的定义，但是依据法国民商典、环境法典、行政法典和公用事业市场法典相关涉及领域，法国法中的自然资源权利所指应为行政财产或者说是公共财产。法国法中的自然资源所包含的范围指：第一，自然形成的。它包括所有在法国领土、领海和领空内的自然资源，如潮汐能、河道港口通航能力和运载能力。第二，人工形成的。包括各种公共工程、公共设施，如人造田（围海造田）、港口建设、历史建筑物等。法国法中的自然资源全部隶属于行政法中的公共财产，公共财产在法国所指范围较广，通常包括动产和不动产、公有属性的财产和公共服务，另外还有四大主要构成部分，即土地领域公共财产、海洋流域公共财产、内河流域公共财产和空间领域公共财产。

（三）日本

目前，日本法律中尚未对自然资源作出一个整体的定义，对各个自然资源类型也未进行合并管理和规制。日本民法典物权编，除了明确规定土地的所有权之外，对于其他自然资源的归属问题均未涉及。土地以外的其他自然资源的归属问题由民法特别法作出了规定。

日本现行的土地和森林所有制主要分为三种形式，即国家所有（《国有财产法》规定国有土地和国有林均属于国有财产）、公共所有（地方公共团体所有的土地被称为“公有地”）、个人与法人所有（此部分土地被称为“私有地”）。依据《国有财产法》的规定，道路和河川属于国有财产。关于水产，法律中并没有明确它的归属。

二、国外关于自然资源登记的借鉴

国外关于自然资源的确权登记制度主要体现在土地登记的法律法规中。

（一）德国

鲍尔·施蒂尔纳在《德国物权法》一书中提到，德国对土地采用统一的登记标准，从根本上避免了多头登记、重复登记的现象。德国在立法上统一土地登记范围的方法是将所有不动产均纳入本国物权法上“土地”的范畴之内，在立法上将不动产等同于“土地”。《德国物权法》的“土地”概念基本包括了所有应当登记的自然生态空间类型，只是在法律的物的分类上统称为“土地”而已。

（二）日本

日本通过列举的方式明确“土地”的概念，从而统一登记范围。根据《不动产登记法施行令》的规定，土地的种类包括“水田、旱田、宅地、盐田、矿泉地、池沼、山林、牧场、原野、墓地、寺院地、运河用地、水道用地、污水沟、储水池、堤坝、井沟、保安林、公用道路、公园以及其他杂地”。日本的土地登记采用垂直领导的模式，通过将“土地”登记交由专门的中央直属行政机关负责来统一土地的登记机构。

第四节 自然资源资产产权登记对策建议

一、建立统一的自然资源分类体系，拓展自然资源确权登记范围

结合法律定义和自然资源部门的工作职责，明确自然资源的定义，建立统一的自然资源分类体系，主要考虑以下因素：

（1）将土地资源和其承载的其他资源予以剥离。土地资源不再属于森林、水流、草原等自然资源的组成部分，参照不动产登记中关于宗地和定着物的概念，林木、水、草、矿等均是附着于土地资源之上的“定着物”。

（2）将自然资源分为土地资源、矿产资源、岩石资源、水资源、森林资源、草原资源、湿地资源、荒地资源等类型。其中，矿产、岩石、水、森林、草原等资源均不包含其所依附的土地。

（3）在以上资源分类的基础上，将土地资源的利用形态进行细分，每一种自然资源都可对应若干种土地利用形态。

在建立自然资源分类体系的基础上，将现行的自然资源确权登记范围拓展至所有类型的自然资源。从土地资源的所有权角度而言，不动产登记和自然资源确权登记应涵盖全部国土空间上的全部国有土地。

二、土地所有权与其承载的自然资源的所有权分离

在土地资源和其承载的其他自然资源剥离、建立统一的自然资源分类体系的基础上，在确权登记实务操作时，确定登记范围、划分登记单元等工作中将土地所有权和其承载的其他自然资源的所有权予以剥离，不再单纯地根据土地所有权的归属确定其依附的自然资源所有权的归属，或者以自然资源所有权的归属确定其依附土地的所有权归属，彻底解决诸如林木和林地、水流和依附的土地等土地和其承载的自然资源所有权性质不明的问题。

三、统筹开展调查监测、确权登记和资产清查等工作

自然资源的调查监测、确权登记、所有者权益管理是同一工作链条上的不同

环节，调查监测成果是确权登记工作的内容之一，而确权登记又是所有者权益管理的前提，因此，可以统筹开展自然资源调查、确权登记和资产清查等相关工作，尽量避免重复投入。

统筹考虑调查监测、确权登记、权益管理的现实需求，完善国土调查的土地利用分类体系，在此基础上，相关工作均以国土调查的土地利用现状来确定各类自然资源的空间分布，形成自然资源空间分布“一张底图”，以“一张底图”确定的自然资源分布为范围，开展森林、草原、湿地、水流等自然资源的数量、质量调查，形成自然资源的自然状况数据集，确权登记工作中自然资源的自然状况直接采用该数据集，在此基础上开展权属调查核实，形成自然资源所有权权属状况数据集，权益管理工作直接采用自然状况数据集合权属状况数据集，不再重复调查。

四、明确自然资源登记单元界线的功能定位

《中共中央关于全面深化改革若干重大问题的决定》指出，对水流、森林、山岭、草原、荒地、滩涂等自然生态空间进行统一确权登记，形成归属清晰、权责明确、监管有效的自然资源资产产权制度。《中共中央　国务院关于加快推进生态文明建设的意见》提出，对水流、森林、山岭、草原、荒地、滩涂等自然生态空间进行统一确权登记，明确国土空间的自然资源资产所有者、监管者及其责任。

因此，建立自然资源确权登记制度，本意在于明晰产权、加强监管、保护生态。相应地，自然资源登记单元界线的功能定位是“生态保护线”和“用途管制线”，在此基础上，需进一步完善登记单元范围内的生态保护制度措施和用途管制的具体内容，从而使登记单元的作用落到实处。

五、完善自然资源产权登记的权利体系

近年来，随着我国产权制度改革的逐步深入，有必要进一步完善现有的自然资源登记体系，充实经过实践证明行之有效的权利类型。一是将探矿权、采矿权、取水权纳入不动产登记体系中；二是将耕地、林地、草地的承包经营权“三权分置”，即将所有权、承包权、经营权纳入不动产登记体系，切实保护所有权人、承包权人、经营权人的合法权益。

六、统筹开展不动产登记和自然资源确权登记立法工作

目前，我国不动产登记立法工作正在逐步开展，由于自然资源确权登记和不动产登记同属产权登记工作，本质上并无不同，应考虑统筹开展自然资源确权登记的立法工作，将中央的决策部署和实践工作成果以法律的形式予以确定，从而进一步规范确权登记行为，保护确权登记成果。

第十二章　资产配置与有偿使用

第一节　自然资源资产配置制度

一、中央关于资源配置的要求

（一）处理好政府和市场的关系

经济发展就是要提高资源尤其是稀缺资源的配置效率，以尽可能少的资源投入生产尽可能多的产品、获得尽可能大的效益。资源配置的主要方式是市场配置和行政配置（或计划配置），核心是处理好市场与政府的关系。

改革开放以后，我们党开始对政府和市场的关系进行探索。党的十二大报告提出“计划经济为主，市场调节为辅”，这个提法是对传统计划经济体制的一次重大突破。伴随农村改革的初步成功，党的十三大报告指出“社会主义有计划的商品经济体制应该是计划与市场内在统一的体制”。1992 年党的十四大报告提出“我国经济体制改革的目标是建立社会主义市场经济体制”，还提出了计划和市场关系是经济体制改革的核心问题。社会主义市场经济体制改革目标模式确立以来的几十年，在坚持社会主义市场经济改革方向中，市场在资源配置中的基础性作用不断深化和加强，宏观调控体系也不断完善，推动经济更有效率、更加公平、更可持续发展。

习近平总书记十分重视对党的十四大以来社会主义市场经济体制改革进程历史经验的探索。党的十五大提出“使市场在国家宏观调控下对资源配置起基础性作用”；党的十六大提出“在更大程度上发挥市场在资源配置中的基础性作用”；党的十七大提出“从制度上更好发挥市场在资源配置中的基础性作用”；党的十八大提出“更大程度更广范围发挥市场在资源配置中的基础性作用”。可以看出，我们对政府和市场关系的认识也在不断深化。由此得出的重要结论就是从理论上对政府和市场关系进一步作出定位，这对全面深化改革具有十分重大的作用。

党的十八届三中全会通过的《中共中央关于全面深化改革若干重大问题的决定》，把以往发挥市场在资源配置中的基础性作用改为使市场在资源配置中起决定性作用。

继党的十八大提出经济体制改革的核心问题是处理好政府和市场的关系后，党的十九大提出“经济体制改革必须以完善产权制度和要素市场化配置为重点，实现产权有效激励、要素自由流动、价格反应灵活、竞争公平有序、企业优胜劣汰”，重申“使市场在资源配置中起决定性作用，更好发挥政府作用”，还要求“优化存量资源配置，扩大优质增量供给，实现供需动态平衡”。党的十九届四中全会深刻总结新中国成立以来特别是改革开放以来的实践，把社会主义基本经济制度概括为三个方面：一是生产资料所有制，包括所有制结构和实现形式，即公有制为主体、多种所有制经济共同发展；二是收入分配制度，包括由所有制决定的分配方式和实现机制，即按劳分配为主体、多种分配方式并存；三是资源配置机制，包括经济运行机制和调控方式，即社会主义市场经济体制。

（二）有关文件要求

1.《关于创新政府配置资源方式的指导意见》

2017 年 1 月，中共中央办公厅、国务院办公厅印发《关于创新政府配置资源方式的指导意见》，该文件一是从问题导向、任务导向和目标导向出发，提出了创新政府配置资源方式的指导思想、基本原则和改革目标。二是强调分类施策，提出三个“对于”。对于适合于市场化配置的公共资源，要充分发挥市场机制的作用，切实遵循价值规律，建立市场竞争优胜劣汰的机制，实现资源配置效益最大化和效率最优化。对于不完全适宜由市场化配置的公共资源，要引入竞争机制，充分体现政府配置资源的引导作用，实现政府和市场作用的有效结合。对于需要行政性手段配置的公共资源，也要遵循规律，注重应用市场机制，实现更有效率的公平性和均等化。三是区别资源的不同性质，把政府配置的公共资源划分为三类，也就是自然资源、经济资源和社会资源。四是提出政府配置资源的三种方式，即服务方式、组织方式和监管方式，服务方式强调完善政府采购服务制度，构建多元化的公共服务的供给体系。组织方式则提出建立一个清单、一个平台、两个机制，即公共资源目录资源、公共资源统一交易平台、完善市场交易机制和建立健全信息服务机制。监管方式强调要把市场主体的信用信息作为监管的重点，实现四个方面的监管，即信用监管、协同监管和动态在线监管。

其中对于自然类资源类资产，改革的任务重点强调三条：一是建立健全自然资源的产权制度，推动所有权和使用权相分离。二是健全国家自然资源资产管理体制，区分自然资源资产的所有者和监管者的职能，并且要研究中央和地方分级代理行使这些所有权职责的体制。三是完善自然资源有偿使用制度，引入更多的竞争机制进行资源配置。

2.《中共中央　国务院关于构建更加完善的要素市场化配置体制机制的意见》

2020 年 4 月，《中共中央　国务院关于构建更加完善的要素市场化配置体制机制的意见》发布，这是党中央第一份关于要素市场化配置的文件，提出了推进要素市场制度建设的总体要求，从各要素的共性出发，为从整体上深化要素市场化配置改革明确了方向和原则：一是市场决定，有序流动。二是健全制度，创新监管。三是问题导向，分类施策。四是稳中求进，循序渐进。提出了土地、劳动力、资本、技术、数据、价格六大要素市场的总体部署，特别是土地要素被放在首位，要求推进建立健全城乡统一的建设用地市场、深化产业用地市场化配置、鼓励盘活存量建设用地和完善土地管理体制四方面的改革。

其中，建立健全城乡统一的建设用地市场的重点在于推动农村集体经营性建设用地入市、全面推行农村土地征收制度、扩大国有土地有偿使用范围和建立公平合理的集体经营性建设用地入市增值收益分配制度。着重提到建立健全城乡统一的建设用地市场，其中最为重要的是农村集体经营性建设用地入市。

深化产业用地市场化配置改革：对于产业用地需求，以健全长期租赁、先租后让、弹性年期供应、作价出资（入股）等工业用地市场供应体系来满足。不同产业用地合理转换，增加混合产业用地供给。

鼓励盘活存量建设用地：重点在于盘活存量建设用地的税费制度的建立、国有企业存量用地盘活利用、深化农村宅基地制度改革和完善城乡建设用地增减挂钩政策。

完善土地管理体制：重点在于实施年度建设用地总量调控制度，城乡建设用地指标的使用应更多地由省级政府负责，探索建立全国性的建设用地、补充耕地指标跨区域交易机制和推动制定不动产登记法。总体上是为建设用地的缺乏或结构性缺乏寻找对策，通过年度总量调控控制规模，通过下放省级给予地方更多的建设用地自主权，通过补充耕地指标跨区域交易机制进行地方间的调节。通过推动制定不动产登记法，将宅基地和集体建设用地等确权。

该文件明确了价格形成机制改革是要素配置市场化改革的核心。在以下方面提到将进一步进行市场化改革：①城市基准地价、标准地价与市场价挂钩；②公务员与社会联动（提升）、国企员工工资改革（绩效、弹性）、事业单位工资岗位绩效深化；③存贷款基准利率并轨，按照目前趋势将趋于下降；④提高利率曲线定价效率和增强汇率弹性稳定。

3.《中共中央　国务院关于新时代加快完善社会主义市场经济体制的意见》

2020 年 5 月，《中共中央　国务院关于新时代加快完善社会主义市场经济体制的意见》印发，指出要“在更高起点、更高层次、更高目标上推进经济体制改革及其他各方面体制改革，构建更加系统完备、更加成熟定型的高水平社会主义市场经济体制”。提出了加快完善社会主义市场经济体制的全面系统的指导思想、原则任务和具体措施，为当前和今后一个时期加快完善社会主义市场经济体制提供了行动纲领。

其在指导思想中提出“坚持和完善社会主义基本经济制度，以完善产权制度和要素市场化配置为重点，全面深化经济体制改革，加快完善社会主义市场经济体制”，在“四、构建更加完善的要素市场化配置体制机制，进一步激发全社会创造力和市场活力”中提出“以要素市场化配置改革为重点，加快建设统一开放、竞争有序的市场体系，推进要素市场制度建设，实现要素价格市场决定、流动自主有序、配置高效公平”。从建立健全统一开放的要素市场、推进要素价格市场化改革、创新要素市场化配置方式和推进商品和服务市场提质增效四个方面作出具体部署。

4.《要素市场化配置综合改革试点总体方案》

2022 年 1 月 6 日，国务院印发《要素市场化配置综合改革试点总体方案》（以下简称《方案》），《方案》涉及 6 个要素、8 项改革试点任务，提出了布局推进要素市场化改革的方法论和时间表。其中包括进一步提高土地要素配置效率；探索赋予试点地区更大的土地配置自主权；推动以市场化方式盘活存量用地；建立健全城乡统一的建设用地市场；支持试点地区结合新一轮农村宅基地制度改革试点；在依法自愿有偿的前提下，允许将存量集体建设用地依据规划改变用途入市交易；推进合理有序用海。

二、自然资源配置改革思路

（一）形势与问题

国内外环境变化对深化要素市场化配置改革提出紧迫要求。从外部环境变化看，百年未有之大变局的“变”既表现为生产力层面的新一轮科技革命和产业变革，也表现为生产关系层面的全球治理体系变革和国际政治格局调整。从国内发展阶段性特征来看，经济增长的动力结构和支撑产业发展的要素条件深刻变化、创新能力不足进一步凸显，都要求加快要素市场化改革、提升要素配置效率、培育经济增长的新动力。

近年来，我国经济增速放缓在很大程度上是全要素生产率增速下降造成的。2008 年国际金融危机后，我国全要素生产率增速明显放缓，近年来虽有所回升，但仍不到 2%。根据美国宾夕法尼亚大学“佩恩表”数据库 9.0 版，2014 年我国全要素生产率仅相当于美国 43%的水平。根源的关键是有利于释放增长潜能的要素市场化改革滞后，要素流动不畅，资源配置扭曲，要素市场化价格形成机制不健全，影响了全要素生产率增速的提升。① 《关于创新政府配置资源方式的指导意见》提出政府配置资源中存在市场价格扭曲、配置效率较低、公共服务供给不足、政府配置资源方式单一、行政性配置手段较多等突出问题，《中共中央　国务院关于构建更加完善的要素市场化配置体制机制的意见》指出存在市场决定要素配置范围有限、要素流动存在体制机制障碍等问题。

实现自然资源要素市场化配置的前提是权利改革到位，构建清晰的自然资源产权体系。要素市场改革喊了多年而进展不大的原因主要是基本权利问题没有解决，要素市场很难发挥作用。主要表现为自然资源资产的所有权人不到位，所有权人权益也没有落实，中央和地方的关系也不是很清楚。

从具体资源类型来看，土地市场配置主要存在土地利用平权未能实现、农民未能充分拥有利用自己土地从事各种经济活动的权利、城乡之间的要素流动不平衡、乡村的生产要素不活跃等问题。矿业权市场化配置任重道远，虽然矿业权市场体系已形成基本框架，但矿业管理“行政化”色彩严重、政府在矿业权产权管理和行政管理的职能混淆、税费制度设计有待完善、地勘基金定位不清、服务功能缺失和法律法规相对滞后等问题成为矿业权市场化配置的重要障碍。

（二）改革思路

首先，要使市场在资源配置中起决定性作用，推动自然资源市场体系建立和完善。加快构建分类科学的自然资源资产产权体系，创新自然资源资产全民所有权的实现形式，推动所有权和使用权分离，适度扩大使用权的出让、转让、出租、担保、入股等权能。健全全民所有自然资源资产管理制度，进一步理顺集中统一与分级分类相融合的管理体制。要在市场交易规则下，根据自然资源要素的不同特点进行分类设计，明确不同资源要素的交易规则，有序推动统一的自然资源市场体系的建立和完善。

其次，更好地发挥政府的作用，但政府也并非是万能的，政府管理经济也可能失误。

充分考虑不同类型国有自然资源资产的性质特点和地域差异，实行分类指导、分类管理、分类考核。对于经营性全民所有自然资源资产，要充分尊重自然资源资产价值规律、竞争规律和供求规律等经济规律，发挥市场在自然资源资产配置中的决定性作用，实现要素价格市场决定、流动自主有序、配置高效公平的高标准自然资源市场体系。对于公益性全民所有自然资源资产，要完善政府监管，加强保护与修复，完善配置程序和方式，通过划拨、承包等方式明确管护主

① 王一鸣．面向“十四五”：深化要素配置改革释放增长新潜能［N］．经济参考报，2020-08-04（7）．

体、落实管护责任。

全面深化土地市场化配置改革。一是深化产业用地市场化配置改革，调整完善产业用地政策，推动不同产业用地类型合理转换，探索增加混合产业用地供给，研究完善促进盘活存量建设用地的税费制度，利用市场机制盘活存量和低效用地。二是完善土地利用计划管理，增强土地管理灵活性，推动土地计划指标更加合理化、城乡建设用地指标使用可更多由省级政府负责实施。三是完善土地要素市场化配置，扩大土地要素市场化配置范围，研究基准地价公开发布制度和动态调整机制。四是提高服务和保障能力，研究建立全国性建设用地、补充耕地指标跨区域交易机制。

加快矿业权改革，按照问题导向、分类施策、稳中求进、循序渐进的基本原则，让权益金制度回归初衷，取消出让收益底价，为矿业权市场化设置提供财税政策支持。调整地勘基金的目标，积极培育市场主体，促进矿业产业升级发展。将矿业权产权管理和行政许可管理分开，为矿业权的市场化设置提供体制保障。整合不同部门的监管职能形成监管合力，利用现代化手段使监管到位。提高政府部门服务意识，创新服务方式，为矿业权市场化配置提供良好环境。加快矿产资源法的修改，重塑矿业法律体系，为矿产资源市场化配置提供法律保障。①

第二节　自然资源资产有偿使用制度改革

一、中央要求

自然资源资产有偿使用制度是生态文明制度体系的重要内容。党的十八大、党的十八届三中全会、《生态文明体制改革总体方案》等提出了明确要求。党的十八大报告提出“深化资源性产品价格和税费改革，建立反映市场供求和资源稀缺程度、体现生态价值和代际补偿的资源有偿使用制度和生态补偿制度”，将资源有偿使用制度提升到生态文明制度建设的高度。党的十八届三中全会通过的《关于全面深化改革若干重大问题的决定》中提出“实行资源有偿使用制度和生态补偿制度”。中共中央、国务院印发的《生态文明体制改革总体方案》中要求，创新产权制度，到 2020 年，构建起由自然资源资产产权制度、资源有偿使用和生态补偿制度等八项制度构成的产权清晰、多元参与、激励约束并重、系统完整的生态文明制度体系，还要求“全面建立覆盖各类全民所有自然资源资产的

① 自然资源部咨询研究中心协办．深化要素市场化配置改革　推动自然资源高质量发展——“如何推进自然资源要素市场化配置”大家谈［N］．中国自然资源报，2020-05-19（3）．

有偿出让制度，严禁无偿或低价出让”。

2016 年 12 月，《国务院关于全民所有自然资源资产有偿使用制度改革的指导意见》（国发〔2016〕82 号）出台，提出了推进全民所有自然资源资产有偿使用制度改革的指导思想、基本原则、主要目标和各领域重点任务及统筹协调和组织实施措施。这个文件是全民所有自然资源资产有偿使用制度改革的顶层设计，针对土地、水、矿产、森林、草原、海域海岛六类国有自然资源资产有偿使用的现状、特点和存在的主要问题，分门别类提出了不同的改革要求和举措。

二、现状与问题

（一）改革进展

为落实《国务院关于全民所有自然资源资产有偿使用制度改革的指导意见》（国发〔2016〕82 号），相关部门出台了《关于扩大国有土地有偿使用范围的意见》（国土资规〔2016〕20 号）、《关于海域、无居民海岛有偿使用的意见》，印发关于水资源有偿使用制度改革的意见，修改完善《国有森林资源资产有偿使用制度改革方案（征求意见稿）》。

发布了自然资源分等定级、价格评估及全民所有土地资源资产核算标准。完善自然资源开发利用准入机制，全面推行居民用水用电用气阶梯价格制度，推进农业水价综合改革。扩大国有土地有偿使用范围，完善建设用地使用权转让、出租、抵押二级市场，完善工业用地有偿出让方式。全面推进矿业权竞争性出让，建立健全矿业权出让收益制度。完善海域、无居民海岛有偿使用制度，统一确定了海域、无居民海岛等别、用岛类型、用岛方式和使用金征收标准。推进了水资源税改革试点工作，组建了全国水权交易平台。征收环境保护税，对符合条件的环境保护、节能节水项目和专用设备给予企业所得税优惠。

（二）市场化出让范围有待扩大

国有自然资源有偿取得范围偏窄，各种自然资源有偿使用制度推进不平衡。国有土地有偿出让制度推进较快，水、森林、草原等资源有偿使用制度推进相对缓慢，“招拍挂”等市场化出让比例较低，工业用地、水资源等价格偏低，海域有偿分级使用制度亟须完善。

我国土地资源有偿使用制度的范围主要是针对国有土地中的建设用地使用权，对于集体土地中的建设用地、农用地和未用地的使用并未作出明确规定。由于有偿使用制度在集体土地的使用中出现了空白，所以集体土地的使用不需要交纳任何费用，直接或间接地造成了土地的浪费或闲置。

市场在矿产资源配置中发挥的决定性作用尚不显著。一些地方以招商引资、解决历史遗留问题等名义，将本应通过市场竞争方式出让的矿业权以行政审批的方式设置，影响资源配置效率，造成国家权益流失。个别地方擅自扩大协议出让的范围，未严格执行协议出让矿业权审批登记程序，影响矿业权市场的公平竞争。

水资源有偿使用制度并未实现真正的市场化运作，水资源有偿使用没有实现市场化管理，依然是以行政手段为主要管理调控方式。水权市场建设总体上还处于探索阶段。

三、深入推进自然资源资产有偿使用制度改革

建立健全各类自然资源资产有偿使用制度，加快推进土地、矿产、森林、草原、湿地等资源有偿使用制度改革，严格界定公益性征地范围，各类建设用地原则上均实行有偿出让，严格控制矿产资源协议出让，科学界定水、森林、草原、湿地有偿使用范围。健全市场化出让方式，扩大采取“招拍挂”等竞争性出让方式的范围，更好地发挥市场在资源配置中的决定性作用，增加信息透明度。国有自然资源资产有偿使用收支全部纳入预算管理。深化自然资源领域税费改革，厘清国有土地使用权出让金、矿业权出让收益等政府基于所有权的收入与其他基于管理者身份征收税费的关系。改变以往依据评估结果征收矿业权出让收益的方式，根据不同区域和矿产资源赋存条件确定收益率，依托资源税征收渠道，分年度征收出让收益。

第三节　全民所有自然资源资产收益管理探索研究

党的十八大以来，党中央、国务院高度重视国有自然资源资产收益管理工作。2015 年，《中共中央办公厅　国务院办公厅印发生态文明体制改革总体方案》提出健全自然资源资产产权制度，建立权责明确的自然资源产权体系，推动所有权和使用权相分离，明确收益等权利归属关系和权责，建立覆盖各类全民所有自然资源资产的有偿出让制度；健全资源有偿使用制度，完善各类自然资源有偿使用制度，加快资源环境税费改革，厘清各类自然资源及其产品税费关系，明确各自功能，合理确定税收调控范围，逐步将资源税扩展到占用各种自然生态空间。2016 年《国务院关于全民所有自然资源资产有偿使用制度改革的指导意见》中要求完善国有土地资源、水资源、矿产资源、国有森林资源、国有草原、海域海岛有偿使用制度。2019 年 4 月，《中共中央办公厅　国务院办公厅印发关于统筹推进自然资源资产产权制度改革的指导意见》（以下简称《指导意见》）提出“完善全民所有自然资源资产收益管理制度，合理调整中央和地方收益分配比例和支出结构，并加大对生态保护修复支持力度”。《指导意见》还要求“在福建、

江西、贵州、海南等地探索开展全民所有自然资源资产所有权委托代理机制试点，明确委托代理行使所有权的资源清单、管理制度和收益分配机制”。2022年《全民所有自然资源资产所有权委托代理机制试点方案》进一步提出“到2023年收益管理制度更加完善”，为推进自然资源资产收益管理改革指明了方向。

一、全民所有自然资源资产收益基本概念

（一）自然资源资产收益概念内涵

1. 收益

收益概念首先来自经济学。1776年，亚当·斯密在其名著《国民财富的性质和原因的研究》中将收益定义为“那部分不侵蚀资本的可予消费的数额”，把收益看作财富的增加。后来，大多数经济学家都继承并发展了这一观点。1946年，英国著名经济学家J.R.希克斯在《价值与资本》中，把收益概念发展成为一般性的经济收益概念：“在期末、期初保持同等富裕程度的前提下，一个人可以在该时期消费的最大金额。”现在的经济学家一般认为收益是资产现时价值的增加。

在会计学中，会计收益是指来自企业期间交易的已实现收入和相应费用之间的差额。我国《企业会计准则》指南中将收益定义为“企业在会计期间内增加的除所有者投资以外的经济利益。收益包括收入和利得”。国际会计准则将收益（INCOME）定义为“收益指企业在会计期间内经济利益的增加，其表现形式为资产的流入和增值、负债的减少，从而导致权益增加。但不包括与权益所有者出资有关的那些事项”。会计准则所定义的收益相当于会计界习惯上讲的总收入概念，不是利润概念。《民法典》“理解与适用”对其中的“收益”解释为：是通过财产的占有、使用等方式取得经济效益。

2. 自然资源资产收益

在自然资源财税管理相关文件中没有“收益”的概念，谈到的内容都是收入，且都是具体的资源资产收益的具体科目，如国有土地使用权出让收入、矿产资源专项收入、海域使用金、新增建设用地土地有偿使用费、土地复垦费、土地闲置费等具体项目的内涵。

在相关文献中，学者探索了一些与自然资源资产收益相关的概念。朱晓明认为：“通常理解的资源收益是指资源资产在开发经营和利用过程中由于经营性因素或其他外部客观因素所形成的利润。它主要表现为一方面是由资源经营、利用活动所引起的经济性增值收益。另一方面是由社会经济发展、资源的稀缺性导致

资源供需矛盾日益加剧所引起的自然增值收益。"① 罗鸣令认为："国有森林资源资产收益是国家作为国有森林资源所有者处置国有森林资源资产过程中所获取的承包、租赁、转让、拍卖、协商、划拨收益。在国有森林资源资产使用权处置过程中，作为国有森林资源资产所有者的国家他们所获得的国有资源资产收益主要有两个方面的内容，一是国有森林资源资产所有者收益；二是国有森林资源资产勘寻劳务所有者收益。"② 刘尚希等认为"土地、矿产资源的产权收益应是指政府作为所有者按照市场原则出让一部分所有者权能——如使用权、开发权而获得的收益。"③

基于公法（宪法、各类自然资源单行法）和私法（物权法）两个层面考虑，自然资源资产收益可以划分为所有权收益、用益物权收益和监管权收益（见表12-1）。

表 12-1 自然资源资产收益分类

权利体系	收益主体	收益形式		收益基础
所有权	国家	所有权收益	基于商品价值的收益	资产价值
			基于服务价值的收益	
用益物权	市场主体	用益物权收益	占用权收益	
			使用权（经营权）收益	
监管权	国家	监管权收益	税收收入	国家公权力
			行政规费收入	

（1）自然资源资产所有权收益。所有权是指所有权人依法对自己的财产享有的占有、使用、收益和处分的权利，是最为重要的物权形式。在我国，自然资源资产的所有权收益实现途径主要是设置并让渡部分用益物权，包括出让、出租或作价出资三种方式，常以"金"的形式体现。其中，出让方式是通过出让自然资源资产使用权或开发权（如国有土地使用权、矿业权、海域使用权、无居民海岛使用权等）获取收益。出租方式是对自然资源资产的使用权进行租赁，对租赁者收取租金收益。作价出资方式是政府将自然资源资产评估价值折合为股份，通过资产的资本化投入获取收益。

所有权收益对应私法层面，即国家基于所有权对自然资源资产的收益。《民

① 朱晓明．森林资源收益制度研究［D］．大连：东北财经大学，2006.

② 罗鸣令．有资源资产收益制度研究［D］．大连：东北财经大学，2011.

③ 刘尚希，樊轶侠．公共资源产权收益形成与分配机制研究［J］．中央财经大学学报，2015，(3)：3-10.

法典》第二百四十条规定：“所有权人对自己的不动产或者动产，依法享有占有、使用、收益和处分的权利。”而国家所有权在《民法典》中是与集体、私人的所有权并列出现的，是民事权利，享有收益的权利，受法律平等保护。

综上，狭义的所有权的收益是自然资源资产产权主体在一定时间内因资产所有权、用益物权等所拥有的潜在和现实的货币收入，主要通过出让、出租或作价出资等方式让渡所有权的部分权能，从而获得收益，以“金”的形式体现。广义的所有权收益，是指全民所有自然资源资产所有权人基于对资源财产的所有权，通过直接利用和让渡部分用益物权，实现自然资源资产的经济、生态和社会价值后产生的孳息收入。

（2）自然资源资产监管权收益。基于监管权获得的收益是政府依据国家公权力，对自然资源资产各类开采开发经济活动进行经济调节、依法监管或提供服务，所获得的税收收入和规费收入以“税”“费”形式体现。

监管权收入对应公法层面，即国家基于公共权力对自然资源资产的收入。《宪法》规定：“国家保护社会主义的公共财产。”毫无疑问，自然资源资产属于公共财产，那么国家作为公共管理者，基于公共权力，对各类自然资源资产进行规范利用和保护，同样应获得监管权收入，主要包括税收收入和行政收费。具体来看，税收收入的目的是优化资源的配置、调节资源级差收入，常体现为“税”和“费”，如耕地占用税、城镇土地使用税、土地增值税等；行政收费则主要是为了规范市场行为，使其外部性成本内部化，如耕地开垦费、土地复垦费、土地闲置费、草原植被恢复费等。

综上，自然资源资产收益既包括国家作为自然资源资产的所有者获得的所有权收益（地租），也包括国家作为自然资源的管理者，获得的监管权收益。自然资源资产收益可定义为，自然资源资产产权主体在一定时间内因资产所有权、用益物权、监管权等所拥有的潜在和现实的货币收入。

（二）自然资源资产收益管理核心要素

1. 收益分配主体

自然资源资产可以为各权利主体带来可观的经济效益，自然资源资产的所有者、使用者和管理经营者都是其收益分配主体的一分子。全民所有自然资源资产所有者的收益分配主体应该是拥有自然资源资产财产权的全体人民，但由于所有权由国家代表行使，所以实践中收益分配的主体以中央政府和地方政府为代表。

2. 收益分配客体

自然资源资产收益分配的客体，即“分配的是什么”的问题。这里应指由于自然资源资产的开发利用而带来的全部收益，既包括初次补偿收入（土地出让收入、矿业权出让收益、海域使用金、无居民海岛使用金等）和追加补偿收入，也包括自然资源资产投入生产使用的投资回报，这三者都属于收益分配客体的范畴。

3. 收益实现方式

收益实现方式中主要涉及的是自然资源资产财产权主体如何获得收益问题。在我国，自然资源资产的所有权收益实现途径主要是通过出让、出租或作价出资三种方式，将自然资源资产的使用权让渡给使用者从而获得相应的收益。其中，出让方式带来的收益有些是一次性收益，有些则是持久性收益，属于长期出让自然资源资产使用权或开发权，包括国有土地使用权、矿业权、海域使用权、水资源开发权等权利。出租方式是对自然资源资产的使用权实行租赁，对租赁者收取租金收益。出让和出租方式带来的收益属于直接收益。而作价出资是政府将自然资源资产折股，评估其价值折合为股份，属于资本化投入，其本质是政府作为所有者享有由自然资源资产形成的资本衍生出的收益剩余所有权，暂不纳入研究范围。

4. 收益表现形式

随着我国自然资源资产有偿使用制度的逐步建立，自然资源资产收益制度不断完善，在维护所有者权益方面发挥了积极作用。目前，我国自然资源资产收益可以分为税、费、金三大类。

税：税收是国家为满足社会公共需要，凭借公共权力，按照法律所规定的标准和程序，参与国民收入分配，强制、无偿地取得财政收入的一种方式，是国家权力的体现。

费：与税收筹集财政收入的形式不同，费是政府有关部门为单位和居民个人提供特定服务，或被赋予某种权力而向直接受益者收取的代价，是行政审批权或监管权的体现。

金：目前，没有一个专门的概念，为了与税和费相区别，便于研究，现行收入体系中的金、租、利、价、收益、收入等均可归入“金”。其中，“金”指的是与各类资源相关的基金，如国有土地收益基金、农业土地开发基金、石油特别收益金及船舶油污损害赔偿基金等。“租”指的是政府凭借所有权行使主体的身份，因出让、出租自然资源资产而获得的收益。“利”指的是将自然资源资产作价出资或折股参股后凭借出资者所有权而获得的税后利润、股息、红利、股权转让收入和依法取得的其他投资收益。

二、全民所有自然资源资产收益管理现状

通过对我国现行法律法规及制度规定进行全面梳理，涉及全民所有自然资源资产的税、费、金现状如下：

(一) 现行全民所有自然资源资产收益管理现状

1. 土地资源

土地资源的税、费、金共 8 项，其中税 3 项、费 4 项、金 1 项。3 项税是指土地增值税、耕地占用税、城镇土地使用税，4 项费是指耕地开垦费、新增建设用地土地有偿使用费、土地复垦费、土地闲置费，1 项金是指土地出让收入。具体如表 12-2 所示。

表 12-2　土地资源资产收益管理现状

税费金名称	收入分配情况	征收环节
土地增值税	纳入地方政府一般公共预算	转让环节
耕地占用税	纳入地方政府一般公共预算	批准占用环节
城镇土地使用税	纳入地方政府一般公共预算	占有环节
耕地开垦费	纳入地方政府一般公共预算	批准占用环节
新增建设用地土地有偿使用费	纳入中央、地方政府一般公共预算（中央与地方 3：7）	批准转用环节
土地复垦费	纳入地方政府一般公共预算	批准占用环节
土地闲置费	纳入地方政府一般公共预算	闲置一年以上
土地出让收入	纳入地方政府基金预算管理	出让环节

2. 矿产资源

矿产资源的税、费、金共 4 项，其中税 1 项、费 1 项、金 2 项。1 项税是指资源税，1 项费是指矿业权占用费，2 项金是指矿业权出让收益、石油特别收益金。具体如表 12-3 所示。

表 12-3　矿产资源资产收益管理现状

税费金名称	收入分配情况	征收环节
资源税	纳入地方政府一般公共预算	开采环节
矿业权占用费	纳入中央、地方政府一般公共预算管理（中央与地方 2：8）	占有环节
矿业权出让收益	纳入中央、地方政府一般公共预算管理（中央与地方 4：6）	出让环节
石油特别收益金	纳入中央一般公共预算管理	销售环节

3. 海洋资源

海洋资源主要有海域使用金、无居民海岛使用金 2 项金，其中海域使用金，按用海类型、用海方式不同，征收方式有全额缴入中央国库、全额缴入地方国库、中央与地方按 3∶7 分成 3 种，分别纳入中央与地方一般公共预算。

无居民海岛使用金收入中央与地方按 2∶8 分成，纳入一般公共预算管理，主要用于海岛保护、管理和生态修复。

4. 水资源

当前水资源税、水资源费并行，在取用环节征收，中央与地方分成比例为 1∶9。水资源税改革试点期间，水资源税收入全部归属试点省份。目前，河北、北京、天津、山西、内蒙古、山东、河南、四川、陕西、宁夏 10 个试点省（区、市）执行水资源税，其他地区仍执行水资源费。

5. 林、草资源

包含 2 项费：森林植被恢复费，占用征收林地环节时征收，纳入各级政府性基金预算管理，专项用于林业主管部门组织的植树造林、恢复森林植被；草原植被恢复费，占用征收环节时征收，纳入地方财政预算管理，专项用于草原主管部门组织的草原植被恢复、保护和管理。此外，部分省（区）对使用草原的单位或个人征收相关费用，如吉林省征收草原使用管理费、草原培育费，黑龙江省征收草原管理费，新疆维吾尔自治区征收草原管理费。

（二）体现所有权的收益

从上述税、费、金设置及征管情况来看，现行的收入体系繁杂，所有权与监管权、行政审批权相互交织。按照所有权与监管权相分离原则，从中梳理出体现所有权的收益：

1. 土地资源

土地税费金设立机制较为成熟，虽然涉及土地资源的收入种类最多，但每类收入体现所有权、监管权的界限相对清晰。土地出让收入在出让环节征收，且政府作为民事主体，通过与土地使用权人签订民事合同的形式实现，充分体现了所有权的行使，应该归入所有权收益。新增建设用地土地有偿使用费是指国务院或省级人民政府在批准农用地、未利用地转用时，向取得出让等有偿使用方式的新增建设用地的市、县人民政府收取的平均土地纯收益，是从市、县土地出让收入中划转而来的，体现所有权收益。

2. 矿产资源

涉及矿产资源的收入种类较多，且由于近年来改革事项多、变化大，很多收入既体现所有权、又体现监管权及行政审批权，存在交织混杂。资源税作为税收，具有强制性，体现了国家权力，但从其开征目的来看是调节资源级差收入并体现国有自然资源有偿使用原则。矿业权出让收益是所有者因在一定期间让渡收益权而征收的，体现了所有权。石油特别收益金具有“暴利税”性质，与石油销售价格挂钩，是对资源垄断企业获得超额利润的限制，目的是遏制石油企业利润过度膨胀，更多地体现政府的行政管理权。矿业权占用费是从探矿权、采矿权使用费整合而来，是对矿业权人因空间占用而收取的费用，目的是有效防范矿业权市场中的“跑马圈地”“圈而不探”行为，提高矿产资源利用效率，更多地体现政府的行政管理权。由此，矿业权出让收益可以归入所有权收益。

3. 海洋资源

海域使用金、无居民海岛使用金都是所有者因让渡一定期限使用权而征收的，体现了所有权。

4. 水资源

水资源费包括水资源价值、水资源保护投入、水资源管理投入，结合水权进行分配，实现了所有权到使用权的分离，体现了租金概念。但是水资源费改为水资源税，是从税收的角度加大了法律约束，更多地体现监管者行为，其性质发生了改变。

5. 林、草资源

森林植被恢复费、草原植被恢复费都是通过行政审批实现的，体现矿产勘查开采以及建设工程等活动因占用林地、草原而应承担相应的植被恢复义务，不应归入所有权收益。

综上，体现全民所有自然资源资产所有权收益主要有土地出让收入、新增建设用地土地有偿使用费、矿业权出让收益、海域使用金、无居民海岛使用金 5 项。水资源费不列入全民所有自然资源资产所有权收益，主要是考虑《中华人民共和国资源税法》（中华人民共和国主席令第 33 号）第十四条，明确提出自 2020 年 9 月 1 日后征收水资源税，停止征收水资源费。全民所有自然资源资产所有权收益统计如表 12-4 所示。

表 12-4　全民所有自然资源资产所有权收益统计

收益名称	实现方式
土地出让收入（益）	签订民事合同（划拨决定书）
新增建设用地土地有偿使用费	从土地出让收入中划转
矿业权出让收益	签订民事合同
海域使用金	（行政审批）—签订民事合同
无居民海岛使用金	（行政审批）—签订民事合同

三、全民所有自然资源资产收益管理存在的主要问题

经分析现行全民所有自然资源资产收益征收、收益使用、收益分配和收益支

出结构等，当前我国全民所有自然资源资产收益管理主要存在以下几个问题：

（一）自然资源资产有偿使用程度低，收益征收范围有限

自然资源资产有偿使用程度低，主要体现在，一是农垦企业大多以划拨方式取得国有农用地，所有权收益流失。以国有农用地为例，其收益征收方面存在的主要问题是，农垦企业使用的大量土地依然是划拨方式取得的，农垦企业通过出租、作价出资等方式使用国有农用地时，有的并没有采用市场化方式，所有权的收益权能没有体现。二是海域资源市场化程度比较低，大部分海域使用权或无居民海岛使用权仍以申请审批为主。以海域资源为例，从用海类型看，市场化出让的用海类型相对有限。目前国家层面并没有出台海域使用权市场化管理政策，在沿海省市海域使用权招拍挂出让管理办法中，出让的用海类型主要集中在渔业用海、工业用海、交通运输用海等，适用范围相对集中在工业、商业、渔业、旅游、娱乐和其他经营性项目用海。其中，养殖用海、采砂用海的规定相对较多且具体，其他用海类型未作明确规定。虽然各地方都出台以招拍挂等方法进行市场化探索，但相应配套制度及海洋资源资产公共交易平台尚未建立或统一，使海洋资源的价值得不到完全体现，一定程度上损害了国家作为海洋资源所有者的收益。同时，受制于市场规制和交易平台的缺失，海洋资源资产的出租、转让、作价出资等流转体制不成熟，严重制约了海洋资源资产的开发利用效率。市场化程度不高还体现在海域使用权和无居民海岛使用权的所有权出让方式上。根据《海域使用管理法》等相关规定，我国海洋资源的使用权可通过行政审批及招拍挂等市场手段获取。但由于我国国情因素，大部分海域使用权或无居民海岛使用权仍以申请审批为主。三是国有森林资源资产有偿使用制度尚未建立。关于森林资源有偿使用的内容非常凌乱，散见于不同的法律法规以及国务院条例或者各部委的规章中，内容不健全，且多为原则性规定，缺乏具体的适用性和具体的适用标准以及适用措施。国家层面还未将全民所有森林资源资产有偿使用制度化，导致国家目前未享有这些已进行国有森林资源资产有偿使用制度改革的地区的森林资源资产收益。

（二）自然资源资产收益管理未充分考虑成本补偿需求

当前，乡村振兴、生态环境保护、优化营商环境等工作开展对自然资源资产收益管理提出了很高的要求。如近两年在土地资源开发利用方面提出了“净地出让”“标准地出让”“净矿出让”的相关规定，这些工作都要有前期资金的支持。在资源开发利用的收支方面，资源出让提交给财政的价款，都是自然资源出让的“毛收入”。例如，土地资源资产收益管理采用的是“总收入”，如土地成交总价款，未扣除土地取得成本（土地征用费和拆迁安置费）和开发成本（土地开发费）。土地资源开发的成本在没有得到充分补偿的前提下就已经作为毛收入被

计提。矿业权出让收益同样也是以毛收入作为计提基数，由中央、地方按照一定比例来分成，但地方分成的部分有可能无法覆盖开发成本。同时，作为支持乡村振兴等工作的专项资金，主要以毛收入为基数来计提。因此，资源开发的成本在没有得到补偿的前提下就已经作为毛收入被计提。一方面，这会使市场主体丧失资源开发的积极性，自然资源资产的配置没有办法持续；另一方面，按照毛收入的价款提交的上级财政实质上等于虚增了财政收入，给社会造成了很多误解。特别是近年来土地资源资产收益不断增加支出科目、计提比例、使用方向的非土地用途，可能造成当期用于土地征收和开发的资金安排不足，“用于之地”的资金投入减少，影响土地出让的“简单再生产”和“扩大再生产”，可能导致国有建设用地供应周期的拉升、供应量的减少，“取之于地”的出让收入相应减少。

（三）自然资源资产收益分配制度与当前改革要求不相适应

从产权制度改革和所有权委托代理机制试点要求来看，为解决所有者不到位、权责不明晰等问题，要建立中央政府直接行使全民所有自然资源资产所有权的资源清单和管理体制、委托省级和市（地）级政府代理行使自然资源资产所有权的资源清单和监督管理制度，重新界定各级政府所有者职责的履职主体、履职对象、职责范围、权利义务、受托责任等，要形成体现事权、支出责任和财力相适应的新的管理机制。为充分发挥中央和地方两个积极性和形成稳定的各级政府事权、支出责任和财力相适应的制度，《关于统筹推进自然资源资产产权制度改革的指导意见》提出“合理调整中央和地方收益分配比例和支出结构”。显然，现行的土地收益分配制度已不能适应当前改革要求，需要进行调整完善，形成体现事权、支出责任和财力相适应的新的管理机制。从目前土地资源资产收益种类的中央政府与地方政府的分配情况来看，除新增建设用地有偿使用费外，国有土地使用权出让收入①以及土地资源资产相关税收和自然资源行政事业性收费等基本都归地方所有。现行矿产资源资产的财政收入分配体制，以中央与地方共享收入为主，并且《财政部　国家税务总局关于全面推进资源税改革的通知》要求按照现行财政管理体制，此次纳入改革的矿产资源税收入全部为地方财政收入。导致中央关于矿产资源资产收益固定收入仅有石油特别收益金、海洋石油企业缴纳的部分资源税等，这显然不符合国家的所有者权益，国家也无法很好地统筹使用矿产资源资产收益。现行的部分资源资产上缴比例，很难适应我国各地区复杂的经济状况，不利于地方政府实现其财产权，也不利于地方政府积极按照可持续发展观念来调控、管理本地资源性资产。

① 反映不含计提和划转部分的国有土地使用权出让收入。

（四）在自然资源生态修复支出方面投入不足

围绕山水林田湖草生命共同体的理念，加大生态保护修复力度，经测算，2019~2021年，中央用于生态保护、修复方面的专项转移支付需要投入1040.50亿元。当前，中央直接行使所有权的以国家公园为主体的自然保护地多为保护类、管控类、公益类性质，暂时没有或不直接产生经济收益，更多的是生态价值和社会价值，目前这些自然保护地各类支出也是由财政一般公共预算来保障。当前全民所有自然资源资产收益，有的纳入一般公共预算，对支出没有明确规定（如资源税、水资源税）；有的规定用于与对应资源相关的保护、管理等工作（如矿业权出让收益、海域使用金、无居民海岛使用金等），缺乏对生态保护修复支出的统一安排，没有体现中央“对山水林田湖草进行统一保护、统一修复”的要求。而占全民所有自然资源资产收益比重最大的土地出让收入（收益）却全额留归地方，缺乏中央统筹安排。中央、地方关于全民所有自然资源资产的收入比例与其对生态保护修复的支出比例不匹配，中央支出压力很大。

四、构建全民所有自然资源资产收益管理制度体系

（一）全民所有自然资源资产收益管理基本原则

构建科学合理的全民所有自然资源资产收益管理制度，要坚持以中央精神为统领，坚持充分调动中央、地方两个积极性、体现事权财权对等、坚持维护所有权权益收益，坚持收益管理遵循依法、规范、透明、高效的原则，坚持全体人民收益共享，坚持循序渐进，在土地、矿产、海域海岛资源资产等已征收所有权收益的基础上，逐步对森林、草原、水资源等开征所有权收益。具体来看：

1. 应设尽设、应收尽收原则

在征收环节，应体现应设尽设、应收尽收的原则，理顺现行各类费金的关系，对所有权和监管权交叉的收益进行分离，逐步划分出体现所有权的收益，对缺失的所有权收益进行增设，结合各类自然资源的特征实施差异化的计征方式，明确征收主体，建立清晰的自然资源资产收益管理清单。

2. 财政事权与支出责任相匹配原则

在分配环节，应体现财政事权与支出责任相匹配的原则，对各主体提出合理的收益分配比例，保障履行支出责任所需的资金，对于想要增加中央分配比例或新设的收益类型要先行先试，明确法律依据和法律风险，充分调动中央和地方的积极性。

3. 全民所有、全民共享原则

以提高财政资金效益、实现全民共享为抓手，严格按预算统筹安排。在使用环节，应体现全民所有、全民共享的原则，充分平衡代际利益和区际利益补偿，

完善收益支出结构。

4. 坚持向生态保护修复领域倾斜原则

坚持以自然资源管理和生态保护修复为导向，兼顾区域公平和代际公平，并且建立清晰的支出统计口径。加大对自然资源资产整体保护和生态保护修复的支持力度，确保全民所有自然资源资产的保值增值和永续利用。

5. 坚持土地成本补偿优先的底线原则

完善国有土地收益管理制度，必须坚持土地成本补偿优先的底线原则。土地成本补偿制度既是国有土地收益制度的重要组成部分，也是国有建设用地配置制度的重要组成部分。稳定持续和有效的土地成本补偿，对国有建设用地配置制度的健全完善、国有土地收益管理制度的确立和稳定有着直接的影响。

（二）全民所有自然资源资产收益制度改革设计方向

1. 探索制定统一的收益管理政策

党中央赋予自然资源部“统一履行全民所有自然资源资产所有者职责”，收益是所有者职责的核心内容之一。目前，土地、矿产、海洋、森林、草原、湿地、水各资源种类的收益管理差异较大，如资源的有偿使用、体现收益的科目设置等。因此为体现自然资源资产所有者职责并加强自然资源收益的统一管理，制定一个统一的自然资源收益管理政策是非常有必要的。可以从各类资源收益（价款）的收缴开始，将所有相关的收益都纳进来，对征管部门、科目设置、收缴程序等做出规定，重点解决收什么、谁征收、如何收的问题。同时在统一制定的资源收益管理制度框架下，行政主管部门结合各类自然资源有偿使用政策，分别制定资源有偿使用收入的征收、管理、使用政策，确保资源有偿使用收入应收尽收，按规定使用。

2. 建立内涵明确、统计清晰的自然资源资产管理和生态保护修复支出核算体系

我国尚未建立统一的全民所有自然资源资产所有权收益管理的核算体系，难以准确统计各项收益的实际使用情况，导致收入和支出的数据不清晰。此外，哪些政府支出科目体现自然资源资产管理和生态保护修复事权也缺乏统一的标准，难以准确测算各级自然资源资产管理和生态保护修复的支出规模，也就难以确定各级政府的支出比例。因此，有必要在明确界定自然资源资产管理和保护修复的事权范围的基础上，建立内涵明确、统计清晰的自然资源资产管理和生态保护修复支出核算体系，参照环境保护支出从嵌入在其他政府收支科目中整合为“节能环保支出”单独列支的方式，在财政支出科目中单独设置“自然资源资产管理和生态保护修复”支出科目，将目前嵌入在其他科目中的相关支出进行整合，准确测算各级政府履行所有者职责的管理支出成本，为合理确定各级政府收益分配

比例提供科学依据。

3. 坚持土地成本补偿优先原则，建立健全土地成本补偿制度

一是要掌握土地成本底数，首先以经营性土地招标拍卖挂牌出让为核算对象，开展土地取得和开发成本调查研究，掌握不同用途的土地出让成本总量、构成及占比，为进一步完善土地成本补偿制度提供决策基础。二是加强合同管理，同步修改“两个合同”（土地出让公告和合同），研究制定成本审核规则，明确成本核定的内容、标准和程序等，明确土地出让收入应首先用于保障土地出让所需成本，使成本足额优先返还。充分考虑现行土地出让工作实际及优化营商环境需要，明确可计入成本核算的支出内容，应包括使土地达到可供应条件所发生的所有支出。三是整合计提资金，原则上以土地出让金为基数计提。如明确乡村振兴资金的组成及与农业土地开发、水利基金资金、教育资金等的关系，做到全面、不重复。

4. 优化政府间事权和财权划分，合理调整央地收益分配比例

建立权责清晰、财力协调、区域均衡的中央和地方财政关系，形成稳定的各级政府事权、支出责任和财力相适应的制度，是《自然资源领域中央与地方财政事权和支出责任划分改革方案》的总要求，也是构建科学合理的央地土地资源资产收益分配关系的基本原则。当前要在所有权委托代理机制试点工作中，以自然资源清单为依据，明确中央和地方政府在土地领域所有权管理职责和支出责任，分析各级政府支出责任与土地资源资产收益匹配情况，根据实际提出国有土地资源资产收益中央与地方分配比例调整完善建议。

5. 加大对生态保护修复的支持力度

我国在生态保护修复方面的资金投入与发达国家相比有很大的差距，不利于国家生态安全格局的构建和自然资源的永续利用，迫切需要加大生态保护修复支持力度。在支出环节，应以提高财政资金效益、实现全民共享为导向，严格按预算统筹安排，坚持以自然资源管理和生态保护修复为导向，兼顾区域公平和代际公平，并且建立清晰的支出统计口径。此外，为了破解资源诅咒，提高自然资源收益体系的韧性，可参考其他国家建立自然资源资产收益基金的做法，从自然资源资产收益中研究设立多元化的自然资源收益管理基金，并委托专门机构进行管理运作，获取增值收益，用于弥补生态保护修复资金的不足。

第十三章　建立健全自然资源资产损害赔偿机制

第一节　自然资源资产损害赔偿的基础逻辑

一、自然资源资产损害赔偿的提出背景和缘由

2019 年 4 月，中共中央办公厅、国务院办公厅印发《关于统筹推进自然资源资产产权制度改革的指导意见》，明确提出“积极预防、及时制止破坏自然资源资产行为，强化自然资源资产损害赔偿责任”“建立科学合理的自然资源资产管理考核评价体系，开展领导干部自然资源资产离任审计，落实完善党政领导干部自然资源资产损害责任追究制度”。自国务院机构改革之后，我国明确了代表国家行使自然资源资产所有权的部门，其在于强化自然资源整体保护，完善自然资源资产权能；明确了自然资源资产损害赔偿的责任需求。

自然资源资产损害赔偿的提出，反映了我国在原有自然资源管理的基础上，更多地考虑自然资源权属性质，注重维护自然资源资产权益以及多数人的公共环境利益。

二、自然资源资产损害赔偿的内涵和表现形式

我国《宪法》第九条规定：“矿藏、水流、森林、山岭、草原、荒地、滩涂等自然资源，都属于国家所有，即全民所有；由法律规定属于集体所有的森林和山岭、草原、荒地、滩涂除外。国家保障自然资源的合理利用，保护珍贵的动物和植物。禁止任何组织或者个人用任何手段侵占或者破坏自然资源。”也就是说，凡国家所有的自然资源本质上都是全民所有的资源，是全民的共同财产。维护和实现自然资源所承载的公共利益是国家所有权的主要功能。在我国民法的理论研

究上，基本认同“损害是一种事实状态，是对合法权益的不利影响”。[①] 即从法学意义上来说，损害不仅仅是指各种各样现实可见的损失，更主要是对合法权益的不利影响，即侵占或者破坏自然资源的行为，侵犯了自然资源资产所有者的合法权益。

本书认为自然资源资产损害是指在自然资源损害或破坏的基础上，产生自然资源资产的损失，导致对合法自然资源所有者权益的侵犯。自然资源资产损害的表现形式，主要分为两大类：资源破坏产生的经济价值和生态价值的损失。自然资源资产损害赔偿是适应自然资源资产管理的必然产物，是维护所有者权益的必要过程，应该遵循“权利—损害—救济”的法律逻辑，更加偏重对于全民所有自然资源资产所有者合法权益遭受不利影响的追责。

关于自然资源资产损害赔偿的提法，我国现有制度中的自然资源资产离任审计制度和生态环境损害赔偿制度都有涉及，分别可以理解为提高管理者执政能力和保护自然资源的水平，以及对污染环境、破坏资源行为人的责任要落实。

三、自然资源资产与生态环境损害赔偿的对应关系

《环境保护法》第二条规定：“环境，是指影响人类生存和发展的各种天然的和经过人工改造的自然因素的总体，包括大气、水、海洋、土地、矿藏、森林、草原、湿地、野生生物、自然遗迹、人文遗迹、自然保护区、风景名胜区、城市和乡村等。”可知，环境包括自然资源在内，即自然资源是组成环境的要素，自然资源与环境密不可分。

自然资源资产损害赔偿与生态环境损害赔偿的关系，既体现在贯彻生态文明理念的制度设计和维护所有者权益上，又体现在自然资源与生态环境的本质属性关联上。

（一）改革制度上的衔接

自从党的十八届三中全会明确提出对造成生态环境损害的责任者严格实行赔偿制度，经过多年的发展，我国已经基本建立了生态环境损害赔偿制度。2017年12月，中共中央办公厅、国务院办公厅印发《生态环境损害赔偿制度改革方案》，明确自2018年1月1日起，在全国试行生态环境损害赔偿制度。按照要求，逐步探索受国务院委托行使全民所有自然资源资产所有权的部门，作为赔偿权利人，提起生态环境损害赔偿诉讼、主张赔偿权利、维护所有者权益的具体方式。2019年6月，最高人民法院发布了《最高人民法院关于审理生态环境损害赔偿案件的若干规定（试行）》（法释〔2019〕8号），明确了可以提起生态环

① 张璐等．自然资源损害救济机制类型化研究——以权利与损害的逻辑关系为基础［M］．北京：法律出版社，2015.

境损害赔偿诉讼的原告范围。关于赔偿权利人以及起诉主体的规定，在国家层面，国务院直接行使全民所有自然资源资产所有权的，由受委托代行该所有权的部门作为赔偿权利人开展生态环境损害赔偿工作。2022 年 4 月，经中央全面深化改革委员会审议通过，生态环境部联合最高法、最高检和科技部、公安部等 11 个相关部门共 14 家单位印发了《生态环境损害赔偿管理规定》，明确了牵头部门和工作联动，统一规范了赔偿工作程序，为深化生态环境损害赔偿工作提供了有利的制度保障。

在生态环境损害赔偿制度改革中，能够提起生态环境损害赔偿诉讼的主体，包括受国务院委托行使全民所有自然资源资产所有权的部门（自然资源部）。从救济途径上看，生态损害赔偿诉讼是代表国家以所有权人身份提起的国家利益诉讼。[①] 由此可见，生态环境损害赔偿制度改革结合了国家自然资源资产管理体制改革的相关内容。目前，生态环境损害赔偿制度改革的牵头部门，主要为生态环境部，也有少数省级行政区指明自然资源部牵头负责。

（二）自然资源的生态保护修复

2015 年 12 月生态环境损害赔偿试点开展，2018 年全国范围内展开。最高人民法院公布的数据显示，截至 2019 年 7 月，各级法院依法受理省、市级人民政府提起的生态环境损害赔偿诉讼案件为 30 件，审结 25 件，总量与同时期的环境公益诉讼相比较少。截至 2020 年 6 月 30 日，全国已办理生态环境损害赔偿案件 945 件，涉及赔偿金额超过 29 亿元人民币，推动有效修复超过 1150 万立方米土壤、2000 万平方米林地、4200 万立方米地表水体等。[②]

尽管生态环境损害赔偿在实践中仍然存在一些亟待研究和解决的问题。但是，值得肯定的是《生态环境损害赔偿制度改革方案》明确提出“环境有价，损害担责”，要求赔偿义务人对其造成的生态环境损害进行修复，明确了国家对于土地、矿藏、河流、森林等自然资源的国家所有权利益的救济方式。而自然资源部作为国务院授权统一行使全民所有自然资源资产所有权的部门，同时也是生态环境损害赔偿的诉讼主体，在一定程度上，代表全民维护优美生态环境的权益。面对环境污染和资源破坏的困境，尤其是土地、矿产、森林、草原、湿地、水、海域海岛等资源破坏的情况，其中涉及环境污染、资源破坏的义务人的责任要求，应该也同样适用于自然资源资产损害赔偿制度。

生态环境损害赔偿的趋势是联合自然资源主管部门，共同推进生态环境损害

① 吕忠梅．为生态损害赔偿制度提供法治化方案［EB/OL］．https：//news. gmw. cn/2017-12/22/content_27157999. htm.

② 新浪财经．中国已办理生态环境损害赔偿案件 945 件涉及赔偿金额超 29 亿元［EB/OL］．http：//finance. sina. com. cn/roll/2020-06-30/doc-iirczymk9683283. shtml.

赔偿工作，体现"坚持环境保护与资源保护并重，势在必行"。因此，自然资源资产损害赔偿作为生态环境保护责任追究制度之一，与生态环境损害赔偿制度密不可分，偏重于对自然资源因素损害的追究，尤其是对于已造成损害的全民所有自然资源经济价值和生态价值的追究。

（三）对自然资源资产损害的追究

《生态环境损害赔偿制度改革方案》明确提出造成国有自然资源和生态环境损害，要依法追究生态环境损害赔偿责任。其中关于损害的环境要素和生物要素，包括"大气、地表水、地下水、土壤、森林"和"植物、动物、微生物"等，而在地方发布的生态环境损害赔偿制度改革实施方案中，更为准确地提出了损害的资源资产类型。例如，2018 年，云南省委省政府印发《生态环境损害赔偿制度改革实施方案》明确"因环境污染或生态破坏，造成永久基本农田、国有防护林地、特种用途林地 5 亩以上，一般耕地、其他林地 10 亩以上，国有草原或草地 20 亩以上，基本功能丧失或遭受永久性破坏的；因环境污染或生态破坏，经认定造成湿地自然状态改变、生态特征及生物多样性明显退化、湿地生态功能严重损害的"，要依法追究生态环境损害赔偿责任。其中，永久基本农田、国有防护林地、特种用途林地、国有草原或草地等，都属于国有自然资源资产。

对于自然资源资产损害赔偿，行政部门主要具有开展索赔工作的职责，以及对损害事实承担举证责任。云南省明确规定，对涉及耕地、矿产等方面的生态环境损害赔偿工作，由自然资源部门负责；对涉及森林、林地及省级以上重要湿地、国家公园、自然保护区、森林公园、国家湿地公园等的生态环境损害事件，由林业部门负责进行调查、鉴定评估、赔偿磋商、提起诉讼、修复监督等工作。损害赔偿范围包括清除污染、生态环境修复、生态环境修复期间服务功能的损失、生态环境功能永久性损害造成的损失以及生态环境损害赔偿调查、鉴定评估等合理费用。

综上，生态环境损害赔偿制度能够让受委托的省级政府和受委托代行全民所有自然资源资产所有者职责的部门提起国家利益诉讼，为自然资源资产损害赔偿提供了现实路径，为自然资源资产损害赔偿制度的运行拓宽了实践基础。

第二节　自然资源资产损害的司法救济

一、自然资源资产损害的救济依据

（一）依托生态文明法律制度建设

党的十八大以来，我国把制度建设作为推进生态文明建设的重中之重，为自然资源资产损害救济提供了制度依据。

2018 年 3 月，第十三届全国人民代表大会一次会议通过的《宪法》修正案正式把发展生态文明、建设美丽中国写入《宪法》。2020 年 5 月 28 日，十三届全国人大三次会议审议通过的《中华人民共和国民法典》开篇就规定，民事主体从事民事活动，应当有利于节约资源、保护生态环境。党的十九大把“增强绿水青山就是金山银山的意识”等内容写入《中国共产党章程》，成为生态文明建设的行动指南。

近年来，《环境保护法》《环境保护税法》以及《大气污染防治法》《水污染防治法》和《土壤污染防治法》等法律更加完善，涉及生态文明建设的 40 多项改革方案相继出台，以及中央生态环境保护督察制度的建立，让生态优先、绿色发展的理念生根开花。在“绿水青山就是金山银山”理念的指导下，为从根本上解决最突出、最紧迫的环境问题，国务院相继出台了《大气污染防治行动计划》《水污染防治行动计划》《土壤污染防治行动计划》等系列制度，先后实施了《党政领导干部生态环境损害责任追究办法（试行）》《生态文明建设目标评价考核办法》等管理办法。

（二）依托自然资源的专门法律规定

自然资源资产的损害涉及对自然资源使用权的损害。目前，我国已基本形成了以《民法典》为主干，以《水法》《草原法》《矿产资源法》《渔业法》《海域使用管理法》《森林法》和《野生动物保护法》为分支，以《农村土地承包法》和相关司法解释为补充的自然资源使用权立法体系，其对我国自然资源利用秩序等进行了规范。

然而，在自然资源资产损害方面，其“法律责任部分通常针对责任人违反行政管理体制的处罚而设置，对于相应自然资源国家所有权遭受的侵权损害救济涉及极少”，“其余法律层面的特殊救济尚处于较为空白的境地”。[①] 对比生态环境损害赔偿制度建设，我国自然资源资产损害赔偿的制度建设，主要依据自然资源相关法律，尚缺乏明确的维护所有者权益的相关资源资产类制度规范。

二、自然资源资产损害赔偿的诉讼关系

（一）归属于环境资源审判范畴

我国资源环境保护的制度设计，尤其是生态环境损害赔偿和自然资源资产损害赔偿，凸显了行政机关和司法机关联动合作的必然趋势。环境污染、生态破坏事件，具有侵害地域广、涉及人数众多、因果关系链条复杂以及专业技术性强等

① 郭海蓝，陈德敏．省级政府提起生态环境损害赔偿诉讼的制度困境与规范路径［J］．中国人口·资源与环境，2018（3）．

特点，相对于司法机关而言，行政主管部门在调查生态环境损害赔偿属于生态环境损害赔偿磋商情形中，具有更丰富的专业知识和管理经验，可以充分发挥效率高、成本低、专业能力强、程序简便等特点，推动生态环境损害的修复和赔偿。

有学者指出："将行政机关主导下谈判磋商效率高、赔偿资金到位快的优势，与司法机关主导下判决内容更全面且具有终局效力的优势结合起来，必将极大地改善环境司法的现状。"在一定程度上，这表明了资源环境损害的合法性维护，终将由自然资源资产损害的行政处罚方式，回归司法实践，进而维护自然资源资产所有者的合法权益。①

生态环境损害赔偿和自然资源资产损害赔偿案件均属于环境资源审判。环境资源审判保护范围不仅涉及环境资源要素，还覆盖生态系统要素；审判程序涉及多种诉讼类型以及刑事、民事、行政三大责任方式之间的协调和衔接；诉讼价值显现主导性，均围绕"生态环境保护和资源可持续利用"这一核心价值展开。②

（二）实践中与环境民事诉讼关系

目前，在司法实践领域，与自然资源资产损害赔偿相关的现有诉讼制度，主要涉及生态环境损害赔偿诉讼和环境公益诉讼。

生态环境损害赔偿诉讼与环境公益诉讼都是为了更好地借助司法的力量保护环境，但两者也有区别。主要有三点：一是诉讼主体不同。公益诉讼原告是两大类，即社会组织或检察机关；生态环境损害赔偿案件则可以由省级、市地级人民政府及其指定的相关部门、机构或者受国务院委托行使全民所有自然资源资产所有权的部门做原告。二是程序不同。生态环境损害赔偿案件有磋商前置程序，政府起诉前，需要先与赔偿义务人就相关问题进行"谈判"。两轮磋商后无法达成协议，可提起诉讼。三是责任承担方式不同。环境公益诉讼责任承担主要包括预防性责任、恢复性责任和赔偿性责任。生态环境损害赔偿案件最主要的承担责任方式主要是修复生态环境。惩罚不是目的，将污染的环境恢复原状才是。

自然资源资产损害赔偿、生态环境损害赔偿和环境公益诉讼都主要涉及生态系统功能的退化，但是修复生态环境、维护环境利益是生态环境损害赔偿和环境公益诉讼的核心内容。自然资源资产损害赔偿是在修复损害的自然资源基础上，维护自然资源资产权益，偏重对于自然资源资产的经济价值和生态价值的赔偿。在制度层面，体现了环境、生态（系统）、自然资源之间的关联性，都体现了修

① 梅宏，胡勇．论行政机关提起生态环境损害赔偿诉讼的正当性与可行性［J］．重庆大学学报（社会科学版），2017（5）．

② 澎湃新闻．专访最高法环资庭长：环资案逐年上升，预防和修复理念更深入［EB/OL］．https：//www.baidu.com/link？url＝ZH2jxka2SjRlSJjINxG0d－YScp02GhVjfpzIkCTvf_vnAXCYE0eN9QHnWbvqocR9ksw0MMTKbRjodBxtDYwnMq&wd＝&eqid＝b6e6f3640002ea3b000000025fb1ca6f.

复和补偿环境公益损害的核心理念。

第三节 自然资源资产损害赔偿制度展望

统筹推进自然资源资产产权制度改革，建立自然资源资产损害赔偿制度，能够有效维护自然资源资产权益，促进自然资源整体保护。因此，在统一行使全民所有自然资源资产所有权的过程中，也要逐步完善自然资源资产损害赔偿制度。

一、与资源犯罪行政处罚的衔接问题

我国环境污染与资源破坏都属于环境问题，但是环境污染基本上是环境问题的代名词。尽管《刑法》第六章第六节“破坏环境资源保护罪”部分有 11 个罪名是关于自然资源破坏的，但是导致资源破坏的问题大多涉及行业管理。我国自然资源管理的历史和现实需要，决定了相比司法因素，自然资源相关权属制度安排的行政因素一直占有压倒性的优势。[①] 因此，在未来对于自然资源资产权属的保护，除了行政处罚，有关于资产经济权益和生态权益的维护，需要在相关法律基础上，研究探索与行政处罚的衔接。

二、在生态环境损害赔偿制度基础上的权益维护问题

目前，受国务院委托行使全民所有自然资源资产所有权的部门，能够作为赔偿权利人，提起生态环境损害赔偿诉讼，在一定程度上有助于开展自然资源资产损害赔偿工作。但是面对自然资源资产管理的新时代需求，需要在理论和实践层面上补充完善自然资源资产损害赔偿的顶层设计，在已有的土地、矿产、森林、草原、湿地、水、海洋和海域等资源法基础上，溯源资源犯罪涉及的自然资源相关权属及利益关系，为权益维护基础上的资金及损害修复提供方法依据。

---

① 张璐等．自然资源损害救济机制类型化研究——以权利与损害的逻辑关系为基础［M］．北京：法律出版社，2015.

监管篇

第十四章　国有自然资源资产报告

第一节　报告工作背景

一、中央有关要求

为贯彻落实党的十八届三中全会关于加强人大国有资产监督职能的部署要求，加强国有资产管理和治理，2017 年，党中央印发《中共中央关于建立国务院向全国人大常委会报告国有资产管理情况制度的意见》（以下简称《意见》），对国有资产报告工作进行全面部署。2019 年，中共中央办公厅、国务院办公厅印发《关于统筹推进自然资源资产产权制度改革的指导意见》（以下简称《产权改革意见》），提出“国务院自然资源主管部门按照要求定期向国务院报告国有自然资源资产报告。各级政府按要求向本级人大常委会报告国有自然资源资产情况，接受权力机关监督”。2019 年，全国人大常委会印发《贯彻落实〈中共中央关于建立国务院向全国人大常委会报告国有资产管理情况制度的意见〉五年规划（2018-2022）》（以下简称《五年规划》），进一步细化了《意见》要求。2020 年，全国人大常委会通过《关于加强国有资产管理情况监督的决定》（以下简称《监督决定》），对国有资产报告工作提出了新要求。

（一）《意见》有关要求

《意见》要求国务院每年向全国人大常委会报告国有资产管理情况，依法由国务院负责同志进行报告，也可以委托有关部门负责同志报告。明确年度报告采取“1+4”相结合的方式，即国有资产管理情况综合报告，企业（金融企业）国有资产、金融企业国有资产、行政事业性国有资产、国有自然资源资产等管理情况专项报告。规定在每届全国人大常委会任期内，届末年份国务院向全国人大常委会提交书面综合报告并口头报告；其他年份在提交书面综合报告的同时就 1 个专项情况进行口头报告。明确国有自然资源报告重点包括：自然资源总量，优化国土空间开发格局、改善生态环境质量、推进生态文明建设等相关重大制度建设，自然资源保护与利用等情况。同时，要求依法明确和规范报告范围、分类、标准。制定完善相关统计制度。加快编制自然资源资产负债表。组织开展国有资产清查核实和评估确认，建立全口径国有资产信息共享平台。此外，《意见》还明确了全国人大常委会审议国有资产报告、开展国有资产监督的九方面重点，要求县级以上地方要根据本地实际情况，建立政府向本级人大常委会报告国有资产管理情况制度。

（二）《产权改革意见》有关要求

《产权改革意见》提出健全自然资源资产产权体系，明确自然资源资产产权主体，开展自然资源统一调查监测评价，加快自然资源统一确权登记，强化自然资源整体保护，促进自然资源资产集约开发利用，推动自然生态空间系统修复和合理补偿，健全自然资源资产监管体系，完善自然资源资产产权法律体系等主要任务。其中，在“健全自然资源资产监管体系”中，提出“发挥人大、行政、司法、审计和社会监督作用，创新管理方式方法，形成监管合力，实现对自然资源资产开发利用和保护的全程动态有效监管，加强自然资源督察机构对国有自然资源资产的监督，国务院自然资源主管部门按照要求定期向国务院报告国有自然资源资产报告。各级政府按要求向本级人大常委会报告国有自然资源资产情况，接受权力机关监督”。

（三）《五年规划》有关要求

《五年规划》提出了三个“基本建立”的目标，即到2022年，基本建立起报告范围全口径、全覆盖，分类、标准明确规范，报告与报表相辅相成的报告体系；基本建立起符合国有资产类别特点、以联网数据库为依托、以评价指标体系为重点、以常委会审议意见处理和整改问责为重要抓手的人大国有资产监督制度；基本建立起横向协作与纵向联动顺畅有序、规范高效的工作机制。

《五年规划》明确2021年听取和审议国有自然资源资产管理情况专项报告。同时，要求健全报告制度。一是规范报告基本内容。各类国有资产专项报告要反映国有资产的规模、结构、分布、表现形式，配置、使用、处置、收益等，说明国有资产管理情况，查找国有资产管理中存在的突出问题、进行原因分析，提出具体可行的推进改革，改进工作的安排建议。二是扩大报告范围。逐步增加纳入报告范围的国有自然资源资产种类。其中，储备土地（2019年）。三是完善报表和评价指标体系。2021年，提交国有自然资源资产报表。国有自然资源资产的管理评价指标主要包括保护生态环境、保障国家安全等。四是夯实报告基础。完善相关会计制度，制定完善相关统计制度，推进自然资源资产负债表等工作，建立资产信息共享平台。

（四）《监督决定》有关要求

《监督决定》明确专项报告要根据各类国有资产性质和管理目标，结合全国人大常委会审议的重点内容突出报告重点，反映各类国有资产管理情况、管理成效、相关问题和改进工作安排。要求完善各类国有资产报表体系，作为报告的重要组成部分。根据国有资产性质和特点，从价值和实物等方面，反映国有资产存量情况和变动情况。建立健全反映不同类别国有资产管理特点的评价指标体系，全面、客观、精准地反映管理情况和管理成效。

《监督决定》明确了全国人大常委会审议报告、开展监督时的十方面重点，其中第七条是“国有自然资源资产支持经济社会发展和改善生态环境质量，落实自然资源保护与有效利用、保护生态环境、节能减排等约束性指标等情况”。同时，进一步规范了审议程序和时间。明确在全国人大常委会会议举行30日前，由全国人大财政经济委员会或者会同其他有关专门委员会开展初步审议，提出初步审议意见。在全国人大常委会会议举行45日前，预算工作委员会应当组织听取全国人大代表的意见建议，听取国务院有关部门介绍报告的主要内容并提出分析意见。

二、报告工作现状

2018年开始，国务院及各省级人民政府编制国有资产管理情况报告并向本级人大常委会报告。截至2022年底，均完成了首次向本级人大常委会报告国有自然资源资产管理情况。其中，自然资源部会同水利部、林草局等规范国有自然资源资产报告制度，采用“统计报告+工作报告”“资源+资产”“国有+集体”的编制模式，重点阐述贯彻落实中央领导同志重要指示批示精神、打好三大攻坚战、深入推进自然资源领域重大改革等工作情况。①

2021年10月，全国人大常委会听取和审议了《国务院关于2020年度国有自然资源资产管理情况的专项报告》，首次交出了一份国有自然资源资产的“明白账”。该报告第一部分是国有自然资源资产基本情况，主要报告了截至2020年底，国有建设用地、耕地、园地、森林、草原、湿地、矿产、水、海洋、自然保护地、野生动植物的规模、结构及分布等情况，以及“十三五”时期国有建设用地、矿产、水、海域、无居民海岛等配置和收入情况。第二部分是全面加强自然资源管理，为国有自然资源资产管理奠定基础，主要报告了“十三五”期间，建立健全自然资源管理制度体系、加强重大基础性工作、加大自然资源保护力度、加快构建国土空间规划体系和用途管制制度、加大生态保护修复力度、强化

① 《关于落实全国人大常委会对2018年度国有资产管理情况综合报告和2018年度全国行政事业性国有资产管理情况专项报告审议意见的报告》。

自然资源节约集约利用、持续推进自然资源法治建设等方面的工作进展及成效，并总结了资源约束趋紧和利用粗放并存、生态系统整体质量和稳定性状况不容乐观、自然资源资产产权制度还不健全、自然资源管理法律法规体系还不完善、自然资源领域违法违规仍时有发生等问题。第三部分是下一步工作考虑，提出了“十四五”时期，强化自然资源保护、提高资源利用效率、优化国土空间开发保护格局、提升生态系统质量和稳定性、建立健全国有自然资源资产管理制度体系等工作安排。

国有自然资源资产报告是一项新的工作，尽管完成了首次口头报告，积累了一些经验，但还存在困难与不足。

（一）内容体系有待完善

一是国有自然资源资产报表还未形成体系，国有自然资源资产管理评价考核指标体系尚未建立，没有形成《五年规划》等提出的报告与报表相得益彰的内容体系，还难以全面、准确地反映管理工作和成效。二是部分自然资源缺乏质量、配置等内容。比如，耕地、森林、草原、湿地等没有质量内容，森林、草原等有偿使用制度有待建立健全，报告缺乏相应配置及收入情况。

（二）报告范围需明晰丰富

一是现有报告内容主要体现国有自然资源情况，未清晰界定自然资源与自然资源资产的范围边界，特别是可再生的自然资源。比如，水资源报告了总量、地表水等数量，海洋资源报告了海岛、海域、海岸线等数量，但未明确哪部分属于资产；二是资源种类还未实现全口径、全覆盖要求。比如，无线电频谱、太阳能、风能等自然资源。纳入报告的矿产资源种类需进一步丰富，储备土地未按《五年规划》要求纳入报告。

（三）资产价值量计量缺乏

由于自然资源门类多、差异大，自然资源资产价值内涵认知不一，价格体系不完善等原因，目前尚未形成规范、统一的自然资源资产价值核算标准规范，因此，现有报告主要反映各类自然资源资产实物量及结构、分布等情况，缺乏价值量（经济价值、社会价值、生态价值）有关内容，仅报告了“十三五”时期配置收入情况。不同量纲的实物量计量难以体现资产的价值属性，也无法进行资产的总体加总、结构及保值增值分析。

（四）分析不够透彻深入

一是资产年度动态变化反映不够。现有报告侧重对国有自然资源资产实物存量和结构的描述，缺乏与上年对比及期中增减变化的分析。比如，国有建设用地、耕地、园地、森地、草地、湿地等均未反映与上年对比情况，侧重于分析结构。海洋资源大部分数据为长期不变数据，难以有效反映管理的动态变化情况。

二是存在的问题仅总结了问题本身，未深入分析原因。比如，资源约束趋紧和利用粗放并存的造成既有资源禀赋本身等客观因素，也有观念认识、利用方式、技术手段等其他多种因素。

（五）基础性工作亟待加强

当前自然资源资产管理尚在健全中，还存在自然资源资产底数不清、所有者不到位、权责不明晰、权益不落实、监管保护制度不健全等问题，自然资源统一调查监测体系正加快完善，统一确权登记未实现全覆盖，全民所有自然资源资产核算、清查、所有权委托代理机制等基础性工作仍在探索中，国有自然资源资产数据库还未建立，距离实现从实物量和价值量角度全面、客观地反映国有自然资源资产情况还有差距。

三、国内外经验借鉴

（一）金融企业国有资产报告

《国务院关于 2017 年度金融企业国有资产专项报告》内容主要包括四部分：一是基本情况，包括资产总量、分布、行业结构。二是管理情况，包括完善顶层设计、健全管理框架、建立制度、优化激励约束机制等方面。三是工作成效，包括保值增值、优化布局、深化改革、服务实体经济、防风险等。四是下一步思路和措施。包括夯实管理体系、优化战略布局、促进持续经营、健全激励约束机制、夯实报告基础等。

可借鉴该专项报告总体框架，首先说明资产的总量、分布、结构及变化，并进行原因分析。其次说明健全管理体制机制、深化改革、支撑国家重点工作等的开展情况及取得的重要成效。最后结合资产管理中存在的不足，提出管理措施。

（二）行政事业性国有资产报告

2017 年 1 月，财政部出台了《行政事业单位国有资产年度报告管理办法》。该办法提出资产报告由行政事业单位资产报表、填报说明和分析报告三部分构成。其中，资产报表分为单户报表和汇总报表两类，汇总报表反映本地区、本部门行政事业单位资产总量、分布、构成、变动等总体情况。填报说明主要内容包括对数据填报口径、数据审核、账面数与实有数、账面数与财务会计报表数据差异及其他需要说明的情况。分析报告应当以资产和财务状况为主要依据，对资产占有、使用、变动情况，以及资产管理情况等进行分析说明，主要内容包括：部门（单位）的基本情况；资产情况分析，包括资产总量、分布、构成、变动情况及原因分析，主要资产的配置、使用、处置等情况，国有资产收益规模及其管理情况；资产管理工作的成效及经验；资产管理工作存在的问题及原因分析；加强行政事业单位国有资产管理工作的建议；其他需要报告的事项。《国务院关于2018年度全国行政事业性国有资产专项报告》内容主要包括四部分：一是基本情况，包括资产总量、分布和行业结构；二是管理工作情况，包括健全制度体系、提升管理效能、夯实管理基础、强化资产管理、做好改革工作；三是工作成效，包括规模壮大、保障运行、促进发展、提升水平；四是下一步工作，包括强化顶层设计、完善工作机制、狠抓基础工作等。

可借鉴该专项报告三部分的总体结构及分析报告的框架，包含基本情况、管理情况、成效及经验、问题及原因、工作建议、其他需要报告的事项等内容。同时，增加报告报表及数据来源、名词术语解释等。

（三）企业国有资产报告

2004年，国资委研究出台了《企业国有资产统计报告办法》。该办法将年度统计报告分成企业会计报表和国有资产运营分析报告两部分。其中，企业会计报表由资产负债表、利润及利润分配表、现金流量表、所有者权益变动表及相关附表构成。国有资产运营分析报告是对本地区、本部门或者本企业占用的国有资产及运营情况进行分析说明的文件，内容包括：国有资产总量和分布结构，企业资产质量、财务状况及经营成果分析，国有资产增减变动情况及其原因分析，保值增值结果及其影响因素分析，其他需说明的事项。《国务院关于2019年度财政部履行出资人职责和资产监管职责企业国有资产管理情况的专项报告》主要内容包括四部分：一是企业国有资产基本情况，包括国有企业基本情况和企业国有资产情况；二是财政部企业国有资产管理工作情况，包括推进企业市场化改革，不断加强国有资本经营预算管理和企业财务管理等方面；三是财政部履行出资人职责和资产监管职责企业改革发展情况；四是下一步工作考虑。《国务院关于2019年度国资系统监管企业国有资产管理情况专项报告》内容主要包括五部分：一是国资系统企业基本情况；二是国资系统企业国有资产监管情况；三是国资系统企业改革情况；四是工作体会和存在的主要问题；五是下一步工作考虑。

可借鉴该专项报告总体框架，包含基本情况、管理情况、工作成效、下一步举措等。在基本情况中说明资产的总量、分布、结构及变化，并进行原因分析。管理情况和成效中说明健全监管体系，提升配置效率，提升监管效能等工作开展情况及取得的重要成效。同时，结合存在的不足，提出加强管理的措施。

（四）美国内政部经济报告

2019年9月，美国内政部发布了《2018财年美国内政部经济报告》。报告主要分析了在联邦所有的土地的各种自然资源活动对美国的经济贡献、增加值、就业和其他经济价值情况。附表分别为内政部所管自然资源的产出数量和价值（2010~2018财年），2018财年联邦所有的土地上自然资源活动经济贡献估算，

2018 财年经济贡献（按机构划分）、增加值估算（按州和活动类别）、总产出估算（按州和活动类别）、总就业岗位（按州和活动类别）。报告显示，在 2018 财年，联邦所有的土地自然资源产品和活动给全国 GDP 贡献了 1830 亿美元，支撑了大约 3150 亿美元经产出和大约 180 万个就业岗位。

借鉴意义主要体现在：一是价值估算采用市场平均单价乘以矿产资源产量。价格数据采用具有代表性的市场平均价格。如原油价值估算采用 WTI 每桶平均价格乘以原油产量。二是统计范围。主要统计可通过市场交易实现价值的自然资源。该报告认为生态系统服务有多种计量方式，其年度流量信息不能稳定获得，因为大多数生态系统服务不在市场上买卖，价格也难以稳定获取，因此仅定性描述，未进行价值化。三是多维分析。报告分析了各类自然资源活动产生的经济贡献（直接、间接）、就业贡献，并按州、部门、活动类型进一步细分。

第二节　报告范围与内容

一、报告范围

（一）时间范围

《意见》要求“国务院关于国有资产管理情况的年度报告采取综合报告和专项报告相结合的方式”。作为专项报告之一的国有自然资源资产报告，实质上属于年度报告，不论它是否被本级人大常委会听取和审议，因此，报告涵盖的时间范围原则上应限定在一个公历年度，如 2020 年报告 2019 年度的国有自然资源资产管理情况。但对于特殊年份，如 2021 年是国务院首次向全国人大常委会报告 2020 年度国有自然资源资产管理情况；由于 2020 年是“十三五”收官之年，因此该年度报告时间跨度上可涵盖“十三五”时期，特别是 2018 年机构改革以来的管理情况，同时也需体现 2020 年新冠肺炎疫情防控等重要工作。

（二）种类范围

我国国土辽阔，自然资源种类多、总量丰富。目前，自然资源分类在法律法规和管理实践中存在差异。我国《宪法》《民法典》提出的分类包括矿藏、水流、森林、山岭、草原、荒地、滩涂等，但在管理实践中主要依照《土地管理法》《矿产资源法》《森林法》《草原法》《水法》《海洋环境保护法》《海域使用管理法》《海岛保护法》《野生动物保护法》《气象法》《野生植物保护条例》《无线电管理条例》《湿地保护管理规定》等单门类法律法规。再结合自然资源部等政府部门“三定”职责和管理实践，涉及的自然资源种类主要包括土地资源、矿产资源、森林资源、草原资源、湿地资源、水资源、海洋资源（海域、海岛）、野生动物资源、野生植物资源、无线电频谱资源、气候资源等。自然保护地作为各类自然资源集合体和自然资源保护的重要载体，是党中央、全国人大常委会以及社会关注的重点，作为特殊主体应纳入报告。

根据“全口径、全覆盖”目标要求和自然资源调查监测等工作基础，建议将国有自然资源资产报告涉及的资源种类扩张至“10+1”，即上述10种（不含气候资源）加上自然保护地（国家公园、自然保护区、自然公园）。同时，根据《五年规划》要求在国有土地资源中将储备土地单列。需要注意不同自然资源分类之间的重叠交叉，尽量不重不漏。

（三）所有权范围

我国社会主义经济制度的基础是生产资料的社会主义公有制，从所有权上看，我国《宪法》规定：“矿藏、水流、森林、山岭、草原、荒地、滩涂等自然资源，都属于国家所有，即全民所有；由法律规定属于集体所有的森林和山岭、草原、荒地、滩涂除外。”我国《民法典》规定：“矿藏、水流、海域、无居民海岛、无线电频谱资源属于国家所有，森林、山岭、草原、荒地、滩涂等自然资源属于国家所有，但法律规定属于集体所有的除外。”我国《土地管理法》《矿产资源法》《水法》《森林资源法》《草原法》《海域使用管理法》《海岛保护法》《野生动物保护法》等法律法规规定：矿产资源、水资源、海域、无居民海岛、无线电频谱资源属于国家所有，土地（含湿地）、森林和草原等资源既有国家所有也有集体所有。

我国《民法典》规定：“法律规定属于国家所有的野生动植物资源，属于国家所有。”我国《野生动物保护法》规定：“野生动物属于国家所有。”但此法规定的野生动物是指珍贵、濒危的陆生、水生野生动物和有重要生态、科学、社会价值的陆生野生动物。我国《野生植物保护条例》未对野生植物的所有权进行规定，并且该法规定的野生植物仅指原生地天然生长的珍贵植物和原生地天然生长并具有重要经济、科学研究、文化价值的濒危、稀有植物。可见，野生动植物并非全部为国家所有。气候资源虽有保护和合理利用规定，但未明确所有权归属。

从报告定位和名称上看，国有自然资源资产报告应聚焦国家所有的情况。对于包含国家所有和集体所有的全部情况，可以通过国家所有的占比间接反映或者以附件补充说明。

（四）资产范围

自然资源资产是自然资源的一部分，体现产权和价值特征。不同的核算目的，决定了资产范围各异。宏观上，国民经济核算体系2008将资产定义为由某个或某些单位所拥有的实体，其所有者会因对它们的持有或在一段时间内的使用而获取经济利益，不包括空气或公海等无法有效行使所有权的自然资源以及尚未发现或开采的矿藏和能源储备。我国国民经济核算体系 2016 明确界定，资产是根据所有权原则界定的经济资产。作为国民经济核算体系的扩展，环境经济核算体系中心框架 2012 的自然资源资产实物量核算包括可能为人类提供好处的所有自然资源，但价值计量限于根据国民账户体系的估价原则确认为具有经济价值的部分。可见，宏观核算强调资产要符合权属明确、能有效控制及带来经济收益。微观上，我国企业会计准则将资产定义为企业过去的交易或者事项形成的、由企业拥有或者控制的、预期会给企业带来经济利益的资源，其强调主体拥有或控制、能以货币计量的及带来经济收益。党的《十八届三中全会〈决定〉辅导读本》将自然资源资产定义为具有稀缺性、有用性（包括经济效益、社会效益、生态效益）和产权明确的自然资源，更加全面、客观。

有的学者强调自然资源资产的稀缺性、能带来效益、为一定的主体拥有或控制、能以货币计量；有的强调权属性、有效性及稀缺性；有的强调稀缺性、能够产生经济价值、产权主体明确、产权边界清晰；有的强调产权明确、具有可调查性和可计量性、可带来预期效益。可见，自然资源资产的稀缺性、有用性、产权明确是研究的共同关注点。可计量性作为衡量价值大小的尺度，是资产的内在要求。但在效益类型、产权明确和可控性程度、计量方式等方面存在争议。

综上，对于宏观尺度上的资产核算，所有在实物量上具有稀缺性、产权明确为国家所有的自然资源，尽量都纳入核算。价值量上优先核算其中能带来可计量经济利益、生态效益、社会价值的部分，其余待条件成熟逐步纳入。按照以上条件，关于资产实物量，尽量按照资源即资产的原则报告。关于价值量，应坚持稳步推进原则，与资产核算、清查、统计和负债表编制等工作衔接。

（五）涉及部门范围

根据我国《土地管理法》《矿产资源法》《森林法》《草原法》《水法》等法律法规和政府部门职责，全民所有土地、矿产、森林、草原、湿地、水和海洋等自然资源资产所有者职责主要涉及自然资源主管部门；土地资源管理主要涉及自然资源主管部门、农业农村主管部门；矿产资源管理主要涉及自然资源主管部门；森林资源、草原资源和湿地资源管理主要涉及林业和草原主管部门；水资源管理主要涉及水行政主管部门；海洋资源管理主要涉及海洋行政主管部门；野生动物管理主要涉及林业主管部门、渔业主管部门；野生植物管理主要涉及林业行政主管部门、环境保护部门；无线电频谱管理主要涉及工业与信息化主管部门（国家无线电管理机构）；自然保护地管理主要涉及林业主管部门、生态环境主管部门。

关于报告重点、监督审议重点除涉及自然资源主管部门外，还涉及发展和改革主管部门（国有自然资源资产支持经济社会发展、节能减排、生态补偿等）、工业和信息化主管部门（无线电频谱管理等）、财政主管部门（国有自然资源资产有偿使用及资源税费改革等）、生态环境主管部门（改善生态环境质量等）、水行政主管部门、农业农村主管部门（耕地保护、水生野生动物保护等）、审计署（自然资源资产离任审计等）、统计局（自然资源资产负债表及资产核算等）、林业和草原主管部门（森林、草原、湿地、自然保护地等）。

综上，国务院国有资产报告工作部际协调机制①还未完全覆盖可以纳入报告的自然资源种类及报告重点，还不能满足《意见》《规划》等提出的“全口径、全覆盖”等有关要求，笔者建议将发展和改革、工业和信息化、生态环境、农业农村等有关部门纳入。各地需根据实际，成立报告工作协调机制，尽量将自然资源管理相关的政府部门都纳入。

二、报告内容体系

（一）思路原则

根据《意见》《监督决定》《五年规划》要求，紧扣所提出的报告重点，全国人大常委会监督和审议重点，聚焦党中央关心、人大关注和社会关切问题，聚焦反映国有情况，坚持目标和问题导向，积极稳妥、分类施策、依法有序推进，充分借鉴企业、行政事业性等国有资产报告经验及地方有益探索，结合国有自然资源资产特点、工作基础和管理目标，逐步扩大报告范围，完善报告内容体系，建立报告范围全口径、全覆盖，分类、标准明确规范，报告与报表相辅相成的报告体系，从实物量、价值量等角度，全面、准确地反映国有自然资源资产管理情况，实现“资源+资产”报告向“资产”报告，“实物量”报告向“实物量+价值量”报告，国有自然资源资产“明白账”向“放心账”的转变。

（二）主要内容

遵循以上思路原则，本书认为国有自然资源资产报告可由正文、附件两部分组成。其中，报告正文包含四个部分：基本情况、管理工作及成效、存在主要问题、下一步工作考虑。

1. 国有自然资源资产基本情况

该部分主要介绍国有自然资源资产（实物量+价值量）的规模、质量、结构、分布、配置、收益及变化情况。具体资产范围根据全民所有自然资源资产核

① 财政部有关负责人就国有资产报告工作答记者问等公开资料显示，国务院成立了由财政部牵头，自然资源部、住房和城乡建设部、交通运输部、水利部、人民银行、审计署、国资委、国家统计局、银保监会、粮食和储备局、国家林草局、国家文物局等部门参与的国有资产报告工作部际协调机制。

算通则或标准确定。按照总体情况、国有土地资源资产、矿产资源资产、国有森林资源资产、国有草原资源资产、国有湿地资源资产、水资源资产、海洋资源资产、野生动植物、自然保护地等展开，无线电频谱等自然资源需根据实际情况逐步纳入。口径上，聚焦国有，即全民所有的情况。对于难以区分权属的，暂以全口径全部纳入，待条件具备后，报告国有情况。

（1）总体情况。由于资产实物量量纲不一，难以进行加总分析，因此，该部分主要从价值量角度，报告国有自然资源资产价值总量、结构、分布、配置和收益及其变化情况。

（2）国有土地资源资产。一是总体情况。国有土地资源资产实物量，价值量及内部构成、变化等情况；国有耕地实物量、价值量、质量、分布及变化情况。储备土地面积、价值量及变化情况。二是配置和收益情况。国有建设用地供应数量及收入情况，其中划拨、出让（分协议、招拍挂）、租赁、作价出资（入股）等方式供应面积及收入，新增建设用地有偿使用费及其他有偿使用收入及变化情况。

（3）矿产资源资产。部层面主要报告重要的矿产资源，如战略性矿产资源（不含涉密的放射性矿产、稀土）以及大宗矿产资源。各地根据实际报告当地重要或优势矿产资源。统计范围：既定储量级别（根据各时期储量分类及资产核算规程标准确定）。

一是总体情况。区域已发现矿产的种类数量，已发现并具有查明资源储量的矿产种类数量。二是规模、结构与分布情况。重要矿产资源的储量（油气：剩余经济可采储量）、价值量、分布及变化情况。三是配置与收益情况。有效矿业权（分探矿权、采矿权）数量，出让宗数、面积及变化情况。矿业权使用费、占用费及其他有偿使用及变化情况。

（4）国有森林资源资产。一是总体情况。国有森林资源资产实物量（面积、蓄积量）、价值量、结构（按形态、起源、林种等）、分布及变化情况。二是质量情况。国有森林单位面积蓄积量及变化等。三是配置与收益情况。国有森林资源开发利用及获得的有偿使用收入及变化情况。

（5）国有草原资源资产。一是总体情况。国有草原面积、价值量、结构（不同类型）、分布及变化情况。二是质量情况。国有草原综合植被覆盖度、分级定级及变化情况。三是配置收益情况。国有草原资源开发利用及获得的有偿使用收入及变化情况。

（6）国有湿地资源资产。一是总体情况。国有湿地资源面积、价值量、结构（不同类型）、分布及变化情况。二是质量情况。国有湿地资源分等定级及变化情况。

(7) 水资源资产。一是总体情况。水资源资产总量、价值量及变化情况；地表水、地下水数量、价值量及变化情况；各行政区域、流域水资源量，地表水，地下水数量、价值量及变化情况。二是质量情况。河流、湖泊、水库、水功能区、考核断面等水质及变化情况。三是供水和用水情况。供水总量及地表水源、地下水源及其他水源供水情况；用水总量及生活用水、农业用水、工业用水，人工生态环境补水及其变化等用水情况；万元 GDP 用水量，农田灌溉水有效利用系数，万元工业增加值用水量及变化情况。四是收益情况。水资源费及其他有偿使用情况。

(8) 海洋资源资产。一是总体情况。海域面积及价值量、海岸线长度，海岛数量、价值量及变化情况。各地区海域面积、海岸线长度，海岛数量、价值量及变化情况。二是质量情况。海洋功能区划中不同等级海域面积、可开发利用的无居民海岛质量等别及变化情况。三是配置和收益情况。审批用海面积及海域使用金征收情况；批准用岛个数及无居民海岛使用金征收情况；其他有偿使用情况。

(9) 野生动植物。一是野生动物、野生植物的种类、数量等情况。二是国家重点保护野生动物、野生植物的种类、数量及变化情况。

(10) 自然保护地。一是自然保护地（国家公园、自然保护区、自然公园）数量、分布及变化等情况。二是自然保护地中国有土地、森林、草原、湿地等面积、占比及变化情况。

2. 国有自然资源资产管理工作及成效

该部分主要介绍贯彻落实中央领导同志重要指示批示和党中央、国务院重大决策部署，履行国有自然资源资产管理职责及取得的重要成效。聚焦《意见》《监督决定》以及年度监督计划提出的报告重点、全国人大常委会监督和审议重点，结合自然资源部、水利部、林草局以及发展改革委、财政部、生态环境部、统计局、审计署等相关部门关于国有自然资源资产管理的主要职责，可按照“总—分”的思路，围绕自然资源管理链条展开，包括但不限于：贯彻落实党中央决策部署，做好顶层设计；夯实调查监测等基础性工作，摸清自然资源家底；加强自然资源保护，保障国家资源安全；提高资源利用效率，促进绿色转型；完善资产管理制度体系，维护国家所有者权益；持续优化国土空间格局，支撑经济社会高质量发展；加强生态保护修复，不断提升生态系统质量和稳定性；积极推进法治建设，增强监管效能等。

尽量有相应政策文件、数据或典型案例等支撑，通过前后对比，提高说服力。并随着国有自然资源资产管理制度和基础的健全完善，逐步优化具体内容。

3. 国有自然资源资产管理存在的主要问题

该部分主要总结归纳自然资源资产管理中存在的主要困难和问题，并分析原因。比如，资产管理理念还有待提升（如贯彻落实新发展理念、正确处理保护和开发关系等）、资产管理的体制机制还不顺畅（如保护、开发等管理体制机制，部门及改革之间的统筹协调等）、资产管理基础有待进一步夯实（如关键理论基础、技术支撑、调查监测、确权登记、价值核算等）、资产管理实效有待提高（如各类自然资源节约集约利用水平、自然资源和生态环境质量提升等）、资产监管实效有待提高（重要法律法规缺失、与改革要求不相符、违法违规时有发生等）等，并进一步分析造成这些问题的主观、客观原因。

4. 下一步工作考虑

该部分针对存在的主要问题和审议意见提出的问题，结合相关重要规划、重点工作安排及下一步改革方向，提出完善国有自然资源资产管理的措施和建议。

为提高可读性、可审性，除文字外，还可以图、表等形式，更加详细、生动地展示国有自然资源资产管理情况及成效。将进一步解释说明的有关内容放入附件部分，主要包含国有自然资源资产报表、名词解释、数据统计口径及来源说明等，实现与报告正文前后呼应，相得益彰。

第十五章　全民自然资源资产负债表编制

第一节　编制背景

一、编制自然资源资产负债表的时代背景

（一）资源环境形势发生重大变化

国际层面，当前全球面临生态环境受到严重破坏、气候变化风险加大等巨大挑战。联合国2005年发布的《千年生态系统评估报告》指出，全球自然资源提供的2/3以上的各类服务呈下降趋势，生态退化日益严重，且这种趋势可能在未来50年内仍然得不到有效扭转。1987年，联合国环境规划署（UNEP）与世界银行（WB）联合成立了“把环境与资源问题纳入发展战略之中”课题组，提出将环境核算纳入国民经济核算体系中。1993年，联合国正式推出了《环境经济综合核算体系（临时版本）》（SEEA1993），标志着作为国民经济核算体系附属账户的环境经济综合核算正式进入联合国核算体系。此后，联合国陆续推出了SEEA1993、SEEA2000、SEEA2003、SEEA2012，逐步形成了较为系统的资源与环境经济核算框架。其中的SEEA2012影响至今，成为首个环境经济核算体系的国际统计标准。

国内层面，“生态环境特别是大气、水、土壤污染严重，已成为全面建成小康社会的突出短板。扭转环境恶化、提高环境质量是广大人民群众的热切期盼，是‘十三五’时期必须高度重视并切实推进的一项重要工作”。[①]

（二）中央生态文明制度建设重大决定

党中央国务院高度重视生态环境保护问题，将生态文明建设纳入“五位一

① 2015年10月26日，习近平总书记在《关于〈中共中央关于制定国民经济和社会发展第十三个五年规划的建议〉的说明》中指出。

体”战略布局，提出了以“人与自然和谐共生”为本质要求，以“绿水青山就是金山银山”为基本内核，以“良好生态环境是最普惠民生福祉”为宗旨的生态文明思想。

2013 年，党的十八届三中全会首次提出“编制自然资源资产负债表”，这是自然资源资产负债表一词首次出现在国内政府文件中。此后，《中共中央　国务院关于加快推进生态文明建设的意见》《生态文明体制改革总体方案》《开展领导干部自然资源资产离任审计试点方案》《编制自然资源资产负债表试点方案》《国务院关于全民所有自然资源资产有偿使用制度改革的指导意见》《中共中央关于建立国务院向全国人大常委会报告国有资产管理情况制度的意见》《关于统筹推进自然资源资产产权制度改革的指导意见》《十三届全国人大常委会贯彻落实〈中共中央关于建立国务院向全国人大常委会报告国有资产管理情况制度的意见〉五年规划（2018—2022）》等文件都要求编制自然资源资产负债表。编制自然资源资产负债表已成为我国生态文明体制改革和制度建设深入推进的制度选择，是我国生态文明制度体系的一项重要基础性制度。

2013 年 11 月，党的十八届三中全会通过的《中共中央关于全面深化改革若干重大问题的决定》在“十四、加快生态文明制度建设”中的“（52）划定生态保护红线”部分首次提出“探索编制自然资源资产负债表，对领导干部实行自然资源资产离任审计。建立生态环境损害责任终身追究制”。

2015 年 9 月，中共中央、国务院印发《生态文明体制改革总体方案》具体部署自然资源资产负债表编制工作，在“九、完善生态文明绩效评价考核和责任追究制度”中要求“（四十九）探索编制自然资源资产负债表。制定自然资源资产负债表编制指南，构建水资源、土地资源、森林资源等的资产和负债核算方法，建立实物量核算账户，明确分类标准和统计规范，定期评估自然资源资产变化状况。在市县层面开展自然资源资产负债表编制试点，核算主要自然资源实物量账户并公布核算结果”。

2015 年 11 月 8 日，国务院办公厅印发《编制自然资源资产负债表试点方案》（国办发〔2015〕82 号），提出了试点地区编制自然资源资产负债表的总体要求、试点内容、基本方法、试点地区、时间安排和保障措施。目标：通过探索编制自然资源资产负债表，推动建立健全科学规范的自然资源统计调查制度，努力摸清自然资源资产的家底及其变动情况，为推进生态文明建设、有效保护和永续利用自然资源提供信息基础、监测预警和决策支持。试点地区包括：内蒙古自治区呼伦贝尔市、浙江省湖州市、湖南省娄底市、贵州省赤水市、陕西省延安市。核算重点：从生态文明建设要求和人民群众期盼出发，优先核算具有重要生态功能的自然资源，并在实践中不断完善核算体系。核算内容主要包括土地资源、林木资源和水资源。基本方法：在自然资源核算理论框架下，以自然资源管理部门统计调查数据为基础，编制反映主要自然资源实物存量及变动情况的资产负债表。基本平衡关系：期初存量+本期增加量−本期减少量=期末存量。

2017 年 12 月，印发《中共中央关于建立国务院向全国人大常委会报告国有资产管理情况制度的意见》，其中“三、报告方式和重点”中的“（三）提高报告质量”部分提出“加快编制政府综合财务报告和自然资源资产负债表”。

2019 年 4 月，中共中央办公厅、国务院办公厅印发《关于统筹推进自然资源资产产权制度改革的指导意见》，其中“二、主要任务”中的“（六）开展自然资源统一调查监测评价”部分提出“研究建立自然资源资产核算评价制度，开展实物量统计，探索价值量核算，编制自然资源资产负债表”，“三、实施保障”中的“（十四）深入开展重大问题研究”部分要求“重点开展自然资源资产价值……自然资源资产负债表、空间开发权利等重大理论和实践问题研究”。

2019 年 5 月，《十三届全国人大常委会贯彻落实〈中共中央关于建立国务院向全国人大常委会报告国有资产管理情况制度的意见〉五年规划（2018—2022）》印发，其中“三、推动健全报告制度”中的“（四）夯实报告基础”部分要求“加强国有资产报告支撑。落实党中央改革部署，积极推进编制以权责发生制为基础的政府综合财务报告、自然资源资产负债表等工作，为不断提高国有资产管理情况综合报告质量提供有效支撑”。

二、编制自然资源资产负债表的意义

（一）定位

编制全民所有自然资源资产负债表是习近平生态文明思想的重要组成部分，是生态文明制度建设的重大理论创新，是党中央、国务院加强生态文明体制机制建设的重大决策部署，是健全自然资源资产管理体制的积极探索。

第一，党的十八大以来，党和政府全面深化改革，加快推进生态文明顶层设计和制度体系建设，制订了 40 多项涉及生态文明建设的改革方案，特别是出台实施了生态文明建设目标评价考核、自然资源资产负债表编制、自然资源资产离任审计、生态环境损害责任追究等制度。而且，在《中共中央关于全面深化改革若干重大问题的决定》中，“探索编制自然资源资产负债表”属于“加快生态文明制度建设”部分的内容。《编制自然资源资产负债表试点方案》明确“将自然资源资产负债表编制纳入生态文明制度体系，与资源环境生态红线管控、自然资源资产产权和用途管制、领导干部自然资源资产离任审计、生态环境损害责任追究等重大制度相衔接”。特别是《生态文明体制改革总体方案》，将“探索编制自然资源资产负债表”作为“完善生态文明绩效评价考核和责任追究制度”的内容。

第二，编制自然资源资产负债表在国际上尚无先例可循，SEEA 等核算体系就有关自然资源核算问题作出规范指导，但基本上都将自然资源作为资产核算，不涉及自然资源负债的问题。

第三，2018 年自然资源部成立，《自然资源部职能配置、内设机构和人员编制规定》的“主要职责”中，关于全民所有自然资源资产管理职责的内容主要集中在前四条，其中“（四）负责自然资源资产有偿使用工作。建立全民所有自然资源资产统计制度，负责全民所有自然资源资产核算。编制全民所有自然资源资产负债表，拟订考核标准”将编制全民所有自然资源资产负债表归为自然资源资产有偿使用的内容之一，与资产统计、核算并列，但强调了“拟订考核标准”，显然是将其与管理工作考核联系了起来。

（二）作用

编制自然资源资产负债表的目的是利用会计学的平衡原理，核算国家或地区自然资源的存量及其变动情况，全面记录当期各主体对自然资源资产的占用、使用、消耗、恢复和增值活动，反映某一特定时点上相关责任主体的自然资源资产、负债及权益总规模及结构状况，实现对经济社会发展过程中的自然资源消耗及环境损害的动态监测，旨在评价责任主体的资源保护利用成效与代价。它综合体现某一时点上区域自然资源资产的“家底”，反映一定时期内自然资源的使用状况及其对生态环境的影响。

编制自然资源资产负债表的作用主要体现在两个方面：干部绩效考核、分析评价资产管理情况并提供相关信息。

首先，《中共中央关于全面深化改革若干重大问题的决定》提出“探索编制自然资源资产负债表，对领导干部实行自然资源资产离任审计”。《生态文明体制改革总体方案》在“九、完善生态文明绩效评价考核和责任追究制度”中要求“探索编制自然资源资产负债表”。自然资源部“三定方案”的主要职责要求“编制全民所有自然资源资产负债表，拟订考核标准”。

其次，《编制自然资源资产负债表试点方案》要求“通过探索编制自然资源资产负债表，推动建立健全科学规范的自然资源统计调查制度，努力摸清自然资源资产的家底及其变动情况，为推进生态文明建设、有效保护和永续利用自然资源提供信息基础、监测预警和决策支持”。《关于统筹推进自然资源资产产权制度改革的指导意见》要求“开展自然资源统一调查监测评价……研究建立自然资源资产核算评价制度，开展实物量统计，探索价值量核算，编制自然资源资产负债表”，要通过编表，分析不同类型自然资源的变动情况和趋势以及引发环境破坏、生态损害情况的原因等，为管理部门提供区域内自然资源资产的存量与流量信息，客观反映自然资源开发利用过程中发生的自然资源资产增减、环境损害和生态效益等情况，从而为管理部门更好地开展资产管理、生态修复、生态补偿等工作提供决策依据。

三、理论基础

（一）经济学原理

资源与环境经济学以经济学理论为基础，基于系统的、整体的观念，统筹考虑人类的福利问题，以可持续、公平及有效配置的原则开展自然资源的开发利用和生态环境保护，是自然资源资产负债表编制的重要理论基础之一。

外部性理论是资源与环境经济学的重要组成部分。外部性是指生产和消费活动对其他主体产生的影响不能够在市场活动中体现。外部性包括正外部性和负外部性，自然资源开发利用过程和生态环境保护中的外部性在两个方面都得到体现。由于存在外部性，企业等产权主体在自然资源的开发利用活动中，对生态环境破坏造成的损失体现为外部成本（负外部性），没有承担其外部性产生的生态环境责任；其保护生态环境投入产生的效益也会被分享，体现为外部收益（正外部性）。编制自然资源资产负债表需要综合考虑资源价值结构及逻辑、资源与生态环境间的价值关联以及资源与生态治理对核算信息的需求，以外部性理论为基础设计报表账户体系，从而有效反映自然资源开发利用水平对资源生态环境的影响作用。

（二）会计学基础

资产负债表源于企业财务会计，在企业财务会计报告中，资产负债表是反映报告主体某一特定日期财务状况的报表。资产负债表从资产和权益两个维度来反映企业拥有或控制的经济资源及其权属关系，资产表明了企业在某一特定日期所拥有的资产总量及其结构，权益则表明不同权益主体对企业资产的要求权，其中债权人的要求权被称为“负债”，它表明企业未来需要用资产偿还债务的数额，是企业承担的现实义务，所有者对剩余资产的要求权被称为所有者权益或净资产。基于会计学资产和权益的“同体二分”观，形成了资产负债表的基本平衡公式，即“资产=负债+所有者权益”。企业财务会计理论方法在宏观经济体的应用中形成了国家资产负债表，与国民账户中的流量核算数据一起，揭示各经济主体主要经济活动之间的对应关系。[①]

自然资源资产负债表概念本身就意味着将会计的理论和方法应用到自然资源核算这一特殊的领域，从自然资源资产和自然资源权益两个维度来反映一定区域

① 徐子蒙，贾丽，李娜．自然资源资产负债表理论与实践路径探析——以土地资源为例［J］．测绘科学，2019（12）．

各类自然资源赋存、变化及其环境影响。此外会计学的权责发生制记账基础、复式记账方法、连续记账的会计流程等，为编制自然资源资产负债表提供了核算技术方法借鉴。

自然资源资产负债表与企业资产负债表编制目标的实质性趋同，为借鉴企业资产负债表的方法奠定了基础。企业资产负债表设置了资产部类等于权益部类的平衡关系，采用了货币计量的经济价值，形成了报表体系，并反映期初、期末的存量情况。自然资源资产负债表可借鉴企业资产负债表编制方法：一是包括经济价值核算的内容；二是构建平衡关系；三是通过期初、期末存量反映管理情况；四是形成报表体系。①

四、基本概念

资产。对于资产来说，主要有三种概念：一是会计学的资产，国内的《企业会计准则》第二十条规定，资产是指企业过去的交易或者事项形成的、由企业拥有或者控制的、预期会给企业带来经济利益的资源。在国际上，国际财务报告准则（IFRS）认为，资产是由于过去的事件形成且由实体控制的资源，预计未来的经济利益将从该资源流向实体。二是资本的概念，也就是资金资产。三是不动产的概念，也就是固定资产。

负债。对于负债而言，主要有两种概念：一是法学上的“负债”，在我国《民法》中，“债”是依照法律规定或按照合同约定，在当事人之间形成的特定的权利和义务关系，包括主体、客体和内容三要素。二是会计学中的“负债”，IASB 和 FASB 两者对负债的定义基本一致，都是表示未来经济利益的流出。我国《企业会计准则》规定，负债是指企业过去的交易或事项形成的、预期会导致经济利益流出企业的现时义务。

所有者权益。对于所有者权益而言，主要有三种概念：一是会计学的所有者权益。在会计学领域，所有者权益（Equity）是指企业资产扣除负债后，由所有者享有的剩余权益。二是自然资源所有者权益等同于自然资源净资产。史丹（2015）认为自然资源所有者权益就是净资产，指的是一国或地区在一定时间内所有拥有的全部自然财富（绿色财富），可进一步细分为生态价值、经济价值、文化价值和历史价值。封志明将自然资源资产负债表分为自然资源资产、自然资源负债和所有者权益（净资产）三个要素，并遵循“资产=负债+所有者权益（净资产）”的恒等式，认为所有者权益即净资产。三是基于自然资源资产产权制度的自然资源所有者权益，认为自然资源所有者权益是国家和集体作为自然资

① 徐子蒙，贾丽，匡小国．完善自然资源资产负债表理论的探讨［J］．财务与会计，2018（22）．

源所有者应享有的权益，涵盖占有、使用、收益和处置权能，反映自然资源开发利用收益和监督等情况。

自然资源资产负债表。《〈中共中央关于全面深化改革若干重大问题的决定〉辅导读本》中解释为：“自然资源资产负债表是用国家资产负债表的方法，将全国或一个地区的所有自然资源资产进行分类加总形成报表，显示某一时点上自然资源资产的‘家底’，反映一定时间内自然资源资产存量的变化。”

自然资源负债。目前学术界和实践中对自然资源负债还未达成共识，大多认为自然资源资产负债是指在过去一定时期内自然资源开发利用所导致的资源过耗、环境损害和生态破坏等，是理应由核算主体所承担的支出，涵盖资源过耗、环境损害和生态破坏三方面内容。但还未对如何界定自然资源“过度”消耗以及自然资源资产负债核算方法进行深入探讨和研究，以至于自然资源资产负债表中自然资源资产负债部分的编制缺乏理论依据。

第二节　研究进展及实践情况

一、自然资源资产负债表研究现状

党的十八届三中全会以来，我国自然资源资产负债表的探索总体呈现国家层面推进、部门积极探索、学者深入研究、地方踊跃试点的特点，形成了一批研究成果。目前关于自然资源资产负债表的研究探索，大体上可以分为六种模式，分别是：

一是统计学模式。该模式遵循“期末资源存量=期初资源存量+本期资源增加量-本期资源减少量”的平衡关系，重点反映资源的数量、质量等实物量变动情况，为国家统计局试点采取的模式。二是自然科学模式。该模式遵循“资产=负债+所有者权益（净资产）”的恒等式，采用实物与价值并重、数量与质量并重、存量与流量并重的核算方法，以中科院地理所封志明研究员团队为代表。三是社会科学模式。该模式基于财务会计理论和SEEA的核算思路，建构以“资产=负债+所有者权益（净资产）”的会计恒等式核算模型，涉及资源数量、价值、质量基本要素，但不考虑流量，以中国社科院史丹研究员团队为代表。四是审计学模式。该模式根据审计所涉事项，按照权责发生制原则，描述和核算自然资源资产管理和生态环境保护责任等方面的资产和负债，侧重与审计相结合，以北京大学王立彦教授团队为代表。五是生态学模式。该模式强调生态资产核算，采用了实验性生态系统服务产品价值核算方法进行价值量和负债核算，重视对资源流量的计算，以深圳中大环保科技创新工程中心叶有华研究员团队为代表。六是自然资源学模式。该模式基于自然资源资产受托责任和产权管理目标，重点探究资源欠账、生态赤字、环境透支和治理短板之间的关系，为自然资源资产全过程管理服务，自然资源部经济研究院相关团队对这一模式进行了理论探讨。

二、国家及各地编制自然资源资产负债表的实践情况

1. 国家层面推进

2015 年 11 月，国务院办公厅印发《编制自然资源资产负债表试点方案》（国办发〔2015〕82 号），开展以“土地、草原、水、森林”为核算对象，以实物量平衡表式为内容的编制试点工作。选择北京怀柔区等地作为第一批编制试点，于 2016 年底完成验收工作。

2. 部门积极探索

2018 年 1 月，国家统计局、原国土资源部、财政部、原环保部、水利部、原农业部、原国家林业局联合印发了修订后的《自然资源资产负债表编制制度（试行）》，核算对象增加了“矿产资源”，沿用首轮试点的实物量核算方法，在赤水市等地开展两年期的县域试点，同时开始省级试编。

自然资源部积极参与国家统计局牵头的《自然资源资产负债表编制制度》和《编制技术指南》研究工作，提供土地资源、矿产资源、水资源、森林资源、草原资源的“数量与质量”数据，并组织专家参与试点的指导、督查、培训和验收。2020 年 12 月自然资源部办公厅印发《关于开展全民所有自然资源资产平衡表编制试点工作的通知》，附全民所有自然资源资产平衡表编制试点方案和报表体系框架。“目前，社会各方面对自然资源负债概念的认识尚不统一，按照循序渐进的原则，以实物量为重点兼顾经济价值，开展资产核算，暂不开展自然资源负债核算，鼓励开展相关研究探索。”平衡表由报表体系和账户体系构成，分级编制、逐级汇总，各试点地区按照各类账户要求填报本地行政区范围内的有关基础数据，并核算编制有关报表，核算期为每年 1 月 1 日至 12 月 31 日。采用“实物量+价值量”相结合的计算方法，核算全民所有自然资源资产价值，目前价值量核算仅包括经济价值。试点工作分两个阶段开展：第一阶段，2020 年 12 月至 2021 年 12 月，选择河北、江苏、福建、江西、河南、广东、四川、云南、宁夏 9 个省（自治区）试点编制 2019 年度平衡表。第二阶段，2022 年 1~2 月。各省、自治区、直辖市及新疆生产建设兵团，试点编制 2020 年度平衡表，目前第一阶段试点正在进行中。

3. 地方踊跃试点

在国家和相关部委探索编制自然资源资产负债表的同时，地方也在踊跃开展

试点探索。具体如表 15-1 所示。

表 15-1　自然资源资产负债表编制地方实践情况

序号	试点地区	主要内容	依据
1	内蒙古自治区呼伦贝尔市、浙江省湖州市、湖南省娄底市、贵州省赤水市、陕西省延安市	先行核算具有重要生态功能的自然资源，主要包括土地资源、林木资源和水资源，基本平衡关系是：期初存量+本期增加量-本期减少量=期末存量，反映主要自然资源实物存量及变动情况	2015 年，《国务院办公厅关于印发编制自然资源资产负债表试点方案的通知》
2	北京市怀柔区、天津市蓟县、河北省、内蒙古自治区呼伦贝尔市、浙江省湖州市、湖南省娄底市、贵州省赤水市、陕西省延安市	主要包括编制土地资源、森林资源、水资源等资产负债表，鼓励有条件的地区积极探索编制矿产资源资产负债表	2015 年，国家统计局会同国家发展改革委等部门制定的《自然资源资产负债表试编制度（编制指南）》
3	内蒙古鄂温克旗、浙江省安吉县、贵州省赤水市、陕西省富县	核算内容主要包括土地资源、林木资源和水资源，反映主要自然资源实物存量及变动情况	2018 年，国家统计局等部门《关于印发县级自然资源资产负债表试点方案的通知》
4	深圳市大鹏新区、宝安区	全面反映各类自然资源资产总量和单一自然资源资产的价值，主要包括林地、城市绿地和农用地资产存量等	2014 年，《经济日报》刊登的《深圳市公布首个县区级自然资源资产负债表》
5	河北省承德市	承德市自然资源资产负债表由总表—分类表—扩展表的自然资源资产负债表报表体系组成，其中分类表和扩展表由若干辅表组成，全面集中反映了这一时期内承德自然资源的使用状况及其对生态环境的影响，截至 2013 年，承德市自然资源资产总量约为 19.4 万亿元	2016 年，《光明日报》刊登的《河北承德首次公布自然资源资产负债表》
6	长乐市、晋江市、永安市、长汀县、南靖县、霞浦县、南平市	核算内容主要包括土地资源、林木资源、水资源和海洋资源（南平市无海洋资源），反映主要自然资源实物存量及变动情况	2016 年，福建省人民政府办公厅《关于印发福建省编制自然资源资产负债表试点实施方案的通知》；2017 年南平市人民政府办公室《南平市编制自然资源资产负债表试点实施方案》

续表

序号	试点地区	主要内容	依据
7	宜春市、抚州市、兴国县和安福县	核算内容主要包括土地资源、林木资源和水资源，反映主要自然资源实物存量及变动情况	2017 年，江西省人民政府办公厅《关于印发江西省编制自然资源资产负债表试点方案的通知》
8	武汉市、十堰市、鄂州市、荆门市、恩施土家族苗族自治州、神农架林区	核算内容包括土地、林木、水和矿产资源，反映主要自然资源资产的存量及增减变化，部分资源开展了价值量核算	2016 年和 2017 年湖北省编制自然资源资产负债表试点工作启动会等新闻报道
9	六盘水市、赤水市、荔波县、毕节市、黔东南州	建立自然资源存量及变化统计台账，填制土地资源资产账户、林木资源资产账户、水资源资产账户	2016 年，贵州省人民政府办公厅《关于开展编制自然资源资产负债表试点工作的通知》；2017 年，贵州省统计局等《关于开展 2017 年探索编制自然资源资产负债表试点工作的通知》
10	甘肃省天祝藏族自治县	核算内容主要包括土地资源、林木资源和水资源，编制反映主要自然资源实物存量及变化情况的资产负债表	2016 年，天祝藏族自治县人民政府办公室《关于开展自然资源资产负债表编制试点工作的通知》
11	蚌埠市、宣城市、青阳县	在蚌埠市开展编制土地资源、水资源资产负债表试点，宣城市开展编制林木资源、水资源资产负债表试点，青阳县开展编制林木资源资产负债表试点，反映主要自然资源实物存量及变动情况	2016 年，安徽省人民政府办公厅《关于印发安徽省编制自然资源资产负债表试点方案的通知》
12	黑龙江省省级和伊春市、大兴安岭地区	核算内容主要包括土地资源、林木资源和水资源，反映主要自然资源实物存量及变动情况	2016 年，黑龙江省人民政府办公厅《关于印发黑龙江省编制自然资源资产负债表试点方案的通知》
13	丽水市	主要包括土地资源、林木资源、水资源，反映主要自然资源实物存量及变动情况	2016 年，丽水市人民政府办公室《关于印发〈丽水市开展编制自然资源资产负债表改革试点工作方案〉的通知》

续表

序号	试点地区	主要内容	依据
14	海口市、三亚市、儋州市	核算内容主要包括土地资源、林木资源、水资源和矿产资源。目前，只编制实物量表，暂不编制价值量表	2017年，海南省人民政府办公厅《关于印发海南省编制自然资源资产负债表试编实施方案的通知》
15	金华市	当前仅编制土地、林木、水及矿产资源实物量资产账户，积极探索编制土地、林木、水及矿产等自然资源资产价值量核算方法	2018年，金华市人民政府办公室《关于印发金华市自然资源资产负债表编制工作方案的通知》
16	福州市连江县	核算内容包括土地资源、森林资源、湿地资源、农用地资源、矿产资源、水资源、大气资源、珍稀濒危物种资源、自然岸线资源、沙滩资源、海岛资源及海洋水域资源等自然资源，共设计4张总表、55张分表、28张辅表共计87张，全面反映了连江县自然资源资产的存量、质量、价值量、流向及负债情况	2018年，福州新闻网《连江：生态产品闯市场》

三、现有研究与实践的主要问题与经验启示

编制自然资源资产负债表是由我国首次提出的。虽然学术界积累了丰富的研究成果，试点工作也取得了一定进展，但离国家要求和编表的初衷还存在一定的距离，主要体现在以下方面：

一是自然资源负债界定不明确。国际上没有直接论述自然资源负债的相关文件或指南，也未明确提出自然资源负债的概念。国内学术界对于负债的概念、内涵、范围认识也不统一，存在较多分歧，且尚未形成公认的计量方法。在实际工作中，各地很难把握自然资源负债的内涵和计量方式。从地方实践情况来看，大部分地区仅对负债的核算理论、方法等进行了初步摸索，尚未对自然资源负债进行认定和计量，也没有编制自然资源资产负债表。

二是自然资源资产价值核算方法不统一。自然资源资产不仅具有使用价值和价值，还具有生态价值和社会价值，核算方法复杂。目前自然资源资产价值量核算的内容主要为经济价值，核算方法有市场法、非市场法，方法不统一，核算结果难以验证。其中，自然资源资产生态价值核算方法主要依据SEEA2012的卫星核算框架《实验性生态系统服务产品价值核算》，核算复杂、不易操作，结果难

以验证，还未形成相对统一的价值量核算标准和规程。

三是自然资源资产负债表应用不够。通过编制自然资源资产负债表，有助于反映区域自然资源资产的存量及变动情况，为推动生态文明建设、有效保护和永续利用自然资源提供信息支撑、监测预警，服务于领导干部自然资源资产离任审计的需要。但从已有实践情况来看，目前自然资源资产负债表并未得到有效应用，既没有用于领导干部资产离任审计，也没有用于自然资源资产管理。

四、自然资源资产负债表编制的发展趋势

国家统计局牵头开展自然资源资产负债表试点工作，初步构建了相关报表体系和表式结构，形成了实物量核算的方法体系，明晰了现行自然资源统计调查监测的薄弱环节，试点地区基本摸清了主要自然资源资产家底，取得了阶段性成果。但是，国家统计局编制的自然资源资产负债表仅为实物统计报表，实质是一套以相关管理部门统计调查数据为基础的实物统计平衡表，反映主要自然资源资产存量及变动，没有反映实物流量和流向等变动情况，不能准确反映自然资源资产价值量“家底”及其结构和变化情况。

此外，由于理论界对自然资源资产负债概念和内涵存在较大争议，例如，SNA 认为只存在金融负债，不存在非金融资产负债；SEEA 虽然提到了资源消耗、污染物排放、环境保护支出等内容，但未对自然资源负债作出明确界定；多数学者将自然资源资产负债定义为由于自然资源核算主体以往的经营活动、意外事故或预期可能发生的事项，导致自然资源的净损失及其对环境、生态造成的负面影响，是核算主体未来将要发生的支出，可以分为资源过度耗减、环境损害与生态破坏三个方面的损失，但是实践中难以计量。因此，目前自然资源部牵头开展的全民所有自然资源资产平衡表试点工作，暂时采取“资产=所有者权益”的平衡关系，待自然资源负债理论研究成熟后，再进行实践探索。

第三节 全民所有自然资源资产负债表的编制思路

一、全民所有自然资源资产负债表编制的重点、难点

（一）全民所有自然资源“负债”确认

当前，对于自然资源负债，各方还未达成共识，主要有两派观点，即无负债论和有负债论。其中有负债论者占据主导地位，多数学者认为自然资源负债包括资源过耗、环境损害和生态破坏三类，主要通过环境恢复治理成本核算、生态系

统服务功能价值核算等方法来计量负债，但操作复杂，且面临核算结果如何进行横向对比、如何进行加总等难题，需要做大量深化探究。无负债论者认为，自然资源负债是我国首创的，国际上没有自然资源负债概念，SNA2008 中不存在自然资源等非金融负债，SEEA2012 中虽然提出资源消耗、污染物排放、环境保护支出等内容，但也未明确界定自然资源负债。我们认为，目前社会各方面对自然资源负债概念的认识尚不统一，按照循序渐进的原则，现阶段可以暂不开展自然资源负债核算，而是继续开展探索研究。

（二）价值核算方法的统一

目前自然资源资产价值量核算的内容主要为经济价值，核算方法有市场法、非市场法，方法不一，核算结果的可信度不高。其中，自然资源资产生态价值核算方法主要依据 SEEA2012 的卫星核算框架《实验性生态系统服务产品价值核算》，核算操作性、可重复性不高，迫切需要一套相对统一的价值量核算标准和规程。建议先核算资源资产的经济价值，社会价值暂时不予考虑，生态价值则可计入附表或附注中。必需的一些特殊“价值”，仍以实物量表示或以附注形式标识。

（三）如何与自然资源资产管理实践相结合

我国开展全民所有自然资源资产负债表编制的目的是基于现有的自然资源管理制度和基础数据，借助资产负债表形式来揭示自然资源资产管理情况，为统一行使全民所有自然资源资产所有者职责提供决策有用的信息。

二、全民所有自然资源资产负债表编制思路的探索

2019 年，中国自然资源经济研究院组织专题组研究全民所有自然资源资产负债表编制问题，形成了两种编制方案：一是服务自然资源资产全过程管理需要的编制方案（姚霖提出）；二是基于产权的编制方案（石吉金提出），并提出了今后工作建议。

（一）服务自然资源资产全过程管理需要的编制方案

自然资源资产负债表是一套由“‘资源账’+‘生态账’+‘管理描述报告’”构成的信息报告，也是一套以自然资源资产调查、监测为基础构成的“‘核算数据’+‘描述信息’+‘分析数据’”信息报告。具体如图 15-1 所示。

围绕服务自然资源资产全过程管理的信息需要，围绕“保护、开发和修复”三个动作，以测度自然资源资产价值（经济+生态）损益变动为重心，以自然资源资产调查、监测、确权、登记信息为数据基础，采用“核算和描述”的编制方式，以“资产=负债+净资产”为平衡关系，以“期初+期中增加-期中减少=期末”为核算等式，以“资源账、生态账、管理账”为信息产出，并重“数量和质量、存量和流量、实物量与价值量”，遵从“由单门类到区域综合、由实物

量到价值量、由简单到复杂”的步骤，因地制宜、因时制宜、因资源制宜地开展编制工作。具体如图 15-2 所示。

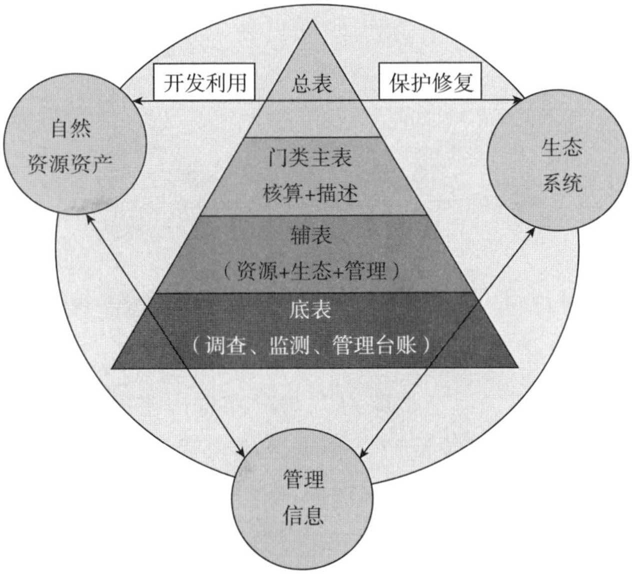

图 15-1　自然资源资产负债表编制框架体系

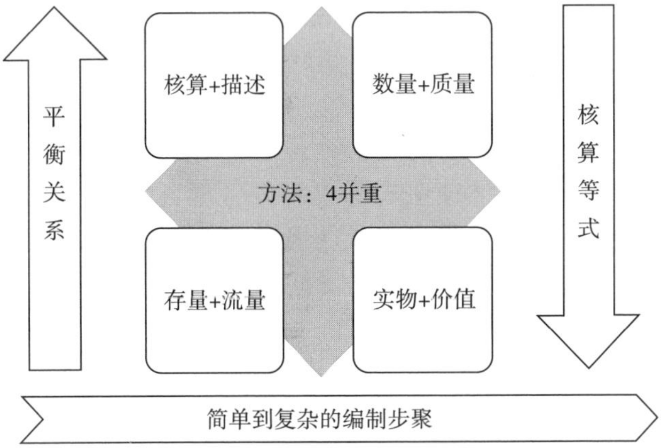

图 15-2　自然资源资产负债表编制方法

区域自然资源资产负债表由“自然资源资产负债平衡表、生态价值损益核算报告、自然资源资产行政管理说明报告”构成。具体如图 15-3 所示。

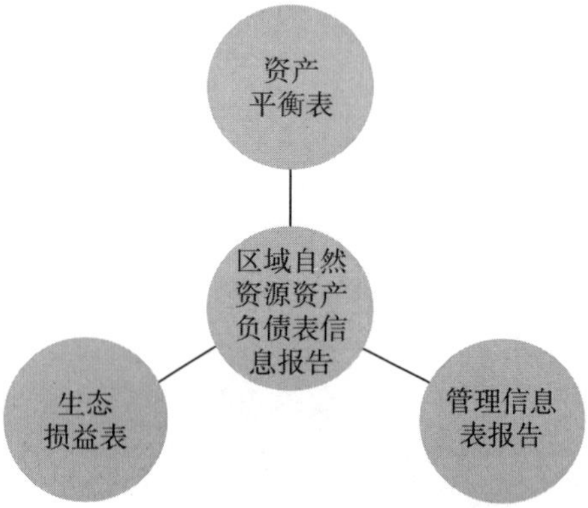

图 15-3　区域自然资源资产负债表账户与信息结构

1. 自然资源资产负债平衡表

主要设置“资产账户”“负债账户”与“净资产账户”。

（1）“资产账户”由资源资产（根据区域内资源禀赋确定）的“数量与质量、存量和流量、实物和价值”信息组成。在资产内容的选择上，主要基于以下两个方面进行考虑：

一是基于存量核算的考虑。与自然资源资产管理制度相衔接，实物量编制环节应与目前自然资源资产清查制度中资源种类相衔接，全数反映资源资产的“数量与质量、存量和流量”，以摸清资源资产家底。二是基于流量核算的考虑。基于对“已发现”实物量的核算，紧扣资源在期中变化的“自然、人为、技术”三种变动原因，重点反映“资源开发、破坏、修复”过程中“经济价值、生态价值”的价值量变动。

（2）“负债账户”主要是对非可持续开发利用导致的资源损耗进行核实。主要立足于自然资源资产管理法律法规形成的“管理负债”，着眼于当期资源流量变动中的非自然因素耗损、行政失当及违规违法产生的耗减，适用于统一的国土空间用途管制、自然资源资产数量及质量的配置管理。例如，水资源配置、土地资源规划、林木采伐计划等。

（3）“净资产”是“资产”与“负债”的差值，主要评价资源资产开发利用潜力等资源资产经营绩效情况，可结合区域社会经济发展情况，为国土空间规划等工作提供资源资产信息。

（4）合并列报。基于资源资产核算信息、资源负债信息与净资产信息完成“自然资源资产负债信息平衡表”的整合列报。分类与综合问题主要体现在核算技术上。在实物量核算中，主要是“合并列报”中的“量纲”问题。从已有处理办法来看，主要以“单项自然资源资产负债表”和“分类叠加”为编制方法，采用了“分门别类”的办法，并没有在实物量核算层面做出“合并列报”（一张表）。在价值量核算中，主要是通过货币化实现“合并列报”，也有专家提出“生态元”（国务院发展中心刘世锦）的基于当量核算实施合并的方法。事实上，在 SEEA 2012 中，也将“合并列报”作为一章重要内容，其中也主要是针对价值量的合并。

2. 生态价值损益核算报告

以森林、湿地、矿区生态系统为对象，以价值量核算方法为主，主要反映资源开发导致的生态损益和环境代价信息。核算可以按照以下两种思路开展：

（1）按照“拍照”原理。以定点的存量为资源资产的生态价值核算内容，通过不同时间的“拍照”，可以得出大周期内的生态价值变动，实施周期性的价值监测，可为“是开发还是保护”提供决策信息。

（2）按照“动作”原理。以自然资源资产经营中“开发、修复”的动为矢点，对开发、修复导致的区域性的生态价值作价值评价，可为自然资源管理部门“生态补偿、修复需要投入多少成本（时间、资金）”这一问题提供参考信息。

3. 自然资源资产行政管理说明报告

针对自然资源资产负债表信息报告中核算信息的局限，以“自然资源资产的负债”为线索，揭示资源资产“数量与质量”“存量与流量”“经济与生态”等信息背后的管理活动，呈报资源保护、开发和修复相关活动的管理信息。

依数据层级报送“总表—分类表—扩展表—辅助表”的报表体系，以“自然资源资产负债平衡表”“生态价值损益核算报告”“自然资源资产行政管理说明报告”构成“区域自然资源资产负债表”。

综上，基于自然资源资产管理需求，构建出一套“有用、能用、易用”的自然资源资产负债表核算体系，不仅要立足于资源资产核算的学理逻辑，总结并反思已有探索经验，还需完善自然资源资产管理理论，积跬步构筑好自然资源资产核算的中国方案。

（二）基于产权的编制方案

全民所有自然资源资产负债表编制应定位为服务于统一行使全民所有自然资源资产所有者职责，将为其提供信息基础、监测预警和决策支持，也为编制年度国有自然资源资产报告提供基础数据支撑，推动解决全民所有自然资源资产的所有权人不到位、所有权人权益不落实等突出问题。可参照国家资产负债表形式，由全民所有自然资源资产、负债和净资产三要素构成，编制过程中应以用途管制制度和所有权具体行使主体为基础，遵循易编、易懂、管用等基本原则，分类开展全民所有自然资源资产和负债核算，全面反映全民所有自然资源资产占有、使用、收益、处分等情况。在编制过程中，关键要解决全民所有自然资源资产和负债确认问题。

首先，应回答自然资源资产怎么确认、怎么分类、怎么核算。确认能够确认、形成共识（有价值的、被特定主体拥有或控制的、能可靠计量）的自然资源资产入表，研制并发布自然资源资产价值核算以及相关标准规程（解决核算标准不统一、核算方法不统一的问题），推荐一批核算规程和方法，推荐（并定期调整）一批适用的经济参数。其他资产可以计入附注中。图 15-4 为全民所有自然资源资产分类系统。表 15-2 为自然资源资产分类、确认与核算内容。

- 全民所有自然资源资产
  - 公益性全民所有自然资源资产
    - 国有土地
    - 矿产资源
    - 国有森林
    - 国有草原
    - 国有湿地
    - 水资源
    - 海域资源
    - 无居民海岛
    - 国家公园
  - 经营性全民所有自然资源资产
    - 已供应
      - 国有土地——已出让使用权的国有建设用地等
      - 国有森林——已出让使用权的国有林地等
      - 国有草原——已出让使用权的国有草地等
      - 国有湿地——已出让使用权的国有湿地等
      - 海域资源——已出让使用权的海域
      - 无居民海岛——已出让使用权的无居民海岛
    - 未供应
      - 国有土地——储备土地等
      - 矿产资源——未出让矿产地（储量级别333以上）等
      - 国有森林——商品林等
      - 国有草原——非禁牧草原等
      - 国有湿地——可特许经营湿地等
      - 水资源——可更新水资源
      - 海域资源——非禁止开发区域的海域
      - 无居民海岛——适宜开发的无居民海岛

图 15-4　全民所有自然资源资产分类系统

表 15-2　自然资源资产分类、确认与核算

资产确认	通过全民所有自然资源资产核算与确认，明确各类资源资产的用途和产权归属，给所有者和所有权具体行使主体展示一本明明白白的“家底”账
用途分类	基于各类自然资源统计调查等基础数据，按照国土空间规划及其确定的生态保护红线、永久基本农田保护红线等用途管制要求，参考已有资源资产分类研究成果，将全民所有自然资源资产分为公益性和经营性两大类，其中公益性全民所有自然资源资产是指国土空间规划划定的生态保护与保留区内的各类自然资源资产，以保护功能为主，侧重体现生态效益和社会效益，可按资源门类细分。经营性全民所有自然资源资产是指国土空间规划确定的开发利用区域内各类自然资源资产，分为已供应和未供应两个二级类，其中已供应自然资源资产主要是已经出让使用权的可再处置的各类自然资源资产，使用权一般有出让年限，到期后所有权具体行使主体可再处置；未供应自然资源资产主要是使用权还未出让的以经济价值为主的自然资源资产，所有权具体行使主体拥有管控权。已供应和未供应下再分资源类型

续表

实物量核算	对各类所有权具体行使主体管理的自然资源资产进行核算。根据分级委托代理行使所有权的资源清单，分类核算自然资源部、中央其他部门和地方政府行使或代理行使所有权的全民所有自然资源资产情况，在改革未到位前，可根据现行法律法规确定的使用权审批管理权限划分，并统计核算相关数据
价值量核算	从所有者管理角度来看，需要保持自然资源资产价值相对稳定并具有可比性。可考虑采用分类核算的方法，对于公益性全民所有自然资源资产，由于目前难以测算出公认的生态和社会价值，可采取名义价值计量（如单位实物量按 1 元计）；对于经营性全民所有自然资源资产，已供应资产由于短期内不可再处置，可按名义价值核算；未供应资产优先采用政府公示价进行核算，这种价格的最大优点在于相对稳定，可有效避免市场价格剧烈波动，能反映自然资源资产的长期价值情况，便于纵向对比和评价考核工作

其次，应回答自然资源资产负债如何确认和核算，核算方法如表 15-3 所示。重点确认和核算资源过耗（资源保护和合理利用的宪法原则）方面的负债，与确认的资产可以直接挂钩的、可以核算的环境破坏和生态退化也可以入表。其他负债，若可核算则计入附注。

表 15-3　自然资源负债确认与核算

负债范围	自然资源负债的承担者应为所有权具体行使主体，产生的原因在于所有权具体行使主体未全面履行保护和合理利用责任。因此，探索自然资源负债有助于反映所有权具体行使主体履行相关对等责任和义务情况，促进自然资源保护和合理利用。考虑到易操作、可计量等因素，可先期探索当期全民所有自然资源资产保护和利用负债，待条件成熟后再考虑环境损害和生态破坏等负债
保护负债	优先考虑两种情况：第一种是出现重大生态环境破坏事件，这种情况要从严核算，可按破坏区内自然资源资产利用相关产业产生的年度生产总值核算；第二种是违规供应，指未按国土空间规划和相关法规的自然资源资产供应，此类情况应按最高出让收入核算，如以本地区同类资源最高成交价核算等
利用负债	主要包括三类情况：第一类是超额供应，指当期实际供应超出各类自然资源规划和计划指标，如超出年度新增建设用地指标、森林采伐限额、取水限额等，可按超额供应收入计量。第二类是目标差额，指当期实际供应中涉及的保护义务未履行到位，如耕地、林地占补平衡中补充的相应数量和质量不达标等，可按占用对应的自然资源资产供应收入计量。第三类是资产损耗，指当期实际供应的不可再生资源资产的消耗，这种负债主要是从影响子孙后代发展的角度来考虑的，但此消耗对当前经济社会发展具有保障作用，可按出让收入的一定比例核算，如按 1/10 核算等

全民所有自然资源负债分类系统如图 15-5 所示。

- 全民所有自然资源负债
  - 保护负债
    - 重大事件——祁连山保护区生态环境破坏
    - 违规供应——不按现行规定供应资源资产
  - 利用负债
    - 超额供应——超出年度新增建设用地指标
    - 目标差额——耕地、林地占补平衡不达标等
    - 资产损耗——矿产资源资产消耗等

图 15-5　全民所有自然资源负债分类系统

基于以上内容，设置全民所有自然资源资产账户，主要包括两张表，具体如表 15-4、表 15-5 所示。

表 15-4　基于自然资源资产管理的账户设置

自然资源资产负债表	通过此表，可以清晰了解到自然资源部、中央其他部门、地方政府行使或代理行使所有权的情况，为履行所有者职责提供基础信息如表 15-7 所示
全民所有自然资源资产当期实际供应表	拓展表，主要是用于反映各类全民所有自然资源资产使用、处置、收益等情况，为自然资源有偿使用制度改革、解决所有权收益不落实问题提供信息支持。供应表按公益性和经营性全民所有自然资源资产分别核算，其中公益性全民所有自然资源资产主要核算符合现行相关规定的自然资源资产利用及其收益情况，如国家公园内的特许经营等。经营性全民所有自然资源资产主要核算用于开发经营的自然资源资产供应及其收益情况。表中当期供应指标为各类自然资源规划或计划中确定的年度指标；当期实际供应为核算期内实际供应的自然资源资产总量；当期供应收入指自然资源资产供应获得的有偿使用收入，包括以出让、租赁、作价（出资）入股等各种方式处置使用权获得的收入总和，如表 15-6 所示

表 15-5　全民所有自然资源资产负债表

自然资源资产类别	自然资源部直接行使所有权			委托中央其他部门代理行使所有权			委托地方政府代理行使所有权		
	资产	负债	净资产	资产	负债	净资产	资产	负债	净资产
一、公益性全民所有自然资源资产									
1. 国有土地									

续表

自然资源资产类别	自然资源部直接行使所有权			委托中央其他部门代理行使所有权			委托地方政府代理行使所有权		
	资产	负债	净资产	资产	负债	净资产	资产	负债	净资产
期初存量									
期末存量									
……									
小计									
二、经营性全民所有自然资源资产									
1. 已供应									
（1）国有土地									
期初存量									
期末存量									
……									
2. 未供应									
（1）国有土地									
期初存量									
期末存量									
……									
小计									
合计									

（三）今后工作建议

1. 开展四类基础工作

一是数据基础（从调查监测到确权登记，从资产清查统计核算到全民所有自然资源资产动态监测监管平台）。

二是自然资源资产确认制度（自然资源资产分级行使所有权体制、分类管理制度、分等定级价格评估制度、价值评估规程和核算标准、收益管理制度）。

三是负债确认制度（三线划定、用途管制、计划管控、生态修复规划、国土生态空间规划）。

四是负债表应用相关制度（包括核心应用层的国有自然资源报告制度、全民所有自然资源资产评价考核制度等以及拓展应用层的节约集约利用考核评价以及离任审计等）（见表 15-6、表 15-7）。

表 15-6　全民所有自然资源资产当期实际供应表（1）

自然资源资产类型	自然资源部直接行使所有权	委托中央其他部门代理行使所有权	委托地方政府代理行使所有权
一、公益性全民所有自然资源资产			
1. 国有土地			
当期实际供应			
当期利用收入			
……			
当期利用收入小计			
二、经营性全民所有自然资源资产			
1. 国有土地			
（1）国有建设用地			
当期供应指标			
当期实际供应			
其中：出让			
面积			
成交价款			
……			
当期供应收入小计			
当期供应收入合计			

表 15-7　全民所有自然资源资产当期实际供应表（2）

产权主体	资产类型	国民经济行业																		
		农、林、牧、渔业	采矿业	制造业	电力、热力、燃气及水生产和供应业	建筑业	批发和零售业	交通运输、仓储和邮政业	住宿和餐饮业	信息传输、软件和信息技术服务业	金融业	房地产业	租赁和商务服务业	科学研究和技术服务业	水利、环境和公共设施管理业	居民服务、修理和其他服务业	教育	卫生和社会工作	文化、体育和娱乐业	公共管理、社会保障和社会组织
自然资源部直接行使所有权	1. 土地资源																			
	……																			
委托中央其他部门代理行使所有权	1. 土地资源																			
	……																			
委托地方政府代理行使所有权	1. 土地资源																			
	……																			
合计	1. 土地资源																			
	……																			

也就是说，首先需要做好自然资源资产清查监测工作，同时，做好“三定”（定范围，即规定入表的资产和负债范围；定方法，资产核算和负债认定的统一标准和方法；定制度，确定服务于编制全民所有自然资源资产负债表的制度以及运用制度）。

2. 分阶段编制自然资源资产负债表

对两种方案的可行性进行分析，认为全民所有自然资源资产负债表的编制应当分阶段进行。每个阶段都选择不同区域的 4~5 个地区进行试点，并根据试点情况总结、调整、补充、完善，借负债表之名，行自然资源资产管理之实，坚定不移地推进自然资源产权制度改革。

第一阶段，先编制无负债的自然资源资产负债表。以自然资源资产清查、统计与核算为手段，为报表使用者提供时点状况、期间变化情况以及“供应—使用平衡关系”等方面的相关信息，用于反映自然资源资产受托者履行受托责任的情况。建立自然资源资产单位价值“基准价”标准，从实物量走向价值量（部分实物量）。其中的自然资源资产若存在明确的义务（特别是如矿山环境治理和恢复义务等），则计为“资产减项”（相当于非传统负债项）。建立资源环境和经济社会发展之间的关系。

第二阶段，将一些可衡量、可计入的负债项纳入自然资源资产负债表。以自然资源开发利用中所承担的义务作为负债。从无负债到有负债，围绕服务自然资源资产全过程管理的信息需要，以测度自然资源资产价值损益变动为重心，重点厘清保护负债（重大事件、违规供应）与利用负债（超额供应、目标差额、资产损耗）。服务于自然资源资产管理，重点反映“开发”“利用”“修复”，建立资源开发利用与生态环境之间的关系。

第三阶段，编制服务于生态文明建设的自然资源资产负债表。在厘清自然资源过耗性负债的基础上，将负债的概念从自然资源资产管理向生态环境统筹考虑转变，具体将环境损害负债、生态退化负债等纳入其中。

第十六章　资产管理评价考核

第一节　自然资源资产评价考核初步设计

开展资产管理评价考核工作，建立全民所有自然资源资产评价考核制度，是贯彻习近平生态文明思想，落实中央要求统一行使全民所有自然资源资产所有者职责的重要举措，是解决自然资源资产底数不清、所有者不到位、权重不明晰、权益不落实、监管保护制度不健全等问题，统筹推进自然资源资产产权制度改革的关键抓手。

一、基本要求

（一）中央的要求

2015 年印发的《生态文明建设总体方案》明确提出“构建充分反映资源消耗、环境损害和生态效益的生态文明绩效评价考核和责任追究制度，着力解决发展绩效评价不全面、责任落实不到位、损害责任追究缺失等问题”。

中共中央办公厅、国务院办公厅印发的《关于统筹推进自然资源资产产权制度改革的指导意见》明确要求“探索建立委托省级和市（地）级政府代理行使自然资源资产所有权的资源清单和监督管理制度，建立科学合理的自然资源资产管理考核评价体系”。

2019 年 10 月 31 日《中共中央关于坚持和完善中国特色社会主义制度　推进国家治理体系和治理能力现代化若干重大问题决定》提出建立生态文明建设目标的评价考核制度。

《关于建立国家公园为主体的自然保护地体系指导意见》提出制定以生态资产和生态服务价值为核心的考核评估指标体系和办法。

（二）自然资源部“三定”职责

自然资源部“三定”中明确规定：“拟定中央政府直接行使自然资源资产所

有权目录和考核办法”“拟定全民所有自然资源资产考核标准并组织实施，建立考核评价监管体系”“开展自然资源利用评价考核”“对自然资源利用情况，尤其是对节约集约利用自然资源情况进行评价考核，是全民所有自然资源资产管理考核评价的重要内容”。

二、指导原则

1. 系统性原则

评价指标体系中的每个指标间不仅要有独立性，还应体现出关联性和整体性，围绕“山水林田湖草是一个生命共同体”的原则，加强指标间的内在逻辑联系。

2. 定量与定性相结合原则

国有自然资源资产管理评价指标体系涉及的内容丰富、指标众多。部分指标难以单纯用定量的数字来表达，需要将定量指标和定性指标相结合来进行评价。定量指标可以衡量某项自然资源资产的量化指标，便于和政府部门规定的限制性指标和约束性指标等进行比较分析。对于无法量化的定性指标，比如相关重大制度建设和法律法规的贯彻执行情况，可以进行全方位的调查、分析和评价，以提高评价结果的全面性和科学性。

3. 可操作性原则

国有自然资源资产管理评价指标体系应当尽可能地采用基础数据，尽量选取可以通过统计年鉴和实际测算得到数据的指标，这样才能保证指标体系的真实、客观，同时还可以减少工作量，提高工作效率。

4. 可比性原则

评价所用数据尽可能连续获得，或具有数据的连续性，从而使国有自然资源资产管理工作实现横向与纵向可比。

5. 全面性原则

从自然资源种类来看，主要包括土地资源、矿产资源、森林资源、草原资源、水资源、湿地资源、海域海岛资源等。对各类自然资源开发利用和保护进行监管是自然资源部履行“两统一”职责的重要内容之一，保护好、利用好各类自然资源是各省级人民政府的基本管理和发展目标。评价指标体系应尽可能覆盖上述各类自然资源，并且充分反映每类自然资源所具有的自然属性、经济属性和社会属性。

6. 差异性原则

一方面，我国幅员辽阔，不同省份因所处地理位置、发展阶段和战略定位不同，在自然资源禀赋、自身发展定位及经济社会发展潜力等方面存在较大差异。评价指标体系应正视现实存在的区域差异，可通过差别化设定指标权重和指标标准值等方式开展分类评价，契合差别化政策制定需要；另一方面，自然资源类型丰富，不同类型资源具有的特性不同，在自然、经济和社会属性中，有的资源三者兼具，有的则侧重某一方面。评价指标体系应在系统梳理各类自然资源属性和功能的基础上，选取能反映该类资源核心价值和关键领域的衡量指标。

三、考核目标

紧紧围绕维护所有者权益，落实产权制度文件，在委托省级和市级政府代理行使自然资源资产所有权的基础上，对受托方进行机制性评价考核。

四、考核对象

对受委托行使全民所有自然资源资产所有者职责的中央相关部门、省级政府进行评价考核。市、县（区）级由省级政府评价考核。

五、考核依据

（1）委托代理合同。由于土地所有权的行使主要是通过委托代理行使的，而委托代理的基础和依据是委托代理合同（或委托代理协议），因此，委托代理合同（或协议）上明确的责任和义务，应该是考核的最主要依据。下一步要重点研究委托代理合同的格式文本和主要内容。

（2）自然资源资产负债表。自然资源资产负债表是反映一个地区自然资源资产变化状况的最有效方式，有利于委托人对照委托代理合同上明确的内容和指标进行考核。因此，也是考核的重要依据。自然资源资产负债表既可以针对受委托的各级政府进行编制，也可针对代理者（土地利用者）进行编制。既可从存量、流量、负债、所有者权益等方面进行编制，也可从占有权、使用权、收益权、处分权等方面进行编制，反映自然资源浪费、生态环境破坏以及国有收益流失等情况。

六、考核内容

重点对全民所有自然资源节约集约开发利用、资产保值增值、生态保护、维护所有者权益等方面进行考核，实现对自然资源资产管理工作的定量、定性评分，旨在构建能够满足国有自然资源资产管理、符合国有自然资源资产报告的评价指标体系（注：所有指标均面向全民所有自然资源资产）。

七、评价指标

（一）指标的构建

从所有者受托管理行为和自然资源资产动态变化两方面构建指标体系，避免笼统化、理论化，采用定性指标和定量指标相结合、以定量指标为主的方针，其中，定性指标考虑地区差异、发展阶段和资源种类因素，定量指标则需要可实施、易获取、能公开查阅等。指标设置采取“单门类+综合类”两类，具体选择核心指标、一般性指标和综合性指标。

（二）指标设计思路

明确评价指标设计依据后，在具体指标设计中应遵循以下思路：

（1）避免设置过多的评价指标，加大核心、关键指标数量。

（2）整合利用现有各类自然资源基础调查成果，优先采用基础数据，避免过于复杂的计算，提高工作效率。

（3）应注重指标的全面性、系统性，加强指标之间的内在逻辑，客观、全面反映国有自然资源资产管理工作和成效。

（4）注重指标的时效性，使评价工作与实际情况相符合，尽量选用最新的指标数据。

（5）注重数据的可获取性、可操作性、可验证性，减少不确定性，提高评价工作的准确性、权威性。

（三）指标的组成

按照上述“主线原则”，在总体框架上，自然资源节约集约利用评价指标体系由“节约集约开发利用”“资源资产保值增值”“生态保护管理”三大类指标构成。其中，节约保护类指标旨在反映经济社会发展对资源的消耗程度，以及对保障粮食安全、生态安全与改善环境具有重要影响的重要自然资源类型的保护成效；集约利用类指标旨在反映开发利用自然资源取得的经济和社会效益；综合管理类指标旨在反映自然资源节约集约利用制度建设、机制完善、舆论宣传、依法行政、创新实践等情况。

表16-1为国有自然资源资产评价考核指标体系，表16-2为国有自然资源资产报告评价指标体系（近期可选指标），表16-3为自然资源节约集约利用评价指标解释及计算方法。

表 16-1　国有自然资源资产评价考核指标体系（近期必选指标）

一级指标	一级指标内涵	序号	二级指标	资源类型	定性/定量	正向/逆向	指标类型	计量单位	权重	指标说明	指标来源	数据来源部门	数据来源方式
自然资源总量	土地资源、矿产资源、海洋资源（海域资源、无居民海岛资源）、森林资源、水资源、草地资源、湿地资源和自然保护地的实物量	1	国有自然资源资产实物量	综合类	定性	正向	—	—	10	反映对被考核对象管辖范围内各类国有自然资源资产实物量的掌握情况。分值计算方法：每掌握一类自然资源资产（土地资源、矿产资源、海洋资源（海域资源、无居民海岛资源）、森林资源、水资源、草地资源、湿地资源、自然保护地）实物量情况，加 1 分，得分不超过该项总分（非沿海省份，不考核海洋资源）	根据国有自然资源资产管理工作要求自提	自然资源部	被考核地区各自然资源相关部门统计数据
		2	国有自然资源资产权属	综合类	定性	正向	—	—	10	反映对被考核对象管辖范围内各类国有自然资源资产应确权、实际确权和存在争议部分的掌握情况。分值计算方法：从自然资源确权登记发证率角度评价各类自然资源确权登记情况。每掌握一类自然资源资产（土地资源、矿产资源、海洋资源（海域资源、无居民海岛资源）、森林资源、水资源、草地资源、湿地资源、自然保护地）权属情况，加 1 分，得分不超过该项总分（非沿海省份，不考核海洋资源）	根据国有自然资源资产管理工作要求自提	自然资源部	被考核地区各自然资源相关部门统计数据

续表

一级指标	一级指标内涵	序号	二级指标	资源类型	定性/定量	正向/逆向	指标类型	计量单位	权重	指标说明	指标来源	数据来源部门	数据来源方式
优化国土空间开发格局	通过编制国土空间规划，科学布局生产空间、生活空间、生态空间，引导和管控国土空间开发、保护、利用、整治等各类活动情况	3	新增建设用地规模	土地资源	定量	逆向	★	万亩	3.42	反映控制新增建设用地规模任务完成情况。分值计算方法：分值=权重+（新增建设用地规模控制目标值-期末新增建设用地规模）/新增建设用地规模控制目标值×权重（当期末新增建设用地规模>新增建设用地规模控制目标值，分值=0）	生态文明建设考核子目标；绿色发展指标体系评价指标	自然资源部	第三次全国国土调查/土地利用变更调查
		4	生态保护红线划定和保护	综合类	定性	正向	◆	—	2.28	反映生态保护红线划定和范围突破情况。分值分为 A/D 2 个等级。A：完成生态保护红线划定并且维持生态保护红线总量不减少、性质不改变、功能不降低得满分。D：没有完成生态保护红线划定或者突破生态保护红线范围，导致总量减少、性质改变、功能降低，分值=0	国家生态文明建设示范市县建设指标和市县国土空间规划评估指标表中的评估指标	自然资源部	地理国情普查、国土调查、遥感监测、自然资源统计调查制度（ZZ16 表）
		5	永久基本农田划定和保护	土地资源	定性	正向	◆	—	2.28	反映永久基本农田划定和范围突破情况。分值分为 A/D 2 个等级。A：完成永久基本农田划定并且维持永久基本农田总量不减少、性质不改变、功能不降低得满分。D：没有完成永久基本农田划定或者突破生态保护红线永久基本农田检测线范围，导致总量减少、性质改变、功能降低，分值=0	国土资源节约集约模范县（市）创建活动考核指标；市县国土空间规划评估指标表中的评估指标	自然资源部	地理国情普查、国土调查、遥感监测、自然资源统计调查制度（ZZ20 表）

续表

一级指标	一级指标内涵	序号	二级指标	资源类型	定性/定量	正向/逆向	指标类型	计量单位	权重	指标说明	指标来源	数据来源部门	数据来源方式
优化国土空间开发格局	通过编制国土空间规划，科学布局生产空间、生活空间、生态空间，引导和管控国土空间开发、保护、利用、整治等各类活动情况	6	城镇开发边界划定和保护	综合类	定性	正向	◆	—	2.28	反映城镇开发边界划定和范围突破情况。分值分为A/D 2个等级。A：完成城镇开发边界划定并且维持城镇开发边界总量不减少、监测范围线未突破得满分。D：没有完成城镇开发边界划定或者突破城镇开发边界检测线范围，导致总量减少，分值=0	市县国土空间规划评估指标表中的评估指标	自然资源部	地理国情普查、国土调查、遥感监测、自然资源统计调查制度（ZZ16表）
		7	耕地占补平衡情况	土地资源	定性	正向	◆	—	2.28	反映耕地占补平衡实施情况。分值计算方法：分值分为A/D 2个等级。A：符合耕地占补平衡相关标准要求，确保耕地面积不减少，质量不降低，该项得满分。D：不符合耕地占补平衡标准要求，耕地面积减少或质量降低，分值=0	国土资源节约集约模范县（市）创建活动考核指标；省级政府耕地保护责任目标考核指标	自然资源部、农业农村部	第三次全国国土调查/土地利用变更调查/自然资源统计调查制度（ZZ20表、附录二）
改善生态环境质量	加强生态保护修复工作情况	8	矿山地质环境恢复治理率	矿产资源	定量	正向	◆	%	2.28（2.96）	反映矿山地质环境治理情况。分值计算公式：分值=已完成的矿山地质环境恢复治理面积/累计矿山地质环境破坏面积×权重	国土资源节约集约模范县（市）创建活动考核指标	自然资源部	矿产资源开发利用统计年报/自然资源统计调查制度（ZZ18表、附录一）

续表

一级指标	一级指标内涵	序号	二级指标	资源类型	定性/定量	正向/逆向	指标类型	计量单位	权重	指标说明	指标来源	数据来源部门	数据来源方式
改善生态环境质量	加强生态保护修复工作情况	9	近岸海域水质优良（一、二类）比例	海洋资源	定量	正向	★	%	3.42（0）	反映近岸海域水质清洁状况。分值计算公式：分值=（1+期末近岸海域水质优良（一、二类）比例-近岸海域水质优良（一、二类）比例控制目标值）×权重（当期末近岸海域水质优良（一、二类）比例<近岸海域水质优良（一、二类）比例控制目标值，分值=0）	生态文明建设考核子目标；绿色发展指标体系评价指标	生态环境部、国家海洋局	近岸海域监测点位数据
		10	地表水达到或优于Ⅲ类水体比例	水资源	定量	正向	★	%	3.42（4.45）	反映地表水水质清洁状况。分值计算公式：分值=（1+期末地表水达到或优于Ⅲ类水体比例-地表水达到或优于Ⅲ类水体比例控制目标值）×权重（当期末地表水达到或优于Ⅲ类水体比例<地表水达到或优于Ⅲ类水体比例控制目标值，分值=0）	绿色发展指标体系评价指标；国家生态文明先行示范区建设目标体系指标；美丽中国建设评估指标	生态环境部、水利部	地表水自动监测数据/集中式饮用水水源水质监测工作
		11	地表水劣Ⅴ类水体比例	水资源	定量	逆向	★	%	3.42（4.45）	反映地表水水质污染程度。分值计算公式：分值=（1+地表水劣Ⅴ类水体比例控制目标值-期末地表水劣Ⅴ类水体比例）×权重（当期末地表水劣Ⅴ类水体比例>地表水劣Ⅴ类水体比例控制目标值，分值=0）	“十三五”规划纲要资源环境约束性目标；生态文明建设考核子目标；绿色发展指标体系评价指标；美丽中国建设评估指标	生态环境部、水利部	地表水自动监测数据

续表

一级指标	一级指标内涵	序号	二级指标	资源类型	定性/定量	正向/逆向	指标类型	计量单位	权重	指标说明	指标来源	数据来源部门	数据来源方式
改善生态环境质量	加强生态保护修复工作情况	12	地级及以上城市集中式饮用水水源水质达到或优于Ⅲ类比例	水资源	定量	正向	◆	%	2.28（2.96）	反映饮用水水源水质清洁状况。分值计算公式：分值=（1+期末地级及以上城市集中式饮用水水源水质达到或优于Ⅲ类比例-地级及以上城市集中式饮用水水源水质达到或优于Ⅲ类比例控制目标值）×权重（当期末地级及以上城市集中式饮用水水源水质达到或优于Ⅲ类比例<地级及以上城市集中式饮用水水源水质达到或优于Ⅲ类比例控制目标值，分值=0）	绿色发展指标体系评价指标；国家生态文明先行示范区建设目标体系指标；美丽中国建设评估指标	生态环境部、水利部	地表水自动监测数据/集中式饮用水水源水质监测工作
自然资源保护和利用情况	促进自然资源保护和节约集约利用情况	13	耕地保有量	土地资源	定量	正向	★	亿亩	3.42（3.64）	反映耕地保有量任务完成情况。分值计算公式：分值=期末耕地保有量/耕地保有量控制目标值×权重（当期末耕地保有量<耕地保有量控制目标值，分值=0）	“十三五”规划纲要资源环境约束性目标；生态文明建设考核子目标；绿色发展指标体系评价指标；国家生态文明先行示范区建设目标体系指标；省级政府耕地保护责任目标考核指标	自然资源部	第三次全国国土调查/土地利用变更调查/自然资源统计调查制度（ZZ20表）

续表

一级指标	一级指标内涵	序号	二级指标	资源类型	定性/定量	正向/逆向	指标类型	计量单位	权重	指标说明	指标来源	数据来源部门	数据来源方式
自然资源保护和利用情况	促进自然资源保护和节约集约利用情况	14	耕地平均质量等别	土地资源	定量	正向	—	等	2.28（2.42）	反映耕地平均质量等别变化情况。分值计算公式：分值分为A/B/C 3个等级。A：期末耕地平均质量等别 > 期初耕地平均质量等别，该项得满分。B：期末耕地平均质量等别 = 期初耕地平均质量等别，分值 = 权重×90%。C：期末耕地平均质量等别 < 期初耕地平均质量等别，该项不得分	根据耕地质量调查监测与评价工作提出	自然资源部	自然资源统计调查制度（ZZ20表）、年度耕地质量等别更新评价工作
		15	国土开发强度	土地资源	定量	正向	★	%	3.42（3.64）	反映国土开发强度情况。分值计算方法：分值=建设用地面积/该地区行政区域面积×权重（当期末国土开发强度>国土开发强度控制目标值，分值=0）	国家生态文明先行示范区建设目标体系指标；全国国土规划纲要（2016—2030年）中指标	自然资源部	地理国情普查、自然资源统计调查制度（附录一）
		16	单位GDP建设用地面积降低率	土地资源	定量	正向	◆	%	2.28（2.42）	反映地耗下降的趋势性变化。分值计算方法：分值 = （1+期末单位GDP建设用地面积降低率-单位GDP建设用地面积降低率控制目标值）×权重（当期末单位GDP建设用地面积降低率<单位GDP建设用地面积降低率控制目标值，分值=0）	绿色发展指标体系评价指标；国土资源节约集约模范县（市）创建活动考核指标；建设用地节约集约利用评价指标	自然资源部、国家统计局	建设用地面积由第三次全国国土调查/土地利用变更调查/自然资源统计调查制度（附录一）提供；GDP由国家统计局提供

续表

一级指标	一级指标内涵	序号	二级指标	资源类型	定性/定量	正向/逆向	指标类型	计量单位	权重	指标说明	指标来源	数据来源部门	数据来源方式
自然资源保护和利用情况	促进自然资源保护和节约集约利用情况	17	批而未供土地处置任务完成率	土地资源	定量	正向	◆	%	2.28（2.42）	反映批而未供土地处置任务完成情况。分值=期末批而未供土地处置面积/批而未供土地处置面积控制目标值×权重（当期末批而未供土地处置面积<批而未供土地处置面积控制目标值，分值=0）	自然资源部	土地市场动态监测与监管；自然资源统计调查制度（ZZ15 表）	根据批而未供土地处置工作要求提出
		18	自然岸线保有率	海洋资源	定量	正向	◆	%	2.28（0）	反映海岸线保护情况。分值计算公式：分值=（1+期末自然岸线保有率-自然岸线保有率控制目标值）×权重（当期末自然岸线保有率<自然岸线保有率控制目标值，分值=0）	绿色发展指标体系评价指标；国家生态文明先行示范区建设目标体系考核指标	自然资源部	海域动态监视监测/海岸线修测/海洋生态红线/自然资源统计调查制度（ZZ10 表）

续表

一级指标	一级指标内涵	序号	二级指标	资源类型	定性/定量	正向/逆向	指标类型	计量单位	权重	指标说明	指标来源	数据来源部门	数据来源方式
自然资源保护和利用情况	促进自然资源保护和节约集约利用情况	19	森林覆盖率	森林资源	定量	正向	★	%	3.42（3.64）	反映森林资源和林地占有的实际水平。分值计算方法：分值=（1+期末森林覆盖率-森林覆盖率控制目标值）×权重（当期末森林覆盖率<森林覆盖率控制目标值，分值=0）	“十三五”规划纲要资源环境约束性目标；生态文明建设考核子目标；绿色发展指标体系评价指标；国家生态文明先行示范区建设目标体系指标；美丽中国建设评估指标	国家林草局	第九次森林资源清查及变更数据/自然资源统计调查制度（ZZ10表、附录一）
		20	森林蓄积量	森林资源	定量	正向	★	亿立方米	3.42（3.64）	反映森林木材蓄积状况。分值计算方法：分值=期末森林蓄积量/森林蓄积量控制目标值×权重（当期末森林蓄积量<森林蓄积量控制目标值，分值=0）	“十三五”规划纲要资源环境约束性目标；生态文明建设考核子目标；绿色发展指标体系评价指标；国家生态文明先行示范区建设目标体系考核指标	国家林草局	全国森林蓄积量调查/第九次森林资源清查及变更数据/自然资源统计调查制度（ZZ10表、附录一）

续表

一级指标	一级指标内涵	序号	二级指标	资源类型	定性/定量	正向/逆向	指标类型	计量单位	权重	指标说明	指标来源	数据来源部门	数据来源方式
自然资源保护和利用情况	促进自然资源保护和节约集约利用情况	21	草原综合植被覆盖度	草原资源	定量	正向	★	%	3.42（3.64）	反映草原生态状况。分值计算方法：分值=（1+期末草原综合植被覆盖度-草原综合植被覆盖度控制目标值）×权重（当期末草原综合植被覆盖度<草原综合植被覆盖度控制目标值，分值=0）	生态文明建设考核子目标；绿色发展指标体系评价指标；国家生态文明先行示范区建设目标体系指标	国家林草局	草原资源监测/自然资源统计调查制度（ZZ10表、附录一）
		22	湿地保护率	湿地资源	定量	正向	◆	%	2.28（2.42）	反映湿地资源保护情况。分值计算方法：分值=受保护的湿地面积/湿地面积×权重	绿色发展指标体系评价指标；美丽中国建设评估指标	国家林草局	第二次湿地资源调查/自然资源统计调查制度（ZZ10表、附录一）
		23	自然保护地占行政区面积比例	自然保护地	定量	正向	◆	%	2.28（2.42）	反映自然保护地体系建设情况。分值计算方法：分值=（1+期末自然保护地占行政区面积比例-自然保护地占行政区面积比例预期目标值）×权重（当期末自然保护地占行政区面积比例<自然保护地占行政区面积比例预期目标值，分值=0）	美丽中国建设评估指标；根据自然保护地体系建设要求提出	国家林草局、自然资源部	自然保护地体系建设工作/自然资源统计调查制度（ZZ19表、附录一）

续表

一级指标	一级指标内涵	序号	二级指标	资源类型	定性/定量	正向/逆向	指标类型	计量单位	权重	指标说明	指标来源	数据来源部门	数据来源方式
自然资源保护和利用情况	促进自然资源保护和节约集约利用情况	24	用水总量	水资源	定量	逆向	★	亿立方米	3.42（3.64）	反映用水总量控制情况。分值计算方法：分值计算方法：分值 = 权重+（用水总量控制目标值-期末用水总量）/用水总量控制目标值×权重（当期末用水总量>用水总量控制目标值，分值=0）	生态文明建设考核子目标；绿色发展指标体系评价指标；国家生态文明先行示范区建设目标体系指标；最严格水资源管理制度考核指标	水利部	用水总量统计工作/水资源公报
		25	万元GDP用水量下降	水资源	定量	正向	★	%	3.42（3.64）	反映用水效率情况。分值计算方法：分值=（1+期末万元GDP用水量下降率-万元GDP用水量下降率控制目标值）×权重（当期末万元GDP用水量下降率<万元GDP用水量下降率控制目标值，分值=0）	“十三五”规划纲要资源环境约束性目标；生态文明建设考核子目标；绿色发展指标体系评价指标	水利部、国家统计局	用水量由用水总量统计工作/水资源公报提供；GDP由国家统计局提供

续表

一级指标	一级指标内涵	序号	二级指标	资源类型	定性/定量	正向/逆向	指标类型	计量单位	权重	指标说明	指标来源	数据来源部门	数据来源方式
自然资源保护和利用情况	促进自然资源保护和节约集约利用情况	26	国有自然资源资产违法总面积	综合类	定量	逆向	—	公顷	5	反映违法损害国有所有自然资源资产所有者权益情况。分值计算方法：分值=（1-期末违法占用和损害总面积/最大违法总面积）×权重。其中，最大违法总面积指各省级行政区中的最大违法总面积	国土资源节约集约模范县（市）创建活动考核指标；省级政府耕地保护责任目标考核指标；根据国有自然资源资产管理和自然资源督察工作要求自提	自然资源部	年度卫片执法检查核查统计数据
国有自然资源（资产）报告整改落实情况	国有自然资源（资产）报告整改问责及落实情况	27	对上一年人大审议意见和审计查出问题的整改落实情况	综合类	定性	正向	—	—	10	反映对上一年人大审议意见整改落实成效。分值计算方法：分值分为A/B/C 3 个等级。A：按期高质量完成整改落实，该项得满分。B：按期完成，分值=权重×90%。C：没有按期完成，不得分	根据国有自然资源资产报告工作要求自提	自然资源部	国有自然资源资产报告人大审议意见处理和整改工作报告

注：1. 本方案为结合当前国有自然资源资产管理工作现状和相关指标数据的可获取性，构建的在现有情况下可操作实施的国有自然资源资产报告评价指标体系，其中部分指标未区分国有和集体所有。可考虑增加海洋资源节约集约利用指标（建设项目用海面积控制目标值）。

2. 标★的指标为生态文明建设考核中的约束性指标和国有自然资源资产管理重要监测评价指标，标◆的指标为各类资源专项考核中的约束性指标和重要监测评价指标。

3. 各类指标控制目标值由国务院有关部门组织开展专项考核认定的数据确定。

4. 根据各地区重要约束性指标（标★的约束性指标）任务完成情况，对有关地区进行扣分或降档处理：仅 1 项约束性指标未完成的地区该项考核指标不得分，考核总分不再扣分；2 项约束性指标未完成的地区在相关考核指标不得分的基础上，在考核总分中再扣除 2 项未完成约束性指标的分值；3 项（含）以上约束性指标未完成的地区考核等级直接确定为不合格。其他指标未完成的地区有关指标不得分，考核总分中不再扣分。

5. 评价时，需提供二级指标的评价依据，包括文件、报告、照片等资料，最终作为报告附件提交。

表 16-2 国有自然资源资产报告评价指标体系（近期可选指标）

一级指标	一级指标内涵	序号	二级指标	资源类型	定性/定量	正向/逆向	指标类型	计量单位	权重	指标说明	指标来源	数据来源部门	数据来源方式
优化国土空间开发格局	通过编制国土空间规划，科学布局生产空间、生活空间、生态空间，引导和管控国土空间开发、保护、利用、整治等各类活动情况	1	村庄规划覆盖率	综合类	定性	正向	◆	%	—	反映村庄规划覆盖情况。分值计算方法=分值分为 A/B/C/D 4 个等级。A：村庄规划覆盖率达到 100%的，得满分。B：90% ≤ 村庄规划覆盖率 < 100%，分值=权重×90%。C：80% ≤ 村庄规划覆盖率 < 90%，分值=权重×80%。D：村庄规划覆盖率 < 80%，分值=0	根据《深化农村改革综合性实施方案》提出的“尽快修订完善县域乡村建设规划和镇、乡、村庄规划”自提	自然资源部	自然资源统计调查制度（ZZ16 表、附录一）
改善生态环境质量	加强生态保护修复工作情况	2	可治理沙化土地治理率	土地资源	定量	正向	◆	%	—	反映可治理沙化土地治理成效。分值计算方法：分值=（1+期末可治理沙化土地治理率-可治理沙化土地治理率控制目标值）×权重（当期末可治理沙化土地治理率<可治理沙化土地治理率控制目标值，分值=0）	绿色发展指标体系评价指标；国家生态文明先行示范区建设目标体系指标	国家林草局	中国荒漠化和沙化状况公报、全国荒漠化和沙化土地监测数据
		3	自然灾害损毁土地复垦面积	土地资源	定量	正向	△	万公顷	—	反映自然灾害损毁土地复垦工作成效。分值计算方法：分值=期末自然灾害损毁土地复垦面积/自然灾害损毁土地复垦面积控制目标值×权重（当期末自然灾害损毁土地复垦面积<自然灾害损毁土地复垦面积控制目标值，分值=0）	根据《土地复垦条例》、省级耕地保护目标责任考核自提	自然资源部	自然资源统计调查制度（ZZ18 表、附录二）

续表

一级指标	一级指标内涵	序号	二级指标	资源类型	定性/定量	正向/逆向	指标类型	计量单位	权重	指标说明	指标来源	数据来源部门	数据来源方式
改善生态环境质量	加强生态保护修复工作情况	4	新增水土流失治理面积	土地资源	定量	正向	△	万公顷	—	反映水土流失治理成效。分值计算方法=期末新增水土流失治理面积/新增水土流失治理面积控制目标值×权重（当期末新增水土流失治理面积<新增水土流失治理面积预期目标值，分值=0）	绿色发展指标体系评价指标；全国国土规划纲要（2016—2030年）中预期性指标	水利部	自然资源统计调查制度（ZZ18表、附录二）
		5	海岸线修复长度	海洋资源	定量	正向	◆	千米	—	反映海岸线修复工作成效情况。分值计算方法：期末海岸线修复累计长度/海岸线修复累计长度控制目标值×权重（当期末海岸线修复累计长度<海岸线修复累计长度控制目标值，分值=0）	大陆自然岸线保有长度和海岸线整治修复目标责任考核工作方案指标；广东省海洋经济综合试验区建设及自然岸线保有率考核指标；惠州市自然资源资产绩效评价办法指标	自然资源部	自然资源统计调查制度（ZZ18表）
		6	污水集中处理率	水资源	定量	正向	◆	%	—	反映污水集中处理情况。分值计算方法：分值=污水达标排放量/污水排放总量×权重（当期末污水集中处理率<污水集中处理率控制目标值，分值=0）	绿色发展指标体系评价指标；国家生态文明先行示范区建设目标体系指标	住房和城乡建设部	各省统计年鉴

续表

一级指标	一级指标内涵	序号	二级指标	资源类型	定性/定量	正向/逆向	指标类型	计量单位	权重	指标说明	指标来源	数据来源部门	数据来源方式
自然资源保护和利用情况	促进自然资源保护和节约集约利用情况	7	永久基本农田保护面积	土地资源	定量	正向	◆	亿亩	—	反映永久基本农田保护任务完成情况。分值计算公式：分值＝期末永久基本农田面积/永久基本农田面积控制目标值×权重（当期末永久基本农田面积<永久基本农田面积控制目标值，分值=0）	省级政府耕地保护责任目标考核指标	自然资源部	第三次全国国土调查/土地利用变更调查/自然资源统计调查制度（ZZ20 表）
		8	受污染耕地安全利用率	土地资源	定量	正向	△	%	—	反映受污染耕地安全利用情况。分值计算方法：（1+期末受污染耕地安全利用率–受污染耕地安全利用率）×权重（当期末受污染耕地安全利用率<受污染耕地安全利用率预期目标值，分值=0）	绿色发展指标体系评价指标；《土壤污染防治行动计划》指标；《土壤污染防治目标责任书》中考核指标	农业农村部、生态环境部	全国农产品产地土壤重金属污染普查、农用地土壤污染状况调查、国家土壤环境监测网农产品产地土壤环境监测
		9	绿色矿山比例	矿产资源	定量	正向	◆	%	—	反映绿色矿山建设情况。分值计算公式：分值=绿色矿山数/矿山总数×权重	国家生态文明先行示范区建设目标体系指标；国土资源节约集约模范县（市）创建活动考核指标	自然资源部	矿产资源开发利用统计年报/自然资源统计调查制度（ZZ15 表）

续表

一级指标	一级指标内涵	序号	二级指标	资源类型	定性/定量	正向/逆向	指标类型	计量单位	权重	指标说明	指标来源	数据来源部门	数据来源方式
自然资源保护和利用情况	促进自然资源保护和节约集约利用情况	10	矿山开采回采率达标率	矿产资源	定量	正向	◆	%	—	反映矿产资源合理高效开发利用水平。分值计算方法：矿山开采回采率达标率＝区域内达到开采回采率标准的矿山数量/区域内应考核开采回采率的矿山数量×100%。当达标率≥90%，2 分；85%≤达标率<90%，1.5 分；80%≤达标率<85%，1 分；达标率<80%，不得分	国家生态文明先行示范区建设目标体系指标；国土资源节约集约模范县（市）创建活动考核指标	自然资源部	自然资源主管部门核定的开发利用方案；矿业权人勘查开采信息公示；全国矿产资源储量通报；自然资源统计调查制度（附录一）
		11	矿山选矿回收率达标率	矿产资源	定量	正向	◆	%	—	反映矿产资源合理高效开发利用水平。分值计算方法：矿山选矿回收率达标率＝区域内达到选矿回收率标准的矿山数量/区域内应考核选矿回收率的矿山数量×100%。当达标率≥90%，2 分；85%≤达标率<90%，1.5 分；80%≤达标率<85%，1 分；达标率<80%，不得分	国家生态文明先行示范区建设目标体系指标；国土资源节约集约模范县（市）创建活动考核指标	自然资源部	自然资源主管部门核定的开发利用方案；矿业权人勘查开采信息公示；全国矿产资源储量通报；自然资源统计调查制度（附录一）

续表

一级指标	一级指标内涵	序号	二级指标	资源类型	定性/定量	正向/逆向	指标类型	计量单位	权重	指标说明	指标来源	数据来源部门	数据来源方式
自然资源保护和利用情况	促进自然资源保护和节约集约利用情况	12	矿产资源综合利用达标率	矿产资源	定量	正向	◆	%	—	反映矿产资源合理高效开发利用水平。分值计算方法：矿产资源综合利用达标率=区域内达到矿产资源综合利用水平的矿山数量/区域内全部应综合利用正在开采矿山数量×100%。当达标率≥90%，2分；85%≤达标率<90%，1.5分；80%≤达标率<85%，1分；达标率<80%，不得分	国家生态文明先行示范区建设目标体系指标；国土资源节约集约模范县（市）创建活动考核指标	自然资源部	自然资源主管部门核定的开发利用方案；矿业权人勘查开采信息公示；全国矿产资源储量通报；全国非油气矿产资源开发利用统计年报（综合利用产值）；自然资源统计调查制度（附录一）
		13	海域利用率	海洋资源	定量	正向		%	—	—	建设项目用海面积控制指标（试行）	自然资源部	—
		14	岸线利用率	海洋资源	定量	正向		%	—	—	建设项目用海面积控制指标（试行）	自然资源部	—
		15	造林、抚育任务完成率	森林资源	定量	正向	◆	%	—	反映森林造林抚育任务完成情况。分值计算方法：分值=（造林任务完成率+抚育任务完成率）×权重/2	森林专项考核指标	国家林草局	森林造林抚育工作

续表

一级指标	一级指标内涵	序号	二级指标	资源类型	定性/定量	正向/逆向	指标类型	计量单位	权重	指标说明	指标来源	数据来源部门	数据来源方式
自然资源保护和利用情况	促进自然资源保护和节约集约利用情况	16	森林植被恢复费征收情况	森林资源	定性	正向	◆	万元	—	反映森林植被恢复费征收情况。分值计算方法：分值分为 A/D 2 个等级。A：按照森林植被恢复费征收标准征收，该项得满分。D：未按森林植被恢复费征收标准征收森林植被恢复费，分值=0	根据《财政部国家林业局关于调整森林植被恢复费征收标准引导节约集约利用林地的通知》自提	国家林草局、财政部	森林植被恢复费征收工作
		17	重要江河湖泊水功能水质达标率	水资源	定量	正向	◆	%	—	反映重要江河湖泊水质清洁状况。分值计算公式：分值=（1+期末江河湖泊水功能水质达标率-江河湖泊水功能水质达标率控制目标值）×权重（当期末江河湖泊水功能水质达标率<江河湖泊水功能水质达标率控制目标值，分值=0）	绿色发展指标体系评价指标；最严格水资源管理制度考核指标	水利部	全国重要江河湖泊功能区水质达标评价工作/地表水自动监测数据

注：1. 本方案为结合当前国有自然资源资产管理工作现状和相关指标数据的可获取性，构建的在现有情况下可操作实施的国有自然资源资产报告评价指标体系。该表中所列指标为可选指标，各省、市、自治区可根据自身自然资源禀赋和实际情况选择部分或全部指标。

2. 标★的指标为生态文明建设考核中的约束性指标和国有自然资源资产管理重要监测评价指标，标◆的指标为各类资源专项考核中的约束性指标和重要监测评价指标，标△的指标为其他重要监测指标。

3. 各类指标控制目标值由国务院有关部门组织开展专项考核认定的数据确定。

4. 根据各地区重要约束性指标（标★的约束性指标）任务完成情况，对有关地区进行扣分或降档处理：仅 1 项约束性指标未完成的地区该项考核指标不得分，考核总分不再扣分；2 项约束性指标未完成的地区在相关考核指标不得分的基础上，在考核总分中再扣除 2 项未完成约束性指标的分值；3 项（含）以上约束性指标未完成的地区考核等级直接确定为不合格。其他指标未完成的地区有关指标不得分，考核总分中不再扣分。

5. 评价时，需提供二级指标的评价依据，包括文件、报告、照片等资料，最终作为报告附件提交。

表 16-3　自然资源节约集约利用评价指标解释及计算方法

序号	指标类别	指标名称	指标内涵	指标性质	数据来源	计算方式	评分方式
1	A. 节约保护类指标	A1. 耕地保护目标实现程度	反映耕地面积增减变化情况	正向指标	自然资源部门	在耕地保有量（含可调整地类）完成责任目标或规划目标的基础上，结合当年易地补充耕地情况，与上年相比，年度耕地面积净增加的，满分；年度耕地面积持平的，××分；年度耕地面积净减少的，按减少比率分层次赋分，排序在前40%的，××分，排序在40%（不含）以后的，××分	直接赋分
2		A2. 永久基本农田保护任务完成程度	反映基本农田中耕地面积占比和高标准基本农田面积占比情况	正向指标	自然资源部门	在基本农田保护面积完成责任目标或规划目标的基础上，基本农田中耕地面积比重从高到低排序，排序在前30%的，××分：排序在30%（不含）至70%的，××分；排序在70%（不含）以后的，0分 在完成年度高标准基本农田建设任务的基础上，累计建成高标准基本农田面积占基本农田面积比重从高到低排序，排序在前30%的，××分；排序在30%（不含）至70%的，××分；排序在70%（不含）以后的，××分	直接赋分
3		A3. 生态保护红线划定情况	反映科学划定生态红线区域及重要生态功能保护区保护情况	正向指标	自然资源部门	科学划定生态红线区域，并且编制重要生态功能保护区区域规划的，××分；仅完成其中一项工作的，××分；两项工作均未开展的，不得分	直接赋分
4		A4. 国土开发强度	反映建设用地总量与强度监管力度	负向指标	自然资源部门	考核年较上年建设用地面积变化量/规划确定的年均建设用地规模变化量×100%，测算分值≤1，满分；测算分值>1时，按测算数值分档计算分值：1<测算分值≤1.5，××分；1.5<测算分值≤2，××分；2<测算分值≤2.5，××分；测算分值>2.5，××分	直接赋分
5		A5. 新增治理水土流失面积	反映水土流失国土治理修复成效	正向指标	自然资源部门、环保部门	与上年相比，考核水土流失治理面积净增加的，满分；与上年持平的，××分；较上年净减少的，按减少比率分层次赋分，排序在前40%的，××分；排序在40%（不含）以后的，××分	直接赋分

续表

序号	指标类别	指标名称	指标内涵	指标性质	数据来源	计算方式	评分方式
6	A. 节约保护类指标	A6. 绿色矿山占生产矿山总数的比例	反映开采对矿区及周边环境的扰动情况	正向指标	自然资源部门	考核年绿色矿山/考核年矿山总数×100%（单位:%）	指标标准化
7		A7. 林地面积变化率	反映林地面积动态变化状况	正向指标	自然资源部门、统计部门	（考核年林地面积－上年林地面积）/上年林地面积×100%（单位:%）	指标标准化
8		A8. 林木覆盖率	反映森林资源丰富程度	正向指标	自然资源部门、统计部门	考核年有林地面积/考核年土地总面积×100%（单位:%）	指标标准化
9		A9. 草原综合植被覆盖度	反映草原牧草生长浓密程度	正向指标	自然资源部门、统计部门	主要草地类型的植被覆盖度与其所占面积比重的加权平均值	指标标准化
10		A10. 草场退化率	反映草地生态退化情况	负向指标	自然资源部门、统计部门、环保部门	考核年退化草场面积/考核年草地面积×100%（单位:%）	指标标准化
11		A11. 湿地面积变化率	反映湿地面积动态变化状况	正向指标	自然资源部门、统计部门、环保部门	（考核年湿地面积－上年湿地面积）/上年湿地面积×100%（单位:%）	指标标准化
12		A12. 自然岸线保有率	没有经过人为干扰的水体与陆地的分界线占岸线总长度的比例	正向指标	自然资源部门、统计部门	没有经过人为干扰的水体与陆地的分界线/岸线总长度×100%（单位:%）	指标标准化
13	B. 集约利用类指标	B1. 单位 GDP 建设用地占用下降率	反映经济发展用地强度变化情况	正向指标	统计部门、自然资源部门	（考核年单位 GDP 建设用地占用－上年单位 GDP 建设用地占用）/上年单位 GDP 建设用地占用×100%（单位:%）	指标标准化

续表

序号	指标类别	指标名称	指标内涵	指标性质	数据来源	计算方式	评分方式
14	B. 集约利用类指标	B2. 人均建设用地面积变化率	反映建设用地人口承载强度变化情况	正向指标	统计部门、自然资源部门	（考核年人均建设用地面积-上年人均建设用地面积）/上年人均建设用地面积×100%（单位:%）	指标标准化
15		B3. 存量土地供应比例	反映存量土地盘活利用情况	正向指标	自然资源部门	考核年年度供应土地中存量用地面积/考核年供应土地面积×100%（单位:%）	指标标准化
16		B4. 工业用地供应占比变化情况	反映建设用地供应结构优化情况	负向指标	自然资源部门	（考核年工业用地供应占比-上年工业用地供应占比）×100（单位：百分点）	指标标准化
17		B5. 土地闲置率	反映闲置土地占比情况	负向指标	自然资源部门	已供应国有建设用地中闲置土地面积/已供应国有建设用地面积×100%（单位:%）	指标标准化
18		B6. 重要矿产资源合理开发利用“三率”达标率	反映矿山企业开采回采率、选矿回收率、资源综合利用率达标情况	正向指标	自然资源部门	矿山开采回采率达标率=区域内达到开采回采率标准的矿山数量/区域内应考核开采回采率的矿山数量×100%。矿山选矿回收率达标率=区域内达到选矿回收率标准的矿山数量/区域内应考核选矿回收率的矿山数量×100%。矿产资源综合利用率达标率=区域内达到矿产资源综合利用率标准的矿山数量/区域内全部应考核综合利用矿山数量×100% 以上三项达标率≥90%，满分；75%≤达标率<90%，××分；60%≤达标率<75%，××分；达标率<60%，不得分	直接赋分
19	C. 综合管理类指标	C1. 发生重大自然资源违法违纪情况	反映依法行政和监管能力	负向指标	自然资源部门	每件事件扣除××分，限制示范省创建评优资格	直接赋分
20		C4. 与干部考核挂钩	反映对地方领导政绩观的引领程度	正向指标	省自然资源部门	已将资源消耗、资源节约集约利用指标纳入地方党政领导班子和领导干部考核体系并加大权重的，××分；纳入考核体系未提高权重的，××分；未纳入的，不得分	直接赋分

考核结果评定：

采用百分制评分法和约束性指标相结合的结果评定方法，即对指标体系中的各个指标根据重要性赋分，综合确定考核评价得分，并按照优秀、良好、合格、不合格四个等级的划分方式确定考核评价结果的等级，与生态文明建设目标考核相衔接。同时规定根据约束性目标完成情况进行扣分或降档处理，超额完成的可按照超额比例进行加分。

评价结果等级划分如下：

优秀：90 分以上。

良好：75 分以上 90 分以下。

合格：60 分以上 75 分以下。

不合格：60 分以下。

在上述分级标准有关数量的表述中，“以上”含本数，“以下”不含本数。

参考生态文明建设目标考核设置“减分项”和“降档项”指标，根据约束性目标完成情况进行一票否决、扣分或降档处理。根据各地区重要约束性指标任务完成情况，对有关地区进行扣分或降档处理：仅 1 项约束性指标未完成的地区该项考核指标不得分，考核总分不再扣分；2 项约束性指标未完成的地区在相关考核指标不得分的基础上，在考核总分中再扣除 2 项未完成约束性指标的分值；3 项（含）以上约束性指标未完成的地区考核等级直接确定为不合格。其他指标未完成的地区有关指标不得分，考核总分中不再扣分。

八、考核方式

1. 考核方法

“自查+核查+抽查”：分为资料收集查阅法（法律法规建设情况）、统计审阅法（数据查阅与比对）、交流座谈法、比对核实法（落实目标责任情况）等。

自然资源资产考核在自然资源资产价值评估的基础上开展，采取评价和考核相结合的方式，实行年度评价和五年考核。

年度评价是根据自然资源资产价值评估结果，针对国家公园管辖区域内省级管理部门和各市、县（区）上一年度生态文明建设进展总体情况，督促各自落实生态文明建设相关工作，每年开展一次。

（1）组织实施。年度评价工作在自然资源资产价值评估的基础上，实行县级管理分局年度自评、市级管理分局核查和省级管理分局复核制度。自然资源资产价值评估由国家公园管理部门委托第三方评估机构进行。

（2）评价等级。年度评价分优秀、合格和不合格三个等级，年度考核所有二级指标均达到优秀标准，评价结果为“优秀”；所有二级指标均达到合格标准，评价结果为“合格”；二级指标中有 1 项或 1 项以上未达到合格标准，评价结果为“不合格”。

（3）成果公布。年度评价结果在每年自然资源资产价值评估表成果上报省人大后一个月内完成，并按程序向社会公布，纳入国家公园生态文明绩效考核。

五年考核根据自然资源资产价值年度评价结果进行考核。

（1）组织实施。五年考核由省自然资源厅牵头，会同各相关部门组织实施。

（2）评价等级。考核结果划分为优秀、良好、合格、不合格四个等级。其中 5 次年度评价结果均为“优秀”的，五年考核结果为“优秀”；2 次（及以上）年度考核为“优秀”，其余为“合格”，考核结果为“良好”；5 次年度评价结果未出现“不合格”，考核结果为“合格”；五个年度评价结果出现 1 次（及以上）不合格，考核结果为“不合格”。

2. 考核程序

国家公园自然资源资产的考核，应按照以下程序进行：

（1）各县（区）年度自评。国家公园辖区内各县（区）自然资源管理部门，对照本办法设置的评价指标，对自然资源资产情况进行年度评价，将自评结果和评价依据上报市级自然资源管理部门。

（2）市级年度核查。国家公园辖区内各市自然资源管理部门对照评价指标，对各县（区）评价结果进行初步核查。

（3）省级年度复核。省级自然资源管理部门对照评价指标，对国家公园辖区各县区自然资源资产价值年度评价结果进行复核后，对照评价指标确定等级后转交国家公园管理部门。

（4）综合考核评定。省级自然资源管理部门基于各县区年度评价结果，根据考核评价办法对各县区自然资源资产进行综合考核评定，评定结果经林草局验证无误后，转交国家公园管理部门。

（5）发文公告。年度评价结果和 5 年综合考核结果由自然资源管理部门发文公告。

九、结果应用

参考现有自然资源领域相关考核评价制度的结果运用，结合国有自然资源资产报告制度的内在要求，建议将国有自然资源资产报告管理评价结果与现有的生态文明建设考核、自然资源资产离任审计、生态环境损害责任追究制度等考核评价工作紧密衔接，作为考核对象综合考核评价、奖惩任免的重要依据，并按照考核评价等级采取通报表扬、通报批评、约谈、限期整改、责任追究等奖惩方式。

在此基础上进一步提出更加具体的奖惩措施，如在对大气和土壤污染防治行动计划实施情况进行评估考核时，奖励措施为在相关专项资金上予以倾斜，惩罚措施为扣减专项资金，整改期间暂停相关的审批；在省级政府耕地保护责任目标考核中，奖励措施为在相关政策和资金上予以倾斜，惩罚措施为整改期间暂停相关的审批；在对最严格水资源管理制度进行考核时，奖励措施为在相关项目安排上优先予以考虑，惩罚措施为整改期间暂停相关的审批。山西省为解决土地批而未用的问题，对省内各市供地率、疑似闲置率等情况进行排名，对未达到目标的地区采取暂停新增建设用地审批、扣减下一年度的新增建设用地计划指标的措施等。

为确保评价考核工作客观公正、依规有序开展，积极发挥省级人大、司法机关和社会的监督作用，研究建立相关抽查、对损害所有者权益行为的发现查处制度；强化自然资源资产损害赔偿；研究建立考核结果通报制度，纳入政绩考核，与相关考核奖惩建立联动机制；适时开展抽查、调研督导工作，指导地方破解难题，督促工作积极推进。

第二节　土地资源资产评价考核初步设计

一、研究对象和定位

目前，国家和地方层面关于土地资源资产管理类的考核有多个，主要体现在耕地保护和节约集约用地方面。例如，国务院办公厅出台的《关于省级政府耕地保护责任目标考核办法》、江苏等省市出台的《国土资源节约集约利用综合评价考核暂行办法》等。这些考核办法主要侧重于从土地资源的行政管理角度，对各级地方政府或自然资源管理部门进行考核。

按照中共中央办公厅、国务院办公厅印发的《关于统筹推进自然资源资产产权制度改革的指导意见》，以及权益司的职能定位，我们认为，本节的主要研究任务应为基于产权制度对土地所有权委托代理部门“履行所有者职责，落实所有者权益”情况的考核。因此，建议本书研究的对象定位为：对地方政府（或有关部门）受委托行使土地所有权情况的评价考核，并侧重于对资产管理的考核。

二、研究目标和重点

根据“源头严防、过程严管、后果严惩”的原则，通过研究，重点回答谁考核、考核谁、考核什么、怎么考核、考核结果怎么使用等重大问题，在此基础上，形成研究报告，为制定《全民所有土地资源资产评价考核办法》提供依据。

三、研究方案

（一）研究全民所有土地所有权管理及评价考核的基本理论

目前有关土地资源资产所有权管理的理论研究比较薄弱，而基于委托代理的土地所有权管理评价考核研究则更少。开展这方面的研究，对于做好评价考核工作、加强土地资产管理至关重要。

（1）研究土地所有权分级代理行使的相关理论①。包括土地所有权的内涵、权能、分级行使方式，土地所有权行使与生态文明建设的关系等。

（2）研究土地所有权管理及委托代理理论。重点研究“基于所有权的委托代理管理”与“传统的基于行政监管权的分级管理”的区别②，包括两者在管理主体、管理客体、管理内容、管理方式、监督方式等方面的区别等。同时，研究委托代理理论在土地所有权分级行使中的具体体现。按照《关于统筹推进自然资源资产产权制度改革的指导意见》③，全民所有自然资源资产所有权的行使，主要是通过委托代理行使的。

（3）研究土地所有权委托代理中的相关责任及评价考核理论。包括：土地所有权行使委托的性质，委托人、代理人，被委托人、被代理人等相关方的责任和义务，委托代理合同的拟订，以及评价考核的依据和相关理论等。

（二）全面梳理中央对全民所有土地资源资产评价考核的有关要求

主要包括习近平总书记的有关讲话；历次中央全会和国务院的要求；《生态文明体制改革总体方案》《关于统筹推进自然资源资产产权制度改革的指导意见》《生态文明建设目标评价考核办法》《领导干部自然资源资产离任审计规定（试行）》《党政领导干部生态环境损害责任追究办法（试行）》等相关文件要求；部领导的要求等。通过梳理，掌握中央和部领导对全民所有土地资源资产评价考核的要求和指示精神，作为整个研究工作的依据。

---

① 2015年，中共中央、国务院印发的《生态文明体制改革总体方案》明确：“对全民所有的自然资源资产，按照不同资源种类和在生态、经济、国防等方面的重要程度，研究实行中央和地方政府分级代理行使所有权职责的体制，实现效率和公平相统一。”

② 习近平总书记在党的十八届三中全会《关于〈中共中央关于全面深化改革若干重大问题的决定〉的说明》中指出：“国家对全民所有自然资源资产行使所有权并进行管理和国家对国土范围内自然资源行使监管权是不同的，前者是所有权人意义上的权利，后者是管理者意义上的权力。”

③ 《关于统筹推进自然资源资产产权制度改革的指导意见》中提出，“明确国务院授权国务院自然资源主管部门具体代表统一行使全民所有自然资源资产所有者职责。研究建立国务院自然资源主管部门行使全民所有自然资源资产所有权的资源清单和管理体制。探索建立委托省级和市（地）级政府代理行使自然资源资产所有权的资源清单和监督管理制度，法律授权省级、市（地）级或县级政府代理行使所有权的特定自然资源除外”。

（三）分析我国全民所有土地所有权行使及考核的历史演变及当前存在的问题

1. 系统总结回顾我国全民所有土地所有权行使及考核的历史演变和现状

包括：改革开放前，国有土地所有权的行使与考核管理情况；改革开放后，随着国有土地所有权与使用权的分离，土地收益权和处置权的变化以及相应的考核管理等情况，并分析其特点和利弊得失。

2. 分析提出全民所有土地所有权管理考核中存在的主要问题

近年来，随着产权制度改革、土地所有权行使方式的变化，土地资源的自由流动性增强，大大提高了土地资源配置效率。但是，一些地方由于对土地所有权行使缺乏有效监管，也造成了土地利用粗放和浪费、土地污染和沙漠化等一系列问题。从管理考核来看，主要存在以下问题：

（1）作为土地资源行政管理层面的评价考核较多，而针对土地所有权行使情况的考核基本没有。据初步梳理，在土地资源行政管理层面的考核类型主要有：针对耕地保护开展的《省级政府耕地保护责任目标考核办法》，针对节约集约开展的《节约集约利用综合评价考核暂行办法》（江苏、浙江），针对违法用地开展的《国土资源违法行为查处工作规程》《江西省国土资源执法监察目标考核暂行办法》《湖北省土地执法效能考核暂行办法》，针对土地利用计划执行情况开展的《土地利用年度计划执行情况考核办法》等。上述这些考核办法，基本上都侧重于从行政管理层面进行考核。

（2）评价的前提和依据不明确。全民所有土地资源资产所有权的内涵、权能、行使方式、行使主体、权力清单以及各级政府的责任义务等还不清晰，给评价考核和管理带来了一定难度。

（3）评价的内容、指标、程序以及评价结果的使用还不明确。例如，对土地所有权的权利进行考核与对监管权履行情况的考核到底有什么不同；选择评价和考核指标、设置考核程序、界定评价主体和对象，以及评价结果的应用等方面，都需要研究解决。

（四）总结借鉴国内外相关经验做法

1. 国外相关做法

重点总结国外在国有自然资源资产管理中的评价考核的内容、方法以及考核结果应用等方面的经验做法。

2. 国内相关做法

主要有三类：①有关土地资源管理的评价考核办法。包括中央和地方层面在耕地保护、节约集约用地、违法用地查处等方面的考核。②其他自然资源资产管理的评价考核做法。包括林草资源、水资源等方面。③其他国有资产管理的考核办法。例如，《国有资产保值增值考核试行办法》《党政主要领导干部和国有企事业单位主要领导人员经济责任审计规定》等。

（五）明确考核的主体、对象和依据

1. 明确考核的主体和对象

按照《关于统筹推进自然资源资产产权制度改革的指导意见》，土地资源资产所有权的委托代理至少有省级和市（地）级两个级别。因此，按照责权利一致的原则，研究提出不同层级的评价考核主体和对象。

2. 明确考核依据

（1）委托代理合同。由于土地所有权的行使主要是通过委托代理行使的，而委托代理的基础和依据是委托代理合同（或委托代理协议），因此，委托代理合同（或协议）上明确的责任和义务，应该是考核的最主要依据。下一步要重点研究委托代理合同的格式文本和主要内容。

（2）自然资源资产负债表。自然资源资产负债表是反映一个地区自然资源资产变化状况的最有效方式，有利于委托人对照委托代理合同上明确的内容和指标进行考核。因此，也是考核的重要依据。自然资源资产负债表既可以针对受委托的各级政府编制，也可针对代理者（土地利用者）进行编制。既可从存量、流量、负债、所有者权益等方面进行编制，也可从占有权、使用权、收益权、处分权等方面进行编制，反映自然资源浪费、生态环境破坏以及国有收益流失等情况。

（六）研究评价考核的内容和指标体系

1. 明确考核内容

考核的内容主要是委托代理合同上明确的内容，同时也包括法律法规和政策文件的相关规定。与传统的土地资源分级管理不同，全民所有土地资源资产考核主要侧重于国有土地所有权行使情况的考核，包括占有、使用、收益、处分等。在占有和使用方面，重点考核在土地资源资产管理上如何处理好开发与保护的关系、当前发展与可持续发展的关系、公共利益和私人利益的关系，实现代际或区域资源配置效率和综合效益的最大化。在收益方面，重点考核土地资源资产管理如何建立合理的收益分配机制，促进资源环境保护，以及防止国有土地收益流失等。在处分方面，由于处分权直接涉及土地资源资产的权属转移或消灭，因此重点考核受委托人和代理人在一定时期（考核期）内土地资源资产的存量和变化情况。

2. 制定考核指标

根据上述考核内容，特别是结合委托代理合同，制定评价考核的指标体系。在制定指标体系时，要统筹考虑与其他几个土地管理考核指标（如耕地保护考核、节约集约考核、违法用地考核）的区别和联系。在指标选取上，既要全面，又要突出重点。尤其要按照中央要求，把资源消耗、环境损害、生态效益等情况纳入评价体系。

3. 查明原因和责任主体

针对自然资源资产的存量、流量、负债、所有者权益以及其他指标的变化，特别是造成资源浪费、生态环境破坏、国有收益流失等情况，分析其形成原因，包括贯彻落实中央政策情况、土地开发利用中的决策问题、对相关政策法规的执行情况等。并根据原因，明确责任主体和责任大小。

（七）研究评价考核的方式和程序

1. 考核方式

可采取评价与考核相结合的方式。评价是考核的前提，考核是追究的依据。中共中央办公厅、国务院办公厅印发的《生态文明评价考核办法》提出，生态文明评价采取评价与考核相结合的方式，考核重在约束，评价重在引导，可以各有侧重地推动地方党委和政府落实生态文明建设重点目标任务。

可采取自查、抽查与核查相结合的方法。《省级政府耕地保护责任目标考核办法》采取自查、抽查与核查相结合的方法，可以此为参照。

2. 考核周期

可采取年度评价和五年考核相结合的方式。《生态文明评价考核办法》提出，生态文明评价考核采取年度评价和五年考核相结合。评价重点是评估各地区上一年度总体情况，引导各地区落实相关工作，每年开展 1 次。考核主要考察各地区重点目标任务完成情况，强化省级党委和政府的主体责任，督促各地区自觉推进生态文明建设，每个五年规划期结束后开展 1 次。《省级政府耕地保护责任目标考核办法》也明确，耕地保护责任目标考核采取年度自查和五年核查相结合的方式。具体的考核周期要根据委托代理合同确定。

（八）考核结果的应用

1. 考核结果的体现

有两种方式可供选择：一是采用百分制评分和约束性指标完成情况等相结合的方法，考核结果划分为优秀、良好、合格、不合格四个等级。二是将考核结果分为合格和不合格两大类。当然，还可以选择其他方式，具体需要深化研究。

2. 考核结果的应用

（1）与业务工作相挂钩，将考核结果作为土地资源资产管理的重要依据。例如，将考核结果与耕地保护、生态保护、节约集约用地等工作结合起来，特别是与中央在土地开发保护方面的资金分配结合起来，例如，与土地整治工作专项资金、耕地提质改造项目和耕地质量提升资金等分配结合起来，建立奖优罚劣机制。对于考核结果差的，除了在资金分配上进行惩罚外，还可暂停该地区的土地供应。

（2）建立责任追究机制，将考核结果作为干部离任审计的重要依据。根据《党政领导干部生态环境损害责任追究办法（试行）》第十一条和第十三条，生态环境和资源保护监管部门，必须按照职责依法对生态环境和资源损害问题进行调查，根据调查结果依法作出行政处罚决定或者其他处理决定的同时，对相关党政领导干部应负责任和处理方式提出建议，按照干部管理权限将有关材料及时移送纪检监察机关或者组织（人事）部门。如果出现应当调查而未调查、应当移送而未移送、应当追责而未追责的情况，将追究有关责任人员的责任。因此，自然资源部门有义务对生态环境和资源损害问题进行调查，并提出对相关领导干部应负责任和处理的建议。

（3）提出完善土地所有权分级代理的建议。通过评价考核，发现土地所有权委托代理中存在的问题，加强分析研究，从预防、发现、纠正三个方面提出建议，提升土地资源资产管理的成效。

（九）建立评价考核的技术支撑体系

充分利用大数据等现代技术，建立统一的自然资源资产信息平台，提升监督管理效能，构建土地开发利用和保护的监测大数据平台，突出以下功能：①自动监测功能；②自动评价功能；③自动预警功能。

四、研究方法和步骤

（1）组织相关专家开展理论研究。

（2）跟踪自然资源资产委托代理试点，针对评价考核问题开展实地调研，并征求试点地区的意见建议。

（3）到国资委、审计署、生态环境部等相关部门，调研学习有关国有资产管理和生态环境保护等方面评价考核的经验做法。

（4）总结近年来在土地管理方面的考核管理情况，比较其异同点，为土地所有权管理考核提供借鉴。

（5）在广泛调研的基础上，形成调研报告。

（6）在调研报告的基础上，起草《全民所有土地资源资产评价考核办法》。

第十七章　自然资源资产法治建设

第一节　我国自然资源资产法治现状

我国自然资源立法，以宪法规定为基础，以资源行业法和单项资源法为主要内容。目前已经制定和颁布了森林、草原、矿产、土地、海域、水等自然资源开发利用及保护的法律20余部，同时，国务院也制定了自然资源方面的行政法规和规章100余部，为法律的实施提供了具体、切实、可行的办法细则。

通过这些法律法规，在土地资源、水资源、矿产资源、草原资源、森林资源、海洋资源等单项自然资源方面，都逐渐建立并正逐步完善一系列自然资源的利用、保护制度，包括自然资源权利归属制度（资源所有权、资源使用权以及收益权）、自然资源有偿使用制度、自然资源流转交易制度、自然资源许可开发利用制度、自然资源宏观调控制度（资源规划、资源勘查、资源档案、资源登记）等。初步实现了我国自然资源保护、管理的有法可依。

尽管有前述诸多单行法，但各单行法之间还没有达到内部和谐，尚未建成既有统一立法原则指导，各单项立法之间又有有机联系的自然资源法律体系。甚至就什么是自然资源这一问题，我国现行有关法律都没有进行明确、统一的定义。我国的法律主要是通过列举的方式对自然资源进行界定，但是相关的法律列举的自然资源之间存在交叉。《国务院关于全民所有自然资源资产有偿使用制度改革的指导意见》（国发〔2016〕82号）明确规定："全民所有自然资源是宪法和法律规定属于国家所有的各类自然资源，主要包括国有土地资源、水资源、矿产资源、国有森林资源、国有草原资源、海域海岛资源等。"因此本章主要按照上述文件规定的六种自然资源进行论述。

一、根本大法——《宪法》规定了自然资源的所有权制度和合理利用制度

《宪法》主要在第九条和第十条规定了自然资源的所有权制度和合理利用制

度。按照《宪法》第九条第一款的规定，自然资源分为国家所有和集体所有。哪些属于国家所有、哪些属于集体所有，《宪法》都进行了明确的规定：除了法律规定属于集体所有的森林和山岭、草原、荒地、滩涂之外，矿藏、水流、森林、山岭、草原、荒地、滩涂等自然资源，都属于国家所有，即全民所有。

《宪法》第九条第二款规定了自然资源的合理利用制度。国家保障自然资源的合理利用，保护珍贵的动物和植物。禁止任何组织或者个人用任何手段侵占或者破坏自然资源。

除此之外，《宪法》第十条还对最重要的自然资源——土地进行了细化的规定。一是土地的所有权制度，分为国家所有和集体所有。按照《宪法》第十条第一款的规定，城市的土地属于国家所有。农村和城市郊区的土地，除由法律规定属于国家所有的以外，属于集体所有；宅基地和自留地、自留山，也属于集体所有。二是土地的征收征用制度。按照《宪法》第十条第二款的规定，国家为了公共利益的需要，可以依照法律规定对土地实行征收或者征用并给予补偿。三是规定了土地利用制度。按照《宪法》第十条第三款、第四款的规定，任何组织或者个人不得侵占、买卖或者以其他形式非法转让土地。土地的使用权可以依照法律的规定转让。一切使用土地的组织和个人必须合理地利用土地。

二、基本法律——《民法典》细化了自然资源的所有权制度和利用制度

（一）规定了自然资源的所有权制度

我国自然资源分为国家所有和集体所有。按照《民法典》第二百四十七至第二百五十二条的规定，矿藏、水流、海域、无居民海岛、无线电频谱资源，法律规定属于集体所有的之外的森林、山岭、草原、荒地、滩涂等以及法律规定属于国家所有的野生动植物资源，城市的土地以及法律规定属于国家所有的农村和城市郊区的土地都属于国家所有。除此之外的自然资源，属于集体所有。

《民法典》还明确规定国家所有的自然资源由国务院代表国家行使所有权。第二百四十六条规定：“法律规定属于国家所有的财产，属于国家所有即全民所有。国有财产由国务院代表国家行使所有权。法律另有规定的，依照其规定。”

（二）规定了自然资源的有偿使用制度

第一，《民法典》规定了绿色原则，其第九条规定：“民事主体从事民事活动，应当有利于节约资源、保护生态环境。”

第二，《民法典》明确规定了自然资源所有权和使用权分离的制度。按照《民法典》第三百二十四条的规定，自然资源的所有权和使用权分离，国家所有或者国家所有由集体使用以及法律规定属于集体所有的自然资源，组织、个人依法可以占有、使用和收益。

第三，《民法典》明确规定了自然资源的有偿使用制度。其第三百二十五条规定："国家实行自然资源有偿使用制度，但法律另有规定的除外。"

第四，《民法典》对自然资源用益物权人的权利形式进行了限制性的规定，其第三百二十六条规定："用益物权人行使权利，应当遵守法律有关保护和合理开发利用资源、保护生态环境的规定。所有权人不得干涉用益物权人行使权利。"

（三）规定了自然资源的登记制度

按照《民法典》第二百零九条的规定，不动产物权实行登记生效主义，一般来说，不登记不生效。自然资源除了野生动物之外基本上都属于不动产，因此自然资源登记这一块应当适用不动产登记的规则。但是第二百零九条第二款规定："依法属于国家所有的自然资源，所有权可以不登记。"由于规定的是"可以不登记"，意思是也可以登记。

三、不同的自然资源有专项的法律法规规章文件进行规定

（一）土地资源

涉及土地资源这一块的法律很多，包括直接调整土地资源保护关系的法律和间接调整土地资源保护关系的法律。目前，已颁布的直接调整土地资源的主要法律有三部《土地管理法》（2019 年修正）、《城市房地产管理法》、《农村土地承包法》（2018 年修正），其他相关的法律有《农业法》（2012 年修正）、《水土保持法》（2010 年修订）、《防沙治沙法》（2001 年）等。

行政法规主要有：《城镇国有土地使用权出让和转让暂行条例》（1990 年）、《土地管理法实施条例》（2021 年修订）、《基本农田保护条例》（1998 年）、《土地复垦条例》（1988 年）、《土地调查条例》（2008 年）、《不动产登记暂行条例》（2014 年）等。

根据上述法律，目前已建成国土空间规划制度、土地权属制度、土地用途管制制度、土地有偿使用制度、土地调查制度、土地统计制度、耕地特殊保护制度、土地复垦制度、统一不动产登记制度等一系列土地资源利用、保护、管理的制度。

《土地管理法》于 1986 年 6 月 25 日颁布，1987 年 7 月 1 日起实施。目前进行了四次修改，分别是 1988 年、1998 年、2004 年和 2019 年。其中 1998 年第二次修改，将土地所有权和使用权相分离，土地本身不能买卖，所有权也不能转让，但是土地使用权可以转让，这样土地才具有了价值，土地的资产价值得以显化，土地才从资源转变为资产。

（二）水资源

对于水资源，我国直接相关的法律是《水法》，间接相关的法律还有《水污

染防治法》《渔业法》《水土保持法》等。

我国对于水资源的立法采取的是资源利用与污染防治分立的模式。从水资源利用方面来看，有《水法》《渔业法》，从防治污染和保护的角度来看，有《水污染防治法》《水土保持法》《海洋环境保护法》等。这些立法分别从水资源的某一特性或价值出发，虽然都对水资源的保护有一些原则性的规定，但各个立法之间缺乏沟通和协调的机制，有些制度甚至相互冲突，这种状况显然不利于水资源的合理利用和保护。①

在具体管理方面，《水法》规定了流域管理机构对流域水资源从宏观的规划、区划等到微观的水量分配、取水许可、监督检查等方面的内容，实现了对水资源的流域整体性管理，确立了水资源流域管理秩序，并在实践中具备一定程度的运作能力。②

在产权方面，依据我国《水法》第三条以及第七条的规定，我国水资源的所有权主体为单一主体，即水资源归国家所有。但农村集体经济组织及其成员对本集体的水塘、水库中的水享有无偿的使用权，对其他水资源实行有偿使用制度。法律还规定了取水权。③

为了推动了水资源使用权的合理流转，2005 年，水利部印发了《关于水权转让的若干意见》（水政法〔2005〕11 号）。2016 年 4 月 19 日，为贯彻落实党中央、国务院关于完善水权制度、推行水权交易、培育水权交易市场的决策部署，指导水权交易实践，水利部专门制定了《水权交易管理暂行办法》。该《办法》对水权的交易进行了比较明确的规定。按照确权类型、交易主体和范围划分，水权交易主要包括区域水权交易、取水权交易、灌溉用水户水权交易三种形式。水权交易一般应当通过水权交易平台进行，也可以在转让方与受让方之间直接进行。区域水权交易或者交易量较大的取水权交易，应当通过水权交易平台进行。

为贯彻落实党中央、国务院关于水权水市场建设决策部署，充分发挥市场在水资源配置中的决定性作用和更好地发挥政府作用，推动水权交易规范有序开展，全面提升水资源利用效率和效益，为水资源可持续利用、经济社会可持续发展提供有力支撑，经国务院同意，由水利部和北京市政府联合发起设立国家级水权交易平台——中国水权交易所股份有限公司（中国水权交易所），组织引导符合条件的用水户开展经水行政主管部门认可的水权交易，以及提供交易咨询、技术评价、信息发布、中介服务、公共服务等配套服务。

---

① 余跃军，高利红.《水法》中的水资源保护制度研究［J］. 环境资源法论丛，2002（0）.
② 田其云. 对我国《水法》关于水资源流域管理规定的思考［J］. 现代法学，2004（2）.
③ 陈德敏，杜辉. 关于《物权法》中水资源权属制度合理性的评介［J］. 贵州社会科学，2009（8）.

（三）矿产资源

我国的矿产资源法律主要是《矿产资源法》。现行《矿产资源法》于1986年颁布实施，并于1996年作了部分修改。国务院先后制定发布了《矿产资源法实施细则》《矿产资源勘查区块登记管理办法》《矿产资源开采登记管理办法》《探矿权采矿权转让管理办法》《矿产资源补偿费征收管理办法》等行政法规，这些法规共同构建了我国矿产资源管理的法律法规体系。矿法的颁布实施，将矿产资源勘查开采活动纳入法治化轨道，促进了矿业快速发展，为国家经济建设提供了有力的资源保障。

随着社会主义市场经济体制的不断完善和生态文明建设的深入推进，矿产资源管理面临新的形势。近年来，党中央、国务院对矿产资源管理改革作出了一系列部署，各地通过实践创造了许多经验，也提出了一些问题和建议，现在正根据矿产资源管理改革要求和实践需要，对矿法进行全面修订。

矿法修改工作坚持贯彻党中央精神，落实新发展理念，充分发挥市场配置资源的决定性作用；坚持深化“放管服”改革，切实转变政府职能，处理好政府与市场的关系；坚持尊重地质工作规律和矿业发展规律，提高制度的科学性和合理性，维护矿产资源国家所有者权益和矿业权人合法权益。

目前矿法修改，对矿产资源影响较大的主要有两点：

首先是贯彻落实党中央精神，全面推进矿业权竞争出让。习近平总书记指出，坚持社会主义市场经济改革方向，核心问题是处理好政府和市场的关系，使市场在配置资源中起决定性作用和更好发挥政府作用。2017年，中共中央办公厅、国务院办公厅印发《矿业权出让制度改革方案》，明确要求全面推进矿业权竞争性出让，实现“信息公开、程序公正、竞争公平”。为此，在总结出让制度改革试点经验的基础上，修订草案明确了全面推进矿业权竞争出让制度：一是明确出让方式。除国务院规定可以采取协议方式出让外，县级以上人民政府自然资源主管部门应当采取招标、拍卖、挂牌等多种竞争性方式出让矿业权。二是明确出让前期工作要求。规定县级以上人民政府自然资源主管部门应当会同有关部门，根据矿产资源规划和矿业权市场监测情况，做好矿业权出让前期工作。三是明确出让后办理矿业权登记。规定受让人缴纳探矿权出让金、采矿权出让金后，有关人民政府自然资源主管部门应当将矿业权有关事项载入矿业权登记簿，办理矿业权登记，发放探矿权证书、采矿权证书。

其次是完善收益分配机制，明确矿产资源税费制度。一是明确在矿业权出让环节，探矿权受让人、采矿权受让人应当按照探矿权出让合同、采矿权出让合同的约定分别缴纳探矿权出让金、采矿权出让金。探矿权出让金、采矿权出让金是不同市场主体通过市场机制竞争性取得本属国家所有的矿产资源的探矿权、采矿权的成本。二是明确在矿业权占用环节，探矿权人、采矿权人应当按照国家规定的标准，分别缴纳探矿权占用费、采矿权占用费。探矿权占用费、采矿权占用费是针对探矿、采矿过程中占用的地上、地下空间确立的费用，以防范矿业权市场中的“跑马圈地”不合理占用空间行为。三是明确在矿产资源开采环节，与资源税法相衔接，规定开采矿产资源应当依法缴纳资源税。

（四）森林资源

与森林资源密切相关的法律主要是《森林法》，间接相关的法律还有《野生动物保护法》《防沙治沙法》《种子法》《农村土地承包法》等法律。相关的法规：直接相关的是《森林法实施条例》《退耕还林条例》《关于开展全民义务植树运动的实施办法》，间接相关的有《陆生野生动物保护实施条例》《森林防火条例》《森林病虫害防治条例》《野生植物保护条例》等20多件行政法规。除此之外原国家林业局制定颁布了50多件部门规章，为保护、发展和合理利用森林资源，维护生态安全，提供了有力的法律保障。可以说，林业法律法规基本覆盖了林业建设的主要领域，门类齐全、功能完备、内部协调统一，基本做到了有法可依、有章可循，有力地促进了林业法治事业的发展。①

在具体制度方面，主要包括森林权属制度、森林管理制度、森林资源保护制度以及森林资源培育和利用制度。森林权属制度包括森林资源权属、森林资源权属转让、林权纠纷处理等制度。《森林法》对森林权属制度的规定虽然比较简单，但已经使森林、林木和林地使用权成为可入市交易的产权。

2008年6月8日《中共中央　国务院关于全面推进集体林权制度改革的意见》（以下简称《意见》）印发，该《意见》明确规定：“（十五）规范林地、林木流转。在依法、自愿、有偿的前提下，林地承包经营权人可采取多种方式流转林地经营权和林木所有权。流转期限不得超过承包期的剩余期限，流转后不得改变林地用途。集体统一经营管理的林地经营权和林木所有权的流转，要在本集体经济组织内提前公示，依法经本集体经济组织成员同意，收益应纳入农村集体财务管理，用于本集体经济组织内部成员分配和公益事业。加快林地、林木流转制度建设，建立健全产权交易平台，加强流转管理，依法规范流转，保障公平交易，防止农民失山失地。加强森林资源资产评估管理，加快建立森林资源资产评估师制度和评估制度，规范评估行为，维护交易各方合法权益。”

为贯彻落实中共中央、国务院颁发的《关于全面推进集体林权制度改革的意见》，探索建立健全林业产权交易制度、机制，规范林权流转，创新林业资源交易产品和服务内容，聚集林业各类要素资源，完善林业产权融资等配套功能，经

① 周生贤．全面推进依法治林，保障林业持续快速协调健康发展［EB/OL］．http：//www. hnforestry. gov. cn/listinfo. aspx？ID=95040.

国务院批准同意，由原国家林业局同意并联合北京市人民政府共建全国性林权及森林资源交易的市场平台——中国林业产权交易所。

（五）草原资源

关于草原资源的法律主要是《草原法》。其他的相关法律有《土地管理法》《环境保护法》《防沙治沙法》《水土保持法》《种子法》等。除此之外还有 1 部司法解释、1 部行政法规、5 部部门规章和 13 部地方性法规。

《草原法》出台于 1985 年，这部《草原法》对草原的保护、利用和建设曾经起到非常重要的规范作用。2003 年 3 月修改的《草原法》，是对多年来草原执法实践的总结，它进一步健全和完善了对草原保护、建设和合理利用等方面的法律制度，能够充分调动广大农牧民保护和合理利用草原的积极性，对改善草原生态环境、实现草原的永续利用和畜牧业的可持续发展有重大意义。

但是现行草原立法内容依旧不够完整，缺少草原生物多样性保护、草原生态补偿和草原保护公众参与等方面的具体规定，草原立法与《环境保护法》等部门法的规定存在冲突。而且缺少一个从生态文明建设角度出发的系统而不单一的草原保护理念与制度。《草原法》目前也在进行修改，主要是为了加强草原生态环境保护。

《草原法》第十五条规定了草原承包经营权的有偿转让制度，第十五条规定："草原承包经营权受法律保护，可以按照自愿、有偿的原则依法转让。草原承包经营权转让的受让方必须具有从事畜牧业生产的能力，并应当履行保护、建设和按照承包合同约定的用途合理利用草原的义务。草原承包经营权转让应当经发包方同意。承包方与受让方在转让合同中约定的转让期限，不得超过原承包合同剩余的期限。"

（六）海域海岛资源

关于海域海岛资源，我国的法律主要有《海域使用管理法》和《海岛保护法》，与此相关的法律主要有《领海及毗连区法》《专属经济区和大陆架法》《海洋环境保护法》《渔业法》《港口法》《海上交通安全法》《海商法》等一系列涉海法律。除此之外，还有《防治陆源污染物污染损害海洋环境管理条例》《涉外海洋科学研究管理规定》《防治海岸工程建设项目污染损害海洋环境管理条例》《防止船舶污染海域管理条例》《海洋倾废管理条例》《防治海岸工程建设项目污染损害海洋环境管理条例》《船舶污染海洋环境应急防备和应急处置管理规定》等一系列涉海法规。上述法律法规，使海洋资源开发利用、环境保护、海上交通运输、海洋科学研究等主要的海洋开发利用活动有法可依，有章可循。

关于海域资源，《海域使用管理法》主要规定了以下制度：一是规定了海域的有偿使用制度。其中第三十三条规定："国家实行海域有偿使用制度。单位和个人使用海域，应当按照国务院的规定缴纳海域使用金。海域使用金应当按照国务院的规定上缴财政。对渔民使用海域从事养殖活动收取海域使用金的具体实施步骤和办法，由国务院另行规定。”

二是规定了海域使用权的招标拍卖取得制度。海域使用权一般是当事人申请之后经审批取得，但是按照《海域使用管理法》第二十条的规定“海域使用权除依照本法第十九条规定的方式取得外，也可以通过招标或者拍卖的方式取得。招标或者拍卖方案由海洋行政主管部门制订，报有审批权的人民政府批准后组织实施。海洋行政主管部门制订招标或者拍卖方案，应当征求同级有关部门的意见。招标或者拍卖工作完成后，依法向中标人或者买受人颁发海域使用权证书。中标人或者买受人自领取海域使用权证书之日起，取得海域使用权”，海域使用权也可以通过招标或者拍卖取得。

三是规定了海域使用权的转让制度。《海域使用管理法》第二十七条第二款规定：“海域使用权可以依法转让。海域使用权转让的具体办法，由国务院规定。”2006年10月13日，原国家海洋局出台了《海域使用权管理规定》，其中第六章专门规定了“海域使用权转让、出租和抵押”。海域使用权开发利用海域满1年、未改变海域用途、已缴清海域使用金、除海域使用金以外实际投资已达计划投资总额的20%以上、原海域使用权人无违法用海行为或违法用海行为已依法处理的，可以依法转让。海域使用权出租的，承租人应当按照海域使用权证书确定的面积、年限和用途使用海域。海域使用权取得时免缴或减缴海域使用金的，补缴海域使用金后方可出租、抵押。

关于海岛资源，《海岛保护法》规定了无居民海岛的有偿使用制度。其中第三十一条规定：“经批准开发利用无居民海岛的，应当依法缴纳使用金。但是，因国防、公务、教学、防灾减灾、非经营性公用基础设施建设和基础测绘、气象观测等公益事业使用无居民海岛的除外。无居民海岛使用金征收使用管理办法，由国务院财政部门会同国务院海洋主管部门规定。”目前，无居民海岛的有偿使用额实践不多，因此《关于统筹推进自然资源资产产权制度改革的指导意见》提出“构建无居民海岛产权体系，试点探索无居民海岛使用权转让、出租等权能”，以丰富和完善无居民海岛的有偿使用制度。

第二节　我国自然资源资产法治存在的问题

一、自然资源法律概念不统一

什么是法律意义上自然资源，现行有关法律对自然资源的规定很少，我国的法律主要是通过列举的方式对自然资源进行界定。

《宪法》列举了9种自然资源类型：土地、矿藏、水流、森林、山岭、草原、荒地、滩涂、珍贵的动物和植物。《民法典》物权编在《宪法》的基础上，增加了海域、无线电频谱、无居民海岛三类自然资源。按照《民法典》第二百四十七至第二百五十二条，矿藏、水流、海域、无居民海岛、土地，森林、山岭、草原、荒地、滩涂等，以及法律规定属于国家所有的野生动植物资源以及无线电频谱资源都属于自然资源。

除此之外，除了专项的自然资源单项立法，基本没有法律对自然资源进行规定。在以上这些法律中，自然资源概念和外延不够清晰，并且相互之间存在交叉。《宪法》《民法典》中的“山岭”与土地、草原和森林资源存在交叉，“滩涂”与土地、海域资源存在交叉，山岭、草原、荒地、滩涂与土地存在交叉。《民法典》中新增的海域与水流概念也存在交叉。

二、基本法立法缺失

目前我国自然资源法律呈现“法群”状态，系统性不足，缺乏综合性的自然资源保护法律，各单项自然资源法之间割裂分散，尤其是缺乏一个全局地、整体地确立自然资源法基本规则，从宏观层面协调各单项自然资源立法的自然资源基本法。

自然资源法的基本原则是指贯穿自然资源法整个领域、具有普遍指导力和约束力、全面体现自然资源法内在质的规定性与本质特征并构成该法律领域基础的根本性准则。它反映了自然资源法的理论研究从特殊到普遍、从具体到抽象的推进过程，是对自然资源法律精神的理论总结。①虽然各种自然资源有自身的特色，但作为资源，它们不仅是一个统一的整体，还具有共同的特点。因此为避免单项资源法之间的冲突，节约立法成本，需要一部基本法律规定自然资源法的基本规则。

由于同时受自然规律支配，资源开发利用具有整体性、综合性的特征，改变其中的一个部分，必然会对其他部分产生直接或间接的影响。资源开发利用、生态保护及环境保护三者之间息息相关，关系复杂。这就需要构筑起一个污染防治、资源开发、生态保护紧密联系的法律保障系统。②而一个综合的自然资源法律体系首先需要有一部综合性的资源保护法在其中起统领、协调作用。

我国宪法虽规定了自然资源保护，但属于原则性规定。《环境保护法》的

① 林广伦．试论自然资源法的基本原则［J］．三明学院学报，2009（3）．

② 王灿发．论生态文明建设法律保障体系的构成［J］．中国法学，2014（3）．

“环境”概念下虽包括多种环境资源要素，但因自然资源法和环境保护法两者之间存在差异，《环境保护法》也无法承担自然资源“基本法”的重任。具体而言，自然资源法与环境保护法有以下几点不同：其一，法律调整的对象不同。环境并非法律意义上的特定之物，不涉及产权归属等问题；自然资源在法律意义上都是有确定的归属（国家、集体、个人等）的物或能量，在特定条件下具有统一的价值标准。其二，立法需求不同。环境法的立法旨在保护环境，制止破坏环境的行为。自然资源法是以区域（国家、地区等）内一定种类的资源保障为着眼点的。虽然环境的恶化与自然资源的破坏往往相伴而生，但两者并非包含与被包含的关系。其三，立法内容不同。环境法突出的是保护和治理环境；自然资源法包括自然资源权属制度、管理制度、保护制度、恢复制度等多方面内容。

综上所述，自然资源法不能也不宜纳入环境法。自然资源法和环境法不能互相代替，环境法也不能覆盖自然资源法。自然资源法是自成体系的，我国目前尚缺少包含各自然资源立法的基本原则和自然资源开发利用整体规划的自然资源基本法。

三、生态文明建设理念缺失

法律理念是“对法律的本质及其发展规律的一种宏观的、整体的理性认识、把握和建筑，是一种理智的思想，是一种方法，一种态度，是认识论、方法论和本体论有机结合的产物”。①

我国 20 世纪 80 年代制定的各自然资源单行法，从总体上来讲是服务于经济建设的。相关的法律法规规定，在指导思想上将开发利用放在了首位，保护则放在其后。我国近年来对各自然资源单行法进行了不同程度的修改，但综观修改后的环境与资源法律、法规，都没有明确地把生态文明作为环境与资源加以保护的指导思想。生态文明的核心价值体现在：用可持续发展得理念指导人类社会得发展，在人类发展的过程中坚持当代人之间平等、代际之间平等和物种之间平等的关系，以简朴、节约为指导重塑人们的生活方式。生态价值的存在是人类存在并开展一切活动（当然包括经济活动）的前提，自然界生态价值的丧失也就意味着人类基本生存条件的丧失，生态价值的丧失不可逆。

长期以来人们对自然资源功能的认识大多局限于自然资源提供物资、能源等经济功能范围上，而对自然资源的生态功能、社会功能则不能有很好的认识和了解。在生态理念缺失的情况下，目前生态保护制度散落于部分单行法中，且多为

① 李双元. 中国法律理念的现代化［J］. 法学研究，1996（3）.

原则性体现。如《矿产资源法》规定的矿山生态治理补偿机制、《森林法》规定的森林生态效益补偿基金以及《水法》《渔业法》《土地管理法》等作出的生态补偿相关规定。在实践中这些原则性规定缺乏可操作性，缺乏问责机制，需要进一步细化。

四、单行法之间存在冲突

正因为没有统一的自然资源基本法，各自然资源单行法又是在不同时期由不同部门起草，故自然资源单行法之间缺乏协调统一。目前我国十余部自然资源单行法之间存在调整对象交叉、内容重复、法律效力层次混乱等现象，自然资源法律的整合效应难以真正发挥。

土地资源方面，因《土地管理法》《森林法》《草原法》等在调整范围上的交叉，导致同一土地资源同时受到多个资源法律的约束，使有关法律主体无所适从，也使执法部门之间相互推诿扯皮，从而严重影响了土地资源的保护和管理。再如，《土地管理法》第五十七条只对探矿使用国有或集体所有土地作了规定，对采矿权需要使用国有或集体所有土地的情况则没有规定。

水资源方面，“水资源管理与水污染防治不仅有不同的立法，而且分属不同的部门管理，管水质的不管水量，管水量的无权管水质；陆生野生动物与水生野生动物也是有不同的立法，同一个两栖动物，在水里和在岸上，可以由不同的部门来管理；同一种野生植物，长在林地里和长在草原上或其他土地上，也是由不同的部门来管理”①。

海洋资源方面，《渔业法》对养殖权作了规定，同时《海域使用管理法》也对养殖用海域使用权作了规定，而养殖业和海域又分属不同管理部门管理，加剧了权力的冲突。根据我国《渔业法》的规定，国家对养殖业和捕捞业实行许可证制度，从事养殖或捕捞野生动植物资源的渔业经营者必须经渔业管理部门许可，获得养殖许可证或捕捞许可证，才能享有从事养殖或捕捞野生动植物资源的权利。进行渔业活动必然要利用一定的海域。我国《海域使用管理法》规定，单位或个人使用海域的，必须依法向海洋行政主管部门申请，获得批准并依法登记后，方可取得海域使用权。该法第二十五条规定，养殖用海是海域使用的一种。这样，就会发生养殖权既是渔业权又是海域使用权的重叠现象，其权属的性质及在管理上的归属在法律上尚不明确。

尽管在学术研究中，会把各种不同的立法拉在一起组成一个比较完整的法律体系，但在实践中，山水林田湖和环境污染的管理立法都分属不同的体系，期间

① 王灿发．论生态文明建设法律保障体系的构成［J］．中国法学，2014（3）．

难免有重复规定甚至冲突规定，无法形成一个整体的自然资源保护法律体系。

五、对资源规定得多，资产规定得少，不同种类的自然资源资产化程度不同

（一）我国立法更多地侧重于对资源的规定

我国目前的法律更侧重于对资源的保护，各自然资源的单项法律的第一条关于立法目的的规定都有保护资源的表述，如《土地管理法》第一条规定："为了加强土地管理，维护土地的社会主义公有制，保护、开发土地资源，合理利用土地，切实保护耕地，促进社会经济的可持续发展，根据宪法，制定本法。"《草原法》第一条规定："为了保护、建设和合理利用草原，改善生态环境，维护生物多样性，发展现代畜牧业，促进经济和社会的可持续发展，制定本法。"《水法》第一条规定："为了合理开发、利用、节约和保护水资源，防治水害，实现水资源的可持续利用，适应国民经济和社会发展的需要，制定本法。"《海岛保护法》第一条规定："为了保护海岛及其周边海域生态系统，合理开发利用海岛自然资源，维护国家海洋权益，促进经济社会可持续发展，制定本法。"

为了推进生态文明建设，我国立法越来越重视对资源的保护，如2020年5月28日，十三届全国人大三次会议表决通过的《民法典》（自2021年1月1日起施行），除了规定传统的平等、自愿、公平、诚信、公序良俗的原则，还增加了绿色原则。第九条规定："民事主体从事民事活动，应当有利于节约资源、保护生态环境。"物权编相应地增加了设立建设用地使用权应当符合节约资源、保护生态环境的要求。2019年12月28日第十三届全国人民代表大会常务委员会第十五次会议修订的《森林法》第一条明确规定："为了践行绿水青山就是金山银山理念，保护、培育和合理利用森林资源，加快国土绿化，保障森林生态安全，建设生态文明，实现人与自然和谐共生，制定本法。"

（二）不同的自然资源资产化的程度不一样

目前，土地资源资产化得最早，程度也最高。1987年12月1日，深圳率先引入香港土地拍卖制度，首次举行国有土地拍卖，敲响了国有建设用地出让的第一槌。之后，《宪法》和《土地管理法》都于1988年进行了修改，删除了土地不得买卖的规定，增加了"土地的使用权可以依照法律的规定转让"的规定。在法律上，土地资源开始资产化。1990年，《城镇国有使用权出让和转让暂行条例》（国务院55号令）就对国有土地使用权的出让、转让、出租、抵押等作出了明确的规定。1998年《土地管理法》修改，明确规定了土地的有偿使用制度和土地使用权转让等交易制度，《城市房地产管理法》专门对城市国有土地的交易进行了明确、详细的规定。2019年8月26日《土地管理

法》的修改，使可以交易的土地使用权，从国有土地使用权扩展到集体经营性建设用地使用权。

其他自然资源，如矿产资源也借鉴土地资源资产化的成功经验，2017 年，中共中央办公厅、国务院办公厅印发《矿业权出让制度改革方案》，明确要求全面推进矿业权竞争性出让。森林资源和水资源也进行产权交易，并针对分别成立了全国性的交易平台——中国林业产权交易所和中国水权交易所。草原资源和海域海岛资源虽然可以进行转让，但是目前相关的规定很少，相关的案例也很少，需要出台相关的规范促进草原资源和海域海岛资源的资产化。

六、自然资源资产尚未立法

自然资源资产是国有资产的组成部分。我国自 20 世纪 90 年代就着手国有资产立法工作，1993 年第八届全国人大常委会就将国有资产法列入立法规划，但未能出台。2003 年，十届全国人大将国有资产立法列入 5 年立法规划，并成立了国有资产立法起草小组，着手立法工作。但国有资产量大面广，针对国有资产的综合性立法很难速成，立法工作重点转向企业国有资产和行政事业资产等单项法规。2003 年国务院公布实施作为行政法规的《企业国有资产监督管理暂行条例》，2006 年以财政部令的形式颁布实施《行政单位国有资产管理暂行办法》和《事业单位国有资产管理暂行办法》，2008 年制定并颁布企业国有资产第一部法律——《中华人民共和国企业国有资产法》。2017 年，《中共中央关于建立国务院向全国人大常委会报告国有资产管理情况制度的意见》提出"全国人大常委会加强国有资产立法和监督"。2019 年，《十三届全国人大常委会贯彻落实〈中共中央关于建立国务院向全国人大常委会报告国有资产管理情况制度的意见〉五年规划（2018—2022）》公布，在立法方面作出修改完善相关法律、制定全国人大常委会关于加强国有资产监督的决定、研究制定行政事业性国有资产管理法、组织开展制定综合性国有资产（资本）管理法的可行性研究四方面安排，明确提出"组织开展制定综合性国有资产（资本）管理法的可行性研究。总结梳理各类国有资产（资本）管理、监督中遵循的共同原则和面临的共性问题，从必要性和可行性、理论基础和实践基础等方面开展研究论证，争取 2022 年提出可行性研究报告"。

自然资源资产法规一直未能出台，目前关于自然资源资产的相关内容散见于现行的单项自然资源法律中，缺乏完整统一的自然资源资产法律规定和制度构架，对于自然资源资产取得的方式、种类、类型、权能等缺乏统一规定。

第三节　域外自然资源法律的借鉴

一、美国的自然资源法律体系

《美国联邦宪法》第 4 条第 3 款规定了国会有权对属于联邦的领土和财产进行立法，而其第 1 条第 10 款并没有剥夺各州关于自然资源的立法权。因此，在美国，对于自然资源是以所有权为认定标准，立法和管理进行二元制权限划分，属于联邦公有的，联邦有排他立法权；属于各州和地方政府以及私人所有的，各州政府享有主导立法权。

联邦政府在 1969 年颁布了《国家环境政策法》，这是美国关于环境和自然资源的基本法。除此之外，美国还有自然资源、环境保护相关的单行法 3000 多个。

（一）土地资源法律体系

在 1976 年《联邦土地政策与管理法案》出台之前，美国有关国有土地管理的法律多达 2000 种，这些法律缺乏系统性、连贯性，并时有抵触。《联邦土地政策与管理法案》缓解了美国国有土地管理法律混乱的局面，从此形成了以《联邦土地政策与管理法案》为核心，由《征购土地法》《荒野法》《阿拉斯加国家利益土地保护法》《免耕法》等多部法律共同组成的土地法律框架。

（二）矿产资源法律体系

在美国目前的有关矿产资源和矿业、能源管理的法律中，主要有 1872 年的《通用采矿法》，1920 年的《矿产租约法》，1947 年的《矿物材料法》，1953 年的《外大陆架土地法》，1955 年的《地表资源法》，1969 年的《联邦煤矿山健康和安全法》，1970 年的《采矿和矿产政策法》，1977 年的《地表矿山复垦与执行法》《联邦矿山安全和健康法》《联邦煤炭租约修正法》，1978 年的《天然气政策法》，1987 年的《联邦陆上石油天然气租借改革法》，1982 年的《联邦石油和天然气权利金管理法》，1982 年的《印第安矿产开发法》，1992 年的《能源政策法》等。这些法律涉及美国矿产资源和矿业、能源管理中从矿业土地准入，矿产资源勘查、开发，矿业权的招投标程序，矿产品生产、运输、销售、贸易，矿业税收，矿业收益利益分配，管理者和开发者、矿业权持有者的权利、义务、责任，到环境保护、矿山安全、防范措施、应急程序、劳动力健康、矿山复垦、社区安全、文化古迹保护、战略矿产储备等各个方面。可以认为，它们构成了美国目前关于矿产资源和矿业、（化石）能源业管理的强调有效管理、安全生产和以资源、环境和生态保护为主导的完整法律法规体系。

（三）水资源法律体系

美国在水资源管理方面还没有全国统一的水法，以各州自行立法与州际协议为基本管理规则，州际水资源开发利用矛盾则由联邦政府有关机构（如垦务局、陆军工程兵团等）负责协调。

1965 年联邦政府颁布了《水资源规划法》，为美国水资源的统一协调管理提供了必要的法律基础。1972 年美国联邦政府颁布施行《清洁用水法》。城市水务管理的联邦法律主要是《清洁用水法》与《安全饮用水法》。

（四）海洋资源法律体系

1716 年，美国设立了灯塔服务处，从而揭开了美国海洋管理的序幕，之后随着海上贸易的发展，对海洋管理的领域不断扩大，但主要集中在导航、救援、轮船检验、缉私、税收、卫生检疫、缉毒等方面。自 20 世纪 30 年代后期以来，由于全球海洋经济的发展，美国逐步加强了对其周围的海域海洋空间和海洋资源的管理和保护。20 世纪 70 年代后，随着人类对海洋开发利用活动的日益频繁和加剧，海洋环境和海洋资源的立法进入了高峰时期。1972 年 10 月 27 日，美国国会颁布了《海岸带管理法》，从而使海岸带综合管理作为一种正式的政府活动首先得到实施。之后还相继颁布了《海洋哺乳动物保护法》、《海洋保护、研究和自然保护区法》、《濒危物种法》、《深水港法》、《渔业保护和管理法》（现称《马格纳森—斯蒂文斯渔业保护和管理法》）、《外大陆架土地法》及其修正案。这一系列法律确立了海洋资源开发与利用的许可证和有偿使用制度，并完成了由单项的部门立法向综合管理立法的转变。

二、加拿大的自然资源法律体系

加拿大国土辽阔，自然资源丰富且种类繁多。在开拓自然资源的过程中，加拿大逐渐制定了数量繁多的自然资源单行法，法律体系相对完备，如《自然资源部法》《资源和技术调查法》《环境部法》《环保评估法》等。但是迄今为止，加拿大并没有统一的自然资源相关法典。

（一）土地资源法律体系

加拿大对于土地的管理分为联邦和省两个层面，在联邦层面有《土地权法》《土地调查法》《环境和土地利用法》《土地测量法》《环境管理法》等一系列整体性法律。但是由于加拿大宪法赋予了各省对土地资源的主要管理职责，因此各省都在土地管理方面制定了更为细致的法律和法规，如在土地利用规划方面制定了土地规划法，在土地征用方面制定了土地征用法。各省土地管理的法律法规比较完善，土地管理严格、有序。安大略省是加拿大人口最多、耕地面积最大、土地最为肥沃的省份。安大略省在 1947 年颁布了《规划法》，与此同时，安大略省还制定了《评估法》《建筑留置权法》《联营公司法》《登记法》《开发收费办法》等一系列配套法规、规则和办法，形成了十分完备的土地法律体系。

（二）矿产资源法律体系

联邦政府没有专门的矿业法。与矿业活动有关的法律主要是《领土土地法》和《公共土地授权法》，这两部法中涉及矿业活动的有关条款主要用于约束北部三个地区的矿业活动。各省制定的与矿业有关的法律很多，以不列颠哥伦比亚省为例，其法规包括：《矿产法》（管辖非煤矿产）、《砂金法》、《煤矿法》、《矿山法》、《铜矿补助法》、《矿产加工（提炼）法》、《矿源探查法》、《矿山路权法》，以及《矿产开发条例》和《矿山废料管理条例》等。这些法规条例对各种矿产勘查和开采、矿山复田、矿工健康、设备操作安全及环境保护等均有详细规定。在能源方面，联邦制定了一系列国家级大法及行业性法规，如《能源管理法》《石油和天然气操作法》《石油资源法》《国家能源理事会法案》《加拿大资源法案》《加拿大石油天然气经营法案》《加拿大管道法》等。除上述国家级大法和行业性法规外，还有一些由政府主管部门制定的管理规章，如国家能源委员会制定了 70 多项具有法律效力并与相关大法配套的规章，如《陆上石油天然气管道条例》等。此外，加拿大各省也都有自己的监管法律法规。

（三）水资源法律体系

根据加拿大的宪法，省政府拥有绝大多数自然资源包括水资源的所有权。因此，省政府对其边界内的水资源拥有管理权。各省拥有对于各种水事务的立法权，包括在民用和工业供水、污染防治、非核热电和水电开发、灌溉和娱乐等涉水领域有立法权。联邦政府对于联邦所属的土地、领地，包括国家公园及印第安保留地中的水资源拥有主权。国会在商业航行领域具有至高无上的立法权力，该权力覆盖了绝大多数的大型河流。国会对于内陆河流的渔业，包括对于各流域渔业的保护，都有至高无上的立法权。加拿大联邦政府在 1970 年颁布了《联邦水法》，这是加拿大联邦层面关于水资源的基本法律。1984 年起，加拿大开始制定《加拿大水质导则》，陆续颁发了《加拿大水生生物保护水质导则》《加拿大农业用水保护水质导则》《加拿大饮用水质导则》《加拿大娱乐用水导则》。加拿大联邦政府于 1987 年颁发了《联邦水政策》，其后各省（地区）也陆续制定和颁发了一些水政策。通过这些水政策，正式确定了水资源一体化管理的思想。

（四）海洋资源法律体系

加拿大是一个海洋大国，其海洋资源立法有悠久的历史。早在 1868 年，加拿大就制定颁布了第一部《渔业法》，1869 年又通过了《沿海渔业保护法》。这两部法律至今仍然是加拿大渔业管理的法律基础。不过由于特殊的政治历史背景，加拿大在 20 世纪 90 年代中期以前没有一部完整的海洋法律。加拿大于 1997

年颁布并实施了《海洋法》，成为世界上第一个具有综合性海洋管理立法的国家。《海洋法》确立了渔业与海洋部为管理和协调全国海洋事物的牵头部门，统一负责本国的海洋管理工作，并指明了加拿大未来海洋战略发展的方向，为做好加拿大海洋管理工作提供了有力的保障。

目前，加拿大已经颁布的其他海洋管理法律和法规有《渔业法》《沿海渔业保护法》《领海和渔区法》《大西洋渔业管理区规定》《太平洋渔业管理规定》《沿海省份渔业管理规定》《北极水污染保护法》《二百海里专属渔区法》《北冰洋管理法》《大陆架法》《海洋倾废法》《加拿大航海法》《防止油类污染法》等，各省也在允许的领域内制定了一些地方性法规。上述法律内容广泛，涵盖了海洋资源及产业管理等各个方面。

三、俄罗斯的自然资源法律体系

俄罗斯自然资源法律体系是指由俄罗斯联邦调整自然资源法律关系的所有法律规范组成的相互联系、相互补充、内部和谐一致的完整系统。这个系统包括俄罗斯联邦宪法中有关环境保护、自然资源的利用和保护方面的法律规范，以及其他专门的规范性法律文件。比较主要的综合性法律和规范性法律文件包括：《俄罗斯联邦自然环境保护法》《俄罗斯联邦生态鉴定法》《俄罗斯联邦自然医疗资源、医疗保健地和疗养地法》《俄罗斯联邦特殊保护的自然区域法》《关于俄罗斯联邦自然资源的命令》《关于俄罗斯联邦可持续发展的构想》等。

（一）土地资源法律体系

在苏联时期，国家对土地所有权进行了垄断，当时的宪法明确规定："土地、地下资源、水、森林无一例外地属于国家所有。"20 世纪 80 年代以后，苏联开始在社会体制改革的框架内改变这条原则，但俄罗斯联邦土地非国有化和土地改革的正式开始是在 1991 年 1 月 1 日。当时实行了俄罗斯联邦"关于土地改革"和"关于农业"的法律。1991 年通过的新《土地法典》和《土地付费法》一起为不同土地所有制（国有、市属、私人所有）的并存奠定了法律基础。俄罗斯在 20 世纪 90 年代的这场改革，使土地成为商品进入市场买卖。土地所有权流转制度的推行，需要相应的法律来监督和保障。20 世纪 90 年代中期，调节土地关系的主要标准包含在 1992~1993 年的一系列总统令和政府决议中。1990~2001 年总共通过了 41 项联邦法、33 项总统指令及近百项政府决议。除此之外，不同的地区也都通过了自己的法规，使土地立法呈现出非系统化、水平参差不齐又相互抵触的局面。

俄罗斯从 1994 年着手制定国家土地法典，在以后的 6 年中，由于分歧严重，未能一致通过。《俄罗斯联邦土地法典》最终在 2001 年 10 月 25 日颁布。《土地法典》规定了俄罗斯土地的基本制度，包括土地所有制，土地所有者及使用者、承租者的义务，土地的流转和使用费的计算，土地流通的有限性，土地的生态保护等。《土地法典》强调其权威性，其他俄罗斯联邦法律包含的土地权条文都必须与《土地法典》相符合，土地关系也可以由俄罗斯联邦总统令调节，但总统令不得与土地法典、联邦法律相抵触。

除《土地法典》之外，俄罗斯的土地开发、流转、使用主要是通过联邦法律和政府决议进行规范的，包括《土地付费法》《关于确定土地标准价格的办法》《关于不动产权及其交易国家登记的联邦法律》《关于国家地籍评估的联邦政府决议》《关于批准进行国家地籍评估规则的联邦政府决议》《国家地籍法》《土地整理法》《关于划分土地国家所有权的俄罗斯联邦法律》《俄罗斯联邦土地法》《关于批准土地整理文件国家鉴定规则的俄罗斯联邦政府决议》《关于批准监督土地整理进行的规则的俄罗斯联邦政府决议》《关于批准进行地方土地整理的规则的俄罗斯联邦政府决议》《关于农用地流转的俄罗斯联邦法律》《关于某类土地地段转为另一类土地地段的俄罗斯联邦法律》等。

（二）矿产资源法律体系

20 世纪 90 年代以来，俄罗斯制定并实施了与地下资源管理和利用有关的 60 多部法律法规、大量的俄罗斯联邦总统令、俄罗斯联邦政府决议、政府部门的规范性文件，以及约 2000 多个规范方法文件。值得一提的有《俄罗斯联邦地下资源法》《俄罗斯联邦大陆架法》《产品分成协议法》《俄罗斯联邦专属经济区法》《地下资源使用暂行最低付费率》《石油天然气法》《贵金属和宝石法》《地下资源利用许可证发放程序条例》《矿物原料基地再生产国家预算外基金条例》《矿物原料基地再生产提成率》《地下资源利用反垄断规则》《外国投资法》《联邦环境保护法》等。

在以上法律法规中，以《俄罗斯联邦地下资源法》最为重要，它负责调解地下资源利用领域的各种关系。但该法针对矿业方面的条款很不健全，为此曾进行过多次修改，可以说是俄罗斯矿产资源领域的根本大法。此外，值得注意的是，1996 年俄罗斯联邦仿照印度尼西亚等一些国家的做法，颁布了《产品分成协议法》，这大大加强了吸收外资勘查开发矿产资源的力度。

（三）水资源法律体系

1995 年 10 月 18 日，俄罗斯联邦杜马通过了《俄罗斯联邦水法典》。该法典规定，在俄罗斯境内，江河湖泽等水体为国家所有。对于个别面积不大的散落水体，允许存在市镇所有制和私人所有制。属俄罗斯联邦所有的各类水体，以及属俄罗斯联邦各州、区所有的各类水体均在国家所有制的范畴内。属国家所有制范畴内的水体不得转为市镇所有或私人所有。2006 年 4 月 5 日，俄罗斯联邦杜马通过了《俄罗斯联邦水法典》的修订案。

四、澳大利亚的自然资源法律体系

（一）土地资源法律体系

根据澳大利亚宪法，除土著土地外，联邦政府不具体负责土地的管理，联邦各主体（州和领地）的土地管理责任主要在州和领地政府。然而，在澳大利亚的土地管理中，联邦政府的一大作用是针对特定土地或特定群体的土地或者特定性质的土地，制定影响全国的土地政策法律，或涉及全国范围内土地管理某一方面内容与措施的法律，如《土著权法》《土地基金与土著土地公司法（ATSIC 修正）1995》《土著与托雷斯海峡岛民法 2005》《土地征用法 1989》等。这些法律的制定，对确立澳大利亚的基本国家土地政策或者土地政策框架、基本土地法律制度，引导各州和领地土地利用与土地保护的走向，引导和促进各州和领地的相关立法，都起到了积极而重要的推动作用。

（二）矿产资源法律体系

根据《澳大利亚联邦宪法》，联邦政府对海岸线向外 3 英里以外的海底矿产资源有管辖权，故联邦政府对 3 英里以外海底矿产资源的管理有立法权。而陆地上的矿产资源和海岸线向外 3 英里以内的海底矿产资源，因其管理权（或管辖权）属于州或领地政府，故州或领地政府对其享有立法权。

《石油法 1967》是澳大利亚联邦政府管理海上石油勘探与生产的基础性法律，其确立了联邦政府在管理联邦所属海域上开展石油活动的基本思路、架构、政策、方针和措施。自其生效实施后已历经多次修改，日趋成熟。1994 年，澳大利亚联邦颁布了《海上矿产法》，这是一部规范联邦海上非石油气矿产管理的法律。

因为州政府在矿产资源的开发管理中享有立法权，所以在联邦法律的体系之下，各州都有详细的法律规定，如新南威尔士州的《采矿法 1992》、南澳大利亚州的《采矿法 1971》、北方领地的《矿产权利金法》、塔斯马尼亚州的《矿产资源开发法 1995》等。

（三）水资源法律体系

水的所有权和使用权归州政府。各州政府和地区负责水资源管理，制定相应的水改革措施。1994 年澳大利亚政府推行水改革，实施了《水改革框架》，之后陆续制定了一系列法律和计划，如 1998 年的《水资源法》、2004 年的《全国水资源计划》、2007 年的《水法》，这一系列法律的目的是推动《水改革框架》和《全国水计划》内容的实施。

（四）海洋资源法律体系

澳大利亚于 1994 年 10 月 5 日正式加入《联合国海洋法公约》（以下简称

《公约》），成为缔约国。澳大利亚联邦政府或州政府针对国内现有的海洋开发利用活动，也都依据《公约》制定了相应的法律法规。澳大利亚于 1994 年宣布实施 200 海里专属经济区制度及其他海域的权利主张，调整海域使用活动的法规主要有《海洋与水下土地法》和《大陆架生物自然资源法》。这两个法都明确提出实行许可证制度和收取资源费制度。2005 年联邦政府发布了《海洋与没入土地法》。针对国内现有的各种海洋开发利用活动，联邦政府或州政府也都制定了相应的法律，如《海岸保护管理法》《渔业法》《海洋公园法》《环境保护（海洋倾倒）法》《沿岸水域法》等。总之，澳大利亚在海洋领域已建立了比较健全的法律制度，约有 600 多部国内法律与海洋有关，涵盖了海洋生物多样性保护、渔业水产、近岸石油和矿产、海洋环境污染、海洋能源利用等各方面。

五、域外自然资源法律体系的特点总结及其启示

（一）单行立法向综合立法转变

上述国家对自然资源的开发利用都经历了一个漫长的过程，起初的立法大都是单行法，仅仅调整某种资源或适用于某个阶段，虽然这些单行法可以较为及时有效地适用于当时自然资源的开发利用，但是其弊端也是显而易见的，它缺乏一种整体观，各个单行法之间极易出现空白和重叠甚至抵触的情况。在各国的自然资源开发利用进入成熟阶段之后，其开始由单行立法向综合立法转变。虽然极少有国家有统一的自然资源基本法典，但是往往在某类自然资源上都会统合至一部基本法典，对一些根本性和原则性的问题加以规定，如规定许可和有偿使用制度。这种综合立法的理念与综合管理的理念是密切相关的，立法基于需要而产生，我国当前的自然资源管理经过了几十年的探索已经进入了一个需要统筹的阶段，要想进行综合性的管理必须在法律层面获得依据和支持。

（二）开发利用与环境保护结合

自然资源的开发利用与环境保护密切相关。不当的开发利用会造成环境污染，而环境污染则会减损自然资源的价值，影响其开发利用，更会危及人类的生存环境。为了统筹好自然资源开发利用和环境保护之间的关系，各国都会在环境保护基本法典之外，在自然资源开发利用的专门法律中规定相关的环境保护义务和责任，这是对于环境保护在具体开发活动中的强调和细化，也弥补了环境保护法典的缺失和不足。除此之外，生态文明、可持续发展的理念也往往通过“指令”“政策”“框架”等指导相关法律的制定和实施，使得各法律在一个统一的理念下形成一个有机的整体，这对于法律的运用、解释都具有积极意义，也在潜移默化中影响着国民的思想和意识。

（三）中央立法与区域立法相协调

上述国家都是联邦制国家，且地域辽阔，自然资源种类和数量都非常多，不

论是开发、利用还是保护，管理起来都非常困难。但是这些国家的宪法往往将自然资源区分为联邦所有和地方所有，在各自所有的范围内行使立法权，从而对自然资源进行管理。我国的地理条件和这些国家颇为相似，但是我国实行的是社会主义公有制，一切自然资源都属于国家所有，但这并不意味着只有国家才可以利用法律对自然资源进行管理。因为自然资源具有区域性的特征，如何开发利用及其产生的影响往往因地而异，国家统一的立法可能并不能有效适用。所以，在国家通过基本法确定了自然资源的所有权归属之后，对具有地域性特征的自然资源可以授权该区域制定相关法律文件进行管理，灵活应对开发利用过程中产生的问题。

第四节　我国自然资源资产法治建设展望

一、修改完善自然资源各专门法

《关于统筹推进自然资源资产产权制度改革的指导意见》明确要求："全面清理涉及自然资源资产产权制度的法律法规，对不利于生态文明建设和自然资源资产产权保护的规定提出具体废止、修改意见，按照立法程序推进修改。系统总结农村土地制度改革试点经验，加快土地管理法修订步伐。根据自然资源资产产权制度改革进程，推进修订矿产资源法、水法、森林法、草原法、海域使用管理法、海岛保护法等法律及相关行政法规。完善自然资源资产产权登记制度。研究制定国土空间开发保护法。加快完善以国家公园为主体的自然保护地法律法规体系。"对各自然资源的单项法律进行修改，解决各单项自然资源法律之间相互重叠乃至相互矛盾的问题，解决各单项自然园法律之间的冲突，不仅能够增强法律的权威性和严肃性，还能使法律得到准确的适用。

目前，《农村土地承包法》已经根据2018年12月29日第十三届全国人民代表大会常务委员会第七次会议《关于修改〈中华人民共和国农村土地承包法〉的决定》第二次修正。《土地管理法》修正案也已于2019年8月26日审议通过，已经于2020年1月1日起施行。《森林法》修订案也已于2019年12月28日由十三届全国人大常委会第十五次会议表决通过，自2020年7月1日起施行。

《城市房地产管理法》的修改、《矿产资源法》的修改、《草原法》的修改、《渔业法》的修改已经列入十三届人大立法计划的第二类立法项目，属于需要抓紧工作、条件成熟时提请审议的法律草案。

此外，《国土空间开发保护法》起草、《国家公园法》起草、《海洋基本法》

起草也已经列入十三届人大立法计划的第二类项目。资源综合利用、空间规划方面的立法项目，列入十三届人大立法计划的第三类立法项目，属于立法条件上不完全具备、需要继续研究论证的立法项目。

二、制定自然资源基本法

针对当前自然资源法律相对较为分散、统筹不够的问题，应当进一步修改自然资源相关法律，构建以自然资源基本法为基础的自然资源法律体系，为自然资源管理提供法治保障。在逐步修改和完善单行法的同时，研究制定《国土空间开发保护法》《国土空间规划法》等自然资源综合性法律，逐步将我国各类自然资源作为一个整体，统筹规划、开发、利用和保护，以实现自然资源经济效益的充分发挥和生态系统的平衡利用，形成以宪法为基础，以自然资源基本法为龙头，以各类自然资源单行法为主体，各项行政法规和行政规章相配套的自然资源法律法规体系。

《国土空间开发保护法》其调整对象就是所有国土空间范围内各类自然资源的开发保护活动，其中就包括对国土空间内土地、森林、草原、海洋、水资源等各类自然资源的各类开发、利用、保护活动，而且还应包括相关的生态环境保护、城乡开发建设等活动。理由是：

一是党中央对国土空间开发保护立法有明确要求。2012 年，党的十八大报告首次提出生态文明建设的要求，并将优化国土空间开发格局、建立国土空间开发保护制度作为生态文明建设的重要内容。2014 年，党的十八届四中全会决定中提出“完善国土空间开发保护方面的法律制度”。2018 年 9 月，经党中央审定发布的十三届全国人大常委会立法规划将《国土空间开发保护法》列为二类立法项目。2019 年，中央依法治国办将《国土空间开发保护法》列入十八大以来在途立法任务督办清单，要求自然资源部 2020 年 12 月前将立法草案报国务院。

二是自然资源管理改革迫切需要综合性立法的支撑。《国土空间开发保护法》可以作为自然资源管理系统性、整体性、重构性改革的制度基础和法治保障。按照《深化党和国家机构改革方案》，自然资源部的主要职责是对自然资源的开发利用和保护进行监管，建立国土空间规划体系并监督实施，履行全民所有各类自然资源资产所有者职责，统一调查和确权登记，建立自然资源有偿使用制度等。要落实“两统一”职责，改变过去分散管理体制和分散立法的弊端，解决部门管理职责协调性的问题，亟须打破按照资源种类、活动类型开展单行立法的现状，按照“山水林田湖草是个系统”的要求，从综合性立法层面做好顶层设计，建立统筹协调的国土空间保护、开发、利用、修复、治理的新制度。

《国土空间开发保护法》与《土地管理法》等法律的关系。《国土空间开发保护法》属于综合性的一般法律，而《国土空间规划法》《不动产登记法》《土地管理法》《森林法》《草原法》等属于专门性的一般法律。《国土空间规划法》《不动产登记法》等是按照活动类别来界定调整范围的一般法律，《土地管理法》《森林法》《草原法》等则是按照所调整的活动涉及的资源类别来界定调整范围的一般法律。具体来说，在调整范围、主要内容、法律效力上存在不同：

一是调整范围。《国土空间开发保护法》调整包含对在国土空间内的各类资源在开发保护过程产生的国土空间的调查、评价、监测，国土空间规划，国土空间用途管制，国土空间保护修复等各项活动，是按照活动的类别来界定调整范围的。而《土地管理法》等自然资源单项法律则仅调整围绕一类资源类别而产生的各种社会活动，其调整范围是按照资源类型来界定的。由于调整范围的界定方式不同，两者的调整范围存在交叉的部分，但其中任何一部法律的内容都不能被另一部法律所完全取代。

二是主要内容。两者的调整范围不同，导致两者的主要内容必然存在差异。《国土空间开发保护法》的调整范围具有广泛性，是以整个国土空间开发格局构建及生态保护大局为出发点对各类开发保护活动进行规范的，故而其内容较为综合和全面，条文规定往往具有原则性，而无法详尽到各类资源开发利用中的具体规则，是综合性的一般法律。《土地管理法》等自然资源单项法律是专门性的一般法律，条文内容更具有专业性和针对性，规定也更为详尽和具体，如《土地管理法》的内容聚焦于土地管理过程中的土地所有权和使用权的确定、土地利用总体规划、耕地保护、建设用地等。

三是法律效力。定位为基本法的，如《国土空间开发保护法》其法律效力要高于《土地管理法》等一般法律。如果《国土空间开发保护法》也定位为一般法，由于两者都属于调整国家和社会生活中某种具体社会关系或其中某一方面的、应由全国人民代表大会常务委员会制定的一般法律，在理论上具有相同的法律地位和法律位阶，任何一部法律不具有优先于另外一部法律而适用的效力。涉及对国土空间内所有资源的活动进行约束时，适用《国土空间开发保护法》；涉及某一单项资源的开发利用时，应当遵循《国土空间开发保护法》确定的原则，也应当遵循单项法律中的具体规定。若两法在具体问题的法律适用过程中发生冲突，当按照新法优于旧法、特别法优于一般法的原则进行处理。

三、推动编纂自然资源法典或生态环境法典

自 1978 年以来，我国已制定了多部自然资源的法律、法规和规章，自然资源法律体系已基本形成。我国现有的自然资源立法主要是按照资源的种类进行单项立法，如《森林法》《土地管理法》《矿产资源法》《水法》《草原法》《渔业

法》《海域使用法》《海岛保护法》等，这些陆续制定出台的法律，前后时间不一，缺乏统一的立法思路，各种法律制度之间既呈现明显的碎片化、相互重叠乃至相互矛盾，也存有诸多疏漏。而这些问题又很难通过所有法律“一揽子”修改来解决，给自然资源执法带来了很大的问题。为妥善解决这个问题，编纂自然资源法典是可行且具有比较优势的方案。一方面，通过法典编纂，按照绿色发展的要求对现行法律、法规进行重新评价和审视，将绿色发展的要求转化为执法、司法的价值取向之一，推动自然资源法治的现代化。另一方面，充分彰显法典在推进生态文明体制改革中的政治意义，以自然资源法典编纂作为中国生态文明体制改革的成果。

《民法典》的编纂开创了我国法典编纂的立法先河，在中国立法史上具有划时代的意义。借鉴《民法典》编纂的成功经验，可以考虑适时启动我国自然资源法典编纂的研究和准备工作。习近平总书记指出，山水林田湖是一个生命共同体，对山水林田湖进行统一保护、统一修复是十分必要的。落实好党中央赋予自然资源主管部门的“两统一”职责，需要在现有自然资源单行法律的基础上，编纂自然资源法典，以法典来实现自然资源法律制度的整体性、系统性，切实解决现行自然资源立法存在的重复、冲突、遗漏、滞后等问题。

另外，要考虑自然资源法典与生态环境法典的协调。2017 年，30 位全国人大代表就适时编纂生态环境法典提出议案。十二届全国人大环资委也曾建议对生态环境法典的编纂进一步开展研究论证。全国人大常委会 2021 年度立法工作计划明确提出，研究启动环境法典、教育法典、行政基本法典等条件成熟的行政立法领域的法典编纂工作。“立法工作计划把环境法典列为第一位，说明这方面的工作具备了一定的基础条件。专家建议稿及说明的出版，恰逢其时，为推动环境法典尽快进入立法程序打下了良好基础。”全国人大常委会法工委民法室原副主任、巡视员扈纪华说。

四、推进制定自然资源资产专门法

目前全国人大正在研究推进国有资产法立法工作，鉴于国有资产范围较广、不同类别间差异较大，建议国有资产法按照总则法模式，提供总则性和框架性规定，在此基础上针对不同类型国有资产制修订专门法律法规。要处理好综合法与专项法的关系，国有资产法需要充分衔接现有各门类自然资源法，还要为将来国有自然资源资产专门法提供指导，留出空间。

参考文献

一、著作类

[1] Ann L. Strong. Land Banking-European Reality, American Prospect [M]. Baltimore: The Johns Hopkins University Press, 1979.

[2] Daily G. C. Nature's Services: Societal Dependence on Natural Ecosystems [M]. Wsshington, D. C.: Island Press, 1997.

[3] Daly H. E. Ecological Economics: Principles and Applications [M]. Washington, D. C.: Island Press, 2010.

[4] Dunkerley, Harold B. Urban Land Policy [M]. Oxford: Oxford University Press, 1983.

[5] Daily G. G. Nature's Services: Societal Dependence on Natural Ecosystems [M]. Washington, D. C.: Island Press, 1997.

[6] Fishman, Rechard P. Public Land Banking: Examination of a Management Technique. [M]. The Urban Institute, 1975.

[7] Kamm, Sylvan. The Realities of Large-Scale Public Land Banking [M]. Washington, D. C.: The Urban Institute, 1975.

[8] Schumacher E. F., Ernst F. Small is Beautiful: A Study of Economics as if People Mattered [M]. London: Vintage, 1993.

[9] Daniel D. Chiras, John P. Reganold. 自然资源保护与生活（原书第 10 版）[M]. 黄永梅，段雷，等译. 北京：电子工业出版社，2016.

[10] "十八大以来生态文明体制改革的进展、问题与建议"课题组. 生态文明体制改革进展与建议 [M]. 北京：中国发展出版社，2018.

[11] 阿兰·兰德尔. 资源经济学 [M]. 施以正，译. 北京：商务印书馆，1989.

[12] 埃莉诺·奥斯特罗姆. 公共事务的治理之道：集体行动制度的演进 [M]. 余逊达，陈旭东，译. 上海：上海译文出版社，2012.

［13］埃里克·弗鲁博顿，鲁道夫·芮切特．新制度经济学——一个交易费用分析范式［M］．姜建强，罗长远，译．上海：上海三联书店，上海人民出版社，2006.

［14］鲍尔·施蒂尔纳．德国物权法（上册）［M］．张双根，译．北京：法律出版社，2004.

［15］本书编写组．当代马克思主义政治经济学十五讲［M］．北京：中国人民大学出版社，2016.

［16］毕宝德．土地经济学［M］．北京：中国人民大学出版社，2001.

［17］蔡林慧．我国行政权力监督体系的完善和发展研究［M］．上海：上海三联书店，2014.

［18］蔡运龙．自然资源学原理（第二版）［M］．北京：科学出版社，2016.

［19］曹钢，王中新．中国国有资产管理体制改革构想［M］．北京：经济科学出版社，2001.

［20］陈丽萍，陈静，刘丽等．自然资源综合管理框架与工具［M］．北京：地质出版社，2019.

［21］陈玉秋．水资源资产产权制度探索与创新［M］．北京：中国财政经济出版社，2018.

［22］丛书编写组．世界百年未有之大变局初析［M］．北京：中国市场出版社，中国计划出版社，2020.

［23］崔建远．论争中的渔业权［M］．北京：北京大学出版社，2006.

［24］崔建远．土地上的权利群研究［M］．北京：法律出版社，2004.

［25］崔建远．自然资源物权法律制度研究［M］．北京：法律出版社，2012.

［26］常修泽．广义产权论［M］．北京：中国经济出版社，2009.

［27］常修泽．所有制改革与创新——中国所有制结构改革 40 年［M］．广州：广东经济出版社。

［28］丹尼尔·科尔．污染与财产权：环境保护的所有权制度比较研究［M］．严厚福，王社坤，译．北京：北京大学出版社，2009.

［29］封志明．资源科学导论［M］．北京：科学出版社，2004.

［30］弗里德里希·冯·哈耶克．通往奴役之路［M］．王明毅，冯兴元，等译．北京：中国社会科学出版社，1997.

［31］高元禄．中国农村土地产权问题研究［M］．北京：经济科学出版社，2009.

［32］龚春霞．水权制度研究——以水权权属关系为中心［M］．武汉：湖北人民出版社，2019.

［33］洪旗，陈韦，陈华飞，华鹏，周丽晓．健全自然资源产权制度研究［M］．北京：中国建筑工业出版社，2017.

［34］环境保护部环境与经济政策研究中心．生态文明制度建设概论［M］．北京：中国环境出版社，2016.

［35］黄和新．马克思所有权思想研究［M］．南京：南京师范大学出版社，2005.

［36］黄少安．产权理论比较与中国产权制度变革［M］．北京：经济科学出版社，2012.

［37］黄少安．国有资产管理概论［M］．北京：经济科学出版社，2000.

［38］黄锡生．自然资源物权法律制度研究［M］．重庆：重庆大学出版社，2012.

［39］江龙．国有产权监督论：基于政府经济效率的分析［M］．广州：广东教育出版社，2016.

［40］姜文来，杨瑞珍．资源资产论［M］．北京：科学出版社，2003.

［41］姜鑫民．我国矿产资源产权制度改革：理论与实践［M］．北京：中国经济出版社，2012.

［42］金海统．资源权论［M］．北京：法律出版社，2009.

［43］孔繁文，戴广翠，何乃蕙，高岚．森林环境资源核算与政策［M］．北京：中国环境科学出版社，1994.

［44］李波，陶长有．国有资产管理与经营［M］．北京：企业管理出版社，1996.

［45］李金昌．资源核算论［M］．北京：海洋出版社，1991.

［46］李金昌．自然资源核算初探［M］．北京：中国环境科学出版社，1990.

［47］李凌．土地资产管理［M］．北京：北京大学出版社，2011.

［48］李显冬，孟磊．新中国自然资源法治创新 70 年［M］．北京：中国法制出版社，2019.

［49］李永军．海域使用权研究［M］．北京：中国政法大学出版社，2006.

［50］《领导干部统计知识问答》编写组．领导干部统计知识问答［M］．北京：中国统计出版社，2021.

［51］刘灿．我国自然资源产权制度构建研究［M］．成都：西南财经大学出版社，2009.

［52］刘欣．矿产资源资本化管理［M］．北京：法律出版社，2018.

［53］刘玉平．国有资产管理（第三版）［M］．北京：中国人民大学出版社，2018.

［54］吕淑琴．民法辞典［M］．上海：上海辞书出版社，2018.

［55］罗鸣令．国有资源资产收益制度研究［M］．北京：经济科学出版社，2019.

［56］马永欢，吴初国，曹清华．生态文明视角下的自然资源管理制度改革研究［M］．北京：中国经济出版社，2017.

［57］曼昆．经济学原理［M］．北京：北京大学出版社，2001.

［58］毛程连．国有资产管理学［M］．上海：复旦大学出版社，2005.

［59］毛林繁．资源配置方式改革与创新——《关于创新政府配置资源方式的指导意见》条文释义与解读［M］．北京：经济科学出版社，2018.

［60］闵乐．中国国有资产管理体制改革研究［M］．北京：经济科学出版社，2017.

［61］潘皞宇．我国矿产资源产权及权益分配制度研究［M］．北京：法律出版社，2014.

［62］钱阔，陈绍志．自然资源资产化管理——可持续发展的理想选择［M］．北京：经济管理出版社，1996.

［63］邱秋．中国自然资源国家所有权制度研究［M］．北京：科学出版社，2010.

［64］桑东莉．可持续发展与中国自然资源物权制度之变革［M］．北京：科学出版社，2006.

［65］邵秉仁．创建国有资产管理新体制［M］．北京：中国财政经济出版社，2003.

［66］施建刚．我国城市工业园区土地资源、资产、资本三资一体管理研究［M］．上海：同济大学出版社，2015.

［67］施志源．生态文明背景下的自然资源国家所有权研究［M］．北京：法律出版社，2015.

［68］石敏俊．资源与环境经济学［M］．北京：中国人民大学出版社，2021.

［69］苏讯等．国土资源资产与市场［M］．北京：中国大地出版社，2004.

［70］孙荣等．政府经济学［M］．上海：复旦大学出版社，2001.

［71］孙亦军．资源与环境资产管理及其财税对策［M］．北京：经济科学出版社，2009.

［72］汤姆·泰坦伯格，琳恩·刘易斯．环境与自然资源经济学［M］．王晓霞，等译．北京：中国人民大学出版社，2021.

［73］唐建兵．马克思土地产权理论及其中国化研究［M］．合肥：合肥工业大学出版社，2017.

［74］佟柔．论国家所有权［M］．北京：中国政法大学出版社，1987.

［75］汪利娜．中国城市土地产权制度研究［M］．北京：社会科学出版社，2006.

［76］王德起．土地资产管理论［M］．北京：首都经济贸易大学出版社，2009.

［77］王克强，石亿邵，赵凯，刘红梅，高健．国土资源行政管理学［M］．上海：上海财经大学出版社，2006.

［78］王利明．国家所有权研究［M］．北京：中国人民大学出版社，1991.

［79］王四光，赖文生．矿业资源资产管理概论［M］．北京：大地出版社，2001.

［80］王文革．自然资源法——理论·实务·案例［M］．北京：法律出版社，2016.

［81］王晓东，刘文，黄河．中国水权制度研究［M］．郑州：黄河水利出版社，2007.

［82］王轶．物权法解读与应用［M］．北京：人民出版社，2007.

［83］王中汝．马克思主义基本原理若干问题研究［M］．北京：社会科学文献出版社，2019.

［84］王琢，许浜．中国农村土地产权制度论［M］．北京：经济管理出版社，1996.

［85］魏杰．构建新的国有资产管理体制［M］．南京：江苏人民出版社，1998.

［86］吴杰．矿产资源资产会计论［M］．北京：石油工业出版社，2009.

［87］吴易风，关雪凌．产权理论与实践［M］．北京：中国人民大学出版社，2010.

［88］谢高地．自然资源总论［M］．北京：高等教育出版社，2009.

［89］杨杰，陈丽萍．全球资源治理：对象、主题与行动［M］．北京：中央编译出版社，2018.

［90］叶榅平．自然资源国家所有权的理论诠释与制度建构［M］．北京：中国社会科学出版社，2019.

［91］尹田．中国海域物权的理论与实践［M］．北京：中国法制出版

社，2004.

［92］尹田．中国海域物权制度研究［M］．北京：中国法制出版社，2004.

［93］尤光付．中外监督制度比较［M］．北京：商务印书馆，2013.

［94］喻海松．环境资源犯罪实务精释［M］．北京：法律出版社，2017.

［95］詹王镇．马克思主义土地产权理论及其在中国的实践研究［M］．合肥：合肥工业大学出版社，2015.

［96］张建文．转型时期的国家所有权问题研究：面向公共所有权的思考［M］．北京：法律出版社，2008.

［97］张宽政．资源与经济制度安排研究［M］．北京：中国书籍出版社，2019.

［98］张丽萍．自然资源学基本原理［M］．北京：科学出版社，2009.

［99］张璐．环境与资源保护法学（第三版）［M］．北京：北京大学出版社，2018.

［100］张璐等．自然资源损害救济机制类型化研究——以权利与损害的逻辑关系为基础［M］．北京：法律出版社，2015.

［101］张牧遥．国有自然资源特许使用权研究［M］．北京：中国社会科学出版社，2018.

［102］张银政．中国矿产资源收益分配研究［M］．北京：经济日报出版社，2013.

［103］赵培兴．创新发展论［M］．北京：中央文献出版社，2021.

［104］郑树生，王小烈，刘怀廉，侯相思．国有资产监管与营运［M］．北京：中国审计出版社，2000.

［105］郑永琴．资源经济学［M］．北京：中国经济出版社，2013.

［106］《中国国民经济核算知识读本》编写组．中国国民经济核算知识读本［M］．北京：中国统计出版社，2020.

［107］中国自然资源学会．中国资源科学学科史［M］．北京：中国科学技术出版社，2017.

［108］朱迪·丽丝．自然资源——分配、经济学与政策［M］．蔡运龙，等译．北京：商务印书馆，2005.

［109］朱学义．矿产资源权益理论与应用研究［M］．北京：社会科学文献出版社，2008.

［110］庄序莹，毛程连．国有资产管理学（第二版）［M］．上海：复旦大学出版社，2020.

［111］《自然资源管理知识手册》编写组．自然资源管理知识手册［M］．

北京：中国大地出版社，2020.

二、研究报告类

［1］Scottish Natural Heritage. Scotland's Natural Capital Asset（NCA）Index［R］. Scotland，2012.

［2］国土资源部自然资源产权制度改革专题研究小组．自然资源产权制度专题研究报告［R］．国土资源部，2018.

［3］国土资源部自然资源有偿使用制度改革专题研究小组．自然资源有偿使用制度专题研究报告［R］．国土资源部，2016.

［4］欧洲委员会，粮农组织，国际货币基金组织，经合组织，联合国，世界银行．环境经济核算体系 2012——中心框架［R］．纽约：联合国出版物，2012.

［5］苏杨，张海霞．建设国家公园特许经营制度实现“最严格的保护”和“绿水青山就是金山银山”的统一［R］．国务院发展研究中心《调查研究报告》，2021.

［6］王小映．土地收购储备基础理论研究［R］．原国土资源部土地整理中心《土地收购储备与建立土地基金研究》专项，2002.

［7］吴次芳．土地收购储备基础理论、土地收购储备资金及风险相关问题研究［R］．资源部土地整理中心《土地收购储备与建立土地基金研究》专项，2001.

三、硕博论文类

［1］陈仪．自然资源国家所有权的公权性质研究［D］．苏州：苏州大学，2015.

［2］郭云峰．论自然资源国家所有权的制度构造［D］．沈阳：辽宁大学，2019.

［3］何碧萍．公共经济视角下的国有资产管理改革研究［D］．石家庄：河北师范大学，2015.

［4］黄军．国家所有权行使论［D］．武汉：武汉大学，2005.

［5］黄平．经济全球化下中国国有资产管理制度创新研究［D］．武汉：武汉大学，2012.

［6］居昊．国家产权委托—代理制度研究［D］．北京：中国政法大学，2000.

［7］马淮．中国国有资产管理体制研究［D］．北京：中央民族大

学，2005.

［8］彭巨水．我国社会主义初级阶段混合所有制研究［D］．北京：中央党校（国家行政学院），2019.

［9］邱京帅．我国资源性国有资产管理问题探析［D］．北京：财政部财政科学研究所，2011.

［10］汤琦瑾．多维主体权益实现视角下资源资产经济成本研究——以土地资源资产为例［D］．乌鲁木齐：新疆大学，2005.

［11］武建奇．马克思的产权思想——以阶级人假设为前提，以劳动者产权为核心［D］．成都：西南财经大学，2008.

［12］张建文．转型时期的国家所有权问题研究：面向公共所有权的思考［D］．重庆：西南政法大学，2006.

［13］张艳丽．国有产权委托代理关系的演进与国有资产管理体制的创新［D］．广州：暨南大学，2006.

［14］周红．中国国有资产委托代理关系研究［D］．长春：吉林大学，2008.

［15］周林．资源性资产的定价及交易问题研究［D］．北京：财政部财政科学研究所，2013.

四、期刊论文类

［1］Costanza R.，et al. The Value of the World's Ecosystem Services and Natural Capital［J］. Nature. Nature Publishing Group，1997（6630）.

［2］H. Scott Gordon. The Economic Theory of a Common－Property Resource：The Fishery［J］. Journal of Political Economy，1954（2）.

［3］Hardin G. The Tragedy of the Commons［J］. Science，1968：162（3）：243-253.

［4］蔡超．“中国道路”的政治经济学解释——基于“所有制—分工—分配”的结构视角［J］．西安财经大学学报，2021（3）.

［5］蔡华杰．自然资源：公有抑或私有？——国外关于自然资源资产产权的争鸣和启示［J］．探索，2016（1）.

［6］蔡卫华．自然资源法律概念初探［J］．中国不动产，2020（4）.

［7］曹茂莲，张莉莉，查浩．国内外实施绿色 GDP 核算的经验及启示［J］．环境保护，2014（4）.

［8］常纪文．国有自然资源资产管理体制改革的建议与思考［J］．中国环境管理，2019（1）.

[9] 陈安宁．论我国自然资源产权制度的改革［J］．自然资源学报，1994（1）．

[10] 陈海嵩．生态环境治理体系的规范构造与法典化表达［J］．苏州大学学报（法学版），2021（4）．

[11] 陈丽萍．以资产管理为核心的美国联邦煤炭资源管理体制［J］．国土资源情报，2007（3）．

[12] 陈梦根．中国统计发展回顾与展望［J］．中国高校社会科学，2021（2）．

[13] 陈伟，陈奕铭．我国公共资源出让收益合理共享机制的基本框架与经验启示——以国有自然资源为例［J］．上海经济研究，2014（11）．

[14] 陈曦．中国自然资源资产收益分配研究［J］．中央财经大学学报，2019（5）．

[15] 陈旭琴．论国家所有权的法律性质［J］．浙江大学学报（人文社会科学版），2001（4）．

[16] 陈屹松．中国产权制度对资源利用影响的研究［J］．资源科学，1999，21（3）．

[17] 陈玉新，任雪君．新《森林法》转变和观望［J］．合作经济与科技，2021（8）．

[18] 程启智，徐楷．现代产权制度的战略地位、基本原则和内涵［J］．当代经济，2009（4）．

[19] 程淑娟．论我国国家所有权的性质——以所有权观念的二元化区分为视角［J］．法律科学（西北政法大学学报），2009（1）．

[20] 程雪阳．中国宪法上国家所有的规范含义［J］．法学研究，2015（7）．

[21] 崔海鸥，刘珉．我国第九次森林资源清查中的资源动态研究［J］．西部林业科学，2020（10）．

[22] 德国生态账户制度对我国生态文明建设的启示［J］．国土资源，2016（10）．

[23] 丁学东．《国有资产管理工作“九五”规划》的特点［J］．国有资产管理，1997（7）．

[24] 董德元．科学推进军队资产管理法规体系建设［J］．军事经济研究，2010（3）．

[25] 董祚继．关于新时代自然资源工作使命的思考［J］．资源导刊，2018（4）．

［26］董祚继．统筹自然资源资产管理和自然生态监管体制改革［J］．中国土地，2017（12）．

［27］段绪柱．公共物品的供给方式及其选择［J］．黑龙江社会科学，2020（5）．

［28］房丽军，周小亮，许倩．公有制框架内委托代理问题产生的新制度经济学分析［J］．改革与开放，2014（4）．

［29］封志明，江东，雷梅，李宇．资源科学的学科建设与人才培养模式的实践与思考［J］．自然资源学报，2020（8）．

［30］福建省编办课题组．福建自然资源资产管理体制改革研究［J］．中国机构改革与管理，2017（7）．

［31］高吉喜，范小杉．生态资产概念、特点与研究趋向［J］．环境科学研究，2007，20（5）．

［32］葛敬豪．我国现代产权制度的马克思主义支点［J］．中共中央党校学报，2010，14（2）．

［33］巩固．自然资源国家所有权公权说［J］．法学研究，2013（7）．

［34］郭海蓝，陈德敏．省级政府提起生态环境损害赔偿诉讼的制度困境与规范路径［J］．中国人口·资源与环境，2018（3）．

［35］国家国有资产管理局办公室综合处．对《国有资产管理工作“九五”规划》的说明［J］．国有资产管理，1997（7）．

［36］国务院发展中心“基本实现社会主义现代化的目标任务、机遇挑战和应对思路”课题组．基本实现社会义现代化的目标及指标、重点和难点［J］．调查研究报告，2022（102）．

［37］何增科．中国政治监督40年来的变迁、成绩与问题［J］．中国人民大学学报，2018（4）．

［38］胡志刚．物权与产权、财产权的概念及其区分［J］．中国房地产，2008（7）．

［39］黄速建，金书娟．中国国有资产管理体制改革30年［J］．经济管理，2009（1）．

［40］黄锡生，卢锟．自然资源物权配置初探［J］．时代法学，2007，5（6）．

［41］黄小虎．把所有者和管理者分开——谈对推进自然资源管理改革的几点认识［J］．红旗文稿，2014（5）．

［42］贾康．中国国有资产管理体系探讨［J］．上海国资，2014（1）．

［43］姜文来．关于自然资源资产化管理的几个问题［J］．资源科学，

2000，22（1）.

［44］蒋根华．国企改革进入“管资本”阶段的一点思考［J］．中国经贸导刊（中），2021（5）.

［45］阚道远，左权．习近平关于当代资本主义新变化重要论述的理论特征及其实践价值［J］．贵州社会主义学院学报，2020（12）.

［46］郎一环，宋再兵．我国自然资源作为国有资产管理的讨论［J］．资源节约和综合利用，1992（2）.

［47］李滨．百年政治思潮与世界秩序变革［J］．中国人民大学学报，2021（1）.

［48］李济时．“社会国家”理念与西方世界的社会主义因素［J］．人民论坛·学术前沿，2021（5）.

［49］李金昌．资源核算及其纳入国民经济核算体系初步研究〔J〕．中国人口·资源与环境，1992（2）.

［50］李松森，夏慧琳．自然资源资产管理体制：理论引申与路径实现［J］．东北财经大学学报，2017（7）.

［51］李松森，夏慧琳．自然资源资产收益分配的困境摆脱与改革取向［J］．现代经济探讨，2016（11）.

［52］李涛．国外自然资源资产管理的发展趋势［J］．资源导刊，2019（11）.

［53］李云，唐芳林，孙鸿雁，刘久俊，闫颜，崔晓伟．美国国家公园规划体系的借鉴［J］．林业建设，2019（5）.

［54］刘宏明．我国野生植物资源所有权物权立法简评［J］．内蒙古林业，2008（3）.

［55］刘儒，卫离东．列宁对资本主义发展阶段划分依据理论的创新发展及其当代价值［J］．西安交通大学学报（社会科学版），2021（6）.

［56］刘尚希，樊轶侠．公共资源产权收益形成与分配机制研究［J］．中央财经大学学报，2015（3）.

［57］刘尚希，吉富星．公共产权制度：公共资源收益全民共享的基本条件［J］．中共中央党校学报，2014（5）.

［58］刘尚希．财政改革的前瞻性思考［J］．经济要参，2021（30）.

［59］刘胜楠，杨世忠．中外自然资源资产核算比较及其启示［J］．国土资源情报，2020（12）.

［60］刘欣．民法典视域下自然资源资产产权制度理论分析［J］．中国国土资源经济，2021（8）.

[61] 刘新山，李远航等．中国自然资源使用权制度比较研究［J］．资源科学，2004，26（4）．

[62] 娄成武，王刚．海权、海洋权利与海洋权益概念辨析［J］．中国海洋大学学报（社会科学版），2012（9）．

[63] 吕忠梅．以“绿色民法典”回应时代需求［J］．理论导报，2020（5）．

[64] 罗世荣，何磊．论国家所有权的特别私权性——兼谈《物权法》对国有资产的立法保护完善［J］．社会科学战线，2006（9）．

[65] 陆昊．全面推动建设人与自然和谐共生的现代化［J］．求是，2022（11）．

[66] 马永欢，陈丽萍，沈镭，黄宝荣，谷树忠，莫建雷．自然资源资产管理的国际进展及主要建议［J］．国土资源情报，2014（12）．

[67] 马永欢，苏立阳，吴初国等．分级行使全民所有自然资源资产所有权的资源清单研究［J］．国际动态与参考，2018（9）．

[68] 马永欢，吴初国，林慧，黄宝荣，苏利阳，张雅丽，孔登魁．完善全民所有自然资源资产管理体制研究［J］．中国科学院院刊，2019（1）．

[69] 梅宏，胡勇．论行政机关提起生态环境损害赔偿诉讼的正当性与可行性［J］．重庆大学学报（社会科学版），2017（5）．

[70] 欧阳志云，郑华，谢高地，杨武，刘桂环，石英华，杨多贵．生态资产、生态补偿及生态文明科技贡献核算理论与技术［J］．生态学报，2016（22）．

[71] 潘欣欣．中国政府非税收入治理：制度、困境与改革［J］．宏观经济研究，2021（1）．

[72] 齐守印．以公共经济视角全要素全维度深化国有资产管理体制改革［J］．财政科学，2019（4）．

[73] 钱阔，黄元．自然资源产权管理和运行的市场经济模式［J］．自然资源学报，1994（1）．

[74] 钱阔．我国自然资源的状况及资产化管理的必要性［J］．经济研究参考，1993（1）．

[75] 邱琼．首个环境经济核算体系的国际标准——《2012 年环境经济核算体系：中心框架》简介［J］．中国统计，2014（7）．

[76] 任之光，薛涧坡，洪永淼，汪寿阳．新时代经济科学的学科布局与顶层设计——国家自然科学基金经济科学学科申请代码调整的逻辑和内容［J］．管理世界会科学，2021（2）．

［77］沈尤佳，邬欣欣．从管理国有企业到管理国有资本——生产资本形式的国有企业与货币资本形式的国有资本关系研究［J］．中共中央党校（国家行政学院）学报，2021（8）．

［78］石吉金，王燕东，谭文兵．对完善我国自然资源资产管理制度的初步思考［J］．中国矿业，2014（8）．

［79］首次国有资源性资产管理全国工作会议在京举行［J］．中国钨业，1995（4）．

［80］税兵．自然资源国家所有权双阶构造说［J］．法学研究，2013（7）．

［81］宋述芹．正在消失的滨海湿地［J］．生态经济，2018（3）．

［82］苏立阳，马永欢等．分级行使全民所有自然资源资产所有权的改革方案研究［J］．环境保护，2017（17）．

［83］郜丽华，陈翔云．劳动价值论屡遭非议的深层原因探析［J］．政治经济学评论，2010，1（4）．

［84］谭柏平．自然资源物权质疑［J］．首都师范大学学报（社会科学版），2009（5）．

［85］涂亦楠．太空资源开发的现状与中国的立场［J］．科技导报，2021，39（11）．

［86］王保平．国有资源、国有资产、国有资本［J］．会计之友（下旬刊），2007（9）．

［87］王克稳．自然资源国家所有权的性质反思与制度重构［J］．中外法学，2019（6）．

［88］王灵波．公共信托理论在美国自然资源配置中的作用及启示［J］．苏州大学学报（哲学社会科学版），2018（1）．

［89］王瑞丰等．自然资源调查工作分层与分类探讨［J］．矿产勘查，2021（5）．

［90］王旭．论自然资源国家所有权的宪法规制功能［J］．中国法学，2013（12）．

［91］王涌．自然资源国家所有权三层构造说［J］．法学研究，2013（4）．

［92］王蕴．“十四五”时期优化政府间事权和财权划分研究［J］．宏观经济研究，2021（2）．

［93］王志刚，张家义．自然资源经济学科建设专家学者观点综述［J］．中国国土资源经济，2020（3）．

［94］吴海涛，张晖明．资源性国有资产的资产化管理［J］．上海经济研究，2009（6）．

［95］吴优．德国的环境经济核算［J］．中国统计，2005（6）．

［96］肖国兴．论中国自然资源产权制度的经济理性（上）［J］．环境保护，1997（9）．

［97］肖国兴．论中国自然资源产权制度的经济理性（下）［J］．环境保护，1997（10）．

［98］谢高地，曹淑艳，王浩，肖玉．自然资源资产产权制度的发展趋势［J］．陕西师范大学学报（哲学社会科学版），2015，44（5）．

［99］谢秀芳．资源性资产产权登记若干问题研究［J］．国有资产管理，1996（12）．

［100］徐祥民．自然资源国家所有权之国家所有制说［J］．法学研究，2013（7）．

［101］徐谢．浅谈权利、权能和权益的三者之间区别［J］．法制博览，2014（1）．

［102］严金明，张东昇，夏方舟．自然资源资产管理：理论逻辑与改革导向［J］．中国土地科学，2019，33（4）．

［103］颜鹏飞，曾红艳．关于国家干预主义与经济自由主义两大思潮的再研究——兼论从“社会主义市场经济”到“社会主义调节经济”［J］．经济学家，2015（1）．

［104］杨新铭，杜江．国有资本管理体制改革的基本逻辑与方案［J］．理论学刊，2020（7）．

［105］杨永胜．新加坡淡马锡公司治理的启示［J］．中国领导科学，2020（7）．

［106］杨永胜．有效制衡下的多元决策机制——新加坡淡马锡考察的启示［J］．中国市场，2020（7）．

［107］姚霖．自然资源资产负债表的实践进展与理论反思［J］．财会通讯，2021（17）．

［108］叶冬松．资源性资产管理的发展历程和改革思路［J］．中国土地，1999（12）．

［109］易阳，周训芳．中国的野生植物所有权制度与野生植物权属管理［J］．林业经济问题，2009（29）：4.

［110］俞可平．国家治理的中国特色和普遍趋势［J］．公共管理评论，2019（1）．

［111］喻欣，张立亭，王建林，杨静雯，朱洪镔．地理国情普查与三调数据的共享探析［J］．测绘科学，2021（6）．

［112］曾映鹃．增强国有资源性资产的产权意识［J］．中国水利，1997（1）．

［113］张宝才．国有资产管理的国际比较探究［J］．中国国际财经，2017（12）．

［114］张彩平，姜紫薇，韩宝龙，谭德明．自然资本价值核算研究综述［J］．生态学报，2021（7）．

［115］张方明，肖明弟．关于国有矿产资源资产化管理的思考与对策［J］．国有资产管理，1994（4）．

［116］张力．论国家所有权理论与实践的当代出路——基于公产与私产的区分［J］．浙江社会科学，2009（12）．

［117］张丽媛．当代资本主义新变化与中国特色社会主义新开局［J］．中共成都市委党校学报，2021（6）．

［118］张璐．国有自然资源资产管理的主要问题与应对思路［J］．中国国土资源经济，2021（2）．

［119］张琴．智慧城市治理中个人信息的权益解析和权利保护［J］．南京社会科学，2020（11）．

［120］张维迎．公有制经济中的委托人—代理人关系：理论分析和政策含义［J］．经济研究，1995（4）．

［121］张文驹．自然资源一级分类［J］．中国国土资源经济，2019（1）．

［122］张晓朴．新发展阶段经济工作怎么干？——习近平同志在河北、福建的经济工作实践与启示［J］．求是，2021（20）．

［123］张新安．把碳达峰碳中和纳入自然资源改革发展整体布局中［J］．中国国土资源经济，2021（12）．

［124］张玉梅，柴志春，王涛．全民所有自然资源资产所有权资源清单编制及管理初探［J］．中国土地，2020（10）．

［125］张卓元．努力构建中国特色社会主义政治经济学［J］．经济思想史学刊，2021（1）．

［126］赵磊磊，张英团，张良，刘永杰，程燕芳，刘智军，吴恒．我国草原调查监测现状、存在问题及对策分析［J］．林业建设，2020（6）．

［127］郑海航．中国国有资产管理体制改革三十年的理论与实践［J］．经济与管理研究，2008（11）．

［128］郑显华，周家才．论在立法中用“国有财产”取代“国有资产”的必要性［J］．前沿，2011（4）．

［129］周龙，方锐．美、德国家环境资产核算比较及其对我国的启示

[J]. 环境会计，2018（2）.

[130] 周永平. 国土资源资产化管理探究 [J]. 经济与社会发展研究，2014（11）.

[131] 周玉，邹朝晖. 全民所有自然资源资产管理考核评价机制与方法研究 [J]. 上海国土资源，2021（3）.

[132] 周子健. 国内马克思主义产权理论研究综述 [J]. 人力资源管理，2016（1）.

[133] 朱怡婷. 公共信托理论在我国自然资源配置领域的适用——基于国家所有与全民所有的思考 [J]. 天水行政学院学报，2018（8）.

[134] 朱跃. 论我国资源性资产管理 [J]. 党校论坛，1993（5）.

五、报纸文章类

[1] 陈骐. 自然资源资产化管理：化解保护与开发矛盾的必由之路 [N]. 光明日报，2018-10-20（9）.

[2] 高培勇. 正确认识和把握新发展阶段 [N]. 人民日报，2021-12-30（7）.

[3] 高尚全. 市场决定资源配置体现市场经济规律（学习贯彻十八届三中全会精神）[N]. 人民日报，2014-03-26.

[4] 谷树忠，李维明. 自然资源资产产权制度的五个基本问题 [N]. 中国经济时报，2015-10-23（14）.

[5] 谷树忠，李维明. 自然资源资产管理改革需处理好十对关系 [N]. 中国经济时报，2016-01-08（7）.

[6] 谷树忠，谢美娥. 论自然资源资产的内涵、属性与分类 [N]. 中国经济时报，2015-07-31（14）.

[7] 洪银兴. 中国特色社会主义政治经济学的体系构建及研究重点 [N]. 光明日报，2019-08-20（11）.

[8] 李维明，谷树忠. 自然资源资产管理体制改革之管见 [N]. 中国经济时报，2016-02-19（14）.

[9] 厉建祝. 国有资源性资产管理工作会议提出国有资源实行资产化管理 [N]. 中国绿色时报，1995-04-06（1）.

[10] 林方舟. "绿水青山"量化为"金山银山"，现在流行这么算 [N]. 光明日报，2021-10-28（B14）.

[11] 陆昊. 全面提高资源利用效率（深入学习贯彻党的十九届五中全会精神）[N]. 人民日报，2021-01-15（9）.

［12］孟捷，陈龙．科学认识习近平经济思想的体系结构［N］．经济日报，2021-11-03（10）．

［13］宁吉喆．更加有效发挥统计监督职能作用为全面从严治党和推动高质量发展提供坚强统计保障［N］．人民日报，2021-12-23（10）．

［14］邱少俊，吕宾．正确区分“所有者权利”与“监管者权力”——关于履行“两统一”职责的思考［N］．中国自然资源报，2019-05-16（3）．

［15］善长．产权制度是社会主义市场经济体制的基石［N］．中国纪检监察报，2017-12-26（1）．

［16］深化要素市场化配置改革推动自然资源高质量发展——“如何推进自然资源要素市场化配置”大家谈［N］．中国自然资源报，2020-05-19（3）．

［17］史耀斌．加强人大国有资产监督职能 拓展全过程人民民主实践（人民要论）［N］．人民日报，2022-04-13（9）．

［18］唐丰义．应当变革传统的产权观念［N］．光明日报，1985-01-09.

［19］佟绍伟．健全完善自然资源资产权利保护体系［N］．中国自然资源报，2021-01-29（3）．

［20］佟绍伟．为“中国之治”夯实制度基石——谈如何健全完善自然资源管理制度体系［N］．中国自然资源报，2020-06-02（3）．

［21］王东京．马克思主义政治经济学中国化的最新理论成果——学习习近平新时代中国特色社会主义经济思想［N］．光明日报，2018-01-09（11）．

［22］王尔德．专访全国人大环资委法案室副主任王凤春：“建议对自然资源按公益性和经营性资产分类管理”［N］.21世纪经济报道，2014-09-23（2）．

［23］王一鸣．面向“十四五”：深化要素配置改革释放增长新潜能［N］．经济参考报，2020-08-04（7）．

［24］王立彬．“强信心·抓落实”丨激发要素活力，释放发展潜力——访自然资源部部长王广华［N］．新华社权威访谈，2023-01-04.

［25］王广华．深入学习宣传贯彻党的二十大精神 为全面推进中国式现代化贡献自然资源力量［N］．学习时报，2023-01-11（1）．

［26］魏莉华．《土地管理法》的变与不变［N］．中国自然资源报，2020-06-25（3）．

［27］魏莉华．新时代自然资源法治建设的新任务——写在第八个国家宪法日来临之际［N］．中国自然资源报，2021-12-03（6）．

［28］吴易风．劳动是创造价值的唯一源泉——驳否定劳动价值论的奇谈怪论［N］．企业家日报，2017-07-07（9）．

［29］吴太平．自然资源部自然资源所有者权益司司长吴太平：深刻把握中国式现代化对国有自然资源资产管理的更高要求［N］．中国自然资源报，2022-11-30（1）．

［30］辛宇，金献坤．活化自然资源类国有资产助力共同富裕和乡村振兴［N］．经济参考报，2022-01-24（7）．

［31］杨瑞龙．所有制·所有权·产权［N］．人民日报，2004-11-09（9）．

［32］曾铮．市场有效政府有为扎实推进共同富裕［N］．光明日报，2021-08-24（11）．

［33］朱隽，常钦．优化要素保障 建设美丽中国（权威访谈）——访自然资源部党组书记、部长王广华［N］．人民日报，2023-01-05（2）．

［34］张蕾，宋昌素．有了GDP，为什么还要引入GEP——访中国科学院生态环境研究中心主任欧阳志云研究员［N］．光明日报，2021-04-08（11）．

［35］张伟，张海峰．我国自然资源资产交易的三大趋势［N］．光明日报，2019-11-19（11）．

［36］张贤明．政府治理现代化的责任逻辑与结构体系［N］．光明日报，2020-01-21（16）．

［37］张新安．“双碳”路上如何统筹资源开发与生态保护［N］．中国自然资源报，2021-11-10（3）．

［38］张雄，张柏川．马克思对资本范畴本质的揭示［N］．光明日报，2021-04-26（15）．

［39］中国宏观经济研究院产业经济研究所课题组．生物经济时代加速到来［N］．经济日报，2022-01-07（12）．

［40］仲伟志．如何理解矿产“资源、资产、资本一体化”［N］．中国国土资源报，2010-10-22（7）．

［41］祝灵君．读懂“人民”的含义与价值［N］．学习时报，2019-10-21（2）．

［42］自然资源部部长陆昊在“部长通道”接受采访［N］．中国自然资源报，2019-03-12（1）．

［43］自然资源部党史学习教育领导小组办公室．党领导新中国海洋事业发展的历史经验与启示［N］．中国自然资源报，2022-01-05（5）．

［44］最新研究报告显示：中国滨海湿地现状堪忧［N］．中国海洋报，2015-10-26.

六、网络资料类

［1］Costanza R.，et al. Changes in the Global Value of Ecosystem Services

[EB/OL]. https://doi. org/10. 1016/j. gloenvcha. 2014. 04. 002.

[2] European Environment Agency. Natural Capital and Ecosystem Services [EB/ OL]. https://www. eea. europa. eu/soer/2015/europe/natural - capital - and - ecosystem-services.

[3] 陈光炬 . 把握和践行绿水青山就是金山银山理念 [EB/OL]. http://theory. people. com. cn/n1/2018/0910/c40531 - 30282382. html, 2018 - 9 - 10/2020 - 8-25.

[4] 李维明, 谷树忠 . 自然资源资产管理体制改革之管见 [EB/OL]. https://www. drcnet. com. cn/www/int/.

[5] 吕忠梅 . 为生态损害赔偿制度提供法治化方案 [EB/OL]. https://news. gmw. cn/2017-12/22/content_27157999. htm.

[6] 澎湃新闻 . 21 车、270 吨废酸污染黄河支流, 河南濮阳市长出庭当原告 [EB/OL]. https://www. thepaper. cn/newsDetail_forward_7717448.

[7] 澎湃新闻 . 专访最高法环资庭长: 环资案逐年上升, 预防和修复理念更深入 [EB/OL]. https://www. baidu. com/link? url = ZH2jxka2SjRlSJjINxG0d - YScp02GhVjfpzIkCTvf_vnAXCYE0eN9QHnWbvqocR9ksw0MMTKbRjodBxtDYwnMq&wd=&eqid=b6e6f3640002ea3b000000025fb1ca6f.

[8] 人民网—人民日报 . 生态文明之光照耀美丽中国——写在绿水青山就是金山银山理念提出十五周年之际 [EB/OL]. http://cpc. people. com. cn/n1/2020/0815/c419242-31823260. html, 2020-8-15/2020-8-25.

[9] 新浪财经 . 中国已办理生态环境损害赔偿案件 945 件 涉及赔偿金额超 29 亿元 [EB/OL]. http://finance. sina. com. cn/roll/2020-06-30/doc-iirczymk9683283. shtml.

[10] 中国人大网 . 全国人民代表大会常务委员会预算工作委员会、全国人民代表大会财政经济委员会、全国人民代表大会环境与资源保护委员会关于 2020 年度国有自然资源资产管理情况的调研报告 [EB/OL]. http://www. npc. gov. cn/npc/c30834/202110/4f8d124684cc47b8829ef4935623ab72. shtml.

[11] 中华人民共和国国家发展和改革委员会 . 用最严格制度最严密法治保护生态环境——牢固树立绿水青山就是金山银山理念述评 [EB/OL]. https://www. ndrc. gov. cn/fggz/hjyzy/stwmjs/202008/t20200818_1236249. html, 2020 - 8 - 18/2020-8-25.

[12] 朱民 . 数据资产时代 [EB/OL]. https://www. 163. com/dy/article/GGABCHR40518KCLG. html.